Wolfgang Rug    Andreas To

# GRAMMATIK MIT
# SINN UND VERSTAND

## 20 Kapitel deutsche Grammatik
## für Fortgeschrittene

Klett Edition Deutsch

*Für Johannes und Luka,*
*aus deren Kinderbibliothek dem Buch Flügel gewachsen sind*

## Abkürzungen

| | | | |
|---|---|---|---|
| A | Aufgabe/ | N | Nominativ |
| | Akkusativ | Perf. | Perfekt |
| D | Dativ | P I | Partizip I |
| etc. | et cetera | P II | Partizip II |
| G | Genitiv | Pl | Plural |
| Gr. i. K. | Grammatik im Kasten | Plusqu. | Plusquamperfekt |
| Inf. | Infinitiv | Präp. | Präposition |
| iR | indirekte Rede | Prät. | Präteritum |
| IS | Infinitivsatz | S. | Seite |
| Kap. | Kapitel | Sg | Singular |
| K I | Konjunktiv I | vgl. | vergleiche |
| K II | Konjunktiv II | z. B. | zum Beispiel |

„Grammatik mit Sinn und Verstand" besteht aus:
Übungsbuch      ISBN 3-12-**675335**-3
Lösungsheft     ISBN 3-12-**675334**-5

1. Auflage      1 ⁹ ⁸ ⁷ | 2000 1999 98

© Verlag Klett Edition Deutsch GmbH, München 1993
Alle Rechte vorbehalten.
Redaktion: Monika Bovermann
Typographie und Layout: Alfred Lahner, München
Zeichnungen und Umschlag: Sepp Buchegger, Tübingen
Gesamtherstellung: Ludwig Auer GmbH, Donauwörth

ISBN 3-12-**675335**-3 · Printed in Germany

# Inhalt

# Das sollten Sie zuerst lesen:
# Wie soll man mit diesem Buch arbeiten?

GRAMMATIK MIT SINN UND VERSTAND. Der Titel möchte sagen: dieses Buch spricht bei denen, die damit lernen wollen, den Verstand an und die Sinne. Man hört oft, Grammatik, besonders die deutsche, sei pedantisch und langweilig. Wir meinen, Beschäftigung mit Grammatik ist intelligent und klug, sie erschließt die Schönheit der Sprache, und, last not least, sie macht Spaß. Das Buch möchte Verständnis für sprachliche Formen und Regeln schaffen, und es soll sensibel machen für die Verwendung der deutschen Sprache beim Schreiben wie beim Sprechen. Das Buch macht auch da noch weiter, wo „klare" Regeln kaum noch zu finden sind, wo die Sprache Klang, Schönheit und Stil hat. Ein Stück weit helfen dabei Regeln und Übungen, ein gutes Stück weit helfen die ernsten und die komischen Literatur-Texte.

Die 20 Kapitel sind jeweils in drei Teile gegliedert:
# Lesepause, Grammatik im Kasten,
# Übungen und Regeln/Übungen mit Stil

## Lesepause

Wir empfehlen Ihnen, einige oder alle Texte in der Lesepause zuerst zu lesen, bevor Sie das Kapitel bearbeiten. Die Texte passen zum jeweiligen Thema, sie bieten oft auch Anlässe für Aufgaben und Übungen.

Ein paar Geschichten und Figuren wandern quer durch das ganze Buch: ein Tourist, der Nilpferde fotografieren will, ein tapezierendes Pferd oder zwei etwas betrunkene Bernhardinerhunde. Es ist also nützlich, wenn Sie sich die Zeit nehmen und die folgenden Texte zuerst lesen:

Das Pferd kann es nicht (Kap. 1, S. 8)
Das Lawinenspiel (Kap. 4, S. 60)
Die Geschichte von den Nilpferden (Kap. 4, S. 60)
Zweite Paradiesgeschichte (Kap. 5, S. 72)
Wer ist Philipp Marlowe? (Kap. 7, S. 100)
Herr Böse und Herr Streit (Kap. 8, S. 112)
Sollen Hunde fernsehen? (Kap. 15, S. 228)
Im Hutladen (Kap. 16, S. 240)
Mußmaßungen über Höhlenforscher (Kap. 16, S. 241)

## Grammatik im Kasten

Die Grammatik im Kasten bietet das Wichtigste im Überblick, das Basiswissen zum jeweiligen Thema.

## Übungen und Regeln/Übungen mit Stil

Übungen und Regeln ist der Arbeits- und Erklärungsteil. Die Übungen sind unterschiedlich schwierig. Die Zahl bei jeder Aufgabe zeigt an, wie schwierig die Aufgabe ist (Schwierigkeitsstufe); wir raten dringend, daß sich Lerner bis zur *Mittelstufe* auf die Übungen bis Schwierigkeitsstufe 3 beschränken; die Schwierigkeitsstufen 3–4 und 4 sind Aufgaben der *Oberstufe*:

Sehr fortgeschrittene Lerner können sich dort versuchen – am besten geht es, wenn deutsche Sprachpartner mithelfen.

| | |
|---|---|
| 1–2 | sehr leichte Aufgabe |
| 2 | leichte Aufgabe, meistens Wiederholung von grammatischen Formen |
| 2–3 | mittleres Niveau: Diese Aufgaben kann man mit den Erklärungen im Buch alleine lösen; |
| 3 | schwierige Aufgabe: Möglicherweise braucht man die Hilfe eines Lehrers, eines deutschen Partners; |
| 3–4 | Übung zum Stil: Hier gibt es kaum „klare" Regeln; man sollte am besten mit Deutschen diskutieren; |
| 4 | Übung zum Stil für absolute Könner, für Stilisten und Sprachspieler. |

In mehreren Kapiteln des Buches gibt es große Kataloge mit sprachlichen Strukturen (Kapitel 1, 3, 8, 9, 12, 13, 17, 19). Machen Sie sich daraus, mit Markerstiften, bunten Farben oder mit einigen Zetteln, Ihre persönliche Lernliste. Fragen Sie sich, im ganzen Buch, aber hier besonders: Was möchte ich lernen? Was brauche ich jetzt, was brauche ich vielleicht erst später oder gar nicht. Machen Sie aus unserem Buch Ihr Buch.

Zu jeder Aufgabe gibt es einen kleinen Bearbeitungskasten, in den man mit einem Kreuzchen eintragen kann:

**Aufgabe**
1–2 ☒  Ich habe die Aufgabe bearbeitet und das Problem verstanden.

**Aufgabe**
1–2 ☒☒  Ich habe die Aufgabe intensiv geübt und wiederholt; ich kann alles.

So haben auch diejenigen, die mit dem Buch selbständig, ohne eine Unterrichtsklasse arbeiten, eine eigene Kontrolle. Beim Durchblättern des Buches hat man einen schnellen Überblick, welche Aufgaben man kann oder was man noch machen sollte.

Am Ende gibt es einen Index mit grammatischen Begriffen und sprachlichen Ausdrücken und Quellennachweis (Verzeichnis der Lesetexte).
Zu den Übungen gibt es ein separates Lösungsheft.


# Machen Sie, mit SINN UND VERSTAND, aus unserem Buch Ihr Buch.

# Kapitel 1

## HABEN WOLLEN, SEIN KÖNNEN
### Grundverben

# Lesepause

## Das Pferd kann es nicht

Herr Veneranda ging in ein Tapeziergeschäft. „Sie wünschen?" fragte der Tapezierer Herrn Veneranda. „Ich möchte gerne mein Eßzimmer tapezieren lassen", sagte Herr Veneranda, „das Pferd kann es nicht." – „Wie bitte?" fragte der Geschäftsinhaber, der nicht richtig gehört zu haben glaubte. „Ich habe gesagt", wiederholte Herr Veneranda, „daß ich gerne mein Eßzimmer tapezieren lassen möchte." – „Aber sie haben hinzugefügt: ‚Das Pferd kann es nicht'", stammelte der Tapezierer. „Ich habe Sie wohl nicht richtig verstanden?"
„Sie haben mich ausgezeichnet verstanden", sagte Herr Veneranda. „Das Pferd kann es in der Tat nicht. Glauben Sie, daß ein Pferd mein Eßzimmer tapezieren könnte?"
„Nein, aber...", stammelte der Tapezierer, der nicht wußte, was er sagen sollte.
„Was heißt aber?", fragte Herr Veneranda. „Wenn ein Pferd mein Eßzimmer tapezieren könnte, so würde ich zu einem Pferd gehen. Da es das aber nicht kann, komme ich zu Ihnen, einem Tapezierer, dessen Beruf Tapezieren ist. Sollte ich nach Ihrer Ansicht mein Eßzimmer von einem Pferd tapezieren lassen?" – „Aber was hat denn das Pferd damit zu tun?" stotterte der Tapezierer verwirrt. „Eben das meine ich auch", sagte Herr Veneranda, „was hat das Pferd damit zu tun? Pferde haben überhaupt nichts mit Tapezieren zu tun."
„Soll ich Ihnen also das Eßzimmer tapezieren?"
„Ganz wie Sie es für richtig halten", sagte Herr Veneranda. „Wenn Sie selbst kommen wollen, so kommen Sie. Wenn Sie mir ein Pferd schicken wollen, so schicken Sie es ruhig. Allerdings auf Ihre eigene Verantwortung. Ich möchte, daß die Arbeit gut ausgeführt wird. Abgemacht?"
Und Herr Veneranda grüßte und ließ den Ladenbesitzer ziemlich unschlüssig zurück.

*Carlo Manzoni*

## Ein Oktoberfest-Erlebnis

Sie: ...Wir wollten z'erscht gar net rausgehn auf d'Wiesn (Münchner Oktoberfest), aber jetzt reut's mi doch net. Im Hippodrom warn mir auch drinna, ah, ah, wissen S', was ma da alles sieht, des is ja direkt ausgschamt (unverschämt) sowas, de Weibsbilder sitzen ja halbert nackert auf de Gäul droben, i bin ganz rot wordn, mein Mann hat auch nicht hinschaun mögn.

Er: Mögen hätt ich schon wollen, aber dürfen hab ich mich nicht getraut. Ich wollte dich halt nicht kompromittieren!

*Karl Valentin*

## Denkpause

Als mein Vater
mich zum ersten Mal fragte
was ich werden will
sagte ich nach kurzer Denkpause:
„Ich möchte glücklich werden."
Da sah mein Vater sehr unglücklich aus
aber dann bin ich doch
was anderes geworden
und alle waren mit mir zufrieden.

*Liselotte Rauner*

## Sie sind nur perfekt

Für mein zweites Staatsexamen mußte ich mich auch mit Schulrecht befassen. Da lerne ich den Erlaß vom 11. 6. 1974 II B 5.1.819/110–12: „Schülerarbeiten im Sinne dieses Erlasses sind alle schriftlichen oder zeichnerischen Arbeiten in Heften oder auf losen Blättern..."
Glücklicherweise sagt man mir hier, daß schriftliche Arbeiten in Heften oder auf lose Blätter geschrieben werden müssen, ich hätte sonst Toilettenpapier oder die Wände benutzt...
Zuerst habe ich Tränen gelacht. Was ist das für ein Volk, wo die Lehrer lernen, daß man für schriftliche Arbeiten Hefte oder lose Blätter verwenden muß? Dann habe ich mich aufgeregt. Für wie blöd hält man uns? Wir sind erwachsen, haben alle ein Hochschulstudium absolviert, haben Prüfungen abgelegt, und hier sagt man uns per Erlaß, was für Papier wir für Arbeiten zu verwenden haben. Und dann habe ich mich erschrocken. Das ist ja entsetzlich. Hier wird geregelt, welches Papier man verwenden muß, und dieses Volk will der Welt einreden, daß die Vernichtung von Millionen Menschen ein unglücklicher Zufall war, ein „Betriebsunfall", wie man es so schön nennt. Es muß für jeden Schritt eine Anweisung, für jede Kleinigkeit eine Verordnung gegeben haben. Und wenn wieder alles geregelt ist und der Lehrer lernt, die Erlasse ja richtig auszuführen, und die Schüler lernen, ja das zu tun, was der Lehrer sagt, und die Kinder lernen, ja das zu befolgen, was die Eltern sagen, was hat sich dann geändert? Daß die Lehrer heute über ihre Unterrichtsentwürfe demokratisches Verhalten und früher Gehorsam geschrieben haben? Da waren sie ja früher noch ehrlicher. Es ist kein Wunder, daß aus perfekten Faschisten perfekte Demokraten in der Bundesrepublik und perfekte Kommunisten in der DDR geworden sind, nur sind diese nicht demokratisch und jene nicht kommunistisch. Sie sind nur perfekt.

*Lea Fleischmann*

## Berufsfreiheit, Verbot der Zwangsarbeit

(1)  Alle Deutschen haben das Recht, Beruf, Arbeitsplatz und Ausbildungsstätte frei zu wählen. Die Berufsausübung kann durch Gesetz oder aufgrund eines Gesetzes geregelt werden.
(2)  Niemand darf zu einer bestimmten Arbeit gezwungen werden, außer im Rahmen einer herkömmlichen allgemeinen, für alle gleichen öffentlichen Dienstleistungspflicht.
(3)  Zwangsarbeit ist nur bei einer gerichtlich angeordneten Freiheitsentziehung zulässig.

*Artikel 12, Grundgesetz*

## Von früh auf will man zu sich

Von früh auf will man zu sich. Aber wir wissen nicht, wer wir sind. Nur daß keiner ist, was er sein möchte oder könnte, scheint klar. Von daher der gemeine Neid, nämlich auf diejenigen, die zu haben, ja zu sein scheinen, was einem zukommt. Von daher aber auch die Lust, Neues zu beginnen, das mit uns selbst anfängt. Stets wurde versucht, uns gemäß zu leben.

*Ernst Bloch*

# Grammatik im Kasten

## 1. Vollverb – Teil des Prädikats – Hilfsverb – Modalverb

Es geht um die Verben haben, sein, werden, sollen, wollen, dürfen, können, müssen, mögen, lassen, (nicht) brauchen. Das sind die wichtigsten Verben der deutschen Sprache; wir nennen sie deshalb Grundverben. Sie werden oft Hilfsverben (haben, sein, werden) und Modalverben (sollen, wollen, müssen etc.) genannt. Es kommt darauf an, wie diese Verben verwendet werden. Haben, sein, werden können als Hilfsverben verwendet werden, aber sie haben auch andere Funktionen; sollen, wollen, müssen etc. können als Modalverben verwendet werden, aber sie haben auch noch andere Funktionen.

Wir unterscheiden vier Verwendungsweisen:

1. Vollverb: Die Verben haben volle Bedeutung.
   Ich denke, also bin ich. (bin: ich lebe, ich existiere)
   Ich kann nicht mehr. (kann nicht: ich bin erschöpft, ich kapituliere)

2. Teil des Prädikats: Die Verben sind Teil eines verbalen Ausdrucks.
   Ich bin sauer, daß ich nicht eingeladen worden bin. (sauer sein: sich ärgern)
   Er will es nicht wahrhaben, daß er selbst schuld daran ist. (nicht wahrhaben wollen: es fehlt die Einsicht)

3. Hilfsverb: Die Verben helfen bei der Bildung von Tempusformen (Perfekt, Plusquamperfekt, Futur), bei Passiv, bei Konjunktiv.
   Das habe ich nicht gewollt. (Perfekt)
   Das Eßzimmer ist vom Pferd nicht tapeziert worden. (Perfekt Passiv)
   Da sagte der Frosch zur Prinzessin: „Dich werde ich heiraten!" (Futur)
   Würden Sie Ihr Eßzimmer von einem Pferd tapezieren lassen? (Konjunktiv II)

4. Modalverb: Im Satz Das Pferd kann nicht tapezieren. geht es nicht um das Tapezieren, sondern darum, ob das Pferd tapezieren kann. Es geht um die modale Bedeutung *Fähigkeit*.
   Es gibt viele modale Bedeutungen, die mit den Grundverben ausgedrückt werden können (→ Gr. i. K. 3.).

## 2. Die Formen der Grundverben

**1**
Formen der
Grundverben

**Aufgabe** | Schreiben Sie die fehlenden Formen in die Tabellen. Sie merken: die übliche
1–2 | Reihenfolge der Verben und Formen ist vermischt.

| Präsens: | ich | du | wir | ihr | er/sie/ es/man | sie (Pl)/ Sie |
|---|---|---|---|---|---|---|
| haben | . . . . . . . . . | . . . . . . . . . | . . . . . . . . . | . . . . . . . . . | . . . . . . . . . | . . . . . . . . . |
| müssen | . . . . . . . . . | . . . . . . . . . | . . . . . . . . . | . . . . . . . . . | . . . . . . . . . | . . . . . . . . . |
| sein | . . . . . . . . . | . . . . . . . . . | . . . . . . . . . | . . . . . . . . . | . . . . . . . . . | . . . . . . . . . |

dürfen . . . . . . . . . . . . . . . . . . . . . . . . . . . . . . . . . . . . . . . . . . . . .

nicht brauchen . . . . . . . . . . . . . . . . . . . . . . . . . . . . . . . . . . . . . . . . . . . . .

können . . . . . . . . . . . . . . . . . . . . . . . . . . . . . . . . . . . . . . . . . . . . .

sollen . . . . . . . . . . . . . . . . . . . . . . . . . . . . . . . . . . . . . . . . . . . . .

wollen . . . . . . . . . . . . . . . . . . . . . . . . . . . . . . . . . . . . . . . . . . . . .

werden . . . . . . . . . . . . . . . . . . . . . . . . . . . . . . . . . . . . . . . . . . . . .

lassen . . . . . . . . . . . . . . . . . . . . . . . . . . . . . . . . . . . . . . . . . . . . .

mögen . . . . . . . . . . . . . . . . . . . . . . . . . . . . . . . . . . . . . . . . . . . . .

## Präteritum:

| | wir | ihr | ich | du | sie (Pl)/ Sie | er/sie/ es/man |
|---|---|---|---|---|---|---|
| dürfen | | | | | | |
| müssen | | | | | | |
| können | | | | | | |
| sollen | | | | | | |
| nicht brauchen | | | | | | |
| wollen | | | | | | |
| werden | | | | | | |
| haben | | | | | | |
| lassen | | | | | | |
| sein | | | | | | |
| mögen | | | | | | |

## Konjunktiv II:

| | wir | ich | es/sie/ er/man | sie (Pl) Sie | du | ihr |
|---|---|---|---|---|---|---|
| können | | | | | | |
| nicht brauchen | | | | | | |
| sein | | | | | | |
| lassen | | | | | | |
| werden | | | | | | |
| müssen | | | | | | |
| sollen | | | | | | |
| wollen | | | | | | |
| haben | | | | | | |
| mögen | | | | | | |
| dürfen | | | | | | |

## 3. Modale Bedeutungen der Grundverben

### Tabelle 1
### Modale Bedeutungen, die die Beziehung zwischen Subjekt und Prädikat charakterisieren

| Modale Bedeutung | Modalverb | Ausdrücke mit gleicher Bedeutung |
|---|---|---|
| (1) Zwang durch Menschen oder Institutionen | müssen (sollen) | A ist gezwungen, (IS)<br>A kann nicht anders, als (IS)<br>Es geht gar nicht anders, als daß ...<br>Es besteht der Zwang, (IS) |
| (2) Pflicht/Verpflichtung | müssen (sollen) | A ist verpflichtet, (IS)<br>A hat die Pflicht, (IS)<br>Es besteht für A die Pflicht, (IS)<br>A sieht sich in der Verpflichtung, (IS) |
| (3) Auftrag/Befehl | müssen (sollen) | A ist beauftragt, (IS)<br>A hat den Auftrag, (IS)<br>A hat etwas zu (Infinitiv)<br>Etwas ist zu (Infinitiv) |
| (4) Notwendigkeit | müssen (sollen) | Es geht nicht anders, als daß ...<br>Es ist nötig/notwendig/erforderlich, (IS/daß ...)<br>Etwas ist zu (Infinitiv)<br>Es besteht die Notwendigkeit, (IS) |
| (5) Fehlen von Zwang/Pflicht/Befehl/Notwendigkeit | nicht brauchen (nicht müssen) | Negationen der Ausdrücke (1)–(4)<br>z. B.: Es ist nicht nötig, (IS/daß ...) |
| (6) Verbot | nicht dürfen<br>nicht sollen | Etwas ist verboten/untersagt/nicht gestattet/nicht erlaubt.<br>Es ist verboten/untersagt etc., (IS) |
| (7) Erlaubnis | dürfen<br>können | Etwas ist möglich.<br>Es ist möglich, (IS)<br>Negation der Ausdrücke von (6) |
| (8) Möglichkeit/Chance | können<br>dürfen | Etwas ist möglich.<br>Es ist möglich, (IS/daß ...)<br>Etwas läßt sich (Infinitiv)<br>A hat die Chance/Gelegenheit, (IS)<br>Etwas ist zu (Infinitiv)<br>Etwas dient zu ...<br>Möglicherweise ... |
| (9) Unmöglichkeit | nicht können | Negation der Ausdrücke von (8)<br>z. B.: Etwas läßt sich nicht (Infinitiv) |
| (10) Fähigkeit | können | A ist in der Lage/imstande/fähig, (IS)<br>A vermag zu (Infinitiv)<br>A hat den Mut/die Energie, (IS) |

| Modale Bedeutung | Modalverb | Ausdrücke mit gleicher Bedeutung |
|---|---|---|
| (11) Empfehlung/Rat | sollte (KII)<br>würde (KII)<br>müssen | Am besten (KII)<br>Es wäre gut/am besten, wenn . . .<br>A empfiehlt/rät B, (IS)<br>Imperativ (→ Kap. 11)<br>Frage, gemeint als Empfehlung |
| (12) Wunsch/Plan/Idee | wollen<br>möchte (KII)<br>würde (KII) | A beabsichtigt/hat die Absicht, (IS)<br>A hat die Absicht/den Plan/die Idee, (IS)<br>A hätte gern (etwas/wenn/daß) |

| Tabelle 2 |
|---|
| Modale Bedeutungen, die die Beziehung des Sprechers zum Satz charakterisieren |

| Modale Bedeutung | Modalverb | Ausdrücke mit gleicher Bedeutung |
|---|---|---|
| (1) Kalkulation der Wahr-scheinlichkeit einer Aus-sage: Wie sicher bin ich, daß eine Aussage wahr ist? | | |
| weniger als 50%<br>ungefähr 50% | mögen<br>können | Was Sie sagen, stimmt vielleicht, aber . . .<br>Eventuell, möglicherweise, vielleicht . . .<br>Es besteht die Möglichkeit, daß . . .<br>Unter Umständen (u. U.) . . .<br>A glaubt/meint/denkt/nimmt an, daß . . . |
| 55% | könnte | wie bei können, aber zusätzlich mit graduierenden Adverbien und Redepartikeln (z. B. etwa/doch) |
| 65% | dürfte<br>wird + (wohl/schon) | wie oben, entsprechende Graduierungen |
| 85% | müßte | wie oben, stärkere Graduierungen (eigentlich, doch wohl, sicher, ganz sicher, bestimmt, wahr-scheinlich . . .) |
| 95% | müssen | ganz bestimmt, hundertprozentig, sicher, zweifellos<br>A ist völlig überzeugt, daß . . .<br>Ganz klar, daß . . . |
| (2) Distanzierung von der Aussage einer anderen Person/Institution | sollen | Ich habe gehört, daß . . .<br>Wie man sagt/hört, . . .<br>Es wird gesagt/behauptet/erzählt/gemunkelt, daß . . . |
| (3) So reden die, die etwas schon können. | wollen | Jeder weiß, daß es nötig ist, (IS)<br>Man muß es gelernt haben, wenn man . . .<br>Nur der Fachmann kann . . . |
| (4) Eine Aussage ist falsch/starke Distanz zu einer Behauptung | wollen | Es ist lächerlich/absolut unglaubwürdig zu behaup-ten, daß . . .<br>Niemand darf A glauben, wenn er sagt, daß . . .<br>Etwas ist berichtet worden, aber ich kann wirklich nicht sagen, ob es stimmt. |

1. Was heißt modale Bedeutung?
   Die Grundverben können verschiedene modale Bedeutungen haben.
   Beispiel: müssen
   Moment mal, ich muß gleich niesen. (Notwendigkeit)
   Und dann mußte ich dem Mann mit der Maske mein ganzes Geld geben. (Zwang)
   Du mußt mich unbedingt mal wieder besuchen! (dringender Wunsch)
   Den Film mußt du unbedingt sehen! (dringende Empfehlung)
   Irgendwo muß der Schlüssel doch zu finden sein. (sehr sichere Vermutung/leichte Verzweiflung)

   In den beiden Tabellen stehen in der linken Spalte die wichtigsten modalen Bedeutungen
   der deutschen Grundverben. Machen Sie sich diese Bedeutungen klar; sie existieren auch
   in Ihrer Sprache. Bedenken Sie: die sprachlichen Ausdrucksmöglichkeiten sind noch viel
   differenzierter, als es diese Kataloge zeigen können.

2. Warum zwei Tabellen?
   In Tabelle 1 charakterisieren die Grundverben die Beziehung zwischen Subjekt und Prädi-
   kat. Bei dem Satz
   Ich mußte dem Professor zwei Stunden lang zuhören.
   geht es um Zwang/Pflicht/Notwendigkeit:
   Ich (Subjekt) mußte zuhören (Prädikat).
   Übrigens, das Perfekt von Sätzen dieser Art lautet:
   Ich habe dem Professor zwei Stunden lang zuhören müssen. (→ A14).

   In Tabelle 2 charakterisieren die Grundverben die Beziehung des Sprechers zum Inhalt des
   Satzes: ob der Satz wahr ist, wie er bewertet wird etc. Bei dem Satz
   Der Schlüssel muß doch irgendwo zu finden sein.
   geht es dem Sprecher um die Erwartung, den Schlüssel irgendwo zu finden. Die Probleme
   beim Perfekt in Sätzen dieser Art werden in Aufgabe 15 geübt.

3. Die Ausdrücke mit gleicher Bedeutung (in der rechten Spalte der Tabellen) sind zahlreich;
   die grammatische Struktur des Satzes ändert sich (Nebensatz, Infinitivsatz (IS) mit zu). Die
   meisten Ausdrücke sind Stilelemente der Schriftsprache; manche klingen umständlich,
   bürokratisch, pedantisch, streng.

**2**

modale
Bedeutungen

**Aufgabe**
2–3/3 ☐☐

Die beiden Tabellen enthalten keine Beispielsätze. Gehen Sie die Tabellen aufmerksam durch, und bilden Sie sich zu jedem Ausdruck eigene Beispielsätze:
a) mit Grundverben
b) mit anderen Ausdrücken mit gleicher Bedeutung.
Achten Sie auf die grammatischen und auf die stilistischen Unterschiede; besprechen Sie Ihre Sätze mit Deutschen. In den Aufgaben 7–10, 18–23 finden Sie viel
Material dazu.

Hier sind Beispielsätze zu den modalen Bedeutungen (2) bis (4) in Tabelle 2, die
etwas seltener vorkommen:

(2) Ja, es geht ihm offenbar besser, er soll schon wieder seine dummen Witze machen.
    (…, denn man hat mir erzählt, daß er schon wieder seine dummen Witze macht.)
(3) Da staunt ihr; Jonglieren will eben gelernt sein.
    (…; man muß eben lange üben, bis man im Jonglieren so gut ist wie ich.)
(4) Was, der Kerl will etwas von Computern verstehen?
    (Wenn der Kerl behauptet, etwas von Computern zu verstehen, dann ist das lächerlich;
    er hat in Wirklichkeit keine Ahnung.)

## 4. Modale Verwendung von *haben* und *sein*:

| Grundverb | Ausdruck mit gleicher Bedeutung |
|---|---|
| müssen<br>sollen | haben . . . zu + Infinitiv:<br>Was habe ich zu bezahlen?<br>sein . . . zu + Infinitiv:<br>Das ist alles noch zu erledigen. |
| können | sein . . . (nicht) zu + Infinitiv:<br>Die Nilpferde waren einfach nicht zu fotografieren.<br>läßt sich:<br>Der Fotoapparat läßt sich leicht bedienen. |

# Übungen und Regeln _____

## Übungen mit den Grundverben *haben, sein* und *werden*

**Aufgabe**    Üben Sie noch einmal die Formen der drei Verben (→ A 1). Sie müssen diese   **3**
**1–2** ☐ ☐    Formen absolut sicher beherrschen.

*haben/sein/*
*werden*

haben   (hab-/hat/hatt-/hätt-/gehabt)
sein     (bin/bist/ist/sei-/sind/war-/wär-/gewesen)
werden   (werd-/wird/wurd-/würd-/worden/geworden)

Achten Sie auf die Umlaute. Üben Sie
die unterschiedliche Aussprache.

war/waren – wäre/wären
hat/hatte/hatten – hätte/hätten
wurde/wurden – würde/würden

**Aufgabe**   In dieser Aufgabe werden haben, sein, werden als Vollverb verwendet. Lesen Sie   **4**
**2–3** ☐ ☐   die Sätze; erklären Sie, was gemeint ist; finden Sie Synonyme; suchen Sie
    passende Ausdrücke in Ihrer Sprache.

*volle*
*Bedeutungen*

Haste (hast du) was, biste was. (So lautet eine bürgerliche Weisheit.)
Wer nichts wird, wird Wirt. (. . . ist ein ähnlich dummer Spruch)
Descartes sagte: „Ich denke, also bin ich."
Der Philosoph Ernst Bloch sagte: „Ich bin, aber ich habe mich nicht. Darum werden wir erst."

**5**
Teil des
Prädikats

**Aufgabe** | 2–3 | | |

Haben, sein, werden sind oft Teil des Prädikats; sie helfen, einen verbalen Ausdruck zu bilden. Diese Ausdrücke haben eine feste idiomatische Form und müssen wie Verben gelernt werden.

Lesen Sie die Beispielsätze und die Liste; finden Sie weitere Ausdrücke; suchen Sie Synonyme und die Entsprechungen in Ihrer Sprache.

Warum *bist* du denn so *ungeduldig?*
Ich wollte *glücklich werden.*
Aber dann bin ich *Lehrerin geworden.*
*Sind* Sie etwa *krank?*
Du *hast sie* wohl *nicht mehr alle?*

## haben

| | | |
|---|---|---|
| Hunger haben | Durst haben | Angst haben |
| Geburtstag haben | Sorgen haben | Zeit haben |
| Magenschmerzen haben | Fieber haben | Ferien haben |
| Geduld haben | lange Haare haben | gute Laune haben |
| die Nase voll haben | frei haben | genug haben von |
| Schwierigkeiten haben | (keine) Lust haben | . . . |

## sein

| | | |
|---|---|---|
| krank sein | frei sein | Christ sein |
| verheiratet sein | arm sein | Europäer sein |
| aus sein | weg sein | jung sein |
| los sein | Sozialist sein | . . . |

## werden

| | | |
|---|---|---|
| krank werden | Ingenieur werden | teurer werden |
| kalt werden | alt werden | Vater werden |
| spannend werden | verrückt werden | . . . |

**6**
Hilfsverben

**Aufgabe** | 2–3 | | |

Haben/sein/werden sind Hilfsverben bei:

1. Perfekt/Plusquamperfekt Aktiv
   Es ist/war passiert.
   Das Pferd hat/hatte das Eßzimmer nicht tapeziert.
2. Futur Aktiv
   Ich werde Ihnen kein Pferd schicken.
3. Futur II
   Werden Sie das Zimmer bis Freitag tapeziert haben?
4. Präsens/Präteritum (Vorgangs-)Passiv
   Das Eßzimmer wird/wurde von mir tapeziert.
5. Perfekt/Plusquamperfekt (Vorgangs-)Passiv
   Das Eßzimmer ist/war tatsächlich von einem Pferd tapeziert worden.
6. Futur Passiv
   Wird das Zimmer von Ihnen selbst tapeziert werden?
7. Zustandspassiv
   Das Zimmer ist/war im Nu tapeziert.

Um welche grammatische Form handelt es sich in den Sätzen?
Übersetzen Sie alles in Ihre Sprache; kreuzen Sie an, was sich von Ihrer Sprache unterscheidet. Erklären Sie diese Unterschiede.

Heute nacht bin ich nicht in meinem Bett gewesen.
Und dann haben sie sich einen langen Kuß gegeben.
Schon Mitte des Monats habe ich kein Geld mehr gehabt.
Ich bin leider nicht dazu gekommen, dir zu schreiben.
Einmal wöchentlich die Treppe putzen! So wird das hier gemacht.
Ich glaube, ich habe dich nicht richtig verstanden.
Sonntags ist bei uns alles geschlossen. Nur die Kneipen sind auf.
Ich weiß, ich bin ziemlich verrückt gewesen.
Also gut, ich werde mich entschuldigen.
Ich verspreche euch, wenn wir das fertig haben, wird eine Pause gemacht.
Ich glaub', ich werde dich nie begreifen.

**Aufgabe**
| 2–3 | | |

Üben Sie die modale Verwendungsweise von haben, sein (mit zu + Infinitiv). Lesen Sie die Sätze und machen Sie sich ihre Bedeutung klar. Achten Sie auf den Klang, auf die Atmosphäre. Einige (nicht alle) Sätze klingen scharf, unerbittlich.
Formen Sie die Sätze um, indem Sie Modalverben verwenden.

**7**

*haben/sein...*
*zu + Inf.*

Beispiel:  Ja, das ist natürlich zu verstehen. (Möglichkeit)
→ Ja, das kann man natürlich verstehen.

Sie haben hier überhaupt nichts zu sagen! (unfreundliche Kritik, Verbot)
Den Auftrag haben Sie bis morgen mittag zu erledigen, verstanden! (strenge Order, Befehl)
Noch 500 Meilen bis Dodge City! Das ist heute nicht mehr zu schaffen. (Unmöglichkeit)
Schau mal, nicht das erste, sondern das zweite Kapitel war zu lesen. (Aufgabe)
Ihre Schrift ist leider kaum zu lesen. (Unmöglichkeit)
Es ist wirklich kaum zu glauben, aber es ist wahr. (rhetorisch: Unmöglichkeit)

**Aufgabe**
| 2–3 | | |

Formen Sie die Sätze um, indem Sie haben, sein mit zu + Infinitiv verwenden. Ändert sich dabei die Tonlage?

**8**

Beispiel:  Sie sollen hier gar nichts sagen!
→ Sie haben hier gar nichts zu sagen!

Da kann man leider gar nichts mehr machen.
Der Artikel für die Titelseite muß in zwei Stunden fertig sein.
Ich kann diese blöde Bedienungsanleitung einfach nicht verstehen!
Wollen Sie noch etwas sagen? Wenn nicht, dann gehen Sie jetzt!
Wenn sie mal in Fahrt ist, kann sie keiner mehr bremsen.

**Aufgabe**
| 2–3 | | |

Hier haben die Verben haben und werden eine modale Bedeutung:
Jetzt wird aber aufgeräumt!
→ Jetzt mußt du aber aufräumen! – Ich verlange, daß du jetzt aufräumst! –
Ich sag's dir zum letzten Mal: Räum jetzt auf!

Formen Sie die Sätze um, indem Sie andere Ausdrucksweisen finden, die das Gleiche bedeuten.

**9**

*haben/werden*

Jetzt wird aber gegessen und ins Bett gegangen! (strenge Anordnung, Kindererziehung)
Ich hätte gerne sechs frische Brötchen. (höflich formulierter Wunsch)
Würden Sie mir bitte folgen! (freundliche oder konventionelle Aufforderung)
Wenn das unser Dr. Dr. h. c. sagt, dann wird das wohl richtig sein. (ironische Vermutung)

## Übungen mit den Grundverben *wollen, sollen, müssen, können, dürfen, mögen, brauchen, lassen*

**10**
Bedeutungen
der Grund-
verben

**Aufgabe**
| 2–3 | | |

a) Lesen Sie die Sätze aufmerksam durch; achten Sie auf die richtige Betonung. Lesen Sie dramatisch, spontan, mit Übertreibung.

b) Benennen Sie die modalen Bedeutungen (die Tabellen 1 und 2 helfen dabei). Schreiben Sie die Interpretationen dahinter. (Achtung: Es sind Beispiele dabei, wo das Verb als Vollverb oder Teil des Prädikats verwendet wird!)

c) Übersetzen Sie die Sätze in Ihre Sprache. Achten Sie auf Stil, Klang, idiomatische Genauigkeit.

### wollen

Was willst du denn hier?
Ich will es mir noch einmal überlegen.
Es kommt darauf an, daß du es wirklich willst.
Eine stinklangweilige Rede – und so einer will unser Vorsitzender sein.
Deutsch will eben gelernt sein.
Die eigenen Fehler will man manchmal nicht wahrhaben.

### sollen (→ Kap. 10, A 10 und 11, Gr. i. K.2.)

Warum sollen wir denn diesen Umweg machen?
Was meinst du: sollen wir am Wochenende einen kleinen Ausflug machen?
Du sollst nicht töten.
Sie sollten mal eine Reise nach Nixwiewegvonhier machen.
Hast du schon gehört? Der Müller vom 1. Stock soll schon wieder sitzen.
Kleine Rechenaufgabe: a + b = c (a soll 5, b soll 7 sein. Wieviel ist dann c?)
Solltest du mal in unsere Gegend kommen, dann besuch mich doch mal!
Vater: „Seid mal ruhig, ich telefoniere." (Die Kinder machen weiter Lärm.) Vater: „Verdammt noch mal, ihr sollt ruhig sein!"

### müssen

Wir alle müssen einmal sterben.
Kennst du die alten Marx-Brothers Filme? Die mußt du dir unbedingt mal anschauen.
Dieses Formular müssen Sie noch ausfüllen.
Ich muß mal wieder ins Casino gehen.
Er muß doch hier irgendwo wohnen!
Du mußt nicht immer alles so ernst nehmen!
Sie meinen, die Deutschen fahren zu schnell? Da muß ich Ihnen recht geben.
Der Bus müßte in zehn Minuten hier sein.

### können

Das Pferd kann es nicht.
Mit so einem stumpfen Messer kann man keine Tomaten schneiden.
Haben Sie Ihre Arbeit schon erledigt? Dann können Sie jetzt gehen.
Kann sein, daß es schon zu spät ist.
Manchmal kann es auch auf das Können ankommen.
„Unsere Politiker halten doch nur große Reden." – „Da können Sie recht haben."
Kann ich mir auch mal die Fotos anschauen?

### dürfen

Mama, darf ich heute ins Kino?
Was, du willst heiraten? Das darf doch nicht wahr sein!
Dürfte ich Sie mal was fragen?
Das dürfte ungefähr richtig sein.

## mögen

Ich mag dich!
Süßen Senf, Lederhosen und Blasmusik mag ich überhaupt nicht.
Mag sein, daß das Pferd tapezieren kann, aber sehr sicher bin ich nicht.
Ich möchte gern zwei Kilo Tomaten und dreieinhalb Eier.
Ich möchte mal wieder ganz viel Zeit haben!
Möge die Zeit alle Wunden heilen!

## brauchen

Wir brauchen dringend: 1 Stück Seife, 2 Paar Schuhbänder, 3 Regenschirme.
Sie brauchen gar nicht so blöd zu grinsen!
Nein, Sie brauchen nicht jeden Satz interessant zu finden.
Leute, wir brauchen vor allem neue Ideen!

## lassen (→ Kap. 5, A 11)

Und Jesus sagte: „Laßt die Kindlein zu mir kommen!"
Läßt du mich auch mal unter deine warme Decke?
Ich werde den Schaden ausbessern lassen.
Daraus läßt sich schließen, daß wir die richtige Entscheidung getroffen haben.
Laß mich in Ruhe.

---

**Aufgabe** 2–3 | |

**11** volle Bedeutungen

Einige der Grundverben aus der Gruppe wollen, sollen, müssen etc. können auch als Vollverben verwendet werden:

Sein *Können* war wirklich überdurchschnittlich!
Wer wirklich *will*, findet auch einen Weg.
*Wollen* reicht hier nicht aus, *können* mußt du!
Immer nur ich *muß*, ich *muß*...; dieses dauernde *Müssen* macht mich ganz krank!

Sehen Sie sich den Text von Karl Valentin (Lesepause) an und klären Sie, was sein „Problem" ist.

---

**Aufgabe** 2–3 | |

**12** kein zweites Verb

Oft wird bei der modalen Verwendung von wollen, sollen, müssen etc. das zweite Verb weggelassen, obwohl es für die Bedeutung des Satzes wichtig ist. Dafür gibt es verschiedene Gründe:
1. Redundanz (Die Situation klärt, was gemeint ist.)
2. Vermeidung von Wiederholungen (Das Verb wird an anderer Stelle genannt.)
3. Konvention/Diskretion/gewollte Mehrdeutigkeit

Mama, wann darf ich denn mal? (z. B. im Teig herumrühren).
Wenn ich könnte, würde ich ihn hinauswerfen!
Mama, ich muß mal! (aufs Klo gehen).

Machen Sie in den Sätzen deutlich, was gemeint ist, indem Sie die fehlenden Verben hinzufügen. Verschiedene Interpretationen sind möglich. Nennen Sie Gründe für das Weglassen der Verben.

Jetzt darf niemand zu ihm!
Darf ich jetzt mal?
Wer will noch mal, wer hat noch nicht?
Wer soll denn jetzt weitermachen? Soll ich jetzt?
Er wollte zwar, aber er konnte nicht!
Wissen Sie, was Sie mich können? Sie können mich mal!

## Spielereien mit Grundverben

**13**

Perfekt mit P II

**Aufgabe** | 2 | | |

Wenn zu den Grundverben wollen, sollen, müssen etc. kein zweites Verb hinzukommt (wie in Aufgabe 11 und 12), wird das Perfekt mit P II gebildet:

Ich *habe* einfach nicht mehr *gewollt* (z. B. so weitermachen wie bisher).
Sie *hat* leider nicht *gedurft* (z. B. mitfahren).
Sie *haben* mich aber nicht *gelassen* (z. B. ans Steuer des Autos).

**14**

Perfekt mit Infinitiv

**Aufgabe** | 2–3 | | |

Meistens kommen diese Verben zusammen mit einem zweiten Verb vor. Dann wird das Perfekt so gebildet: haben + Verb + Grundverb (beide Infinitiv):

Ich *habe* deine Ideen lange nicht *verstehen können*.
Ich *habe* leider nicht *kommen können*.
Du *hättest* gar nicht erst *kommen sollen*.
Das Pferd *hat* das Eßzimmer nicht *zu tapezieren brauchen*.

Einfacher wird es, wenn man statt Perfekt das kürzere Präteritum verwendet:

Ich *konnte* deine Ideen lange nicht verstehen.
Ich *konnte* leider nicht kommen. etc.

Lesen Sie noch einmal die Sätze in Aufgabe 10. Setzen Sie die Sätze ins Perfekt (natürlich nur dann, wenn der Satz in der Vergangenheit einen Sinn ergibt). Sie werden merken, daß das Präteritum oft klarer ist.

**15**

besondere Perfektsätze

**Aufgabe** | 3 | | |

Verwendet man wollen, sollen, müssen etc. wie in Tabelle 2, dann wird das Perfekt anders gebildet als in Aufgabe 14. Ein Sprecher beurteilt in der Gegenwart eine Situation/ein Geschehen aus der Vergangenheit.
Perfekt (Tabelle 1):
Das Pferd kann nicht tapezieren. (Fähigkeit)
Das Pferd hat nicht tapezieren können.
Perfekt (Tabelle 2):
Du *mußt* dich irren. = Ich glaube (heute) ziemlich sicher, daß du dich irrst.
Du *mußt* dich *geirrt haben*. = Ich glaube (heute) ziemlich sicher, daß du dich (gestern) geirrt hast.

Formen Sie die Sätze entsprechend um.

Sie wird wahrscheinlich zu Hause sein. (gestern abend)
Das dürfte ungefähr 800 Mark kosten. (voriges Jahr)
Die Nachbarn müssen den komischen Brandgeruch noch merken.
Haben Sie schon gehört? Der Meyer soll wieder zum Vereinsvorsitzenden gewählt werden. (am letzten Freitag)

**Aufgabe**

2–3

Das (Vorgangs-)Passiv wird mit dem Hilfsverb werden + P II gebildet: **16**

Es *wird* viel *gelacht.* (Präsens)
Es *wurde* viel *gelacht.* (Präteritum)
Es *ist* viel *gelacht worden.* (Perfekt)

Bei wollen, sollen, müssen etc. ist es anders:
Das Eßzimmer *soll* von einem Pferd *tapeziert werden.*
Das Eßzimmer *sollte* von einem Pferd *tapeziert werden.*
Das Eßzimmer *hat* von einem Pferd *tapeziert werden sollen.*
Auch hier (wie bei A 14) gilt: Man verwendet oft das Präteritum, weil es etwas einfacher ist.

Setzen Sie die Sätze ins Passiv (→ Kap. 5, Gr. i. K. 2.):

Passiv

An dieser Stelle darf man lachen.
Das Pferd konnte das Zimmer nicht tapezieren.
So einen Unsinn hätte man nicht drucken dürfen.

**Aufgabe**

2–3

In Nebensätzen steht normalerweise das „markierte Verb" (das Verb mit der **17**
Endung) am Satzende:
Aber ich sagte ihnen doch gerade, daß das Pferd es nicht *kann.*
Der Tapezierer fragte, was der Herr *wollte.*
Wir wissen bis heute nicht, ob das Zimmer von einem Pferd tapeziert worden *ist.*

Nebensätze

In Nebensätzen mit wollen, sollen, müssen etc., die im Perfekt stehen, ist die Wortstellung anders: haben steht hinten, aber vor allen anderen Verben:
Ich war verzweifelt, weil mir keiner *hat helfen wollen.*
Der Tapezierer war etwas verwirrt, weil er die Geschichte mit dem Pferd nicht ganz *hat begreifen können.*

Lesen Sie die Beispielsätze im Präteritum; sie sind dann einfacher.

Eine Übung zur Schriftsprache: Formulieren Sie die folgenden Sätze als Nebensätze im Perfekt. Beginnen Sie mit: Er/Sie hat erzählt, daß...

So frei wollte sie schon immer leben.
Früher wollte ich glücklich werden.
Das alles sollte ganz anders gemacht werden.

## Übungen zur Verwendung der Grundverben und zum Stil

**Aufgabe**

2–3

Erweitern Sie die Sätze, indem Sie Grundverben einfügen. Beachten Sie die **18**
modalen Bedeutungen in den Klammern.

Heute gehe ich nicht mehr aus dem Haus. (Wunsch, Absicht)
Die Kinder essen ein Riesen-Schokoladeneis. (Erlaubnis)
Kommen Sie bitte zum Chef! (Aufforderung, Auftrag)
Bitte noch eine Tasse Tee! (höfliche Bitte)
Ich spreche schon ziemlich gut Deutsch. (Fähigkeit)
Sieh dir mal die alten Buster-Keaton-Filme an! (Empfehlung, Rat)
Dieses Formular füllen Sie nicht aus! (Nicht-Notwendigkeit)
Warum üben wir diese Verben eigentlich so lange? (Aufforderung, Notwendigkeit)
Die da drüben ist noch nicht mal 16. (unsichere Kalkulation, Möglichkeit)
Stimmt! (nicht sehr sichere Vermutung)

**19** **Aufgabe** Sagen Sie das gleiche, aber mit einem Grundverb.

2–3 ☐ ☐

Beispiel: Die Mama hat uns erlaubt, im Garten zu spielen, wann wir wollen.
→ Wir dürfen im Garten spielen, wann wir wollen.

Den ganzen Faust von Goethe auswendig lernen? Das ist nicht nötig!
Ich bin bedauerlicherweise nicht in der Lage, Ihnen meine Schulden zu bezahlen.
Das Pferd ist nicht imstande, ein Zimmer ordentlich zu tapezieren.
Herr Müller, ich bestehe darauf, daß Sie sich entschuldigen.
Es wäre besser, wenn du dich mal umdrehst. Der Chef steht hinter dir!
Auf keinen Fall habe ich die Absicht, mich mit Ihnen länger herumzuärgern.
Geben Sie das Rauchen auf, bevor es zu spät ist!
Es wäre eigentlich eine gute Idee, Karin zu besuchen.
Es wäre Ihnen möglich gewesen, diesen Skandal zu vermeiden.

**20** **Aufgabe** Dieser Text ist teilweise in ziemlich unmöglichem Deutsch geschrieben: formal,

3 ☐ ☐ bürokratisch, pedantisch. Verändern Sie den Stil, indem Sie die hervorgehobenen Ausdrücke durch Grundverben ersetzen. Vergleichen Sie danach den Stil beider Texte.

Ich *habe* täglich *Gelegenheit*, die Zwanghaftigkeit mancher Schwaben zu beobachten.
Nur mit Mühe *ist es mir gelungen*, in Tübingen ein Zimmer zu finden. Meine Wirtin hat mir gleich am ersten Tag *meine Rechte* und *meine Pflichten* erklärt. Im Ergebnis: kaum *Rechte*, nur *Pflichten*. Sie hat das Hausordnung genannt. Nach der Hausordnung *bin ich verpflichtet*, die Miete immer pünktlich zum Ersten des Monats zu bezahlen. Für den Hausschlüssel *war* eine Kaution von 250 Mark *erforderlich*. Besuche auf dem Zimmer *sind nicht gestattet*, weder tagsüber und erst recht nicht nachts. Natürlich *ist es* auch *untersagt*, im Zimmer etwas zu kochen oder im Waschbecken etwas zu waschen. *Es wird gewünscht*, daß ich die Schuhe schon unten an der Treppe ausziehe. *Es sei nötig*, die Treppe zu schonen, erklärt die Wirtin. *Gelegenheit* zum Duschen oder Baden gibt es im Haus nicht. Ich *bin verpflichtet*, abends nach 22 Uhr die Hausruhe zu wahren. Auch *sei* das Radio auszuschalten. Als ich *den Wunsch äußerte*, eine hellere Glühbirne zu bekommen, wurde mir erklärt, *es sei* unbedingt *nötig*, Strom zu sparen. Unten im Treppenhaus *ist* folgender Spruch *zu* lesen: Wenn Du *das Ziel hast*, in diesem Hause in Frieden zu leben und glücklich zu werden, so *ist es deine Pflicht*, für Ruhe, Sauberkeit und Ordnung zu sorgen. Ich glaube nicht, daß ich *in der Lage bin*, länger als zwei Monate in diesem Haus zu leben. Ich *habe vor*, so bald wie möglich wieder auszuziehen. Vielleicht *haben Sie* ja *die Absicht*, mein Nachmieter zu werden.

**21** **Aufgabe** Interpretieren Sie die Sätze:

Stilübung 3 ☐ ☐ a) Um welche modale Bedeutung handelt es sich?
b) Wie klingt der Satz? (z. B. streng, höflich, unfreundlich)
c) Sagen Sie das gleiche, aber mit anderen Worten.

Beispiel: Die Mutter zum Kind: „Jetzt wird endlich gegessen!"
a) Aufforderung, Befehl
b) streng, ungeduldig, autoritär, ärgerlich
c) Fang jetzt endlich an zu essen! Ich verlange von dir, daß du jetzt endlich ißt! Mach jetzt, daß du ißt! Iß jetzt endlich!

Ich mag dich.
Sie können hier nicht einfach so herumlaufen.
Da ist absolut nichts zu machen.
Du mußt mich unbedingt bald mal besuchen.
In Ihrem eigenen Interesse: Sie sollten das wirklich nicht tun.

Du sollst nicht töten!
Die Zeit dürfte dazu nicht mehr ausreichen.
Verlassen sie sich darauf: Ich werde kommen!
Wenn Sie gestatten würden, möchte ich Ihnen gerne eine Frage stellen...
Darf ich fragen, wie es Ihnen geht?

**Aufgabe**
2–3/3 ☐☐

**22**

Interpretieren Sie die Ausdrücke und Sätze, indem Sie passende Grundverben verwenden.

Beispiel: Gast: Einen Orangensaft bitte!
→ Der Gast will/möchte einen Orangensaft trinken/haben.

**1.**
ihr Studienziel: Medizin
unser Wunsch: Deutsch lernen
Lebensziel aller Menschen: glücklich werden
seine Bereitschaft, den Kindern zu helfen,
selbständige Menschen zu werden
Ihr Urlaubsziel
meine Heiratsabsicht
meine Prüfungsvorbereitungen
sein Selbstmordversuch

**2.**
gute deutsche Sprachkenntnisse
das ist möglich
Gedächtnislücke
Vor der Prüfung hatte sie große Konzentrations-
schwierigkeiten.
Liebesunfähigkeit
Möglicherweise ist deine Überlegung richtig.
die Unfähigkeit vieler Menschen, Mitleid zu
empfinden
keine Chance in diesem Spiel

**3.**
100%ig richtig
Steuerpflicht
Anmeldung für den Computerkurs an der Volkshochschule vormittags zwischen 10 und 12 Uhr
Stop, wenn die Ampel rot zeigt!
die Sterblichkeit aller Menschen
Annahmeschluß für Lottoscheine: Freitag, 18 Uhr!
Kommen Sie mich unbedingt mal besuchen!
Die Erhaltung der Natur ist eine Lebensnotwendigkeit.

**4.**
absolutes Halteverbot
Was bedeutet das blaue Schild, auf dem ein weißes P steht?
Besuchszeiten: täglich 14–17 Uhr!
die Rechte, die man mit Vollendung des 18. Lebensjahres erhält: . . .
Ich bin ziemlich sicher, daß das stimmt.
die vielen Privilegien der Reichen
der Zölibat in der katholischen Kirche
Wenn du etwas ganz schrecklich Dummes gemacht hast . . .

**5.**
ein Reiseruf: Herr K. aus M. mit einem weißen Porsche: sofort zu Hause anrufen!
Ärztlicher Rat: keine Zigaretten und keinen Alkohol mehr!
Bitte etwas lauter!
Ich weiß nicht, wie es weitergeht.
Am besten, Sie fragen mal auf der Post.
Ich habe gehört, hier kann man Fahrräder im Bus mitnehmen.
$%&&98XYZ, *#*wasiswas???

**6.**
Noch ein Bier, bitte!
Endlich mal wieder ausschlafen, das wäre schön!
kleine Liebeserklärung
Antipathie gegen Apfelmus, Opportunismus und
Richard Wagner

**7.**
Für die Schweiz ist kein Visum erforderlich.
Eingang – Nicht anklopfen!
Die Kapitel 3 bis 5 im Lehrbuch sind für Sie
unwichtig.
Rückantwortkarte. Nicht freimachen!

**23**

schriftsprach-
licher Stil

**Aufgabe**

| 3–4 | | |

Die Sätze in dieser Aufgabe sind umgangssprachlich formuliert. Formulieren Sie die Sätze schriftsprachlich um. Verwenden Sie die Ausdrücke aus den Tabellen 1 und 2. Spielen Sie mit verschiedenen Möglichkeiten, übertreiben Sie ein wenig. Diskutieren Sie mit Deutschen Ihre Formulierungen.

Beispiel:

Jeder Mensch darf lernen, was er will.
→ Jeder Mensch hat ein Recht auf freie Ausbildung.
→ Jeder Mensch hat das Recht, seine Ausbildung entsprechend seinen persönlichen Wünschen und Neigungen selbst zu bestimmen.

Solche schriftsprachliche Formulierungen können übertrieben und umständlich wirken. Ob eine Formulierung nur eine „Sprechblase" ist oder ob sie eine sprachlich angemessene Form für einen wichtigen Inhalt darstellt, läßt sich allein aufgrund der sprachlichen Form nicht entscheiden. Man muß beides kritisch betrachten: den Inhalt und die dazu verwendete sprachliche Formulierung.

Sag mir morgen, was du machen willst. (Sie)
Der Polizist: Sie brauchen jetzt nichts auszusagen, wenn Sie nicht wollen.
Hilf mir mal gerade! (Sie)
Viele katholische Priester wollen erreichen, daß sie heiraten können.
Darüber müssen wir uns unbedingt noch einmal unterhalten.
Wie konntest du nur so einen Blödsinn machen!? (Sie)
Nur wenn du gut Deutsch kannst, kannst du wirklich verstehen, was in den Köpfen der Deutschen vor sich geht. (Sie)
Diese Aufgaben sind enorm schwer.

## Modale Bedeutung in Wörtern und Begriffen

**24**

Adverbien mit
modaler
Bedeutung

**Aufgabe**

| 3 | | |

Hier ist eine (ungeordnete) Liste mit Adverbien, mit denen man modale Bedeutungen ausdrücken kann. Lesen Sie die Ausdrücke; streichen Sie zunächst diejenigen an, die Sie schon kennen; machen Sie sich die Bedeutungen aller Ausdrücke klar. Entscheiden Sie, welche Ausdrücke Sie verwenden wollen.

| Adverbien mit modaler Bedeutung | | |
|---|---|---|
| vermutlich | keineswegs (keinesfalls) | scheints (Umgangssprache) |
| voraussichtlich | wohl | selbstverständlich |
| tatsächlich | unbedingt | scheinbar |
| angeblich | wahrscheinlich | sicher(lich) |
| natürlich | wirklich | bestimmt |
| gewiß | zweifellos | offenbar |
| offensichtlich | anscheinend | kurzerhand |
| glatt(weg) (Umgangssprache) | irgendwie | quasi |
| weitaus | womöglich (Umgangssprache) | gewissermaßen |
| sozusagen | vielleicht | möglicherweise |

Formulieren Sie die Sätze um. Verwenden Sie ein passendes Adverb.

Beispiel:  Es könnte sein, daß ich am Wochenende Zeit habe.
→ Möglicherweise habe ich am Wochenende Zeit.

Es könnte sein, daß ich mich geirrt habe.
Du kannst dich auf mich verlassen. Ich helfe dir!
Ich glaub', die Handwerker kommen diese Woche nicht mehr.
Es sieht so aus, als ob wir uns heute alle fünf Minuten begegnen.
Es ist doch ganz klar: Deutsch ist schwieriger als Englisch.
Heute kann's noch schneien.
Helmut und Marianne haben – wie es aussieht – einen schönen Tag miteinander verbracht.
Die Leute müssen sehr viel mehr gewußt haben, als sie zugeben.
Ich habe das Gefühl, daß die Atmosphäre zwischen euch ziemlich gespannt ist.

**Aufgabe** 3–4

**25** Nomen mit modaler Bedeutung

In vielen Nomen sind – mehr oder weniger versteckt – modale Bedeutungen enthalten. Es sind vor allem Ausdrücke, die gesellschaftliche, politisch-rechtliche, psychologische Sachverhalte bezeichnen.

Versuchen Sie, so viel Bedeutung wie möglich aus den Nomen herauszuholen, indem Sie Fragen stellen:
– Wer will etwas?
– Welches Recht wird beansprucht?
– Warum tut die Person/Institution das?
– Welche Bedingungen spielen mit?
– Wie klingt der Ausdruck? etc.

Beispiel:  Abgabetermin:
Jemand will etwas erreichen (z.B. Stipendium) oder ist zu etwas gezwungen (z.B. Steuererklärung). Es bestehen bestimmte Bedingungen oder Vorschriften (z.B. Prüfungsordnung, feste Termine). Will diese Person ihr Ziel erreichen (z.B. eine Prüfung bestehen, zu einer Prüfung zugelassen werden, an einem Wettbewerb teilnehmen), muß sie die Bedingungen und Vorschriften akzeptieren: nämlich etwas Bestimmtes (z.B. Test, Text, Formular, Antrag) bis zu einem bestimmten Termin abgeben.

Es gibt unendlich viele Ausdrücke dieser Art. Einerseits machen sie die Schriftsprache oft kompliziert, andererseits bieten sie die Möglichkeit, sich komplex und anspruchsvoll zu äußern.

Aufenthaltsgenehmigung
Ausbeutung
Interessenskonflikt
Grundrecht der freien Meinungsäußerung
Leistungsprinzip
Allgemeine Wehrpflicht
Toleranz
Gesetz von Angebot und Nachfrage

Gebot der Nächstenliebe
Konkurrenzdruck
Fatalismus
Motivation
Liebe
Überzeugungskraft
Hilflosigkeit
soziale Verantwortung

**Aufgabe** 3

**26** Nehmen Sie einen Zeitungstext oder eine Seite aus einem Fachbuch; streichen Sie mit einem Markerstift alle komplexen Nomen an, die eine modale Bedeutung enthalten (wie die Beispiele in Aufgabe 25).

**27**

Adjektive mit
modaler
Bedeutung

**Aufgabe**

2–3 ☐ ☐

Viele Adjektive enthalten modale Bedeutungen.
Einfache Endungen, die modale Bedeutungen bewirken können, sind -bar, -lich,
-sam:

unwiederholbar: man kann etwas nicht wiederholen
unerklärlich: man kann etwas nicht erklären
unaufhaltsam: etwas läßt sich nicht aufhalten

Formulieren Sie die Sätze um: Verwenden Sie statt der komplexen Adjektive
passende Grundverben oder Ausdrücke mit gleicher Bedeutung.

Es ist mir *unerklärlich,* wo mein Hausschlüssel wieder geblieben ist.
Schreib doch *leserlich!*
Dieses Computersystem scheint sehr *ausbaufähig* zu sein.
Bist du dir sicher, daß dieser Pullover bei 60 Grad *waschbar* war?
Wer möchte nicht gerne gelegentlich *unsichtbar* sein!
Wußten Sie das nicht? Unsere Beamten sind *unbestechlich!*
Das Bild ist leider *unverkäuflich.*
Weil der Rasen nicht *bespielbar* war, wurde das Spiel nicht angepfiffen.
Schau dir diese Noten an; das Stück ist einfach *unspielbar.*
Im Urlaub hatten wir ein *unbeschreibliches* Wetter.
Er war fachlich eine Null, aber sein politischer Aufstieg war *unaufhaltsam.*
Es war ein sehr *erholsamer* Arbeitstag.

**28**

**Aufgabe**

2–3 ☐ ☐

Ähnlich ist es bei Adjektiven, die mit den Nachsilben -los, -leer, -arm, -frei, -reich,
-stark, -voll gebildet werden. Sie drücken aus, daß etwas wenig oder viel vorhanden oder wirksam ist:

Die beiden Bernhardiner waren an ihrem Geburtstag ziemlich *verantwortungslos.*
Glücklicherweise waren die Berge an diesem Tag völlig *lawinenfrei.*
Der Lawinenrettungsdienst ist eine *segensreiche* Einrichtung.

Formulieren Sie die Sätze um, indem Sie Adjektive mit diesen Endungen bilden.

Rum, der *keinen Alkohol* hat, gibt es nicht.
In den letzten drei Wintern gab es *kaum Schnee;* es gab deswegen überhaupt keine Lawinen.
Die schweizerischen Bernhardinerhunde sind eine Einrichtung *voller Tradition.*
Ein Rettungshund hat eine Aufgabe *von großer Verantwortung.*
Am Schluß ließen sich die besoffenen Hunde völlig *ohne Willen* in ihre Hundehütte bringen.
Nicht jeder, der viel will, hat auch einen *starken Willen.*
Professor Müller leistete sich bei der Diskussion einen Beitrag mit besonders *wenig Inhalt.*

**29**

**Aufgabe**

3 ☐ ☐

Hier sind weitere komplexe Adjektive mit modaler Bedeutung. Interpretieren Sie
diese Adjektive im Kontext der Sätze.

Ein gutes Geschäft mit sehr *fachkundigem* Personal.
Sie sollten immer dafür sorgen, daß Ihr Wagen absolut *betriebssicher* ist.
Die machen eine extrem *unternehmerfreundliche* Politik.
Er war sehr *anlehnungsbedürftig* in dieser Zeit.
Wir brauchen einen *zahlungskräftigen* Partner für das Unternehmen.

Das ist wirklich eine äußerst *leistungsfähige* Maschine.
Es ist Ihnen doch klar, daß Sie für das Kind *unterhaltspflichtig* sind.
Hoffentlich sind alle meine Söhne *wehrdienstuntauglich.*
Sie sind heute so *angriffslustig,* Frau Meier!
Er ist ein wirklich *liebenswerter* Mensch.

Erklären Sie die Wörter; bilden Sie Beispielsätze.

sachkundig – schneesicher – benutzerfreundlich – erklärungsbedürftig – beweiskräftig – kritikfähig – lebenswichtig

**Aufgabe**
2–3/3 ☐

Nicht nur Grundverben verbinden sich mit einem zweiten Verb:

Verb + Infinitiv:

Ich habe dich überhaupt nicht *kommen hören.*
*Siehst* du das Gespenst die Treppe *heraufkommen?*
Mein Freund, ich *fühle* den Frühling *nahen.*

Verb + zu + Infinitiv (wie nicht brauchen):

Das Wetter *scheint* morgen besser *zu* werden.
Der Herr Generaldirektor *pflegt* freitags im Club *zu* speisen.

Lesen Sie die Sätze und machen Sie sich ihre Bedeutung klar. Einige Verben können Sie durch Grundverben ersetzen.

**30**

andere Verben
mit Infinitiv

Prima, dann *brauchen* wir nicht zu Hause sitzen *zu* bleiben.
Unsere Geldknappheit *droht* uns den ganzen Urlaub kaputt*zu*machen.
Ich *komme* gleich noch darauf *zu* sprechen.
Ja, unsere feinen Nachbarn, die *wissen zu* leben.
Ein Anpasser *versteht* sich anzupassen.
Meine lieben Kinder und Enkelkinder, ich *gedenke* demnächst wieder *zu* heiraten.
Wir *pflegen* unseren Tee immer um 17.15 Uhr *zu* trinken.
Ich *(ver-)suche* den einfachsten Weg zu einer Lösung *zu* finden.
Freunde, hier *bleibt* nun fast nichts mehr *zu* tun!

**Aufgabe**
3 ☐ ☐

Viele (schriftsprachliche) Verben haben eine modale Bedeutung:

ermöglichen: machen, daß jemand etwas tun kann
beabsichtigen: etwas tun wollen
verpflichten: durch einen moralischen Appell bewirken, daß jemand etwas tun muß.

Interpretieren Sie die Sätze im Hinblick auf die modale Bedeutung.

**31**

schriftsprach-
liche Verben

*Beantragen* Sie doch ein Stipendium.
Mein Fehler *berechtigt* Sie nicht zu einer so unfairen Kritik!
Warum *zwingst* du mich, mir ständig die gleichen Geschichten anhören zu müssen?
Ich *schätze* die Verluste der Firma auf mehrere Millionen Mark.
Ich *fordere* von Ihnen doch hoffentlich nicht zu viel, oder?
Einige Aufgaben *erfordern* viel Geduld.
Hoffentlich haben wir mit unseren Erklärungen die Sprache nicht *verunklärt.*
Vor allem *benötigen* wir jetzt eine Pause!
So, und jetzt wollen wir uns zum Abschluß einen *genehmigen*!

Hören wir zum Schluß, was der Dichter (Robert Gernhardt) dazu sagt:

> *Manches ist getan,*
> *vieles bleibt zu tun,*
> *sprach der Wasserhahn*
> *zu dem Wasserhuhn.*

# Kapitel 2

# WENN ICH EIN VÖGLEIN WÄR'
## Konjunktiv II

## Lesepause

### Wenn ich ein Vöglein wär'

Wenn ich ein Vöglein wär' und auch zwei Flügel hätt', flög' ich zu dir,
da's aber nicht kann sein, da's aber nicht kann sein, bleib' ich allhier.

*Volkslied*

### Trostlied im Konjunktiv

Wär' ich ein Baum, stünd' ich droben am Wald.
Trüg' Wolke und Stern in den grünen Haaren.
Wäre mit meinen dreihundert Jahren
noch gar nicht so alt.

Wildtauben grüben den Kopf untern Flügel.
Kriege ritten und klirrten im Trab
querfeldein und über die Hügel
ins offene Grab.

Humpelten Hunger vorüber und Seuche.
Kämen und schmölzen wie Ostern der Schnee.
Läg' ein Pärchen versteckt im Gesträuche
und tät sich süß weh.

Klängen vom Dorf her die Kirmesgeigen.
Ameisen brächten die Ernte ein.
Hinge ein Toter in meinen Zweigen
und schwänge das Bein.

Spränge die Flut und ersäufte die Täler.
Wüchse Vergißmeinnicht zärtlich am Bach.
Alles verginge wie Täuschung und Fehler
und Rauch überm Dach.

Wär' ich ein Baum, stünd' ich droben am Wald.
Trüg' Sonne und Mond in den grünen Haaren.
Wäre mit meinen dreihundert Jahren
nicht jung und nicht alt...

*Erich Kästner*

### Der Vater

Ich hätte ihn gern als offenen Menschen gekannt, jedenfalls etwas
offener und sehr viel befreiter. Ich würde gern zu seinen Gunsten
erfinden, sehr gerne für ihn schwindeln und für ihn zaubern.

*Christoph Meckel*

## Armer Kurt

Ich bin das Kind der Familie Meier
und heiße Kurt.
Ich wäre lieber der Hund der Familie Meier.
Dann hieße ich Senta.
Ich könnte bellen, so laut, daß sich die Nachbarn
empörten. Das würde die Meiers nicht stören.
Niemand sagte zu mir:
„Spring nicht herum! Schrei nicht so laut!"

Ich wäre auch gern die Katze von Meiers.
Dann hieße ich Musch.
Ich fräße nur das, was ich wirklich mag,
und schliefe am Sofa den halben Tag.
Niemand sagte zu mir:
„Iß den Teller leer! Lehn nicht herum!"

Am liebsten wär ich bei Meiers
der Goldfisch.
Dann hätt ich gar keinen Namen. Ich läge still und
golden im Wasser,
in friedlicher Ruh, und schaute durchs Glas
den Meiers beim Leben zu. Die Meiers kämen
manchmal und klopften zum Spaß mit ihren dik-
ken Fingern an mein Wasserglas.
Sie reden mit mir, doch ich kann sie nicht verstehn,
denn durch das Wasser dringt kein Laut zu mir.

Dann lächle ich mit meinem Fischmaul den Meiers
zu. Doch meine Fischaugen schauen traurig auf
den kleinen Meier
– und der bin ich –, und denke:
ARMER KURT!

*Christine Nöstlinger*

## Wo chiemte mer hi

Wo chiemte mer hi
wenn alli seite
wo chiemte mer hi
und niemer giengti
für einisch z'luege
wohi daß me chiem
we me gieng!

Wo kämen wir hin
wenn alle sagten
wo kämen wir hin
und niemand ginge
um einmal zu schauen
wohin man käme
wenn man ginge!

*Philosophisches in Berner Mundart,
wörtlich ins Hochdeutsche übersetzt*

## Bedingungsformen

Ich sage
Ich würde sagen
Ich hätte gesagt
Aber man hat Frau und Kinder

*Jürgen Henningsen*

# Grammatik im Kasten

## 1. Die Formen des Konjunktiv II (K II)

### Gegenwartsform des K II

Es gibt die Gegenwartsform des K II in zwei Varianten:

Variante A:  gleich oder ähnlich wie die Formen des Präteritum:
hielte (hielt) / gingen (gingen)
Viele Verben mit a/o/u haben die Umlaute ä/ö/ü:
gäbe (gab) / könntet (konntet) / müßten (mußten)

Variante B:  würde/würdest/würdet/würden + Infinitiv:
würde kommen/würden verstehen/würdest einschlafen

| | | Gegenwartsform des K II | | | | |
|---|---|---|---|---|---|---|
| | | Variante A | | | | Variante B |
| | | t-Klasse | | Vokalklasse | | |
| Person | sein | mit Umlaut | ohne Umlaut | mit Umlaut | ohne Umlaut | *würde* + Infinitiv |
| ich | wär-e | hätt-e | sagt-e | gäb-e | lief-e | würd-e kommen |
| wir | wär-en | hätt-en | sagt-en | gäb-en | lief-en | würd-en kommen |
| du | wär-est | hätt-est | sagt-est | gäb-est | lief-est | würd-est kommen |
| ihr | wär-et | hätt-et | sagt-et | gäb-et | lief-et | würd-et kommen |
| er/sie/es/man | wär-e | hätt-e | sagt-e | gäb-e | lief-e | würd-e kommen |
| sie (Pl)/Sie | wär-en | hätt-en | sagt-en | gäb-en | lief-en | würd-en kommen |

### Vergangenheitsform des K II

Es kommt darauf an, bei K II Gegenwartsform und Vergangenheitsform sicher zu unterscheiden. (Erinnern Sie sich, der Indikativ hat drei Tempusformen für Vergangenheit: Präteritum, Perfekt, Plusquamperfekt.)

Die Vergangenheitsform des K II bildet man mit haben und sein im K II (hätte/wäre) + P II:

Prät:    man ging
Perf:    man ist gegangen   } → K II: wäre gegangen
Plusqu:  man war gegangen

man machte
man hat gemacht   } → K II: hätte gemacht
man hatte gemacht

| Person | Perfekt | | Vergangenheit des K II | | zum Vergleich: Gegenwart des K II |
|---|---|---|---|---|---|
| ich | bin | gekommen | wäre | gekommen | käme – würde kommen |
| wir | haben | gesagt | hätten | gesagt | sagten – würden sagen |
| du | hast | gegeben | hättest | gegeben | gäbest – würdest geben |
| ihr | seid | gelaufen | wäret | gelaufen | liefet – würdet laufen |
| er/sie/es/man | hat | gehabt | hätte | gehabt | hätte |
| sie (Pl)/Sie | sind | gewesen | wären | gewesen | wären |

## 2. Was es über den Gebrauch der KII-Formen zu sagen gibt

1. Die Grundverben bilden meist oder ausschließlich KII-Formen der Variante A; die KII-Formen der Variante B verwendet man besser nicht.

| Variante A: | | Variante B: | |
|---|---|---|---|
| ich | hätte | ich | würde haben |
| sie | wären | sie | würden sein |
| es | würde | es | würde werden |
| ich | wollte | ich | würde wollen |
| es | müßte | es | würde müssen |
| sie | könnte | sie | würde können |
| Sie | dürften | sie | würden dürfen |
| wir | möchten | wir | würden mögen |
| man | sollte | man | würde sollen |

2. Bei allen anderen Verben besteht eine gewisse Entscheidungsfreiheit; dabei können klangliche, regionale und bildungsmäßige Kriterien eine Rolle spielen:

a) Bestimmte Verbformen können eine literarische oder eine „altertümliche" Klangfarbe haben; an den folgenden Beispielen kann man das hören:

Klängen vom Dorf die Kirmesgeigen.
Ameisen brächten die Ernte ein.
Hinge ein Toter in meinen Zweigen
und schwänge das Bein.    (Kästner)
Was hülfe es dem Menschen, wenn der die ganze Welt gewönne, und nähme doch Schaden an seiner Seele.    (Der Bibeltext in Luthers Sprache klingt besser als die Formen hälfe/gewänne.)
Drum besser wärs, daß nichts entstünde.    (Mephistopheles in Goethes Faust)

b) Wenn man diese Formen in der aktuellen Gebrauchssprache verwendet, dann entsteht schnell ein altmodischer, komischer oder lächerlicher Effekt:

Liebling, wenn ich jetzt noch weiter schwömme (oder: schwämme?), dann fröre ich, denn alle Wärme flöhe aus meinem Körper.
Bestimmte Vokalklänge werden heute nicht mehr akzeptiert, aber sie bieten Material für sprachliche Komik:
wüsche/spränge/löge/verschwände/böte/höbe/befähle etc.
Wie wär's etwa mit folgendem Gedicht (nicht von Goethe!):

Wenn Goethe sich vom Grab erhöbe      und Lyrik sich auf uns ergösse
und lächelnd seinen Gruß entböte,      und Flötentöne noch erschöllen:
die Zauberlippe überflösse      mir Tränen aus dem Auge quöllen.

c) Das Verständnis des Konjunktivs wird erschwert, weil viele Formen in KII und Präteritum gleich aussehen (alle Verben der t-Klasse ohne Umlaut):

Wenn ich diesen Satz formulierte, störte die Gleichheit der KII-Formen mit den Präteritumformen. (besser: formulieren würde/würde stören)
Auch können bestimmte Anklänge zu anderen Wörtern stören:
flöhe – die Flöhe      führe (von fahren) – führen

d) Norddeutsche verwenden mehr KII-Formen der Variante A als Süddeutsche. Möglicherweise wird eine häufige Verwendung von KII der Variante A als „hochdeutscher", gebildeter (vielleicht auch: eingebildeter) empfunden.

Als Ergebnis kann gesagt werden:
Die KII-Formen der Variante A soll man für das passive Sprachverständnis kennen, besonders für das Verständnis der Literatursprache.
— Für die Alltagssprache eignet sich die Variante A nur bei Verben, die sehr häufig vorkommen und deren Umlaute nicht komisch klingen:

gäbe, nähme, käme, hielte, ginge, ließe, wüßte.

— (Fast) obligatorisch sind die KII-Formen der Variante A bei allen Grundverben.

3. Vergessen Sie nicht, bei Vergangenheit die richtigen KII-Formen zu wählen:

Gegenwart:    Sie sollten das nicht vergessen!
Vergangenheit:    Das hätten Sie nicht vergessen sollen!

# Übungen und Regeln ⎯⎯⎯⎯⎯⎯⎯⎯⎯⎯⎯⎯

## Übungen zu den KII-Formen

**1**
Gegenwart

**Aufgabe**
| 2 | | |

Wie heißen die umgangssprachlichen KII-Formen in der Gegenwart? Entscheiden Sie dabei, ob man nur die Variante A, ob man nur die Variante B oder ob man beide Varianten verwenden kann.

| Indikativ | KII-Formen | |
| --- | --- | --- |
| | Variante A | Variante B |
| man ist | ...................... | ...................... |
| er kommt | ...................... | ...................... |
| Sie haben | ...................... | ...................... |
| sie denkt | ...................... | ...................... |
| ich will | ...................... | ...................... |
| Sie sollen | ...................... | ...................... |
| man darf | ...................... | ...................... |
| sie nehmen | ...................... | ...................... |
| er trägt | ...................... | ...................... |
| er muß | ...................... | ...................... |
| es kann | ...................... | ...................... |
| wir können | ...................... | ...................... |
| sie hat | ...................... | ...................... |
| man braucht | ...................... | ...................... |
| er versteht | ...................... | ...................... |

sie lassen . . . . . . . . . . . . . . . . . . . . . . . . . . . . . . . . . . . . . . . . . . . . . . . .

er fährt . . . . . . . . . . . . . . . . . . . . . . . . . . . . . . . . . . . . . . . . . . . . . . . .

es geht . . . . . . . . . . . . . . . . . . . . . . . . . . . . . . . . . . . . . . . . . . . . . . . .

du gibst . . . . . . . . . . . . . . . . . . . . . . . . . . . . . . . . . . . . . . . . . . . . . . . .

wir mögen . . . . . . . . . . . . . . . . . . . . . . . . . . . . . . . . . . . . . . . . . . . . . . . .

**Aufgabe** Bilden Sie Vergangenheitsformen des K II (hätte/wäre + P II). **2**

| 2 | | |

Vergangenheit

| | | | |
|---|---|---|---|
| er kam | es ging | er ist gefahren | sie hatten gesagt |
| Sie haben gedacht | er war | es gab | Sie brauchten |
| er durfte kommen | sie sollte lachen | man hatte | sie nahmen |
| du konntest wissen | er hat getragen | sie wollten gehen | |
| man konnte glauben | er mußte fahren | sie hießen | |

**Aufgabe** Wie heißen die Sätze im K II? Achten Sie auf den Wechsel von Gegenwart und **3**

| 2–3 | | | Vergangenheit.

| | |
|---|---|
| Papa tut das nicht. | Mama tat das nie. |
| Mama hat keine Zeit. | Ich hatte auch keine Zeit. |
| Man kann überhaupt nichts verstehen. | Sie konnten nichts verstehen. |
| Dazu darf es nicht kommen. | Du solltest doch den Mund halten. |
| So etwas gibt es bei uns nicht. | Wir Genies wußten das. |
| Um Erfolg zu haben, mußt du früher kommen. | Sie hatte alles allein machen müssen. |

**Aufgabe** Passiv mit K II in Gegenwart und Vergangenheit: **4**

| 2–3 | | |

Passiv

Etwas wird gemacht. → Etwas würde gemacht.

Etwas wurde gemacht. → Etwas wäre gemacht worden.

Passiv mit K II und Modalverb in Gegenwart und Vergangenheit:

Etwas muß gemacht werden. → Etwas müßte gemacht werden.

Etwas mußte gemacht werden. → Etwas hätte gemacht werden müssen.

Setzen Sie die Sätze in den K II.

| | |
|---|---|
| Auch dann wird nichts verändert. | Von den Kindern wurde das sofort verstanden. |
| Die Chefin muß noch gefragt werden. | Es durfte am Tatort nichts verändert werden. |
| So etwas wird heute anders geregelt. | Das mußte diskutiert werden. |

Und dazu unser aktueller Wunsch zum neuen Jahr:

Wir sind zufrieden, wenn das neue Jahr so wird wie das alte . . . hätte sein sollen.

## Wozu und wie man K II verwendet

(K II in der Indirekten Rede wird in Kap. 10 behandelt)

**5**
Höflichkeit

**Aufgabe**
2–3

Wenn man einer anderen Person etwas sagen will oder von einer anderen Person etwas haben will, kann man eine höfliche, diskrete oder auch distanzierte Redeweise wählen. Ein sprachliches Mittel dafür ist der K II. Die Höflichkeit kann ehrlich gemeint sein; man kann sich aber auch hinter solchen Redeweisen verstecken.

Verändern Sie die Bitten, Äußerungen und Befehle durch K II und achten Sie auf den Klang. Sprechen Sie die Sätze laut – spielen Sie reale Situationen.

Beispiel:    Kommen Sie mal her!
→ Würden Sie bitte mal herkommen!

Komm mal her!    Erklären Sie mir das mal!
Sagen Sie mir, warum Sie nicht dagewesen sind!    Mach das bis morgen!
Tun Sie was!    Herein!
Das mußt du eigentlich wissen.    Üben Sie mal Ihre Aussprache!
Wo bist du gewesen?    Helfen Sie mir!

Andere Redemittel zur Höflichkeit können sein:
– Verwendung von Modalverben
– Frageform
– Redepartikel (bitte, gern, eigentlich, vielleicht, wohl, etwa, mal)
– freundlicher Tonfall, freundliche Mimik, Gestik
Es kann Übertreibungen, kuriose Rituale und „Sprechblasen" geben.

Geben Sie den folgenden Sätzen eine einfachere, klarere Form.

Dürfte ich Sie vielleicht fragen, wieviel Uhr es ist?
Ich würde eigentlich meinen, daß das Bild sehr schön über das Sofa paßt.

**6**
irreale
Bedingungs-
sätze

**Aufgabe**
2–3

Irreale Bedingungssätze sind Wenn-dann-Argumente; das Wenn-Argument kann als Satz 1 oder als Satz 2 stehen:

Wenn ich so erkältet wäre wie du, (dann) würde ich einen heißen Grog trinken.
Ich würde einen heißen Grog trinken, wenn ich so erkältet wäre wie du.

Dann kann nur in Satz 2 stehen, es kann auch wegfallen. In literarischen, gehobenen Texten steht oft so:

Wenn ich mit Menschen- und mit Engelzungen redete und hätte der Liebe nicht, so wäre ich ein tönendes Erz und eine klingende Schelle.    (Luthers Bibel-Sprache)

Die Wenn-dann-Argumentation gibt es in zwei Varianten:
1. mit wenn: das Verb steht am Satzende;
2. ohne wenn: das Verb steht am Satzanfang.

Lesen Sie die Sätze der Gruppen 1 und 2; lesen Sie sie dann noch einmal: Gruppe 1 in der Form von Gruppe 2 und umgekehrt.

Gruppe 1
Wenn die Giraffen nicht so lange Hälse hätten, dann würden ihre Köpfe nicht so weit oben sitzen.
Wenn die Köpfe der Giraffen nicht so weit oben sitzen würden, dann hätten sie nicht so lange Hälse.
Wenn das Wasser im Rhein gold'ner Wein wär', dann möcht' ich so gern ein Fischlein sein. (Trinklied)

Gruppe 2

Hätt'st du mich nicht ausgelacht, hätt' ich dich nach Haus gebracht!
Hätte Eva nicht in den Apfel gebissen, so würden wir nichts vom Sündenfall wissen.
Wäre nicht einer gekommen und hätte mich mitgenommen, dann säße ich noch immer hier.

**Aufgabe**

| 3 | | |

**7**

Lesen Sie die beiden Sätze:

(1) Wenn ich ein Vöglein wär', und auch zwei Flügel hätt', flög ich zu dir.
(2) Ich bin kein Vöglein, und ich habe auch keine zwei Flügel. Deshalb kann ich nicht zu dir fliegen.

Satz (2) enthält eine kausale Argumentation. Die Realität ist: Ich bin kein Vöglein.
Die gleiche Realität ist auch in Satz (1) enthalten; nur wird hypothetisch argumentiert, mit einer alternativen Realität.
Die kausale Argumentation und der irreale Bedingungssatz beziehen sich also auf die gleiche Realität.

Lesen Sie die kausalen Argumentationen, und verändern Sie sie zu irrealen Bedingungssätzen. Achten Sie darauf, daß der Sinn der Argumentation erhalten bleibt.
Die Kausalwörter (deshalb, aus diesem Grund, denn, weil etc.) fallen weg.

Weil ich kein Vöglein bin und keine zwei Flügel habe, kann ich leider nicht zu dir fliegen.
Die Hälse der Giraffen sind sehr lang; aus diesem Grund sitzen ihre Köpfe sehr weit oben.
Den Briefträger beiße ich nicht; denn ich bin kein Hund.
Ich bin kein Schneemann. Ich freue mich, wenn es Frühling wird.
Das Wasser im Rhein ist ziemlich schmutzig; deshalb fühlen sich die Fischlein nicht sehr wohl.
Wir sind Gazellen und keine Löwen; wir fressen deswegen keine Gazellen, sondern nur Gras.

**Aufgabe**

| 2–3/3 | | |

**8**

4 Varianten

Stellen Sie sich diese Küchenszene vor: Ein kleines Mädchen will Pudding machen, aber es ist noch zu klein, um die elektrische Rührmaschine richtig zu bedienen: es gibt eine ziemliche Kleckerei in der Küche.
Die Realität ist:
Ich bin noch klein. Deshalb kann ich die Rührmaschine nicht richtig bedienen.
Das Mädchen denkt über den Mißerfolg nach. Hier sind vier Varianten:
1. Negation
   Wenn ich *nicht* so klein wäre, könnte ich die Rührmaschine bedienen.
2. Gegenteil, Alternative
   Wenn ich *groß* wäre, könnte ich die Rührmaschine *richtig* bedienen.
3. Komparativ, in Kombination mit (2)
   Wenn ich *größer* wäre, könnte ich die Rührmaschine *besser* bedienen.
4. Graduierender Ausdruck, oft in Kombination mit (2/3); sie finden solche Ausdrücke in Kap. 6, A 8 und in Kap. 1, A 24.
   Wenn ich *ein bißchen* größer wäre, könnte ich die Rührmaschine *ein bißchen* besser bedienen.

Welche Variante inhaltlich und stilistisch am besten paßt, entscheidet der Kontext.
In unserem Beispiel klingt Variante 1 zu grob, 3 und 4 drücken die Perspektive des Kindes am besten aus.

Bilden Sie irreale Bedingungssätze; üben Sie in jeder Gruppe die angegebene Variante.

## Gruppe 1: Negation

Wir sind Gazellen; deshalb fressen wir Gras.
Ich bin ein Löwe; aus diesem Grund darf ich Gazellen fressen.
Der Kater war in die Maus verliebt; er konnte sie nicht fressen.

## Gruppe 2: Gegenteil

Wir sind Gazellen, also fressen wir Gras.
Die Nudeln sind kurz; man kann sie nicht Spaghetti nennen.
Die Bernhardiner waren betrunken; deshalb machten sie Unsinn.

## Gruppe 3: Komparativ

Der Tourist war zu langsam; darum konnte er die Nilpferde nicht fotografieren.
Die Bernhardiner waren nicht sehr ordentlich; das war der Grund, weshalb sie den Rum getrunken haben.
Die Köpfe der Giraffen sitzen weit oben, weil die Hälse so lang sind.

## Gruppe 4: graduierende Ausdrücke

Der Tourist hat langsam fotografiert; deshalb hat er die Nilpferde nie erwischt.
Die Bernhardiner waren besoffen; sie haben ihre Pflichten als Rettungshunde vergessen.
Die Löwen fressen uns Gazellen, weil wir zu friedlich sind.

## 9 Aufgabe

3

Die Sätze enthalten ebenfalls eine Wenn-dann-Argumentation, auch wenn der Wenn-Teil nicht ausdrücklich formuliert wird, sondern verkürzt erscheint:

Mit dem ICE wärest du weniger gestreßt in Hamburg angekommen.

Das bedeutet:

Wenn du mit dem ICE gefahren wärest, wärest du weniger gestreßt in Hamburg angekommen.

Verändern Sie die Sätze wie in Aufgabe 6.

Mit einer guten Bohrmaschine ginge die Arbeit natürlich erheblich schneller.
Ohne Zahnweh wäre das Leben wirklich angenehmer.
Überlege mal, als Stadtrat hättest du noch weniger Zeit für die Familie!
Mit diesen Leuten würde ich an deiner Stelle überhaupt nicht mehr zusammenarbeiten.
Die drei Nilpferde hätten sich ohne den dummen Touristen mit dem Fotoapparat an diesem Nachmittag sehr gelangweilt.

## 10 Aufgabe

Besserwissen, Bessermachen

2–3

Man kann sich die Welt, wie sie ist, auch ganz anders vorstellen. Ich könnte alles besser wissen oder anders machen.

Stellen Sie sich vor, Sie wären der Besserwisser oder der Bessermacher. Dabei ist es oft egal, ob der irreale Satz in der Gegenwart oder Vergangenheit formuliert wird.

Beispiel:    Was, ihr macht da mit?
→ Wir würden da nicht mitmachen.
→ Wir hätten da nicht mitgemacht.

Was, du hast diesen verrückten Kerl eingeladen?
Sie kam nicht rechtzeitig.
Diesem Faulenzer hast du geholfen?
Was, so etwas Dummes ist euch passiert?

Was, er hat wirklich dieses schreckliche Auto gekauft?
Du hast das unterschrieben?

**Aufgabe** | 2–3 ☐ ☐

**11**

Wunschsätze

Man kann sich die Welt anders wünschen, als sie ist. Lesen Sie die beiden gleichbedeutenden Sätze:

Wenn ich doch im Denken nicht so langsam wäre!
Wäre ich doch im Denken nicht so langsam!

Die Sätze spielen gedanklich mit der Vorstellung einer anderen Realität; beide Sätze sagen:

Ich will schneller im Denken sein. Ich möchte, daß ich schneller im Denken bin.

Die Realität ist aber:

Ich bin im Denken ziemlich langsam.

Man kann solche hoffnungsvollen, hoffnungslosen, verärgerten oder utopischen Ausrufe durch Redepartikel wie doch, nur, endlich, hoffentlich, bald etc. verstärken und dramatisieren.

Beschreiben Sie die Realität, die aus den irrealen Wunschsätzen spricht.

Wenn ich doch endlich den Schlüssel finden würde!
Ach du lieber Gott, hätte ich doch nur nicht so viel getrunken!
Und dann dieses Wetter! Wenn es doch endlich mal aufhören würde zu regnen!
Wenn mir wenigstens jemand helfen würde.
O wär' ich nie geboren!

**Aufgabe** | 3 ☐ ☐

**12**

Jetzt umgekehrt: Bilden Sie irreale Wunschsätze.
Und bitte mit viel realistischer Dramatik. Beachten Sie die Varianten in Aufgabe 8.

Ich habe dich leider kennengelernt.
Ich muß alles alleine machen.
Es regnet seit Tagen ununterbrochen.
Ich weiß nicht mehr, wie sie/er heißt.
Ich hab' kein Glück im Leben.

**Aufgabe** | 2–3 ☐ ☐

**13**

Fragen

Man kann die Welt, so wie sie ist, in Frage stellen:

Würdest du das (an meiner Stelle) tun?
Hättest du so etwas (in der gleichen Situation) getan?

Schauen Sie noch einmal die Sätze von Aufgabe 10 an; formulieren Sie irreale Fragen. Auch hier kann oft sowohl Gegenwart als auch Vergangenheit verwendet werden.

**14**
Vergleiche

**Aufgabe** 3 | | Die nächsten Sätze sind Vergleiche. Sie vergleichen mit etwas, was nicht, nicht genau oder noch nicht der Realität entspricht. Auf diese Weise kann man kritisieren, übertreiben, etwas sehr drastisch sagen. Manche Vergleiche klingen prophetisch, manche poetisch. Solche Vergleichssätze stehen meistens im K II. Den Vergleich kann man durch so, ganz, ganz so, quasi etc. verstärken oder differenzieren.

Lesen Sie die Sätze, indem Sie als ob oder als verwenden. Prüfen Sie, wo auch Indikativ möglich ist.

Beispiel: Die Gazelle argumentierte (so/ganz/ganz so) wie ein Löwe.
→ (als ob): Die Gazelle argumentierte (so), als ob sie ein Löwe wäre.
→ (als): Die Gazelle argumentierte (so), als wäre sie ein Löwe.

Ich fühle mich wie ein Vöglein.
Spiel dich doch nicht so auf wie der Chef.
Es sieht ganz nach einem Gewitter aus.
Die an den Stammtischen sitzen, reden wie Politiker.
Unser Politiker hat mal wieder geredet wie am Stammtisch.
Das Gedicht auf Seite 33 klingt fast wie von Goethe.

Und so hat der romantische Dichter Josef von Eichendorff formuliert:

Es war, als hätt' der Himmel | Und meine Seele spannte
Die Erde still geküßt | Weit ihre Flügel aus
Daß sie im Blütenschimmer | Flog durch die stillen Lande
Von ihm nur träumen müßt' | Als flöge sie nach Haus.

## Stil-Ecke

**15**
Redewendungen
mit K II

**Aufgabe** 3/3–4 | | Hier ist eine Liste mit Redewendungen. Die Redewendungen in Gruppe 1 gebraucht man vor allem in der Alltagssprache. Achten Sie darauf, wie man sie spricht: Ich würd' sagen,.../Es wär' schön,... Natürlich kann man diese Ausdrücke auch in der Schriftsprache verwenden.
Die Redewendungen in der Gruppe 2 kommen vor allem in geschriebenen Texten und in akademischen Diskussionen vor; es gibt sehr viele Wendungen dieser Art. Nicht alle sollte man nachahmen. Entscheiden Sie, welche Sie verwenden wollen.

Gruppe 1

*Man könnte meinen (glauben),* | du hättest das noch nie gehört.
*Man sollte denken (meinen, glauben),* | wir wären hier in einem zivilisierten Land.
*Ich könnte mir vorstellen,* | noch einmal ganz von vorn anzufangen.
*Ich könnte mir denken,* | daß sie das gar nicht gewußt hat.
*Es müßte (sollte) doch möglich sein,* | diese Leute zu überzeugen.
*Es könnte (gut) sein,* | daß ich mich geirrt habe.
*Es wäre gut,* | wenn du dir das noch einmal in Ruhe überlegen würdest.
*Es wäre schön (toll, prima),* | wenn wir uns mal wieder sehen könnten.
*Ich würde sagen,* | wir haben noch einmal Glück gehabt.
*Es wäre doch gelacht,* | wenn wir das nicht schaffen würden.
*Wenn ich das gewußt hätte,* | dann wäre ich nicht gekommen.
*Ich hätte nicht gedacht,* | daß du auf so eine Idee kommen würdest.

40

Gruppe 2

| | |
|---|---|
| *Ich würde mich sehr wundern,* | wenn dieser Vorschlag akzeptiert wird. |
| *Es müßte Ihnen doch einleuchten,* | daß es so nicht weitergehen kann. |
| *Ich müßte mich (sehr) täuschen,* | wenn ich Sie nicht schon einmal gesehen habe. |
| *Man könnte dagegen einwenden (sagen),* | daß diese Taktik den anderen mehr nützt als uns. |
| *Es wäre angebracht,* | auch die Gegenargumente zu hören. |
| *Ich möchte vorschlagen,* | bald zu einem Ende zu kommen. |
| *Es wäre zu fragen,* | wie sich diese Vorschläge finanzieren lassen. |
| *Es wäre zu wünschen,* | daß wir alle etwas bescheidener würden. |
| *Man sollte annehmen (vermuten),* | daß die Regierung sich das gut überlegt hat. |

**Aufgabe** 3/3–4 □ □ Suchen Sie sich aus der Liste in A 15 die Wendungen heraus, die Ihnen nützlich **16** erscheinen. Beobachten Sie die Deutschen beim Sprechen und beim Diskutieren; stellen Sie sich Ihren eigenen Katalog zusammen.

Verbinden Sie die Sätze: in der ersten Gruppe mit umgangssprachlichen Wendungen, in der zweiten Gruppe mit schriftsprachlichen oder umgangssprachlichen Wendungen.

Gruppe 1

Heute sind alle verrückt geworden.
Geben Sie sich etwas mehr Mühe!
Mit dir könnte ich Ferien machen.
Das hast du gut gemacht.
Die haben ja enorm viele Stimmen bekommen.
Ich fange noch einmal ganz von vorne an.

Gruppe 2

Die Kosten sind größer als der Nutzen.
Hier diskutieren zivilisierte Akademiker.
Die Lösung des Rätsels muß doch zu finden sein.
Wir sollten diese Übung jetzt zu Ende bringen.

**Aufgabe** 4 □ □ Wir haben empfohlen, bei den 9 Grundverben die K II-Variante A zu verwenden: **17** wäre/hätte/würde/könnte/müßte etc. (→ Gr. i. K. 2.). Man kann aber Redesituationen und Texte finden mit würde... sein/würde... werden/würde... können etc.

Stilübung für Könner

Lesen Sie die Sätze und formulieren Sie sie in der Variante A. Versuchen Sie (am besten im Dialog mit Deutschen) zu entscheiden, welches die bessere Formulierung ist, ob man Unterschiede im Stil oder gar in der Bedeutung hören kann und welche Gründe das haben könnte. Die Gründe dafür liegen oft in den verschiedenen Funktionsweisen der Grundverben (→ Kap. 1, Gr. i. K.).

Beispiel:
Ich würde ein großes Haus haben und jeden Abend Gastgeber sein.
→ Ich hätte ein großes Haus und wäre jeden Abend Gastgeber.
Der zweite Satz klingt so, als ob man realistischer mit dieser Möglichkeit kalkuliert: Der erste Satz klingt nach einem Spiel mit der unrealistischen – wenn auch schönen – Möglichkeit: ein großes Haus haben und Gastgeber sein.

41

Beispiel:    Hier bist du nichts, dort würdest du etwas sein.
→ Hier bist du nichts, dort wärest du etwas.
Der erste Satz unterstreicht den Vollverb-Charakter von sein deutlicher als der zweite Satz.

Das würde dann der Fall sein, wenn du mich verraten würdest.
Das würde ich Ihnen auch geraten haben! Also verschwinden Sie jetzt!
Ich würde an deiner Stelle nicht so selbstsicher sein.
Wenn das Chaos nicht schon da wäre, würde es bald da sein.
Wenn ich dich nicht haben würde!
In dieser Situation würdest du überhaupt nichts mehr zu sagen haben.
Erst dachten wir, er würde nie mehr wieder gesund werden.
Und dann würde die Erde verwüstet sein und das Leben keine Chance mehr haben.
Ich würde die Flasche in weniger als einer Minute ausgetrunken haben.
Würden Sie bitte die Freundlichkeit haben und mich in die Stadt bringen?
Er würde wieder der kleine dumme Junge von damals gewesen sein.
Denke mal an Gustav Gründgens: Der würde sich mit großer Geste vom Publikum verabschiedet haben.

Zum Schluß die Aufklärung (von Robert Gernhardt):

> Ich bin ein Geheimagent,
> den zum Glück kein Schwein erkennt.
> Würde mich ein Schwein erkennen,
> wär ich nicht geheim zu nennen.

# Kapitel 3

# VERLOREN UND WIEDERGEFUNDEN

## Verbformen

# Lesepause

## Zusammengesetzte Verben

Die Deutschen haben noch eine Art von Parenthese, die sie bilden, indem sie ein Verb in zwei Teile spalten und die eine Hälfte an den Anfang eines aufregenden Absatzes stellen und die andere Hälfte an das Ende. Kann sich jemand etwas Verwirrenderes vorstellen? Diese Dinger werden „trennbare Verben" genannt. Die deutsche Grammatik ist übersät von trennbaren Verben wie von den Blasen eines Ausschlags; und je weiter die zwei Teile auseinandergezogen sind, desto zufriedener ist der Urheber des Verbrechens mit seinem Werk. Ein beliebtes Verb ist „reiste ab". Hier folgt ein Beispiel, das ich aus einem Roman ausgewählt und ins Englische übertragen habe:
„Da die Koffer nun bereit waren, REISTE er, nachdem er seine Mutter und Schwestern geküßt und noch einmal sein angebetetes Gretchen an den Busen gedrückt hatte, die, in schlichten weißen Musselin gekleidet, mit einer einzigen Teerose in den weiten Wellen ihres üppigen braunen Haares, kraftlos die Stufen herabgewankt war, noch bleich von der Angst und Aufregung des vergangenen Abends, aber voller Sehnsucht, ihren armen, schmerzenden Kopf noch einmal an die Brust dessen zu legen, den sie inniger liebte als ihr Leben, AB.

*Mark Twain*

## Zweierlei Handzeichen

ich bekreuzige mich
vor jeder kirche
ich bezwetschkige mich
vor jedem obstgarten

wie ich ersteres tue
weiß jeder katholik
wie ich letzteres tue
ich allein

*Ernst Jandl*

## Mein Dach ist weggerissen

Mein Dach ist weggerissen von den Granaten, eine Mine hat meinen Grund gesprengt. Mein Inneres ist ausgeräuchert von den Brandbomben. Meine Augenfenster sind eingedrückt vom Luftdruck. Entblößt hängen meine Nervenstränge herab, schmerzhaft abgetrennt vom rauhen Wind. Mein Schrei ist wie ein zertrümmerter, verdrehter Eisenbalken. Meine Seufzer gleiten herab mit dem Trümmerschutt. Meine Tränen steigen mit dem lehmigen Grundwasser und fallen mit dem Regen.

*Peter Weiss*

## Vater, vergib ihnen, denn sie wissen nicht was sie tun

Das erste Wort: eine Bitte für die anderen. Für die Spötter unterm Kreuz, für die Mörder, die Befehlsempfänger, die Folterknechte, die Schuldigen überall. Der Mann, der hier spricht, ein Jude von dreißig Jahren, war gepeinigt, entwürdigt, an Leib und Seele gedemütigt worden: Soldaten hatten ihn ausgepeitscht, nicht nur geprügelt, mit Stöcken und Ruten; nein, mit Lederpeitschen hatten sie ihn geschlagen, die Ahnherrn der Boger, Eichmann und Höss, mit Peitschen, in die, wie Ketten, spitze Knochenstücke und Bleiklumpen eingenäht waren; gemartert hatten sie ihn und dem Blutüberströmten ein Wams aus rotem Tuch übergestülpt: in die Faust einen Knüppel gepreßt und auf den Kopf einen Strohkranz gesetzt! Ein schäbiger Lumpenkönig sollte er werden; eine blutende Puppe, mit der die Soldateska ihren rohen Spaß treiben konnte: erst geschlagen, mit den Klingen-Peitschen und den Metall-Riemen, dann verhöhnt — „Sieht er nicht spaßig aus, der König unserer Gnaden, diese Karikatur eines Herrschers, die man anspucken darf, um ihr Verachtung zu bezeugen, die ihr gebührt?"

*Walter Jens*

# Grammatik im Kasten

## 1. Verbklassen

Im Deutschen gibt es drei Verbklassen:
1. die t-Klasse (manche sagen: „regelmäßige" Verben oder „schwache" Verben);
2. die Vokalklasse (manche sagen: „unregelmäßige" oder „starke" Verben);
3. die Restklasse: eine kleine Gruppe von Verben zeigt Aspekte beider großen Klassen (manche sagen: „gemischte" Verben).

### 1. Die Verben der t-Klasse

Sie bilden das Präteritum mit -t (-et)

| | | | |
|---|---|---|---|
| sag-t | + | Endung | (ich sagte, wir sagten) |
| red-et | + | Endung | (er redete, sie redeten) |

Sie bilden das P II vorne mit ge- und hinten mit -t (-et)

ge-sag-t
ge-red-et

### 2. Die Verben der Vokalklasse

Sie haben im Präteritum und im K II kein t, aber eine Vokaländerung:

| | | | |
|---|---|---|---|
| nehmen | → | nahm | (du nahmst, ihr nahmt;   K II: sie nähmen) |
| laufen | → | lief | (man lief, sie liefen;   K II: sie liefen) |
| gehen | → | ging | (ich ging, wir gingen;   K II: sie gingen) |

Sie können in der 2. und 3. Person Singular Präsens (du; er, sie, es, man) eine Änderung beim Vokal und bei den Konsonanten haben:

| | | |
|---|---|---|
| nehmen | → | nimmst/nimmt |
| laufen | → | läufst/läuft |

Sie bilden das P II vorne mit ge- und hinten mit -en und können dabei ebenfalls Änderungen beim Vokal und bei den Konsonanten haben.

### 3. Die Verben der Restklasse

Die (wenigen) Verben der Restklasse sind Mischformen: Sie haben wie die t-Klasse im Präteritum und im P II -t; sie können wie die Vokalklasse Änderungen bei Vokal und Konsonanten haben.

| | | | | | |
|---|---|---|---|---|---|
| denken | → | dachte/gedacht | können | → | konnte/gekonnt |
| bringen | → | brachte/gebracht | verbrennen | → | verbrannte/verbrannt |
| kennen | → | kannte/gekannt | | | |

tun und sein:

| | | |
|---|---|---|
| tun | → | tat/getan |
| sein | → | war/gewesen |

## 2. P(artizip) I und P(artizip) II

P I

Alle Verben bilden P I auf gleiche Weise: Infinitiv + d:

fotografierend, schlafend, lesend, träumend

P I wird meistens als Adjektiv verwendet und hat dann die Endungen des Adjektivs (→ Kap. 15, Gr. i. K. 5.); in bestimmten Ausdrücken und Sätzen kann P I Teil des Prädikats sein und hat dann keine Endung.

P I wird manchmal als Adverb verwendet:

> Trinkend und tanzend verbrachten die Bernhardiner ihren Geburtstag.
> Wenn wir Glück haben, kommen wir lebend aus dieser Höhle heraus.

| Verb | P I als Adjektiv | P I als Teil des Prädikats |
|---|---|---|
| entscheiden | der entscheidende Augenblick | Der Augenblick war entscheidend. |
| hin-und-herlaufen | der hin-und-herlaufende Tourist | (−) |
| Tango tanzen | die Tango tanzenden Bernhardiner | (−) |
| steigen | die steigende Tendenz | Die Tendenz ist steigend. |
| leben | die hier lebende Bevölkerung | (−) |
| erwarten | die zu erwartenden Probleme | (−) |
| irritieren | einige irritierende Äußerungen | Einige Äußerungen waren irritierend. |

## P II

1. Folgende Verben bilden P II mit ge-:
   alle zweisilbigen Verben der t-Klasse (ge + Verbstamm + t):
   > gehandelt, gemacht, gelacht, gedacht, gelernt

   alle zweisilbigen Verben der Vokalklasse (ge + Verbstamm + en):
   > geschrieben, gelaufen, getroffen, geschwommen

   Verben mit trennbaren (betonten) Vorsilben:
   > angekommen, angefangen, abgemacht, vorübergegangen, weggelaufen

   einige Verben mit betonten Vorsilben, die aber nicht trennbar sind:
   > gefrühstückt, gekennzeichnet, geantwortet, gerechtfertigt

2. Folgende Verben bilden P II ohne ge-:
   alle Verben mit festen (untrennbaren, unbetonten) Vorsilben:
   > erzählt, begriffen, vergessen, verstanden, wiederholt, zerrissen

   die Verben (aus dem internationalen Wortschatz) auf -ieren:
   > studiert, gratuliert, telefoniert, fotografiert

   Verben mit zwei Vorsilben:
   > abbestellt, überbelegt, mißverstanden

| P II-Verwendung | Beispiel |
|---|---|
| Tempus (Perfekt/Plusquamperfekt) | Die Bernhardiner haben/hatten einen Tango getanzt. |
| Passiv | Es wurde ein feuriger Tango getanzt. |
| P II als Adjektiv | der ausgetrunkene Rettungsrum |
| P II als Teil des Prädikats | Die Bernhardiner waren betrunken. |
| Adverb | Sie rollten betrunken den Berg hinunter. |

## 3. Vorsilben

Durch die Verbindung von Vorsilbe und Verb entstehen neue Bedeutungen. Wir unterscheiden zwei Arten von Vorsilben:

1. Eine Gruppe von Vorsilben sind feste Teile des Verbs:

> be-, emp-, ent-, er-, ge-, miß-, ver-, zer-

Sie bilden P II ohne ge-:

> Die Blumen habe ich völlig vergessen.

Die Vorsilbe bleibt im Präsens/Präteritum beim Verb (und geht nicht ans Satzende):

> Ich vergesse die Blumen bestimmt nicht!

Die Betonung liegt auf dem Verbstamm, die Vorsilbe ist unbetont; zu steht vor dem Infinitiv:

> Es war so schön, einmal alles zu vergessen.

2. Die größte Zahl der Vorsilben ist trennbar:

> ab-, an-, auf-, aus-, bei-, ein-, mit-, nach-, vor-, zu- etc.

Sie können vom Verb getrennt werden:

> im P II: Hast du überhaupt Geld mitgenommen?
> in Infinitivsätzen: Ich habe ganz vergessen, Geld mitzunehmen.
> im Präsens und Präteritum: Nimmst du Geld mit?

Die Vorsilbe ist betont.

## 4. Liste der Verben der Vokalklasse und der Restklasse

Hier finden Sie eine Auswahl (veraltete oder selten verwendete Verben sind weggelassen). Die Liste enthält neben den einfachen Verben auch wichtige Verben mit Vorsilben. Beispiel: biegen: abbiegen, verbiegen.
Die Grundverben sein, werden, müssen, können etc. finden Sie in Kap. 1.

**Aufgabe**

2/2–3 ☐

Machen Sie sich bei jedem Verb die Form klar:
3. Person Singular Präsens; Präteritum; P II; K II.
Üben Sie die Formen sehr gründlich (z. B. mit Karteikärtchen). Bilden Sie Beispielsätze; beachten Sie verschiedene Verwendungsmöglichkeiten des Verbs; machen Sie sich die Grammatik des Verbs klar: Akkusativ oder Dativ? Wird Perfekt mit haben oder sein gebildet? Bedenken Sie bei den K II-Formen das, was in Kap. 2, Gr. i. K. 2. gesagt wurde.

**1**

Verben der Vokalklasse

befehlen

beginnen

beißen
abbeißen, anbeißen

bekommen

bergen
verbergen

biegen
abbiegen, einbiegen, ver-
biegen, geradebiegen

bieten
verbieten, anbieten

binden
anbinden, zubinden, verbinden

bitten

bleiben
verbleiben, zurückbleiben

brechen
abbrechen, einbrechen,
ausbrechen, unterbrechen,
zerbrechen (P II: verbrochen)

brennen
abbrennen, anbrennen,
verbrennen

bringen
  mitbringen, sich umbringen,
  wegbringen, verbringen

denken
  nachdenken, bedenken,
  sich etwas ausdenken

(dringen)
  eindringen, durchdringen

empfangen

empfehlen

empfinden

erschrecken

essen
  aufessen

fahren
  abfahren, befahren, erfahren,
  überfahren

fallen
  auffallen, durchfallen,
  hinfallen, überfallen, umfallen,
  zerfallen

fangen
  anfangen

finden
  sich befinden, erfinden,
  herausfinden

fließen

fliegen
  abfliegen, überfliegen

fliehen

fressen
  auffressen

frieren
  einfrieren, erfrieren, zufrieren,
  gefrieren

(gebären) P II: geboren

geben
  abgeben, angeben, ausgeben,
  hergeben, eingeben,
  sich ergeben, zugeben

gehen
  weggehen, mitgehen,
  untergehen, übergehen,
  vorbeigehen

gefallen
  mißfallen

gelingen
  mißlingen

gelten
  vergelten

genießen

geraten
  mißraten

geschehen

gewinnen

gießen
  begießen, eingießen, vergießen

gleichen
  vergleichen

graben

greifen
  angreifen, begreifen, zugreifen,
  sich vergreifen

halten
  anhalten, aufhalten, aushalten,
  behalten, enthalten, sich
  unterhalten, sich verhalten

hängen
  abhängen von, aufhängen

(hauen) P II: gehauen

heben
  aufheben, abheben

heißen

helfen
  verhelfen

kennen
  sich auskennen, anerkennen

klingen
  erklingen, anklingen

kommen
  ankommen, bekommen,
  entkommen, herkommen,
  mitkommen, umkommen

laden
  einladen, ausladen, beladen,
  entladen

lassen
  auflassen, auslassen,
  durchlassen, entlassen,
  verlassen

laufen
  sich verlaufen, weglaufen,
  einlaufen, auslaufen

leiden

leihen
  ausleihen, verleihen

lesen
  ablesen, nachlesen,
  sich verlesen, vorlesen

liegen
  vorliegen, unterliegen

lügen
  belügen

meiden
  vermeiden

messen
  ausmessen, vermessen

nehmen
  annehmen, sich benehmen,
  mitnehmen, unternehmen, sich
  etwas vornehmen

nennen
  benennen, ernennen

pfeifen

raten
  beraten, erraten, verraten

reiben
  zerreiben, abreiben

reißen
  abreißen, verreißen, zerreißen

reiten

rennen
  wegrennen

riechen

rufen
  anrufen, zurückrufen

saufen
  versaufen, absaufen

schaffen
  abschaffen, anschaffen, sich
  etwas verschaffen

(scheiden) P II: geschieden
   sich entscheiden

scheinen
   erscheinen, bescheinen

scheißen
   bescheißen

schieben
   verschieben, wegschieben

schießen
   erschießen

schlafen
   verschlafen, ausschlafen,
   einschlafen

schlagen
   abschlagen, ausschlagen,
   zurückschlagen

schleichen
   beschleichen, umherschleichen

schleifen
   abschleifen

schließen
   abschließen, aufschließen,
   beschließen, sich entschließen,
   verschließen

schlingen
   verschlingen

schmeißen
   hinschmeißen
   wegschmeißen

schneiden
   abschneiden, ausschneiden,
   beschneiden

schreiben
   abschreiben, anschreiben,
   aufschreiben, unterschreiben,
   hinschreiben, sich verschreiben

schreien
   anschreien

schreiten
   überschreiten

schweigen
   verschweigen

schwimmen

schwinden
   verschwinden

schwören
   sich verschwören

sehen
   aussehen, einsehen, absehen,
   hinsehen, übersehen,
   sich vorsehen

singen

sinken
   versinken, absinken

sitzen
   besitzen

spinnen

sprechen
   ansprechen, absprechen,
   besprechen, versprechen,
   sich versprechen

springen
   vorspringen, überspringen

stechen

stehen
   verstehen, bestehen, gestehen,
   überstehen

stehlen

steigen
   einsteigen, aussteigen,
   umsteigen, übersteigen

sterben
   absterben, aussterben

stinken

stoßen
   anstoßen, abstoßen, verstoßen,
   zusammenstoßen

streichen
   anstreichen, bestreichen,
   durchstreichen, unterstreichen

streiten
   bestreiten

tragen
   beitragen, betragen, eintragen,
   ertragen, sich vertragen,
   vortragen

treffen
   betreffen, zusammentreffen

treiben
   übertreiben, betreiben, sich die
   Zeit vertreiben

treten
   eintreten, austreten,
   betreten, vertreten

trinken
   ertrinken, austrinken

trügen
   betrügen

tun
   sich antun, sich vertun, wehtun

verderben

vergessen

verlieren

verzeihen

wachsen
   aufwachsen, verwachsen,
   zusammenwachsen

waschen
   abwaschen

weichen
   einweichen, aufweichen,
   abweichen, entweichen,
   zurückweichen

weisen
   beweisen, hinweisen,
   nachweisen, überweisen,
   zurückweisen

werben
   sich bewerben, abwerben,
   anwerben

werfen
   entwerfen, verwerfen,
   vorwerfen, wegwerfen

wiegen
   abwiegen, überwiegen

winden
   überwinden

wissen

ziehen
   ein/aus/um/weg/fort/
   verziehen,
   sich an/aus/umziehen,
   erziehen, verziehen

zwingen
   erzwingen, bezwingen

# Übungen und Regeln _____

## Verben mit festen Vorsilben

**2**
*be-*

**Aufgabe**
| 2–3 | | |

Verben mit der Vorsilbe be-

Bei vielen Verben konkurrieren Präpositionen (→ Kap. 12, A 12) mit festen Vorsilben (steigen auf/besteigen). Die Bedeutung kann sich dabei ändern. Die Verben mit festen Vorsilben haben oft eine Ergänzung im Akkusativ. Sie können präziser, professioneller, schärfer klingen; oder sie drücken aus, daß etwas besonders intensiv getan wird. Hier sind Beispiele mit der festen Vorsilbe be-:

| | |
|---|---|
| *auf* eine Frage antworten | ↔ eine Frage *be*antworten |
| *über* eine Situation schreiben | ↔ eine Situation *be*schreiben |
| *über* einen Sachverhalt urteilen | ↔ einen Sachverhalt *be*urteilen |
| *an* der Wahrheit zweifeln | ↔ die Wahrheit *be*zweifeln |

Beschreiben Sie die Bedeutungsunterschiede in den Beispielen und in den folgenden Sätzen.

| | |
|---|---|
| Ich wundere mich über dich. | ↔ Ich bewundere dich. |
| Er lehrt theoretische Physik. | ↔ Du versuchst immer, die Leute zu belehren. |
| Ich fürchte mich vor der Dunkelheit. | ↔ Es sind erhebliche Schwierigkeiten zu befürchten. |
| Sie arbeitet an diesem Thema. | ↔ Wir haben den Stoff neu bearbeitet. |

**3**

**Aufgabe**
| 2–3 | | |

Verben mit be- können von Nomen und Adjektiven abgeleitet werden.

Formulieren Sie die Sätze um, indem Sie ein Verb mit be- verwenden. Sind Bedeutungsunterschiede zu erkennen?

Beispiel:
An der Stoßstange kannst du das Abschleppseil nicht *festmachen*.
→ An der Stoßstange kannst du das Abschleppseil nicht *befestigen*.

Die Bernhardinerhunde haben den *Auftrag*, in den Bergen nach vermißten Skitouristen zu suchen.
Ich will mir ein halbes Jahr *Urlaub* geben lassen.
Das Buch ist reichlich mit *Bildern* versehen.
Ich glaube, mein Auto braucht neue *Reifen*.
Glücklich ist der, der sich von seinen Zwängen *frei* gemacht hat.

**4**

**Aufgabe**
| 3 | | |

Sie können auch ein Wörterbuch zur Hand nehmen und die Liste der Verben mit be- durchgehen (z. B. WAHRIG, Deutsches Wörterbuch: über 450 Verben). Welche sind Ihnen spontan bekannt, welche sind für Sie neu?
Geben Sie einfache Definitionen für die Verben.

Beispiel:
jemanden beschuldigen
→ jemandem die Schuld geben; behaupten, daß jemand schuldig ist

| | | |
|---|---|---|
| jemanden beglückwünschen | jemanden beruhigen | jemanden bevollmächtigen |
| etwas bezuschussen | jemanden bedrängen | etwas/jemanden bewachen |
| etwas berühren | jemanden beschimpfen | etwas betreten |
| etwas/jemanden beherrschen | etwas bekräftigen | etwas besorgen |

**Aufgabe** 2–3

Verben mit der Vorsilbe ver- können ausdrücken, daß sich etwas verändert, daß etwas erreicht wird, daß etwas zu Ende gebracht wird oder zu Ende geht:

Sie haben sich aber sehr verändert.
Wunderbar, wir haben in wenigen Stunden alles verkauft.
Die Lage hat sich sehr verbessert.
Einige Begriffe sind ziemlich veraltet.

Erklären Sie mit einfachen Worten die Bedeutung der Verben mit ver- im Kontext der Sätze.

**5**
*ver-*

Hätten wir lieber das Geld *vergraben*, das wir so gerne *vertrunken* haben. (Karnevalslied)
Sie *vermischen* ständig Fakten mit Meinungen.
Können Sie Ihre Auffassung ein wenig *veranschaulichen?*
Natürlich müssen die finanziellen Anstrengungen für den Aufbau der Wirtschaft *verstärkt* werden.
Die Aufgabe dieses Buches ist es nicht, die deutsche Sprache zu *vereinfachen*, sondern sie zu *verdeutlichen*.

**Aufgabe** 2–3

In dieser Gruppe wird durch die Vorsilbe ver- etwas Negatives, Falsches, Ungünstiges ausgedrückt (→ Kap. 6, A 4):

Sobald er kommt, ist die ganze Atmosphäre *vergiftet*.
Sie *verdrehen* mir ständig die Argumente!
Durch Ihre liebenswürdige Hilfe hat sich alles noch mehr *verkompliziert*.

Erklären Sie die Bedeutung der Verben im Kontext der Sätze.

**6**
*ver-*: negative Bedeutung

Hänsel und Gretel *verliefen* sich im Wald.
Wenn Sie so weitermachen, *verbauen* Sie sich Ihre ganze Karriere.
Ich glaube, da habe ich mich ziemlich *verrechnet*.
Du machst einen ziemlich *verschlafenen* Eindruck.
Wir sollten aufhören, wir *verschlimmbessern* nur alles.
Wer sich *verspricht*, zeigt unfreiwillig ein Stück seiner Seelenlage (meint Sigmund Freud).

**Aufgabe** 2–3

Erklären Sie, um welche technischen Tätigkeiten es sich handelt.

**7**
*ver-*: Technik

eine Flasche verkorken
einen Brief versiegeln

ein Fenster verglasen
eine Figur vergolden

eine Öffnung vergittern
ein Stück Metall verchromen

**Aufgabe** 3

Verbessern Sie Ihren Wortschatz, indem Sie im Wörterbuch die Liste der Verben mit ver- durchlesen. Welche erscheinen Ihnen wichtig, welche sind Ihnen neu?

**8**
*ver-* im Wörterbuch

**Aufgabe** 2–3

Die Verben mit ge- sind nicht sehr zahlreich und bilden keine einheitliche Bedeutungsgruppe. Oft ist die Vorsilbe mit dem Verb zusammengewachsen: gefährden, gelingen, gewinnen, genießen etc.

Erklären Sie die Bedeutung der Verben im Kontext der Sätze.

**9**
*ge-*

Wie *gefällt* Ihnen denn dieser flotte Strohhut?
Mir – pardon – Dir *gehört* mein ganzes Herz!
Ich hab' mich so an mich *gewöhnt!*
Es will mir nicht *gelingen*, das hohe C zu singen.
Erst *gelangten* wir in einen Sumpf, und dann *gerieten* wir in einen Schlamassel.
Er ist ein Egomane, er will *gewinnen* und *genießen*.
Es *geschah* an einem Donnerstag Vormittag.
Hier sieht man ihre Trümmer rauchen, der Rest ist nicht mehr zu *gebrauchen*.
(so beschrieb Wilhelm Busch den Feuertod der „Frommen Helene").

**10**

*er-*

**Aufgabe**

| 2–3 | | |

Bei vielen Verben mit er- hört man heraus, daß etwas erreicht wird, ein Produkt, ein bestimmter Zustand, ein Ziel:
erbauen, ermöglichen, erreichen, ermüden etc.

Erklären Sie die Bedeutung der Verben im Kontext der Sätze.

Wer *erbaute* das ewige Rom, wer *errichtete* den Stuttgarter Fernsehturm? (frei nach Brecht)
Mrs. Lennox und Mr. Wade wurden mit einer 38er Pistole *erschossen*, wie man *erfahren* konnte.
*Erholen* Sie sich erst einmal, Sie sind ja ganz *erschöpft*.
*Erinnern* Sie mich daran, was ich heute alles noch *erledigen* muß!
Hier bei uns können Sie die tollsten Sachen *erleben*.
Mit Druck *erreichen* Sie bei mir nichts!
Ich möchte mich bei Ihnen *erkundigen*, wann der Winterfahrplan *erscheint*.

**11**

*ent-*

**Aufgabe**

| 2–3 | | |

Bei den Verben mit ent- in der Gruppe 1 hört man heraus, daß etwas weggenommen wird, daß etwas verschwindet. Die Verben der Gruppe 2 haben andere Bedeutungen.

Erklären Sie die Bedeutung der Verben.

Gruppe 1

Am Ende war der arme Tourist völlig *entnervt*.
*Entfernen* Sie sich unauffällig durch die Hintertür!
Fröhlich *entkorkten* sie noch ein Fläschchen.
Suchanzeige: Kurzbeiniger Dackel *entlaufen*
Wegen der fristlosen Kündigung der Bernhardiner *entfällt* natürlich auch ihr Rentenanspruch.

Gruppe 2

Jetzt wissen wir, wie in der Schweiz die Lawinen *entstehen*.
Nicht jede Schlange ist *entzückt*, wenn sie der Schlangenforscher *entdeckt*.
Herr Streit glaubt, die Äpfel seines Nachbarn würden besonders viele Vitamine *enthalten*.
Das *entspricht* aber nicht den Tatsachen.

**12**

*zer-*

**Aufgabe**

| 2–3 | | |

Bei den Verben mit zer- geht etwas auseinander oder kaputt; meist wird dieser Effekt negativ bewertet (→ Kap. 6, A 4): Kartoffeln zerkochen (negativ); einen Fisch zerlegen (nicht negativ)

Erklären Sie die Bedeutung der Verben im Kontext der Ausdrücke.

| | | |
|---|---|---|
| ein Gebäude zerstören | einen Menschen zerbrechen | die Fesseln zerreißen |
| auf der Zunge zergehen | die Nudeln zerkochen | den Kuchen zerdrücken |
| die Forelle zerlegen | in seine Bestandteile zerfallen | Bedenken zerstreuen |
| ein Thema zerreden | die Moral zersetzen | die Landschaft zersiedeln |

**13**

*miß-*

**Aufgabe**

| 2–3 | | |

Die Verben mit miß- in der Gruppe 1 haben eine negative Bedeutung. Verändern Sie die Sätze, indem Sie das Negationswort nicht verwenden. Erklären Sie die Verben der Gruppe 2, die in stärkerem Maße etwas Schlimmes, Falsches, Verbrecherisches enthalten.

Gruppe 1

Die Bernhardiner haben ihre Vorschriften *mißachtet*.
Das hat ihren Vorgesetzten natürlich sehr *mißfallen*.
Dabei sind die Vorschriften klar formuliert, niemand kann sie *mißverstehen*.
Angetrunkenen Rettungshunden sollte man *mißtrauen*.
Sonst *mißlingt* die schönste Rettungsaktion.

Gruppe 2

Ihr Herren Bernhardiner, Sie haben unser Vertrauen leider grob *mißbraucht*.
Sie *mißratener* Hund, Sie!
Niemand ist berechtigt, kleine Hunde zu *mißhandeln*.

## Verben mit trennbaren Vorsilben

**Aufgabe**

| 3 | | |

Die größte Zahl der Vorsilben ist trennbar: ab-, an-, auf-, aus-, bei-, ein-, mit-, nach-, vor-, zu-.

In der Liste finden Sie Verben mit trennbaren Vorsilben und ihren wichtigsten Bedeutungen. Markieren Sie die Verben, die Ihnen neu oder wichtig erscheinen. Sie können die Vorsilben auch im Wörterbuch nachschlagen und weitere Verben sammeln.

**14**

trennbare Vorsilben

### ab-
| | |
|---|---|
| weg: | abgeben, abbiegen, abdrehen, abziehen, abschneiden, abtreten, abstoßen |
| nach unten: | abstürzen, absetzen, abspringen |
| Verminderung: | (sich) abarbeiten, abbezahlen, abbuchen |
| Verneinung: | absagen, abstreiten, ablehnen |
| Imitation: | abschreiben, abmalen, abgucken |
| Ende: | abschließen, abfertigen, abrechnen |

### an-
| | |
|---|---|
| Beginn: | anfangen, anfahren, anbrechen, anlaufen |
| Ende: | anhalten, ankommen |
| Kontakt: | anfassen, anlegen, anziehen, anbinden, anbringen, anschließen |
| Aggression: | angreifen, anspucken, anstoßen, anfallen, anfahren |
| Initiative: | anregen, (eine Entwicklung) anstoßen |

### auf-
| | |
|---|---|
| nach oben: | aufstehen, aufsehen, aufrichten, aufsetzen, aufheben, aufwachen |
| nach unten: | auftreffen, auftreten, aufklatschen, aufschlagen |
| Befestigung: | aufkleben, aufnageln |
| öffnen: | aufreißen, aufschließen, aufmachen, aufklappen |
| plötzlich: | auflachen, aufheulen, aufbrüllen, aufblitzen |
| neu machen: | aufbügeln, aufkochen, aufbacken, aufbereiten |
| Anfang: | aufbrechen, (die Arbeit) aufnehmen, (ein Geschäft) aufmachen, auftauchen |
| Ende: | aufessen, aufgeben, aufkündigen, aufheben, auflösen |
| Speicherung: | aufpassen, aufnehmen, aufheben (konservieren) |
| zeigen: | aufklären, aufzeigen, aufdecken |

### aus-
| | |
|---|---|
| heraus/hinaus: | ausgehen, ausfahren, aussperren, auslaufen, ausbrechen, austreten |
| Ende: | ausmachen, ausschalten |
| Expansion: | sich ausdehnen, sich ausbreiten, ausweiten, ausbauen |
| intensiv: | ausfragen, ausbrennen, ausfüllen, sich ausschlafen, sich aussprechen |
| Realisierung: | ausführen, ausfertigen, ausstellen, ausrichten |
| fehlen: | ausbleiben, ausgehen (Geld), ausfallen (Licht) |

### bei-
| | |
|---|---|
| Hilfe: | beistehen, beitragen, beispringen, beibringen |
| Ende: | beilegen |

## ein-

| | |
|---|---|
| hinein (aggressiv): | eindringen, einfallen, einbrechen |
| hinein (neutral): | einkaufen, (Tabletten) einnehmen, sich einschreiben, sich einschalten |
| destruktiv: | einschlagen, einreißen, einwerfen |
| Ende: | (Gerichtsverfahren) einstellen, einpacken, einhalten |
| kreativ: | einfallen (Idee), eingehen auf |
| professionell: | sich einarbeiten, einüben |

## mit-

| | |
|---|---|
| Teilnahme: | mitkommen, mitfahren, mitmachen, mitdenken, mitfühlen. |
| negativ bewertet: | mitlaufen |
| bekommen: | mitbekommen, mitkriegen, mitgeben |
| weg: | mitnehmen, mitgehen lassen |

## nach-

| | |
|---|---|
| Imitation: | nachmachen, nachahmen, nachsprechen |
| weniger: | nachlassen, nachgeben |
| geistige Tätigkeiten: | nachdenken, nachfragen |
| hinterher: | nachfolgen, nachwirken, nachbehandeln |
| verfolgen: | nachweisen, nachstellen |
| Kontrolle: | nachzählen, nachrechnen, nachspionieren |

## vor-

| | |
|---|---|
| Ereignis: | vorfallen, vorgehen |
| vor (lokal): | vorankommen, vorausgehen, vorspringen |
| vor (temporal): | vorgehen, vorschlafen, vordenken |
| Blick auf später: | vorgreifen, vorbereiten, vorbeugen |
| Präsentation: | etwas/sich vorstellen, vorlesen, vortragen, vorsingen |
| Regel: | vorschreiben |
| Imagination: | sich etwas vorstellen, etwas vorspielen, vorschweben |
| Aggression: | vorwerfen, vorgehen, sich jemanden vornehmen/vorknöpfen |

## zu-

| | |
|---|---|
| schließen: | zumachen, zusperren, zuschließen, zudrücken |
| Richtung/Krise: | zufließen, zustreben, sich zuspitzen, auf etwas zulaufen |
| Verletzung: | zufügen, zurichten, zumuten |
| Kommunikation: | zuprosten, zustimmen, zujubeln |
| zugunsten: | zueignen, zuteilen, zuerkennen, zukommen lassen |

---

**15**

noch mehr
trennbare
Vorsilben

**Aufgabe**

```
3
```

Es gibt weitere trennbare Vorsilben, die in ihrer Bedeutung ziemlich eindeutig sind: fort-, hin-, her-, herum-, hinein-, heraus-, los-, weg-, weiter-, zurück-, zwischen-.

Machen Sie sich an den Beispielen der Liste die Grundbedeutung klar, und suchen Sie im Wörterbuch nach weiteren Verben, die Ihnen wichtig erscheinen. Beachten Sie bei den Vorsilben mit her-/hin- die umgangssprachliche Ausdrucksweise mit r- (→ Kap. 20, A 9).

| | |
|---|---|
| da(r) + Präp: | sich danebensetzen; sich daranmachen; dahinterkommen (hinter ein Geheimnis) |
| empor-: | auf eine höhere Stufe emporheben |
| entgegen-: | einer Meinung entgegentreten |
| entlang-: | die Straße entlanggehen |
| fort-: | sich langsam fortbewegen; aus dem Land fortziehen |

| | |
|---|---|
| her-: | herkommen; aus dem Lateinischen herleiten |
| hinein-: | bis in die Familie hineinreichen |
| herab-: | Ich habe das Gefühl, Sie wollen mich vor den anderen herabsetzen. |
| heran-: | Wollen Sie sich wirklich an diese Verben heranwagen? |
| heraus-: | Gar nichts ist dabei herausgekommen. |
| herbei-: | jemanden herbeisehnen |
| herein-: | jemanden mit einem Trick hereinlegen |
| herum-: | untätig herumstehen |
| herunter-: | etwas im Preis herunterhandeln |
| hervor-: | aus einer Auseinandersetzung als Sieger hervorgehen |
| hin-: | genau hinschauen; zusammen hingehen |
| los-: | plötzlich loslassen |
| weg-: | schnell weglaufen; Abfall wegwerfen |
| weiter-: | im Buch weiterlesen; so weitermachen wie bisher |
| zurecht-: | Ich denke, Sie werden mit allem zurechtkommen. |
| zurück-: | sich gemütlich im Sessel zurücklehnen; auf die letzten Jahre zurückblicken |
| zusammen-: | die Verhandlungsergebnisse zusammenfassen |
| zwischen-: | in Frankfurt zwischenlanden |

**Aufgabe** Erklären Sie die Bedeutungen der Verben im Kontext der Sätze. **16**

3

Ich hoffe, das kriegen wir bald wieder hin.
Ich bin müde, ich möchte mich ein wenig hinlegen.
Das kann ich nicht ohne Widerspruch hinnehmen.
Die Diskussionen haben sich bis in den späten Abend hingezogen.
Vorsicht, sonst geht das Ding noch los!
Ich hoffe, Sie haben was los auf Ihrem Gebiet.
Wir geben unseren Mitarbeitern genügend Gelegenheit, sich weiterzubilden.
Den Prototyp des neuen Motors haben wir inzwischen weiterentwickelt.
Sie können jetzt mit Ihrem Beitrag fortfahren. Fortsetzung folgt.

**Aufgabe** Die heutige Sprache kennt in großer Zahl Verben, die mit trennbaren Vorsilben- **17**

3 Elementen zusammengesetzt sind; es kommen immer neue hinzu.

komplexe
Lesen Sie die Beispielsätze, machen Sie sich die Bedeutungen klar und übertra- trennbare
gen Sie die Sätze ins Perfekt. Vorsicht: es sind ein paar Überraschungen dabei: Vorsilben
nicht alle Verben gehören in diese Gruppe.

Es war schön, Sie kennenzulernen.
Zehn Schäfchen gehen verloren.
Unsere Gesellschaft stellt Frauen noch keineswegs gleich.
Es fällt mir leicht, auf Englisch zu reden.
Um halb neun frühstücken wir.
Die Veranstaltung findet gar nicht statt.
13 Mann nehmen an einer Höhlenforscherexpedition teil.
Warum ohrfeigen Sie mich?
Tut mir leid, wir machen dicht. (= schließen den Laden)
Sie nehmen uns übel, daß wir das Lawinenspiel gemacht haben.

## Verben mit festen und trennbaren Vorsilben

**18**

fest oder
trennbar?

**Aufgabe**

| 3 | | |

Einige Vorsilben können sowohl fest als auch trennbar sein (durch-, hinter-,
über-, um-, unter-, voll-, wider-, wieder-):

trennbar: Nie kann ich mich gegen dich durchsetzen! (= *mein Ziel erreichen*)

fest:     Der Geheimdienst ist mit lauter grünen Männchen durchsetzt.
        (= *Im Geheimdienst gibt es viele grüne Männchen, die Spione sind.*)

Klären Sie bei den folgenden Sätzen mit durch-
a) die Betonung
b) die Form des P II (Bilden Sie Perfekt oder Passiv.)
c) die Bedeutung

Ich fürchte, heute Nacht werde ich durcharbeiten müssen.
Alle Geburtstagsgäste wollen die Nacht durchmachen.
Und wenn ich bei der Prüfung durchfalle?
Dich, mein Lieber, durchschaue ich!
Der Unfallwagen durchschlug eine Häuserwand.
Sie dürfen nicht aufgeben, Sie müssen durchhalten!
Ich bin mit meiner Meinung leider nicht . . . . . . . . . . . . . . . . . . . .    (durchdringen).
In Heidelberg sind wir leider nur . . . . . . . . . . . . . . . . . . . .    (durchfahren).
Wir haben uns ohne einen Pfennig Geld . . . . . . . . . . . . . . . . . . . .    (durchschlagen).
Das ganze Projekt ist noch zu wenig . . . . . . . . . . . . . . . . . . . .    (durchdenken).
Herrgott, da hat doch einer die Telefonleitung . . . . . . . . . . . . . . . . . . . .    (durchtrennen).

**19**

**Aufgabe**

| 3–4 | | |

Klären Sie wie in Aufgabe 18 die Betonung, die Form des P II und die Bedeutung
der Verben.

### hinter- (überwiegend fest)

Er hinterläßt seinen Kindern nur Schulden und Schuldkomplexe.
Immer muß ich dir hinterherlaufen.
Ich vermute, du hintergehst mich.

### über- (überwiegend fest)

Die Moral ist schlecht, die meisten wollen überlaufen.
Wenn es so weiter geht, dann wird der Topf überlaufen.
Ich werde von euch total überfahren.
Sie überwältigen mich mit Ihrer Freundlichkeit.
Ich möchte jetzt überleiten zu unserem nächsten Thema.
So etwas überhört man am besten.
Spielend überging sie die peinliche Situation.
So einen groben Fehler kann man doch nicht übersehen.
Noch so einen Schock werde ich nicht überleben.
Sie übertreffen mich ja noch an Geist und Witz!
Übersetzen Sie den Text mal ins Englische, das ist nicht ganz einfach.
Nicht überholen, da vorn kommt einer entgegen!

### um- (überwiegend trennbar)

Geschäft geschlossen. Wir bauen um!
Der wollte mich mit seinem Auto einfach umfahren.
Verkehrsstau! Bitte umfahren Sie München großräumig.
Ein Gespenst ging um in Europa.
Sie können das Problem umgehen, indem Sie es gar nicht erst zu lösen versuchen.
Dieser Film hat mich wirklich nicht umgeworfen.
Ich würde die Problematik mit folgenden Worten umschreiben: ...
Sie müssen umdenken, wenn Sie Ihre Lage verbessern wollen.

### unter- (überwiegend fest)

Es hat so stark geregnet, daß ich mich untergestellt habe.
Unterstellst du mir etwa, daß ich dich belogen habe?
Unterbrechen Sie mich nicht dauernd!
Wir werden mit Glanz und Gloria untergehen!
Ihr habt mit eurem Auftritt unsere ganze Strategie unterlaufen.
Kommen Sie, wir wollen uns einmal miteinander unterhalten.
Was noch unklar ist, werden wir genau untersuchen.
Nein, so etwas unterschreibe ich nicht!

### voll-

Die Hunde haben sich total vollaufen lassen.
Und dann haben sie Purzelbäume vollführt.
Jetzt vollbringen sie wieder ihre männlichen Heldentaten.
Hör auf, mich mit Schokolade vollzustopfen!
Sehr verehrter Jubilar, Sie vollenden heute Ihr achtzigstes Lebensjahr.

### wider- (überwiegend fest)

Ich kann Ihnen Ihre Argumente fast alle widerlegen.
Da widerspreche ich Ihnen aber heftig!
Widerstehe den Anfängen, sagt der Moralist.
Und wenn der Jäger singt im Wald, das Echo mehrfach widerhallt.

### wieder- (überwiegend trennbar)

Wiederholen Sie mal, was Sie gelernt haben!
Das Buch müssen Sie mir aber wiederbringen!
Können Sie den Inhalt mit eigenen Worten kurz wiedergeben?
Durch Mund-zu-Mund-Beatmung konnte Dornröschen vom Königssohn wiederbelebt werden.
Die Deutschen haben viel Trara gemacht, als sie sich wiedervereinigten.

Und was sagt die Grammatische Theologie zum Thema „Mensch und Gott"?

> Präsens: Der Mensch denkt, und Gott lenkt.
> Präteritum: Der Mensch dachte, und Gott lachte.

# Kapitel 4

# SICH ZEIT NEHMEN
## Zeit und Tempus

# Lesepause _____

## Die Geschichte von den Nilpferden

Einmal haben drei Nilpferde im Fluß gelegen und sich gelangweilt. Da ist ein Mann gekommen, der wollte die Nilpferde fotografieren. Die drei haben ihm zugesehen, wie er sich den Fotoapparat vor die Augen gehalten hat. Der Mann hat geknipst – aber da war kein Nilpferd mehr zu sehen. Sie waren untergetaucht, und der Mann hatte nur das Wasser fotografiert. Er hat gewartet. Endlich sind die Nilpferde wieder aufgetaucht. Aber sie waren jetzt viel weiter unten am Fluß.
Der Mann ist schnell dorthin gelaufen. Die Nilpferde haben im Wasser gelegen und mit den Ohren gewedelt und zugesehen, wie der Mann gerannt ist. Dann hat er wieder geknipst – aber da war kein Nilpferd mehr zu sehen. Der Mann hatte wieder nur das Wasser fotografiert. Er hat sich auf einen Stein gesetzt und gewartet. Endlich sind die Nilpferde wieder aufgetaucht. Aber diesmal waren sie viel weiter oben am Fluß. Der Mann ist gleich wieder losgerannt. Die Nilpferde haben im Wasser gelegen und mit den Augen geblinzelt und zugesehen, wie der Mann schwitzen und japsen mußte. Dann hat der Mann wieder geknipst – aber da war kein Nilpferd mehr zu sehen. Er hatte wieder nur Wasser fotografiert. Und so ist es immer weitergegangen. Die Nilpferde haben den Mann hin und her rennen lassen, aber am Abend hatte er nur zwanzigmal das Wasser fotografiert, und die Nilpferde waren vergnügt, weil sie sich den ganzen Nachmittag nicht mehr gelangweilt hatten.

*Ursula Wölfel*

## Das Lawinenspiel

Es waren einmal Bernhardiner-Zwillinge. Der eine hieß Josef und der andere Adolf. Sie waren, wie es bei Bernhardinern früher so üblich war, Rettungshunde in den hohen Bergen. Jeder von ihnen hatte vorn ein Glöckchen, hinten ein Lämpchen und um den Hals ein Fäßchen mit Rum. Das war die Bernhardiner-Ausrüstung für die Vermißten.
Selbstverständlich hatten sie als Zwillinge gemeinsam Geburtstag, was bei Bernhardinern so eine Sache ist. Bernhardiner feiern nämlich immer ausgiebig.
Sie öffneten das Fäßchen und schlürften genüßlich daran. Man kann das einem Bernhardiner an seinem Geburtstag nicht übelnehmen, aber eigentlich ist es verboten. Dann tanzten sie Tango im Schnee. Tango ist bei Bernhardinern sehr beliebt, weil er nicht so wild ist, aber doch feurig. Natürlich waren die Bernhardiner ganz beschwipst – und das im Dienst. Sie tranken beide Fäßchen bis zum letzten Tropfen aus. Dann kullerten sie die Berge hinunter. Sie machten wieder mal ihr Lawinenspiel. Und weil sie sich vor Lachen kugelten, war das ganz einfach.
Unten im Tal war schon Lawinenalarm gegeben worden. Selbstverständlich freuten sich alle, als statt der Lawine die beiden Bernhardiner angerollt kamen. Und die Kinder gratulierten ihnen zum Geburtstag. Zum Glück war an diesem Tag kein Verschollener in den Bergen.
Aber die zwei Bernhardiner wurden trotzdem aus dem Dienst entlassen. Denn es geht nicht, daß ein Bernhardiner den Rettungsrum säuft. Wo käme man da hin?

*Ludwig Askenazy*

## Der Kaffeeautomat

Er ging an den Automaten, warf drei Münzen ein, hörte es innen rumpeln, ein Pappbecher fiel auf den Rost, ein Strahl heißer Kaffeeflüssigkeit lief in den Becher, es klackte, der Strahl versiegte. Er nahm den Becher heraus, trank die Flüssigkeit in kleinen Schlucken, hörte es innen rumpeln, ein Pappbecher fiel auf den Rost, heiße Kaffeeflüssigkeit lief hinein, es klackte, er nahm den Becher, trank, hörte es innen rumpeln, ein Becher fiel, es klackte, er griff den Becher, hörte es rumpeln... Später fand man ihn, bewußtlos, vor dem Kaffeeautomaten, dessen Hahn nur noch ganz leicht tropfte.

*Ralf Thenior*

## Der Vater

Mit Zuverlässigkeit und Pedanterie verwaltete er die eigene Lebenszeit. Alles Gelebte zu den Papieren. Er archivierte. Er sammelte und pflegte mit Feingefühl. Ordnete, stapelte, bündelte, legte ab und bewahrte auf. Erinnerte, sichtete, reinigte und hielt zusammen. Spinneneifer setzte die Daten seiner Biographie zueinander in Beziehung und nahm sie zum Anlaß für die beständige Frage, was vor sieben Jahren gewesen sei und was in wiederum sieben Jahren sein würde.

*Christoph Meckel*

### Verlorene Zeiten

Vor der Kaserne, vor dem großen Tor
stand eine Laterne, und steht sie noch davor,
so wolln wir da uns wiedersehn,
bei der Laterne wolln wir stehn,
wie einst Lili Marleen,
wie einst Lili Marleen.

*Hans Leip*

## Der Wunsch nach Sonntagsfrieden

Meine Mutter hatte ihr Leben lang anderen Leuten die Wohnungen gereinigt und die Wäsche gewaschen, der Wunsch einer alten Arbeiterin nach einer Tasse Kaffee war der Wunsch nach Sonntagsfrieden. Sie hatte mich angekeift, sie hatte mich geschlagen, jahrelang, mit meinem Gürtel hatte sich mich gezüchtigt, die Schnalle des Gürtels hatte sie auf mich niederklatschen lassen, und sie hatte geschrien, wenn der Vater betrunken nach Hause kam, und der Vater hatte mich verprügelt, bis ich ihn eines Tages an den Kamin warf, und der Kamin, mit seinen weißen Fliesen, rauchend zusammenbrach, und sonntags hatten wir Kaffee getrunken in der Küche.

*Peter Weiss*

### Keiner wird mir helfen

Das Fenster aufreißen und schreien! Die Nachbarn werden die Gardinen schließen, die Passanten werden die Straßenseite wechseln, keiner wird mir helfen.

*Michael Buselmeier*

## Eine historische Platzüberquerung

In diesem Moment wissen wir, daß wir daheim wissen werden, daß wir hier auf dem Platz stehen, den wir überquert haben, und vorliegende Notiz machen, die wir heute abend studieren werden, während wir sie jetzt sogar schreiben, es sei denn, wir kehrten zur Überprüfung der Geschichte auf diesen Platz heute abend zurück, um zu erleben, daß wir hier jetzt zum zweiten Mal auf dem Platz, den wir eben überquert haben, stehen und diese geschichtliche Notiz erneuern, kurz: wir machen Geschichte.
Was Sie dort sehen, sind wir, wie wir sehen, daß wir von uns gesehen werden, um jetzt sehen zu können, daß wir sehen, wie wir uns sahen. Heute ist der erste Jahrestag unserer Überquerung des Platzes und in einem Jahr ist der erste Jahrestag unserer jetzigen Feier des ersten Jahrestages jener historischen Überquerung.

*Reinhard Lettau*

# Grammatik im Kasten

## 1. Wie man Zeit ausdrücken kann

Zeit kann im Deutschen auf vielfache Weise ausgedrückt werden: durch

| | | |
|---|---|---|
| 1. | Tempus-Formen des Verbs | Es *war* einmal ... |
| 2. | Adverbien oder | Es war *einmal* ... |
| | adverbiale Ausdrücke | *Eines Morgens* sollte Rotkäppchen ... |
| 3. | Adjektive oder P I/P II | die *frühere* Zeit, die *kommende* Woche, das *vergangene* Jahr |
| 4. | Nomen | die *Vergangenheit*, die *Antike*, meine *Jugendzeit* |
| 5. | Konjunktionen | *Wenn* du mich mal wieder besuchst, ... |
| | | *Nachdem* der Wolf die Großmutter ... |
| 6. | Verben | Es *dauert* noch Wochen, bis ... |

## 2. Zeit und Tempus

**Beziehungen zwischen Zeit und Tempus**
Die einzelnen Tempusformen (rechte Spalte) sind den drei Zeitvorstellungen (linke Spalte) zugeordnet:

➡ Hauptverwendungen
➡ Hauptverwendungen, die nicht so häufig vorkommen
→ besondere Verwendungen

| Zeit | Die Beziehungen zwischen Zeit und Tempus (11 Satztypen) | Tempus |
|---|---|---|
| Vergangen-heit | (1) Die Nilpferde *hatten* sich den ganzen Tag *gelangweilt*. | Plusquam-perfekt |
| | (2) Die Nilpferde *langweilten sich*. | |
| | (3) Ein Nilpferd berichtete: „Da *kommt* so ein dummer Tourist daher und *will* uns fotografieren." | Präteri-tum |
| | (4) Die Nilpferde *haben* einen sehr interessanten Nachmittag *verbracht*. | Perfekt |
| Gegenwart | (5) „Wie *war* doch noch der Name? – Ach ja, Müller, der Tourist." | |
| | (6) Der Tourist *fotografiert* Nilpferde. | |
| | (7) Touristen *sind* oft etwas *naiv*. | Präsens |
| Zukunft | (8) Der Tourist schimpft: „Morgen *erwische* ich sie aber!" | |
| | (9) Er *wird* sie auch morgen nicht *erwischen*. | Futur |
| | (10) Der Tourist denkt: „Gleich *habe* ich sie *erwischt!*" | |
| | (11) Der Tourist denkt: „Gleich *werde* ich sie *erwischt haben!*" | Futur II |

Die Menschen aller Kulturen unterscheiden drei Z e i t - V o r s t e l l u n g e n :
Vergangenheit: Ereignisse und Sachverhalte, die von der Perspektive des Sprechers aus schon geschehen sind.
Gegenwart: Ereignisse und Sachverhalte, die von der Perspektive des Sprechers aus für ihn gegenwärtig, andauernd, gültig sind.
Zukunft: Ereignisse und Sachverhalte, die von der Perspektive des Sprechers aus erst geschehen werden oder sollen.

Diese Zeitvorstellungen sind miteinander verbunden und fließen ineinander. Gegenwart z. B. kann unterschiedlich weit in die Vergangenheit und Zukunft reichen: jetzt in diesem Moment – heute – dieses Jahr – unser Jahrhundert – das Neozoikum.

Die deutsche Sprache hat fünf wichtige T e m p u s - F o r m e n , um Zeitvorstellungen auszudrücken; und eine sechste, weniger oft verwendete Tempus-Form:

| | |
|---|---|
| Präteritum | Die Nilpferde langweilten sich. |
| Perfekt | Die Nilpferde haben sich gelangweilt. |
| Plusquamperfekt | Die Nilpferde hatten sich den ganzen Tag gelangweilt. |
| Präsens | Touristen sind manchmal ein wenig naiv. |
| Futur | Seiner Frau wird er keine Nilpferdbilder zeigen können. |
| (Futur II) | Der dumme Tourist denkt: Die Nilpferde werde ich gleich erwischt haben. |

## 3. Die Grundverben *haben/sein* für Perfekt/Plusquamperfekt

Die meisten Verben bilden Perfekt/Plusquamperfekt mit hat/hatte + P II; auch alle Verben mit sich (→ Kap. 9, A 11–14) und die Grundverben müssen/können etc. (→ Kap. 1, A 13–15):

| | |
|---|---|
| hat/hatte ... | fotografiert |
| hat/hatte ... | sich geärgert |
| haben/hatten ... | nicht gewollt/nicht mitspielen wollen |

Drei Gruppen von Verben bilden Perfekt/Plusquamperfekt mit ist/war + P II:

1. Alle Verben, die eine Fortbewegung von Ort A nach Ort B ausdrücken und die keine Ergänzung im Akkusativ haben:

| | |
|---|---|
| laufen | Der Tourist ist den Fluß entlang gelaufen. |
| schwimmen | Die Nilpferde sind unter Wasser geschwommen. |
| wegtauchen | Sofort sind sie weggetaucht. |
| hin-und-herhetzen | Der Tourist ist ständig hin-und-hergehetzt. |
| aber: | |
| sich fortbewegen | Die Nilpferde haben sich unter Wasser fortbewegt. |
| betreten | Abends hat der Tourist mit hängender Zunge die Bar des Hotels betreten. |

2. Alle Verben, die eine Veränderung von einem Zustand A in einen Zustand B ausdrücken und die keine Ergänzung im Akkusativ haben:

| | |
|---|---|
| einschlafen | Es war ein so langweiliger Tag, daß die Nilpferde fast eingeschlafen sind. |
| passieren | Aber dann ist doch etwas passiert. |
| geschehen | In der Bar fragte einer den Touristen: „Was ist denn geschehen?“ |
| werden | Ach nichts, nur meine Fotos sind nichts geworden. |
| aufwachen | Nachts hatte er einen Horrortraum und ist davon aufgewacht. |
| aber: | |
| sich ereignen | An diesem Nachmittag hat sich ein eigenartiger Wettlauf ereignet. |

3.  Die Verben sein und bleiben
    Ich bin einmal in Afrika gewesen und dort drei Wochen geblieben.

## 4. Das Grundverb *werden* im Tempussystem

| Futur I | wird + Inf. | Gleich *werde* ich die Nilpferde *erwischen.* |
|---|---|---|
| Futur II | wird + P II + haben | Gleich *werde* ich sie *erwischt haben.* |
| Passiv Präsens | wird + P II | Halt, hier *wird* nicht *fotografiert!* |
| Passiv Perfekt | ist + P II + worden | Der Tourist *ist* von den Nilpferden an der Nase *herumgeführt worden.* |

## 5. Einige Erinnerungen im Zusammenhang der Tempusformen

Wie die Präteritum-Formen der Verben der Vokalklasse heißen, können Sie in Kap. 3, A 1 üben.

Wie wollen, sollen, müssen etc. Perfekt bilden, steht in Kap. 1, A 13–15.

Wie dabei die Wortstellung in Nebensätzen ist, steht in Kap. 1, A 17.

Wie die K II-Formen aller Verben in der Vergangenheit aussehen, steht in Kap. 2, Gr. i. K. 1. und A 2–4.

Wie die Perfekt-Passiv-Formen aussehen, steht in Kap. 5, Gr. i. K. 2.

Wie die P II-Formen gebildet werden, steht in Kap. 3, Gr. i. K. 2.

# Übungen und Regeln und Stil ————————————————

## Übungen mit Präsens

Wir zeigen vier Verwendungen des Präsens. Sie entsprechen den Sätzen 6, 7, 8 und 3 im Zeit-Tempus-Schema.

**1**
aktuelles
Präsens

**Aufgabe**
| 2–3 | | |
|---|---|---|

Das aktuelle Präsens (Satztyp 6) drückt aus, daß etwas in der Gegenwart des Sprechers, im Moment des Sprechens aktuell ist. Dazu gibt es drei Varianten:

1.  mit Adverbien wie: gerade, im Moment, im Augenblick, derzeit etc.
    Die Nilpferde langweilen sich gerade.
2.  die Form: Ich bin (gerade) dabei, Inf. + zu
    Die Nilpferde sind gerade dabei, einen Touristen zu foppen.
3.  die (umgangssprachliche) Form: Ich bin am (beim) + Inf. Sie drückt aus, daß man sich intensiv mit etwas beschäftigt.
    Der Papa ist am Kreuzworträtsel lösen.

Interpretieren Sie die Präsens-Sätze, indem Sie sie nach 1.–3. variieren.

Die Bernhardiner Josef und Adolf feiern Geburtstag.
Mutter kocht Kaffee, und Vater liest die Zeitung.
Ich gewöhne mir das Rauchen ab.

Ich ändere mein Leben.
Unsere Lebensverhältnisse verändern sich.

Übrigens: Wie das einfache Präsens lassen sich die Varianten 2 und 3 auch ins Präteritum und Perfekt setzen.

**Aufgabe**

2–3 ▢ ▢

Präsens wird für zeitübergreifende Aussagen verwendet (Satztyp 7): Regeln, Normen, wissenschaftlich gesicherte Fakten, unbestreitbare Tatsachen, allgemeine Wahrheiten, Vorurteile. Man drückt damit die Meinung aus, daß es immer schon so war und immer so bleiben wird:

Touristen sind oft ein wenig naiv.

Der Ball ist rund! (deutsche Fußballweisheit)

Interpretieren Sie die Sätze, indem Sie Erklärungen geben, warum es so ist.

**2**

„So ist es" – Präsens

Natürlich dürfen Rettungsbernhardiner nicht den Rum aussaufen.

Tango ist ein nicht so wilder, aber doch feuriger Tanz.

Nilpferde mögen keine fotografierenden Touristen.

Bei Lawinenalarm müssen die Rettungshunde sofort einsatzbereit sein.

**Aufgabe**

2–3 ▢ ▢

Im Deutschen wird normalerweise für Zukunft nicht Futur verwendet, sondern Präsens und ein Adverb mit Zukunfts-Bedeutung (Satztyp 8):

Ich höre auf zu rauchen.

Ich höre ab morgen auf zu rauchen.

Das ist in vielen Sprachen anders. In welchen Situationen Futur verwendet wird, wird in A 20 geübt.

Interpretieren Sie die folgenden Zukunfts-Sätze, indem Sie
a) geeignete Adverbien hinzufügen
b) Futur I bilden.

**3**

Präsens für Zukunft

Sie hören von mir.

Ich besuche Sie mal.

Ich komme zurück.

Die Welt geht unter.

Wir müssen die Bernhardiner entlassen.

Wir stellen keine Zwillingshunde mehr ein.

**Aufgabe**

2–3 ▢ ▢

Mit Präsens kann man Vergangenheit ausdrücken, um einen Bericht dramatischer zu formulieren (Satztyp 3); man tut so, als ob etwas gerade eben erst geschehen wäre (manche sagen „historisches Präsens"):

Also, ich muß dir was erzählen: Gestern, da war ich in der Stadt und lief so an den Schaufenstern entlang, und plötzlich *kommt* der Weihnachtsmann um die Ecke.

Lesen Sie die Sätze dramatisch, ausdrucksvoll, spannend.

**4**

Präsens für Vergangenheit

Plötzlich kommt Werner in die Küche und sagt, er will sich scheiden lassen.

Am 1. September 1939, in den frühen Morgenstunden, beginnt der 2. Weltkrieg.

Und dann geht Rotkäppchen in den Wald und hat natürlich furchtbare Angst.

Neulich laufe ich durch die Fußgängerzone, da kommt so ein junger Kerl auf mich zu und will eine Mark haben.

Übrigens: Sie können auch die ersten drei Texte der Lesepause in dieser Weise dramatisieren und quasi in die Gegenwart versetzen.

**5**

Was bedeutet
Präsens?

**Aufgabe** Interpretieren Sie die Zeitvorstellungen in den Sätzen mit Präsens.

2–3

Beispiel: Touristen sind auch nur Menschen. = zeitübergreifend (Satztyp 7)

„Gestern kommt da so ein Tourist an den Fluß und will uns fotografieren."
Drei Nilpferde sind schlauer als ein Tourist.
Der Tourist hat einen Tropenhelm auf und sieht aus, als ob er aus Süddeutschland kommt.
Was sag ich jetzt meiner Frau, wenn sie 36 Wasserbilder sieht?
Aber ich krieg' euch doch!
Wer den Schaden hat, braucht um den Spott nicht zu fürchten.


## Übungen mit Präteritum, Perfekt und Plusquamperfekt

Präteritum und Perfekt sind im Deutschen meist bedeutungsgleich. Sie sind grammatisch austauschbar. Es bestehen hauptsächlich Unterschiede im Stil. Die Aufgaben 6 bis 12 geben Ihnen dazu verschiedene Anregungen.

**6**

Präteritum
und Perfekt

**Aufgabe** Präteritum ist das Vergangenheits-Tempus für geschriebene und literarische
Texte. Romane, Kurzgeschichten etc., die Vergangenes erzählen, verwenden
2–3 bevorzugt das Präteritum; auch die Märchen, obwohl diese oft mündlich weiter-
erzählt werden.
Märchen beginnen mit „Es war einmal…".
Wenn man selbst erlebte Geschichten mündlich erzählt, verwendet man dagegen
meist Perfekt. Man drückt damit ein wenig aus, daß man mit dem Gefühl an dem
Erlebten noch nahe dran ist.
Kinder erzählen fast immer im Perfekt.

Lesen Sie den Märchenanfang vom Rotkäppchen, und erzählen Sie es dann so,
als ob Sie ein Kind wären.

Es war einmal ein Wolf, der lebte im tiefen, dunklen Wald. Der war immer hungrig, denn er war schon alt,
und die anderen Tiere, die er gern fressen wollte, waren viel schneller und gewitzter als er. Einmal hatte er
wieder großen Hunger. Da kam er auf eine kluge Idee. Er wußte, daß am Waldesrand das Haus von
Rotkäppchen war. Und Rotkäppchen mußte einmal in der Woche zur Großmutter gehen. Die wohnte tief im
Wald, und der Wolf hatte sie deswegen noch nicht gefressen, weil sie schon alt und zäh war. Der Wolf
dachte, das ist meine Chance! Als Rotkäppchen wie jede Woche morgens um halb zehn losging, da lauerte
der Wolf schon hinter der Hecke. Rotkäppchen kam gerade um die Ecke und sang das Liedchen „Wer hat
Angst vor dem großen Wolf". Da sprang der Wolf heraus und sagte: „Guten Tag, Rotkäppchen."… und so
weiter…

**7**

**Aufgabe** In Norddeutschland neigt man eher als in Süddeutschland dazu, auch beim
mündlichen Erzählen das Präteritum zu verwenden.
2–3

Lesen Sie die drei „Minni"-Geschichten (von Margret Rettich) und erzählen Sie
sie noch einmal in der Vergangenheit, erst in „norddeutscher", dann in „süd-
deutscher" Erzählweise.

1. Um acht soll Minni ins Bett. Das paßt ihr nicht. Heimlich stellt sie die Uhr zurück. Papa stellt den
Fernseher an. Er wundert sich, daß die Nachrichten vorbei sind.

2. Papa, Mama und Minni gehen essen. Sie spielen feine Leute und sagen SIE zueinander. Später rennen sie durch den Park. Nun sagen sie wieder DU.

3. Mama gießt Kaffee ein. Sie gießt daneben und Papa auf die Hand. Papa springt auf und tritt Minni auf den Fuß. Minni fällt vom Stuhl und zieht das Tischtuch runter. Das Geschirr fällt Mama auf den Schoß. Papa und Minni sagen zu Mama: „Du hast angefangen."

**Aufgabe**
| 2 | | |

Bei den Grundverben gibt es eine Tendenz zum Präteritum: die Präteritum-Formen sind kürzer als die Perfekt-Formen (→ Kap. 1, A 14).

Vereinfachen Sie die folgenden Sätze, indem Sie Präteritum bilden. Beachten Sie aber, daß es im Konjunktiv kein Präteritum gibt (→ Kap. 2, Gr. i. K. 2.).

**8**
Präteritum bei Grundverben

Die Nilpferde haben den Touristen nicht leiden können.
Josef und Adolf haben nicht mehr als Rettungshunde eingesetzt werden können.
Der Tourist war sauer, weil er die Nilpferde nicht hat fotografieren können.
Die Bernhardiner sind entlassen worden, nachdem es nicht hat vermieden werden können, daß sie Unsinn getrieben haben.
Die Bergwacht hat die beiden Bernhardiner entlassen müssen.
Die Bergwacht hätte mit den beiden Geburtstagshunden toleranter sein können.

**Aufgabe**
| 3 | | |

Bei den Verben der Vokalklasse klingen die Präteritum-Formen manchmal fremd, altmodisch oder „geschwollen".

Lesen Sie das „Pseudo-Goethe-Gedicht" (→ S. 33) noch einmal im Präteritum, aber beginnen Sie mit: Als Goethe...

**9**
Präteritum: veraltet

**Aufgabe**
| 3 | | |

Lesen Sie den Text „Der Kaffeeautomat" von Ralf Thenior in der Lesepause. Lesen Sie auch den Text „Die Zwiebacktüte" von Hans-Dieter Hüsch in der Lesepause von Kap. 10.
Man kann in diesen Texten eine zeitliche Eile empfinden, etwas Vorwärtstreibendes, Gehetztes. Präteritum hat manchmal die Wirkung der Ruhelosigkeit. Im folgenden Text „Gib's auf" von Kafka wird diese Wirkung durch die vielen Kommas unterstrichen.

**10**
Präteritum: Stil

Es war sehr früh am Morgen, die Straßen rein und leer, ich ging zum Bahnhof. Als ich eine Turmuhr mit meiner Uhr verglich, sah ich, daß es schon viel später war, als ich geglaubt hatte, ich mußte mich sehr beeilen, der Schrecken über diese Entdeckung ließ mich im Weg unsicher werden, ich kannte mich in dieser Stadt noch nicht sehr gut aus, glücklicherweise war ein Schutzmann in der Nähe, ich lief zu ihm und fragte ihn atemlos nach dem Weg. Er lächelte und sagte: „Von mir willst du den Weg erfahren?" „Ja", sagte ich, „da ich ihn sonst nicht finden kann." „Gib's auf, gib's auf", sagte er und wandte sich mit einem großen Schwunge ab, so wie Leute, die mit ihrem Lachen allein sein wollen.

**Aufgabe**
| 3 | | |

Lesen Sie in der Lesepause den Text „Der Vater" von Christoph Meckel. Die Rastlosigkeit der endlosen Aktivitäten des Vaters, seine Pedanterie werden durch das Präteritum drastisch charakterisiert. Gleichzeitig entsteht eine – fast kalte – Distanz des Autors zur Person des Vaters. Diskutieren Sie mit Deutschen darüber.

**11**

**12**

*haben/sein*
im Perfekt

**Aufgabe** Üben Sie den Gebrauch von sein, haben im Perfekt (→ Gr. i. K. 3.).

| 3 | | |

Ich sitze am Schreibtisch. Ich bin unruhig. Ich stehe auf. Ich gehe im Zimmer auf und ab. Ich begebe mich in die Küche. Ich mache Tee. Ich rauche. Ich bleibe nicht im Zimmer. Ich verlasse das Haus. Ich laufe aus der Stadt hinaus. Ich besteige einen Hügel. Ich setze mich ins Gras. Ich lasse mich treiben. Ich schlafe auf der Wiese ein. Ich träume. Eine Frau tritt in meinen Traum. Ich gehe mit der Frau über die Wiesen. Ich lege mich neben sie ins Gras. Ich schlafe neben ihr ein. Ich träume von einer Frau. Ich wache neben ihr auf. Sie liegt neben mir. Ich wache auf. Ich bin allein. Aber ich bin nicht mehr unruhig. Ich gehe zurück in die Stadt und setze mich an den Schreibtisch.

**13**

**Aufgabe** Hier sind Verben versammelt, die je nach Bedeutung ihr Perfekt mit haben oder mit sein bilden.

| 3 | | |

Interpretieren Sie die Sätze, und vergleichen Sie sie mit den Regeln von Gr. i. K. 3. Erklären Sie die Bedeutungsunterschiede.

Er ist sehr gern nach Afrika gefahren.

Der Motor ist wegen der Kälte nicht angesprungen.

Die Nilpferde sind den Fluß hinab geschwommen.

Der Tourist ist durch den Dschungel gezogen.

Der eine ist durch die Türe ins Zimmer eingetreten.

Der Tourist ist am Ufer hin- und her gelaufen.

Am liebsten hat er den Dienstwagen gefahren.

Mich hat im Traum der Hund von Baskerville angesprungen.

Der Tourist hat eine halbe Stunde im Swimmingpool des Hotels geschwommen.

Abends hat man ihn aus der Bar in sein Zimmer gezogen.

Der andere hat die Türe mit dem Fuß eingetreten.

Ein Nilpferd hat die Zeit gestoppt und gerufen: „Bravo, jetzt hat er die hundert Meter in weniger als 30 Sekunden gelaufen."

**14**

Präteritum?
Perfekt?

**Aufgabe** Gibt es doch Bedeutungsunterschiede zwischen Präteritum und Perfekt?

| 3–4 | |

Hier sind kleine Situationen, in denen man Präteritum und Perfekt nicht gut austauschen kann. Versuchen Sie, Erklärungen dafür zu finden. Diskutieren Sie mit Deutschen darüber.

Eine Gruppe von Menschen tritt aus dem Haus, einer ruft sofort: „Schaut mal, es *hat geschneit!*"

Jemand kommt, mit hochrotem Kopf, aber strahlend, aus einem Prüfungszimmer und ruft den wartenden Freunden zu: „Ich *hab's geschafft!*"

Jemand inseriert im Lokalteil der Zeitung: „Wir *haben* am letzten Montag unser Restaurant ‚Zum Nilpferd' *eröffnet.*"

Jemand lamentiert: „Ich *kam und kam* nicht dazu, die Wohnung ein wenig in Ordnung zu halten."

**15**

Zeitungsstil

**Aufgabe** In aktuellen Nachrichten, Zeitung und Rundfunk ist es üblich, die erste Meldung, die Hauptbotschaft im Perfekt zu bringen und dann im Präteritum/Plusquamperfekt weiterzuberichten.

| 3 | | |

Lesen Sie den Text, und achten Sie beim Zeitungslesen, Radiohören und bei der Tagesschau auf diese Stilform.

Im Kanton Bern *haben* zwei alkoholisierte Rettungsbernhardiner beinahe eine Lawine *ausgelöst.* Wie heute vormittag aus Bern *berichtet wurde, hatten* sich die beiden Zwillingshunde an ihrem Geburtstag mit dem zu Rettungszwecken mitgeführten Rum *betrunken* und allerlei *Unsinn getrieben.* Als sie den Berg *hinabkullerten, lösten* sie im Tal Lawinenalarm *aus.* Die beiden pflichtvergessenen Tiere *wurden* sofort aus dem Rettungsdienst *entlassen.*

**Aufgabe 3** | Es gibt einige (nicht sehr wichtige) Redesituationen, in denen man Präteritum für Sachverhalte der Gegenwart verwenden kann (Satztyp 5).

Lesen Sie die Sätze und erklären Sie, was jeweils gemeint ist.

**16**
Präteritum für Gegenwart

Im Restaurant: „Herr Ober, ich hatte noch ein Pils!"
Im Zug: „Wer war hier noch ohne Fahrschein?"
Beim Professor: „Wie war doch noch gleich Ihr Name?"

**Aufgabe 3** | In Aufgabe 3 wurde gezeigt, daß man im Deutschen meistens Präsens (+ Adverb) für Zukunft verwendet (statt Futur). Ebenso wird meist Perfekt (+ Adverb) statt Futur II verwendet für Situationen, die in der Zukunft schon abgeschlossen sein werden (Satztyp 11).

Lesen Sie die Sätze und vergleichen Sie sie mit dem selten verwendeten Futur II.

**17**
Perfekt für Zukunft

Der Professor: „Ich denke, das haben Sie bald verstanden."
Der Tourist: „..., aber morgen habe ich die dämlichen Nilpferde fotografiert!"
Der Gangster: „Bis heute abend 18 Uhr haben Sie die 20 Millionen zusammengekratzt, verstanden!"
Der Oberschüler: „Nächstes Frühjahr habe ich mein Abitur gemacht, und alle meine Probleme sind gelöst."

**Aufgabe 2–3** | Das Plusquamperfekt ist ein reines Vergangenheitstempus (Satztyp 1). Es wird verwendet, wenn ein Ereignis schon sehr lange vorbei ist oder zwei Ereignisse in der Vergangenheit stattfanden, aber zu unterschiedlichen Zeiten. Das Plusquamperfekt kommt oft zusammen mit den Konjunktionen nachdem, vorher, zuvor, früher vor:

*Nachdem* die Nilpferde einen Nachmittag lang den Touristen zum Narren *gehalten hatten*, *verbrachten* sie noch einen ruhigen und vergnüglichen Abend miteinander am Flußufer.

Verbinden Sie die Sätze mit den Konjunktionen nachdem, vorher, zuvor.

**18**
Plusquamperfekt

Der Tourist versuchte vergeblich, die Nilpferde zu fotografieren. Danach ging er frustriert in die Hotelbar und trank sich einen Rausch an.
Etwas aufgeregt trat er ins Büro des Chefs. Vorher hatte er noch seine Kleider geordnet.
Er brachte seine wenigen Angelegenheiten noch in Ordnung. Dann verschwand er auf immer.
Die Bernhardiner vergaßen alle ihre Pflichten. Daraufhin wurden sie aus dem Rettungsdienst unehrenhaft entlassen.

**Aufgabe 3** | Lesen Sie in der Lesepause den Text „Der Wunsch nach Sonntagsfrieden" von Peter Weiss; es sind Szenen, die weit zurück liegen. Wie verstehen Sie den plötzlichen Wechsel ins Präteritum in dem Satz „...bis ich ihn eines Tages an den Kamin warf,..."?

**19**
Plusquamperfekt und Stil

## 20 Eine Übung mit Futur

Futur und Stil

**Aufgabe**

| 3 | | |
|---|---|---|

In den Aufgaben 3 und 17 wurde gezeigt, wie Präsens und Perfekt für Sachverhalte der Zukunft verwendet werden (Satztypen 8 und 10). Die „neutrale" Sprechweise verzichtet auf Futur (mit werden). Wird Futur dennoch verwendet (Satztypen 9 und 11), kann es dafür verschiedene Motivationen geben:

1. Drohung
2. Versicherung
3. Vermutung (→ Kap. 1, Gr. i. K. 3. Tabelle 2)
4. Prophetie
5. Demonstration von Unbeirrbarkeit und Festigkeit
6. Pedanterie im Leben und im geschäftlichen Alltag

Lesen Sie die Sätze und ordnen Sie sie den sechs genannten Motivationen zu.

(a) Verlassen Sie sich auf mich, ich werde Ihnen die Fotos besorgen!
(b) Morgen wird es wohl regnen, da können Sie sowieso nicht fotografieren.
(c) ...und nächstes Jahr, nachdem ich mein Abitur abgelegt haben werde, werde ich mich bei Müller und Co. bewerben.
(d) Wartet, euch werde ich schon kriegen!
(e) Wahrlich, wahrlich, ich sage euch: es wird sich ein großes Ozonloch über euch öffnen, die Eiskappen an den Polen werden schmelzen, die Meere werden das Land überfluten und der Kölner Dom wird im Wasser stehen.
(f) Wir werden uns von der Tatsache, daß bereits zwei Höhlenrettungsmannschaften in der Höhle verschwunden sind, nicht davon abhalten lassen, eine weitere Höhlenrettungsmannschaft aufzustellen.

Karl Valentin bringt die Sache mit der Zeit auf den Punkt:

> „Früher war die Zukunft auch besser."

# Kapitel 5

## VOM FRESSEN UND GEFRESSEN WERDEN
### Aktiv und Passiv

# Lesepause

### Erste Paradiesgeschichte

In fünf Tagen schuf Gott die Welt: Am Montag vertrieb er die Dunkelheit und entzündete das Licht. Am Dienstag baute er den Himmel. Am Mittwoch bildete er Erde und Meer, dachte sich Pflanzen aus und legte einen Garten an. Am Donnerstag hängte er die Sonne, den Mond und die Sterne auf. Und am Freitag formte er die Tiere. Am Samstag aber schlief er aus. Fünf Tage lang hatte er gesägt, gehämmert und gemalt, Pläne geschmiedet und wieder geändert. Er hatte gerechnet, geschrieben und gezeichnet, gemessen und gewogen. Jetzt war sein Haus leer, Stille war eingekehrt. Nur den Menschen mußte er noch schaffen, und diese Aufgabe hatte er sich für den Samstag aufgehoben.

*Helme Heine*

### Zweite Paradiesgeschichte

Als die Gazellen von den Löwen Mitbestimmung forderten, waren die Löwen dagegen. „Es kommt noch so weit, daß die Gazellen bestimmen, wen wir fressen", sagten die Löwen. Sie beriefen sich auf eine unverdächtige Studie des WWF (World Wildlife Fund) und sprachen von Wildpartnerschaft bei klarer Kompetenzentrennung: Fressen auf der einen Seite, Gefressenwerden auf der anderen Seite. „Denn", so sagten sie, „es liegt auf der Hand, daß einer nicht zugleich etwas vom Gefressenwerden und vom Fressen versteht. Und der Entscheid, jemanden zu fressen, muß schnell und unabhängig gefaßt werden können." Das leuchtete denn auch den Gazellen ein. „Eigentlich haben sie recht", sagte eine Gazelle, „denn schließlich fressen wir ja auch." „Aber nur Gras", sagte eine andere Gazelle. „Ja, schon", sagte die erste, „aber nur weil wir Gazellen sind. Wenn wir Löwen wären, würden wir auch Gazellen fressen." „Richtig", sagten die Löwen.

*Peter Bichsel*

### Dritte Paradiesgeschichte: Weltende

Dem Bürger fliegt vom spitzen Kopf der Hut,
In allen Lüften hallt es wie Geschrei.
Dachdecker stürzen ab und gehn entzwei,
Und an den Küsten – liest man – steigt die Flut.

Der Sturm ist da, die wilden Meere hupfen
An Land, um dicke Dämme zu zerdrücken.
Die meisten Menschen haben einen Schnupfen.
Die Eisenbahnen fallen von den Brücken.

*Jakob van Hoddis*

### Letzte Paradiesgeschichte: Der erloschene Zwergplanet

Auf seiner erstarrten Außenhaut aus Gestein und Metall bildete sich unter der schützenden Umhüllung einer feuchten Aura aus Sauerstoff und Stickstoff, in der sich das Licht brach und sie blau färbte, durch organisch-chemische Vorgänge eine planetarische Flora von großer Vielfalt. Sie überzog die Oberfläche des Planetenballes wie ein grüner Flaum. Später entwickelten sich auch verschiedene vielzellige Lebensformen. Sie konnten sich frei bewegen und paßten sich in Form und Färbung den Gegebenheiten ihrer Umwelt an. Kurz vor dem Ende des Sterns entstand aus den mehrzelligen Organismen eine Vielzahl verschieden pigmentierter androgyner Wesen. Sie waren zweigeschlechtlich angelegt und pflanzten sich mit lebend geborenen Nachkommen fort, die sich aus Samen im weiblichen Wirtskörper bildeten. Diese Lebensform von niedriger Intelligenz war jedoch mit rudimentären Erkenntnissen über ihr Entstehen und minimalen Einsichten in die Zusammenhänge ihres Sonnensystems ausgestattet. Sie entwickelten vermutlich eine gewisse Kultur mit primitiven Religions- und Gesellschaftsformen und erreichten wohl zu gewissen Zeiten ein schwaches Bewußtsein ihrer Vergänglichkeit. Es ist nicht erwiesen, inwieweit sie das Ende des Planeten voraussahen oder sogar herbeiführten. Die wenigen Spuren ihrer Existenz bleiben rätselhaft.

*Tankred Dorst*

## Worte zum 45. Jahrestag der Zerstörung der Tübinger Synagoge

Der Gedenkstein für die am 9.11.1938 abgebrannte Synagoge, der am 9.11.1978 enthüllt wurde, verliert völlig seinen historischen Sinn, wenn nur die Niederbrennung der Syngoge erwähnt wird, aber nicht erklärt wird, wer der Täter war. Auf dem Stein ist noch Platz, da kann man ergänzend hineinmeißeln, daß die Synagoge von deutschen Faschisten oder Nationalsozialisten niedergebrannt wurde. Obwohl am 9. November viel für die Aufklärung der Bevölkerung, viel in den Schulen getan wurde, um die „Reichskristallnacht" in Erinnerung zu bringen in all ihrer Schrecklichkeit, so nimmt die Schrift auf dem Gedenkstein vieles zurück und vermindert die Glaubwürdigkeit der Reue-Bekenntnisse. Die Zeitungsartikel, die Filme werden schon bald vergessen sein, aber der Gedenkstein an der Ecke Garten- und Nägelestraße bleibt für immer, und die Inschrift ist von enormer Bedeutung für den Ausdruck der ehrlichen Betroffenheit, ehrlichen Leidens um die Tatsache, daß es Deutsche waren, die diese Verbrechen begangen haben.

*Karola Bloch*

# Grammatik im Kasten

## 1. Was sagen die Begriffe Aktiv und Passiv?

In der Umgangssprache bedeutet
aktiv/Aktivität: etwas tun; handeln; aktiv sein
passiv/Passivität: nichts tun; nur reagieren, ohne aktiv zu sein; Mangel an Aktivität.

In der Grammatik bedeuten Aktiv und Passiv bestimmte Formen des Satzes.
In Aktivsätzen sieht man besonders, wer etwas tut, wer in Aktion ist:

    Gott baute am Dienstag den Himmel.    (Gott machte etwas; Gott als Macher)
    Löwen fressen besonders gerne Gazellen.    (Die Löwen tun etwas; Löwen als Gazellenfresser)

In Passivsätzen sieht man besonders, was passiert, was geschehen ist, was los ist; die Aktion, der Vorgang, der Prozeß werden beschrieben. Wer etwas tut oder getan hat, erscheint auf den ersten Blick nicht so wichtig:

    Am Donnerstag wurden Sonne, Mond und alle Sterne aufgehängt.
    (das Aufhängen der Himmelskörper; das Aufgehängtwerden der Himmelskörper)
    Keine Gazelle möchte gern gefressen werden, auch nicht von einem Löwen.
    (das schreckliche Geschehen des Gefressenwerdens)

Aber Vorsicht:
Nicht alle Aktivsätze bedeuten wirklich, daß jemand besonders „aktiv" ist. In den folgenden Beispielen geht es nicht sehr aktiv zu:

    Im Unterricht schlafe ich immer besonders gut und tief.    (Schlaf)
    Wenn ich bei dir bin, bin ich ruhig und ganz entspannt.    (Ruhe, Entspannung)
    Ich kann nichts, ich will nichts und ich bin nichts.    (Depression)
    Früher war die Erde ein Paradies.    (Zustand)

Nicht alle Passivsätze bedeuten Passivität. In den folgenden Beispielen geht es sehr aktiv zu:

    Bis um vier Uhr morgens wurde auf dem Marktplatz getrommelt.    (Aktion, Lärm)
    Schließlich wurde aus einem Fenster ein Eimer Wasser heruntergeschüttet.    (Aktion, Chaos)
    Beim Zahnarzt: „So, und jetzt wird ein bißchen gebohrt!"    (höchste Aufregung)

## 2. Formen des Passivs

| Einfaches Passiv |
| :---: |
| Was in den ersten Tagen der Schöpfung geschieht/geschah/geschehen ist/geschehen war. |

| Präsens: | Die Dunkelheit wird | (von Gott) | vertrieben. |
| --- | --- | --- | --- |
| | Die Tiere werden | (von Gott) | geformt. |
| | *(Aktiv:   Gott vertreibt die Dunkelheit. Gott formt die Tiere.)* | | |
| Präteritum: | Die Dunkelheit wurde | (von Gott) | vertrieben. |
| | Die Tiere wurden | (von Gott) | geformt. |
| | *(Aktiv:   Gott vertrieb die Dunkelheit. Gott formte die Tiere.)* | | |
| Perfekt: | Die Dunkelheit ist | (von Gott) | vertrieben worden. |
| | Die Tiere sind | (von Gott) | geformt worden. |
| | *(Aktiv:   Gott hat die Dunkelheit vertrieben und die Tiere geformt.)* | | |
| Plusquamperfekt: | Die Dunkelheit war | (von Gott) | vertrieben worden. |
| | Die Tiere waren | (von Gott) | geformt worden. |
| | *(Aktiv:   Gott hatte die Dunkelheit vertrieben. Gott hatte die Tiere geformt.)* | | |

Übrigens: Futur-Formen werden im Deutschen selten verwendet, so daß wir sie hier weglassen. Das Nötige steht im Kap. 4, A 3 und A 20)

| Passiv + Modalverb |
| :---: |
| Was am fünften Tag der Schöpfung noch geschehen muß/geschehen mußte/hat geschehen müssen/ hatte geschehen müssen. |

| Präsens: | Der Mensch muß | (von Gott) | geschaffen werden. |
| --- | --- | --- | --- |
| | Mann und Frau müssen | (von Gott) | geschaffen werden. |
| | *(Aktiv:   Gott muß den Menschen schaffen.)* | | |
| Präteritum: | Der Mensch mußte | (von Gott) | geschaffen werden. |
| | Mann und Frau mußten | (von Gott) | geschaffen werden. |
| | *(Aktiv:   Gott mußte Mann und Frau schaffen.)* | | |
| Perfekt: | Der Mensch hat | (von Gott) | geschaffen werden müssen. |
| | Mann und Frau haben | (von Gott) | geschaffen werden müssen. |
| | *(Aktiv:   Gott hat den Menschen schaffen müssen.)* | | |
| Plusquamperfekt: | Der Mensch hatte | (von Gott) | geschaffen werden müssen. |
| | Mann und Frau hatten | (von Gott) | geschaffen werden müssen. |
| | *(Aktiv:   Gott hatte Mann und Frau schaffen müssen.)* | | |

| Passiv in Nebensätzen |
| :---: |

Es passiert jeden Tag, daß eine Gazelle *gefressen wird.*
Es war Donnerstag, als die Sonne, der Mond und die Sterne *aufgehängt wurden.*
Die Geschichte geht noch weiter, weil Adam und Eva noch nicht *erschaffen worden sind.*
Es war klar, daß auch noch eine Frau *erschaffen werden mußte.*
Ein richtiger Löwe weiß, daß Gazellen von Löwen *gefressen werden dürfen.*

# Übungen und Regeln

## „Wer war's?" Täter – Macher: Agens

**Aufgabe** 2–3    Lesen Sie die Passiv-Sätze. Wer jeweils der Täter, der Macher, das Agens ist, wird im Satz nicht gesagt. Es steht aber in der Klammer.

**1**

Wer war's? Agens

1. Mit diesem Knopf wird die Waschmaschine eingeschaltet. (von jedem, der waschen will)
2. Der Briefkasten wird erst morgen früh wieder geleert. (von der Post)
3. „Haben Sie gehört? Heute nacht ist in der Villa Sorgenklein eingebrochen worden." (von Dieben, die man aber nicht kennt)
4. „Ja, die Kinder sind leider sehr vernachlässigt worden." (von den Eltern)
5. Und dann sind die Bewohner des Dorfes auf Lastwagen getrieben und wegtransportiert worden. (von Soldaten)
6. „Der Müller hat sein Haus verkauft." – „Ach, das wunderschöne Haus ist verkauft worden?" (von dem gerade genannten Herrn Müller)

> In den sechs Sätzen ist das Agens aus ganz verschiedenen Gründen weggelassen worden:
> 1. Das Agens ist ganz uninteressant für die Mitteilung: jeder ist gemeint.
> 2. Das Agens ist selbstverständlich, daher überflüssig: Es ist Aufgabe der Post, Briefkästen zu leeren.
> 3. Das Agens ist (noch) unbekannt.
> 4. Das Agens wird aus Gründen der Diskretion nicht genannt: Man will die Eltern nicht direkt beschuldigen.
> 5. Das Agens wird nicht genannt, weil man nichts damit zu tun haben möchte; weil man nicht mitverantwortlich sein möchte; aus politischen, ideologischen, propagandistischen Gründen.
> 6. Das Agens ist gerade vorher genannt worden, die Wiederholung ist überflüssig.

**Aufgabe** 2–3    Bilden Sie Passivsätze, ohne das Agens zu nennen. (Die Zahlen entsprechen den Zahlen in Aufgabe 1.)

**2**

Passiv ohne Agens

1. Man bildet Passivsätze mit werden.
   Abends schaltet man die meisten Verkehrsampeln ab.
   Du mußt den Pfannkuchenteig gründlich durchrühren.

2. Die Bauarbeiter reißen vor dem Haus die Straße auf.
   Der Wecker hat mich zu früh geweckt.
   Ich weiß nicht, ob der Kfz-Mechaniker den Motor noch reparieren kann.

3. Um halb zwei heute nacht hat mich irgendwer angerufen.
   Keine Angst, irgend jemand wird die Sache erledigen.
   Hier hat jemand etwas verändert.

4. Die Eltern haben die beiden Kinder nicht gut erzogen.
   Du mußt das Geschirr spülen!
   Sie dürfen beim Test keine Wörterbücher benutzen!

5. Die Polizei hat mehr als fünfzig Demonstranten festgenommen.
   An dieser Stelle stand die Synagoge, die Tübinger Nazis im November 1938 niedergebrannt haben.

**3**

*von/durch*

**Aufgabe**

| 2–3 | | |

Jetzt kommen Passiv-Sätze, in denen das Agens genannt wird. Die wichtigsten Formen sind: von + D(ativ) und durch + A(kkusativ):

von + D: steht bei Personen und allem, was man sich personal vorstellen kann (Regierung, Gesellschaft, Schule, Ehe, Natur, Gott, Wetter, Motive und vieles andere)

durch + A: Mittel oder Instrument; es klingt abstrakter, unpersönlicher, oft nach Behördensprache.

Setzen Sie die Sätze ins Passiv: Gruppe 1 mit von + D; Gruppe 2 mit durch + A.

### Gruppe 1

Ein Prinz hat Dornröschen wachgeküßt.
Eine alte Frau hat den Unfall genau beobachtet.
Einige Studenten haben das Passiv immer noch nicht genau begriffen.
Der Alkohol hat ihn vollständig ruiniert.
Der Freiheitswille der Menschen hat die Diktatur überwunden.

### Gruppe 2

Ein Zufall hat das Problem gelöst.
Diese Methode revolutioniert unsere Produktion.
Der neue Bierautomat hat die Arbeitsmoral nachteilig beeinflußt.
Das Husten eines kleinen Vogels hat die Lawine ausgelöst.
Kleine Dinge können große Konsequenzen verursachen.

Bei manchen Sätzen können von und durch verwendet werden. Probieren Sie es aus; diskutieren Sie mit Deutschen darüber.

**4**

*nominalisiertes Passiv*

**Aufgabe**

| 3 | |

Wenn Passiv-Sätze nominalisiert werden, ist von + D mißverständlich; man verwendet dann durch + A:

Aktiv: Ein Architektenteam hat die Siedlung geplant.
Passiv: Die Siedlung wurde von einem Architektenteam geplant. (von + D)
Die Siedlung wurde durch ein Architektenteam geplant. (durch + A)
Nominalisierung: Die Planung der Siedlung *von* einem Architektenteam ...
Das ist mißverständlich; die Siedlung gehört nicht den Architekten.
also: Die Planung der Siedlung *durch* ein Architektenteam ...

Bei Nominalisierungen ist also die Unterscheidung zwischen von/durch aus Aufgabe 3 nicht mehr relevant (→ Kap. 13 Teil II, A 3).

Bilden Sie nominalisierte Formen.

Frauen in der Politik verändern das politische Klima positiv.
Nebel behindert den Verkehr auf der Autobahn.
Toleranz löst viele Probleme.
Computer erleichtern manchmal die Denkarbeit.
Deutsche Passivsätze verschönern nicht immer die deutsche Sprache.

**Aufgabe** | 3 | | | In der Schriftsprache gibt es noch andere Präpositionen (oft mit Genitiv), mit denen das Agens bezeichnet werden kann: seitens, mittels, mithilfe, aufgrund, etc. (→ Kap. 12, A 13).

**5**

komplexe
Präpositionen

Lesen Sie die Beispiele.

Seitens der Stadtverwaltung wurde alles veranlaßt.
→ Durch die/von der Stadtverwaltung wurde alles veranlaßt.
→ Die Stadtverwaltung hat alles veranlaßt.

Mit Hilfe der Polizei konnte der Fall rasch aufgeklärt werden.
→ Durch die/von der Polizei konnte der Fall rasch aufgeklärt werden.
→ Die Polizei konnte den Fall rasch aufklären.

Aufgrund seiner Qualitäten wurde seine Karriere erleichtert.
→ Durch seine Qualitäten wurde seine Karriere erleichtert.
→ Seine Qualitäten haben seine Karriere erleichtert.

Bilden Sie in gleicher Weise aus den schriftsprachlich formulierten Sätzen einfachere Passivsätze und Aktivsätze.

Mittels eines einfachen Tricks wurde das Problem gelöst.
Von Seiten der Opposition kam kein Widerspruch.
Aufgrund eines Zufalls wurde der Fehler ans Licht gebracht.
Mit Hilfe eines Stipendiums konnte ich meinen Studienaufenthalt finanzieren.

„In Deutschland sind die Geschäfte immer geschlossen!"

## Das Zustands-Passiv

**Aufgabe** | 2–3 | | | Lesen Sie die dramatische Szene, die so vielleicht nur in Deutschland passieren könnte.

**6**

Zustands-
passiv

18.27 Uhr: Ein Mensch rennt die Straße entlang in Richtung auf einen Supermarkt.
18.29 Uhr: Eine Angestellte des Supermarkts mit weißem Kittel nähert sich von innen her der Eingangstür, in der Hand einen Schlüsselbund.
18.30 Uhr: Die Angestellte steckt den Schlüssel ins Schloß der Eingangstür und schließt sie ab.
18.31 Uhr: Der Mensch kommt atemlos an der Tür an, will sie aufstoßen und rennt mit dem Kopf gegen die verschlossene Tür.
Er sagt: „Mist, der Sch...-Laden ist schon geschlossen."

Hier sind vier Versuche, die Form des Zustands-Passivs zu erklären:

1. In den bisherigen Passiv-Beispielen wurde immer eine Aktion, eine Handlung, ein Prozeß ausgedrückt. Einige sprechen daher von „Vorgangs"-Passiv. Das Hilfsverb dafür ist werden; die Perfekt-Form ist... worden:
Punkt 18.30 Uhr ist der Supermarkt von der Angestellten geschlossen worden.
(Uhrzeit)     (Täter, Agens)  (Tat, Aktion, Vorgang)
Damit ist der Vorgang, die Aktion beendet. Ab jetzt besteht ein fester „Zustand": Der Supermarkt ist geschlossen; der geschlossene Supermarkt.

2. Man kann das Zustands-Passiv als die Verkürzung der Form Perfekt Passiv verstehen. Es fallen weg:
   – die Form worden
   – das Agens
   – andere Vorgangs-Aspekte, z. B. die Uhrzeit
   *Der Supermarkt ist* (Punkt 18.30 Uhr) (von der Angestellten) *geschlossen* (worden).

3. Im Beispielsatz hat das P II geschlossen die Funktion „Teil des Prädikats" (→ Kap. 1, A 5); das Verb heißt geschlossen sein; man findet oft einen synonymen Ausdruck für das P II: zu; zu sein.
   Der Mensch könnte also auch gesagt haben: „Mist, der Sch...-Laden ist zu!"

4. („Vorgangs"-)Passiv und Zustands-Passiv können auch zwei verschiedene Sehweisen ausdrücken, zwei verschiedene Aspekte des Interesses.
   Die Angestellte hat das Interesse: Jetzt schließe ich die Tür (denn ich bin daran interessiert, pünktlich nach Hause zu kommen, keine Überstunden zu machen); also schließe ich die Tür. (bzw.: Die Tür wird von mir pünktlich um 18.30 Uhr geschlossen.)
   Der Mensch vor der Tür denkt nicht an das Interesse der Angestellten; er ist nur daran interessiert, noch eine Tüte Milch zu kaufen, daß also die Tür noch nicht geschlossen ist, daß der Supermarkt noch offen ist.

**7**

Zustands-
wörter

**Aufgabe**

| 2–3 | | |

Ändern Sie die Sätze. Verwenden Sie in Gruppe 1 statt P II andere Wörter, die den Zustand ebensogut beschreiben. Ersetzen Sie in Gruppe 2 die hervorgehobenen Wörter durch P II.

Beispiel: Endlich ist der Backenzahn *gezogen*.
↔ Endlich ist der Backenzahn *raus*.

**Gruppe 1**
Ist das Restaurant heute *geschlossen?*
Ja, Ihr Auto ist schon *repariert*.
Jeden ersten Samstag des Monats ist unser Geschäft bis 16 Uhr *geöffnet*.
Die Tagung wird erst am Spätnachmittag *beendet* sein.
Den ganzen Tag bin ich herumgerannt; jetzt bin ich völlig *erschöpft*.

**Gruppe 2**
Ach du lieber Gott, der Geldbeutel ist *weg*.
Die Briefe von heute sind schon *weg*.
Ich glaube, jetzt bin ich wieder *gesund*.
Die Plätzchen sind schon wieder *alle*.
Und als die Meisterin erwacht', da war die Arbeit schon *fertig*. (Gereimtes aus dem Märchen von den Heinzelmännchen von Köln)

**8**

Formen-
Verwirr-Spiel

**Aufgabe**

| 3–4 | | |

Diese Aufgabe ist ein „Verwirr-Spiel":
Im Deutschen sehen drei verschiedene Verb-Formen völlig gleich aus:
1. Zustands-Passiv
2. Präsens von Verben, die aus sein + P II gebildet werden, z. B. verliebt sein (→ Kap. 1, A 5)
3. Perfekt Aktiv bei bestimmten Verben (→ Kap. 4, Gr. i. K. 3.)

Das kann zu Verwirrung führen. Manches kann man verschieden interpretieren.

Geben Sie mit der entsprechenden Zahl (1.–3.) an, worum es sich in diesen Sätzen handelt.

Ich glaube, ich bin verliebt.
Da bin ich sehr erschrocken.
Genau um 18.31 Uhr ist vor dem Supermarkt die Bombe explodiert.
Ihre Kinder sind aber wirklich schlecht erzogen, Frau Meier!
Ich bin im Juni 1964 in Kalifornien geboren.
Leider ist er zu früh gestorben.
Ganz klar, der Brief ist mit Computer geschrieben.
Keine Angst, es ist alles schon erledigt.
Und plötzlich erschien ein Geist und sagte mir etwas; da bin ich aufgewacht.
Wir glauben, zum Zustands-Passiv ist jetzt alles gesagt.


## Konkurrierende Formen zum Passiv

**Aufgabe**
2–3

**9**
*man*

Oft sind Aktiv-Sätze mit man ähnlich unpersönlich wie Passivsätze (→ Kap. 9, A 15).

Bilden Sie aus den Sätzen der Gruppe 1 Passivsätze und aus den Sätzen der Gruppe 2 man-Sätze. Probieren Sie aus, in welchen Sätzen du, wir oder sie sinnvolle Alternativen sind.

Gruppe 1
So kann man das wirklich nicht sagen.
Ihrer Kritik muß man unbedingt widersprechen.
Ich denke manchmal, hier arbeitet man zuviel.
In unserer Region spricht man wirklich nicht das allerbeste Hochdeutsch.
Wenn man „man" mit zwei ‚n' schreibt, hat man mehr als einen Fehler gemacht.

Gruppe 2
Donnerstags kann länger eingekauft werden.
Jetzt kann wieder freier geatmet werden.
In unserem Land wird mit Stäbchen gegessen.
Auch bei uns wird heute weniger geraucht und mehr vegetarisch gegessen.
In Frankreich werden „dessous" getragen, in Deutschland Unterhosen.

**Aufgabe**
2–3

**10**
*-lich/-bar*

Bestimmte Adjektive, vor allem mit den Endungen -lich und -bar, konkurrieren zu Passivsätzen mit können/dürfen/sollen/müssen (→ Kap. 1, A 27).

Bilden Sie aus den Sätzen der Gruppe 1 Passivsätze, verwenden Sie in den Sätzen der Gruppe 2 Adjektive mit -lich/-bar.
Probieren Sie auch Varianten mit man, du, wir, Sie aus.

Gruppe 1
Diese Aufgaben sind in der knappen Zeit nicht lösbar.
Bist du dir sicher, daß alle Pilze, die du gefunden hast, eßbar sind?
„Besteigen" und „Erklimmen" haben untrennbare Vorsilben.
Diese Bilder sind unverkäuflich.
Seine Formulierungen waren sehr mißverständlich.

Gruppe 2

Ein Van Gogh kann kaum noch bezahlt werden.
Das Unglück konnte vorhergesehen werden.
Das Phänomen konnte lange nicht erklärt werden.

Erklären Sie mit einigen Worten die Ausdrücke. Einige sind leicht mit Passiv- oder Aktivsätzen erklärbar, andere weniger leicht.

unerträglicher Lärm – ein unlösbarer Konflikt – ein unnachahmlicher Künstler – unentbehrliche Vitamine – absehbare Konsequenzen – ein verläßlicher Partner – unzertrennliche Freunde

**11**

*läßt sich* + Inf.

**Aufgabe**

| 2–3 | | |

Läßt sich + Inf. konkurriert mit Passivsätzen mit können.

Bilden Sie aus den Sätzen der Gruppe 1 Passivsätze; probieren Sie auch die Alternativen aus den Aufgaben 9 und 10 aus. Verwenden Sie in den Sätzen der Gruppe 2 die Form läßt sich + Inf.

Gruppe 1

Wenn man selbst nichts tut, läßt sich leicht Kritik äußern.
Das ganze System läßt sich kaum noch überschauen.
Einige Wörter lassen sich nur schwer aussprechen.
Es tut mir leid, daran läßt sich nichts mehr reparieren.
Glauben Sie mir, auch das Passiv läßt sich lernen.

Vorsicht (→ Kap. 1, A 10)! Etwas anderes bedeutet lassen in diesen Sätzen:

Die Katze ließ sich überhaupt nicht streicheln.
Er läßt sich nun mal nicht gern kritisieren.

Gruppe 2

Der Schaden konnte leicht repariert werden.
Diese teuren Sachen können überhaupt nicht verkauft werden.
Ihre Arbeit könnte ohne große Anstrengungen erheblich verbessert werden.
Keine Sorge, das Wahlergebnis kann in vier Jahren korrigiert werden.

**12**

*sein... zu* + Inf.

**Aufgabe**

| 2–3 | | |

sein... zu + Inf. konkurriert mit Passivsätzen + müssen, sollen, können, dürfen (→ Kap. 1, Gr. i. K. 4. und A 7–8). Oft klingen diese Sätze streng, autoritär, bürokratisch.

Bilden Sie aus den Sätzen der Gruppe 1 Passivsätze, und probieren Sie auch die Alternative aus. Verwenden Sie bei den Sätzen der Gruppe 2 sein... zu + Inf.

Gruppe 1

Hier ist beim besten Willen nichts mehr zu machen.
Ein dicker Polizist brüllte: „Die Straße ist unverzüglich zu räumen!“
Seine Vorführung war so perfekt, daß nichts daran zu kritisieren war.

Gruppe 2

Die Miete soll pünktlich zum Monatsanfang gezahlt werden.
Seine Kritik konnte von den meisten nur schwer akzeptiert werden.
Der Widerspruch konnte schnell geklärt werden.

Ähnlich ist es mit bleibt... zu + Inf. (→ Kap. 1, A 30). Vielleicht hören Sie in den ersten beiden Sätzen ein Abwarten, eine gewisse Skepsis heraus.
Bilden Sie Passivsätze.

Die weitere Entwicklung bleibt abzuwarten.
Die eigentlichen Probleme bleiben noch zu lösen.
Jetzt bleibt nur noch zu sagen, daß die Kundgebung beendet ist.

**Aufgabe**
| 3 | | |

Bestimmte Nomen-Verb-Verbindungen konkurrieren mit Passiv (→ Kap. 17). Auch hier klingt es oft so (wie in Aufgabe 14), als ob das Geschehen „automatisch" läuft, ohne wirklichen Verursacher:

Mit deiner Rückkehr *ging* mein heißester Wunsch *in Erfüllung*
↔ Mit deiner Rückkehr *wurde* mein heißester Wunsch *erfüllt*.

Bilden Sie aus den Sätzen der Gruppe 1 Passivsätze und achten Sie auf den Klang; formulieren Sie Alternativen. Verwenden Sie bei den Sätzen der Gruppe 2 passende Nomen-Verb-Verbindungen.

**13**
Nomen-Verb-Verbindungen

**Gruppe 1**

Mit ihrer Rückkehr *ging* sein heißester Wunsch *in Erfüllung*.
Jetzt *kommen* unsere neuesten Tricks *zur Vorführung*.
Sind denn unsere Themen *zur Sprache gekommen*?
Wann *kommen* wir denn endlich *zur Abstimmung*?
Unsere Beispielsätze haben nicht nur *Zustimmung gefunden*.

**Gruppe 2**

Diese katastrophale Politik, meine Damen und Herren, muß sofort *beendet werden*!
Natürlich, so sagen die Politiker, *werden* alle diese Waffen niemals *eingesetzt*.
Auf tragische Weise ist er *getötet worden*.
Ab nächsten Monat *wird* unser neues Modell *verkauft*.

**Aufgabe**
| 2–3 | | |

Manche Ausdrücke mit sich konkurrieren mit Passiv (→ Kap. 9, A 14). Oft kann man damit ein wenig verbergen, wer verantwortlich ist.

Bilden Sie aus den Sätzen der Gruppe 1 Passivsätze oder finden Sie andere Alternativen. Verwenden Sie bei den Sätzen der Gruppe 2 Verben mit sich.

**14**
*sich*-Verben

**Gruppe 1**

Eine Lösung der Probleme wird sich schon noch finden.
Herr Kommissar, ich glaube, der Fall hat sich aufgeklärt.
Ich weiß nicht, ob sich dieses Buch gut verkauft.
Rhetorik schreibt sich mit einem ‚h', Rhythmus mit zwei.

**Gruppe 2**

Ob ich den Job kriege, wird erst nach der Sommerpause entschieden.
Unsere Produktivität muß erheblich verbessert werden.
Warum soll denn jetzt alles verändert werden?

**Aufgabe**
| 3 | | |

Die Verben bekommen, erhalten, kriegen und gehören konkurrieren mit Passiv:
Ich bekomme vom Weihnachtsmann eine Stereoanlage.
Statt einem Kuß hat er eine Ohrfeige erhalten.
Ich glaub', ich krieg' 'ne Grippe.
So was Obszönes gehört verboten!!?!
Kriegen und gehören sind Ausdrücke der Umgangssprache.

Formen Sie die Sätze der Gruppe 1 um, indem Sie eines dieser Verben verwenden. Bilden Sie aus den Sätzen der Gruppe 2 Passivsätze. Achten Sie dabei auf Dativ.

**15**
Verben mit Passivbedeutung

### Gruppe 1

Mir ist zum Geburtstag überhaupt nichts geschenkt worden.
Ihm wurde lediglich ein Job als Museumsaufseher gegeben.
Wurde Ihnen Ihr Zeugnis bereits ausgehändigt?
Dem Kerl wurden für seine schreckliche Tat nur zwei Jahre mit Bewährung gegeben.
Diese blödsinnigen Formulierungen sollten am besten abgeschafft werden.

### Gruppe 2

Von seinen Eltern kriegt er monatlich 800 Mark.
In feierlicher Form erhielten wir unsere Diplome.
Sie bekam minutenlangen Applaus.
Ich habe einen komischen Brief vom Finanzamt gekriegt.
Am Stammtisch: „So eine Politik gehört verboten, und alle Politiker gehören eingesperrt.“

## 16 Aufgabe

3

Bestimmte Verben haben Passivbedeutung. Bilden Sie Passivsätze. Sie werden sofort erkennen, wer dahintersteckt, wer Agens ist.

Der Supermarkt schließt um 18.30 Uhr und samstags schon um 13 Uhr.
Unser Geschäft öffnet am kommenden Montag.
Die Eier kochen.

Nicht immer ist so offensichtlich, was „wirklich“ geschieht oder geschehen ist; man muß dann interpretieren, um das Geschehen genau zu klären:

Das Kind zur Mutter, die die Schokolade sucht: „Die ist verschwunden“.
Die Eisenbahnen fallen von den Brücken.
Vater ist in der Normandie gefallen.

## 17 Aufgabe

*es* in
Passivsätzen

2–3

Passivsätze beginnen oft nicht mit dem Agens. Sie beginnen häufig mit Angaben von Ort und Zeit, oft auch mit Dativ. Besonders gern beginnen sie mit es. Dabei hat es eine „Platzhalter“-Funktion am Satzanfang; es fällt weg, wenn die erste Stelle anders besetzt wird (→ Kap. 9, A 7 und 9).
Lesen Sie die Sätze der Gruppe 1. Lesen Sie sie dann noch einmal, aber ohne es. Probieren Sie andere Alternativen aus. Lesen Sie die Sätze der Gruppe 2, indem Sie mit es beginnen. Bilden Sie in der Gruppe 3 aus den Aktivsätzen Passivsätze mit es.

### Gruppe 1

Es darf jetzt gelacht werden.
Nein, es darf hier nicht geraucht werden.
Es muß dir einmal in aller Deutlichkeit gesagt werden, daß du ein Dummkopf bist.
Es sollen alle Übungen wiederholt werden.
Es ist jetzt genug herumgeredet worden; keiner hat wirklich ehrlich gesagt, was er denkt.

### Gruppe 2

In diesem Kapitel sollen die Verwendungen des Passiv gelernt werden.
Zwei Stunden lang wurde völlig ergebnislos diskutiert.
Mir ist in meiner Jugend nichts geschenkt worden.
Für diesen dämlichen Parkplatz vor der Universität wurden sage und schreibe 200 000 Mark ausgegeben.

### Gruppe 3

Ich muß noch sagen, daß das eine sehr gute Diskussion war.
Auf der ganzen Reise haben wir gesungen und geblödelt.
Amerikaner beklagen oft, daß man in Deutschland zu viel raucht.
Heute essen auch in Deutschland viel mehr Leute vegetarisch.

# Übungen mit Stil

**Aufgabe** | **18**
3 | Passiv und Stil

Lesen Sie die Texte.
Schreiben Sie auf, wie sie auf Sie wirken.
Kommentieren Sie den Sachverhalt, daß im Text (1) alle Sätze im Passiv formuliert sind, nur der letzte Satz im Aktiv.
Wahrscheinlich ist es im Unterhaltungsprogramm, über das Text (2) berichtet, lustig zugegangen. Aber: Wie lustig klingt der Bericht? Was macht das Erschreckende aus in den Sätzen des Textes (3)?

(1)

Hier bei uns wird hart gearbeitet. Auf Pünktlichkeit und Ordnung wird bei uns großer Wert gelegt. Zum Beispiel in meiner Firma: da werden morgens auf die Minute genau um 6.25 Uhr die Lichtanlagen eingeschaltet, fünf Minuten später wird das Torhaus geöffnet. Die automatischen Stechuhren können zwischen 6.30 und 6.45 Uhr bedient werden. Wer später kommt, wird sofort registriert. Wer dreimal zu spät kommt, wird zum Chef zitiert und ermahnt. Wird jemand mehrfach ermahnt, wird das in seine Personalakte eingetragen. Da kann einer schnell fristlos entlassen werden. Bis 9 Uhr wird gearbeitet, von 9 bis 9.15 Uhr wird Frühstückspause gemacht, dann wird weitergearbeitet bis Mittag. Um halb vier wird Feierabend gemacht, auf die Minute genau um 16 Uhr wird das Werk geschlossen. Dann gehe ich heim.

(2)

Aus einem Zeitungsbericht über das Unterhaltungsprogramm aus Anlaß des Besuchs ausländischer Gäste in der Provinz (Balinger Zeitung vom 21. Juli 1989):

So wurden die Tennisplätze der Umgebung besucht, Radausflüge und Autoausfahrten in die Natur und in andere Städte unternommen, die Diskotheken und Musik-Cafés der Umgebung abgeklappert, Schwimmbäder und Freizeitzentren gestürmt, Museen, Schlösser und Burgen besichtigt, kulinarisch gegessen, Volksfeste und Sportveranstaltungen besucht, die schwäbische Alb erwandert.

(3)

Einige Beispielsätze über die Höflichkeit der Menschen:

Vater zum Kind: „Jetzt wird ins Bett gegangen, aber dalli!"
Chef, schreiend, zum Mitarbeiter: „Was, diskutieren wollen Sie? Hier wird nicht diskutiert, hier wird gearbeitet!"
Ein alter Herr, mit Begeisterung in der Stimme: „Bei den Preußen, da wurde geschliffen und gedrillt, da wurde exerziert bis zum Umfallen, und vor allem: wenn etwas befohlen wurde, wurde gehorcht."

**Aufgabe** | **19**
3–4

Vergleichen Sie die Sätze in den Gruppen 1–5. Diskutieren Sie, welche Sätze in welchen Situationen angemessen sind, welche Sätze eine komische Wirkung haben oder unwahrscheinlich sind.
Geben Sie Gründe an, warum das so ist.

## Gruppe 1

Der Löwe sagt: „Jetzt fresse ich gleich eine Gazelle."
Der Löwe sagt: „Jetzt wird gleich eine Gazelle von mir gefressen."
Der Löwe sagt: „Jetzt wird endlich mal wieder mit Lust eine Gazelle gefressen!"
Die Gazelle denkt: „Jetzt werde ich gleich vom Löwen gefressen."
Die Gazelle denkt: „Jetzt frißt mich gleich der Löwe."

## Gruppe 2

Der Lehrer sagt: „Im Deutschen bildet man das Passiv mit *werden*."
Der Lehrer sagt: „Im Deutschen wird das Passiv mit *werden* gebildet."

**Gruppe 3**

| | |
|---|---|
| Der Polizeichef: | „Ich ordne ein sofortiges Verkaufsverbot von Gummibärchen an!" |
| Der Polizeichef: | „Es wird von mir ein sofortiges Verkaufsverbot von Gummibärchen angeordnet." |
| Der Polizeichef: | „Es wird ein sofortiges Verkaufsverbot von Gummibärchen angeordnet." |

**Gruppe 4**

| | |
|---|---|
| Kain zu Gott: | „Tut mir leid, Gott, ich habe heute morgen den Abel erschlagen." |
| Kain zu Gott: | „Tut mir leid, Gott, Abel ist heute morgen von mir erschlagen worden." |
| Kain zu Gott: | „Tut mir leid, Gott, Abel ist heute morgen erschlagen worden." |
| Kain zu Gott: | „Abel ist heute morgen gestorben." |

**Gruppe 5**

| | |
|---|---|
| Der Hausbesitzer: | „Ich muß Ihnen leider die Miete erhöhen, Herr Müller." |
| Der Hausbesitzer: | „Ich kriege eine höhere Miete, Herr Müller." |
| Der Hausbesitzer: | „Die Miete muß von mir leider erhöht werden, Herr Müller." |
| Der Hausbesitzer: | „Herr Müller, die Miete wird erhöht." |

**20** **Aufgabe** | 3–4 | | | In den folgenden Sätzen oder Szenen wechselt die Sehweise bzw. das Interesse; das drückt sich in der Form der Verben aus. Kommentieren Sie die verwendeten Verbformen im Blick auf den Inhalt der Sätze.

1. „Die Küche ist gefegt, das Wohnzimmer ist aufgeräumt, die Zeitung ist umbestellt, der Gashahn ist abgedreht, die Katze ist versorgt. Liebling, jetzt können wir in Urlaub fahren!"
2. Zeile aus einem provozierenden Song von F. J. Degenhardt: „Das ändert sich solange nicht, bis es geändert wird!
3. Erlebnisbericht aus dem Alltag: „Wir fuhren friedlich mit dem Auto daher, da wurden wir plötzlich von einem Streifenwagen der Polizei gestoppt."
4. „Die schöne, frischgestrichene Hauswand ist gleich in der ersten Nacht wieder besprayt worden, und zwar mit der Aufschrift: „Sprayen ist verboten!" Das waren sicher wieder diese schrecklichen Punks!"
5. Die Polizisten protestieren, weil sie zu schlecht bezahlt werden.
6. Der Kater dachte: „Ich habe die Maus so lieb, daß ich sie nicht fressen kann." Die Maus dachte: „Weil mich der Kater so lieb hat, brauche ich keine Angst zu haben, von ihm gefressen zu werden."

**21** **Aufgabe** | 3–4 | | | Lesen Sie noch einmal die erste „Paradiesgeschichte" von Helme Heine, aber im Passiv.
Vergleichen Sie beide Texte: Welche Form paßt besser für diesen Text?
Diskutieren Sie die Unterschiede im Stil.

**22** **Aufgabe** | 3–4 | | | Lesen Sie noch einmal das Gedicht "Weltende" von Jakob van Hoddis. Diskutieren Sie, was da eigentlich „geschieht".

Zum Abschluß: Das ganze Leben (und die ganze Grammatik dieses Kapitels: Passiv – Aktiv – Passiv Total) in Kurzfassung:

> ## Er wurde geboren, nahm ein Weib und starb.

# Kapitel 6

## NEIN SAGEN LERNEN

### Negation

# Lesepause

### Keine Gedanken

Es genügt nicht, keine Gedanken
zu haben, man muß auch unfähig sein,
sie auszudrücken.

*Karl Kraus*

### lichtung

manche meinen lechts und rinks
kann man nicht velwechsern.
werch ein illtum!

*Ernst Jandl*

## Von der Liebe kann ich nur träumen
## (Luka M., eine junge Frau aus Odessa)

Von der Liebe kann ich nur träumen. Das, was ich hatte, war alles nicht das Richtige. Aber in fünf, zehn Jahren kann ich auch nicht mehr träumen. Das Leben ist kein Film. Keiner wird an der Tür klingeln, und auch Prinzen gibt es nicht auf der Welt. Auch keine Wunder. So wie man allein in der heruntergekommenen Wohnung einschläft, so wacht man auch auf. Wunder gibt es nicht. Nichts und niemanden gibt es auf der Welt, der dir hilft. Nichts und niemanden."

*aus: ZEITmagazin vom 14. 12. 90, Gorbatschows Kinder*

### Was weh tut

Wenn ich dich verliere
was tut mir dann weh?
Nicht der Kopf
nicht der Körper
nicht die Arme
nicht die Beine

Sie sind müde
aber die tun nicht weh
oder nicht länger
als das eine Bein immer weh tut
Das Atmen tut nicht weh
Es ist etwas beengt

aber weniger
als von einer Erkältung
Der Rücken tut nicht weh
auch nicht der Magen
Die Nieren tun nicht weh
und auch nicht das Herz
Warum ertrage ich es dann nicht
dich zu verlieren?

*Erich Fried*

### Der Kerl, dieser Werther

Der Kerl..., dieser Werther, wie er hieß, macht am Schluß Selbstmord!... Schießt sich einfach ein Loch in seine olle Birne, weil er die Frau nicht kriegen kann, die er haben will, und tut sich noch ungeheuer leid dabei. Wenn er nicht völlig verblödet war, mußte er doch sehen, daß sie nur darauf wartete, daß er was machte, diese Charlotte. Ich meine, wenn ich mit einer Frau allein im Zimmer bin und wenn ich weiß, vor einer halben Stunde oder so kommt keiner da rein, Leute, dann versuch ich doch *alles*. ... Und dieser Werther war ... zigmal mit ihr allein. Schon in diesem Park. Und was macht er? Er sieht ruhig zu, wie sie heiratet. Und dann murkst er sich ab. Dem war nicht zu helfen.

*Ulrich Plenzdorf*

## Die deutsche Familie — 1948

Die deutsche Familie im nicht mehr deutschen Vierzonenland war mit Verdrängung beschäftigt, mit Kriegsneurose und Schuldbeschwichtigung, mit ruinierten Nerven und Impotenz. Sie war mit den Folgen von Angst und Verstörung beschäftigt, krankte an intellektueller Auszehrung und plagte sich mit Depressionen ab. Eine ganze Generation schien damit beschäftigt, die verschuldeten, unverschuldeten Wunden zu lecken. Die Mehrzahl der Deutschen flickte an seelischen und materiellen Löchern herum. Man wühlte beklommen und hektisch, für unabsehbare Zeit, in der schadhaft gewordenen, privaten oder kollektiven Identität und fand für nichts mehr eine Bestätigung. Ich, Du und Wir standen ratlos in weltweiter Schuld, wollten ihre Ruhe haben und zogen sich in den Schoß der Familie zurück. Da war man süchtig nach einem ruhigen Gewissen und verscharrte das schlechte unter Kartoffelschalen. Anstelle von deutlicher Antwort auf deutliche Fragen machte sich die große Verharmlosung breit. Sie schallte und seufzte in allen Familien, fälschte ihr Echo und gab sich selber Pardon. Sie war zu jeder Entschuldigung imstand. Sie war des deutschen Pudels verfaulter Kern. Was Wiederaufbau von Staat und Familie hieß, entpuppte sich schnell und bieder als Restauration. Man suchte nach neuen Strohhalmen für das alte Nest. Man war wieder wer, wenn man Frau und Kinder ernährte. Woher sollte die Freude kommen?

*Christoph Meckel*

## Maßnahmen gegen die Gewalt

Als Herr Keuner, der Denkende, sich in einem Saale vor vielen gegen die Gewalt aussprach, merkte er, wie die Leute vor ihm zurückwichen und weggingen. Er blickte sich um und sah hinter sich stehen — die Gewalt. „Was sagtest du?" fragte ihn die Gewalt.
„Ich sprach mich für die Gewalt aus", antwortete Herr Keuner. Als Herr Keuner weggegangen war, fragten ihn seine Schüler nach seinem Rückgrat. Herr Keuner antwortete: „Ich habe kein Rückgrat zum Zerschlagen. Gerade ich muß länger leben als die Gewalt."
Und Herr Keuner erzählte folgende Geschichte: In die Wohnung des Herrn Egge, der gelernt hatte, nein zu sagen, kam eines Tages in der Zeit der Illegalität ein Agent, der zeigte einen Schein vor, welcher ausgestellt war im Namen derer, die die Stadt beherrschten, und auf dem stand, daß ihm gehören solle jede Wohnung, in die er seinen Fuß setzte; ebenso sollte ihm auch jedes Essen gehören, das er verlange; ebenso sollte ihm auch jeder Mann dienen, den er sähe.
Der Agent setzte sich in einen Stuhl, verlangte Essen, wusch sich, legte sich nieder und fragte mit dem Gesicht zur Wand vor dem Einschlafen: „Wirst du mir dienen?"
Herr Egge deckte ihn mit einer Decke zu, vertrieb die Fliegen, bewachte seinen Schlaf, und wie an diesem Tage gehorchte er ihm sieben Jahre lang. Aber was immer er für ihn tat, eines zu tun hütete er sich wohl: das war, ein Wort zu sagen. Als nun die sieben Jahre herum waren und der Agent dick geworden war vom vielen Essen, Schlafen und Befehlen, starb der Agent. Da wickelte ihn Herr Egge in die verdorbene Decke, schleifte ihn aus dem Haus, wusch das Lager, tünchte die Wände, atmete auf und antwortete: „Nein."

*Bertolt Brecht*

## Der Regen — eine wissenschaftliche Plauderei

Der Regen ist eine primöse Zersetzung luftähnlicher Mibrollen und Vibromen, deren Ursache bis heute noch nicht stixiert wurde. Schon in früheren Jahrhunderten wurden Versuche gemacht, Regenwetter durch Glydensäure zu zersetzen, um binocke Minilien zu erzeugen. Doch nur an der Nublition scheiterte der Versuch. Es ist interessant zu wissen, daß man noch nicht weiß, daß der große Regenwasserforscher Rembremerdeng das nicht gewußt hat.

*Karl Valentin*

# Grammatik im Kasten

### Verschiedene Mittel, um Verneinungen auszudrücken

1. Negationswörter
2. Vorsilben
3. Nachsilben
4. Ausdrücke, die die Negation in sich tragen, die etwas Negatives bedeuten
5. Verben und verbale Ausdrücke, die eine Negation einleiten

(Natürlich auch Gesten, z. B. Kopfschütteln oder „Daumen nach unten".)

In diesem Zusammenhang gehören auch alle Ausdrücke, bei denen das „So-Sein" negiert wird durch ein „Anders-Sein":

Alternativen:      nicht rot, sondern grün
Gegenteile:        nicht Pro, sondern Contra
Komparativ:        nicht mehr jung, sondern älter; nicht schwach, sondern noch schwächer
Graduierungen:     nicht gut, sondern nur relativ gut; nicht miserabel, sondern hundsmiserabel

### 1. Negationswörter

Hier sind die wichtigsten Negationswörter:

nein, nicht, nichts, nie, niemals, niemand, nirgends, nirgendwo, nirgendwoher, nirgendwohin
kein, keiner, keinesfalls, keineswegs, keinerlei
ohne, weder... noch, wenig (genausowenig, ebensowenig), kaum, alle (Das Geld ist alle.)

Kein ist die Negation des Artikelworts ein bzw. des „Nullartikels" (→ Kap. 14, Gr. i. K. 1.):
Ich bin doch kein Schneemann. Wir konnten dieses Jahr keinen Schneemann bauen. Nein, ich habe mit keinem Schneemann gesprochen. Es wurden überhaupt keine Schneemänner gesehen. Nein, es ist keiner gekommen, wir haben keinen gesehen, und wir haben mit keinem telefoniert.

Die Formen niemandem/niemanden werden heute nur noch von Leuten verwendet, die sehr korrekt sprechen und schreiben wollen; normalerweise läßt man die Endungen weg:
Wir haben mit niemand(em) geredet. Er hat niemand(en), der ihm hilft.
oder man sagt:
Wir haben mit keinem geredet. Er hat keinen, der ihm hilft.

Besonders zu üben sind die Kombinationen nicht mehr, kein... mehr, noch nicht, auch nicht, gar nicht, überhaupt nicht (und die Kombination mit nichts):
Es hat leider nicht mehr gereicht.
Mit ihm habe ich langsam keine Geduld mehr.
Ich habe doch noch gar nicht gefrühstückt.
Sei ruhig, du bist auch nicht besser gewesen.
Den kann ich überhaupt nicht leiden.
Laß mich mal an deinen Kühlschrank, ich habe heute noch gar nichts gegessen.
Es hat leider nichts mehr genützt.

## 2. Negation durch Vorsilben

Hier ist eine Liste mit Negations-Vorsilben. Die Vorsilben in der linken Spalte haben eine germanische Sprachtradition, die in der rechten Spalte eine griechisch-lateinische (Manche bezeichnen solche Wörter immer noch als „Fremdwörter", obwohl sie nicht mehr „fremd" sind.):

| | | | |
|---|---|---|---|
| ent- | entwischen, entlaufen | a- | atypisch, ahistorisch |
| fehl- | Fehlhandlung, Fehlkalkulation | ab- | abstrus, abnorm |
| gegen- | Gegenargument, Gegengift | anti- | Antipathie, Antipädagogik |
| miß- | mißlingen, Mißverständnis | de- | destabilisieren, demotiviert |
| un- | unangenehm, unsauber | des- | desillusioniert, Desinfektion |
| ver- | Verdorbenheit, verlernen | dis- | Disharmonie, diskontinuierlich |
| weg- | wegfallen, wegnehmen | in-/im-/ | inhuman, Intoleranz, immobil, |
| wider- | widerrufen, Widerstand | il-/ir- | immateriell, illegitim, irregulär |

Auch trennbare Vorsilben können einen negativen Aspekt haben (→ Kap. 3, A 14–17); hier sind einige Beispiele:

abstürzen; jemandem etwas abschlagen; mit jemandem abrechnen; abbrechen; ausbleiben; ausgehen (das Geld geht uns aus); (ein Verfahren) einstellen; (eine Scheibe) einschlagen.

Einige Vorsilben sind immer Negations-Vorsilben, z. B.: zer-, fehl-, anti-. Andere können außer Negation auch andere Bedeutungen haben (→ Kap. 3, A 6–8, A 11–13):

| Negation | andere Bedeutung |
|---|---|
| sich *ver*rechnen | sich *ver*bessern |
| *ent*kräften | *ent*stehen |
| *de*fekt | *de*zent |

Beachten Sie, daß trotz gleicher Vorsilbe Verben, Adjektive und Nomen verschieden betont werden können:

| Akzent auf der Stammsilbe | Akzent auf der Vorsilbe |
|---|---|
| *miß*fallen | *Miß*fallen |
| | *miß*verstehen, *Miß*verständnis |
| *wider*rufen, *wider*stehen | *Wider*ruf, *Wider*stand |

Auch wenn die Vorsilbe eine negative Bedeutung hat, muß der Ausdruck ohne die Negations-Vorsilbe nicht unbedingt eine positive Bedeutung haben:

*un*verfroren / verfroren   *Un*verschämtheit / Verschämtheit
*Des*infektion / Infektion   *Zer*störung / Störung

Manchmal existiert ein Ausdruck ohne Vorsilbe überhaupt nicht:

*ver*gessen, *ver*lieren, *de*fekt, *ver*derben, *miß*lingen
(aber: *ge*lingen), *un*wirsch, *ver*unglimpfen

## 3. Negation durch Nachsilben

Es gibt Nachsilben, die eine Negation bedeuten; sie kommen vor allem in der Schriftsprache häufig vor:

| -arm | bewegungsarm, kontaktarm (Bewegungsarmut, Kontaktarmut) |
|---|---|
| -frei | textilfrei, koffeinfrei (natürlich nicht: „Koffeinfreiheit", „Textilfreiheit"!) |
| -leer | menschenleer, inhaltsleer (Inhaltsleere) |
| -los | arbeitslos, teilnahmslos (Arbeitslosigkeit, Teilnahmslosigkeit) |

## 4. Ausdrücke, die eine Negation in sich tragen

Gruppe 1

falsch, schlecht, miserabel, der Fehler, die Lüge, der Mangel, der Tod, scheitern, die Sünde, die Schuld, die Langeweile, das Desaster

Gruppe 2

der Boykott, die Blockade, der Schluß, die Straßensperre, das Verbot, fehlen, aufhören, etwas lassen (Gegensatz von: etwas tun)

Die Ausdrücke in Gruppe 1 bezeichnen etwas Schlechtes, Falsches, Böses, Unmoralisches, Verwerfliches. Bei den Ausdrücken in Gruppe 2 fehlt dieser Aspekt, obwohl auch sie einen negativen Aspekt haben.

## 5. Verben und verbale Ausdrücke, die eine Negation einleiten

leugnen, abstreiten, bestreiten, verweigern, sich weigern, nicht wahrhaben wollen, verdrängen, behaupten, ablehnen, verbieten, untersagen, warnen, unterlassen, abraten, die Frage verneinen, sich weigern, untersagen etc.

es ist nicht gestattet, es ist/wäre völlig falsch, es war ein Fehler, es ist/wäre unklug, etc.

# Übungen und Regeln

**1**
Negations-
wörter

**Aufgabe**
| 2 | | |

Negieren Sie die Sätze. Schreiben Sie alle Negationswörter auf. Es gibt manchmal mehrere Lösungen.

Ich glaube, ich habe *etwas* gesehen.
Es hat geklappt.
Es ist *jemand* gekommen. (2 Lösungen)
Du bist *immer* pünktlich. (2 Lösungen)
Du hast dir *schon* die Hände gewaschen.
Ich habe Geld.
Ich habe *noch* Geld.
Er ist *noch* sehr jung.
Ich habe ihn *irgendwo* gesehen. (2 Lösungen)
Das machen wir *auf alle Fälle*. (mehrere Lösungen)
Es ist *von überall her* Kritik gekommen.

**Aufgabe 2–3** □□  | **2** Vorsilben

Negieren Sie die Ausdrücke durch Vorsilben. Achten Sie auf die richtige Betonung; Sie können die Betonung ruhig übertreiben. (Denn: Negation verlangt deutliche Betonung.)

**un-**

Das ist *sehr interessant.*
Das ist natürlich *möglich.*
Abhängigkeit
eine *soziale* Haltung.
Sie ist sehr *einsichtig.*
Er ist *vorsichtig.*
die Pünktlichkeit
ein *korrekter* Satz

**miß-**

das Vergnügen
Das ist *sehr gut gelungen.*
das Verständnis
Ich *traue* dir.
die Achtung, die Hochachtung
ein *gut geratener* Hefekuchen
Ich *billige* ihr Verhalten.

**gegen-, anti-**

die Sympathie
der Faschismus
ein Kommunist
die Strömung
die Demonstration
die Bewegung
das Argument
dafür

**de-, dis-**

die Qualifikation
die Konsonanz
kontinuierlich
die Harmonie
stabilisieren

**in-, im-, il-, ir-**

legal
legitim
human
regulär
Aktivität
tolerant
Kompetenz
reparabel
potent

**Aufgabe 3** □□  | **3**

Machen Sie sich die Negationsbedeutung der Vorsilben im Kontext der Sätze klar. Sagen Sie das Gegenteil, indem Sie Gegenteil-Wörter verwenden.

Beispiel:  Wir wollen niemals *auseinandergehn.*
→ Wir wollen immer *zusammenbleiben.*

Du brauchst doch nicht gleich *weg*zulaufen; ich tu' dir nichts.
Ich will nicht riskieren, bei der Prüfung *durch*zufallen.
Der Tante ist der Entenbraten am Weihnachtsabend sehr *miß*raten.
Nirgendwo hat es *Wider*stand gegeben.
Die ganze Aktion war ein *Fehl*schlag.

Dazu ein Kommentar aus Baden-Württemberg: S'gibt Badische un Unsymbadische!

**Aufgabe 3** □□  | **4** ver-/ent-/zer-

Lesen Sie die Verben mit untrennbaren Vorsilben. Kreuzen Sie diejenigen an, die durch die Vorsilbe eine negative Bedeutung haben. Welche Verben bedeuten etwas Schlimmes? Erklären Sie die Bedeutung, suchen Sie Synonyme.

**ver-**

verlieren
sich verirren
vergessen
sich etwas verschaffen
sich verrechnen
etwas miteinander verrechnen
etwas miteinander verwechseln
verändern
verzaubern
etwas versprechen
sich versprechen
verteilen

**ent-**

sich entscheiden
sich entkleiden
sich entfernen
sich entschuldigen
entlaufen

**zer-**

zerbrechen
zerstören
ein Thema zerreden
den Zwiebelkuchen zerteilen
eine Forelle zerlegen

**5**

Gegenteile,
Alternativen

**Aufgabe**
| 2–3 | | |

Für viele Ausdrücke gibt es Gegenteile; für andere Ausdrücke gibt es Alternativen.

Formulieren Sie für die Ausdrücke der Gruppe 1 das Gegenteil, für die Ausdrücke der Gruppe 2 verschiedene Alternativen.

Gruppe 1

Die Information war *falsch*.
In seinem Beruf ist er ein *Könner*.
Das ist wirklich ein *Fortschritt*.
Die meisten waren sehr *mutig* in dieser Zeit.
Der alte Herr Müller *lebt noch*.
Was Sie sagen, ist *sehr richtig*.
Sie hat einen *guten* Charakter.
Die Diskussion war äußerst *interessant*.
Dieses Spiel haben wir *verloren*.
ein sehr *dummes* Argument

Gruppe 2

ein Strauß mit *lila* Blumen
Ich bin *Schwabe*.
Sie ist *Französin*.
Die *deutsche* Sprache halten einige für ziemlich schwer.

**6**

Vergleiche

**Aufgabe**
| 2–3 | | |

Vergleiche formuliert man im Deutschen mit
1. Komparativ (→ Kap. 15, Gr. i. K. 3.): schneller, weiter, höher… als
2. nicht so… wie, kein so… wie:
   Deutsch/Englisch – schwierige Sprache
   Deutsch ist schwieriger als Englisch. ↔ Englisch ist nicht so schwierig wie Deutsch.

Spielen Sie mit den Vergleichsmöglichkeiten. Erfinden Sie in Gruppe 2 dramatische Streitgespräche.

Gruppe 1

früher/jetzt – Winter kalt
Liebe/Krieg – gut
sie/er – fähiger Chef

Gruppe 2

nachbarlicher Streit um: die Qualität der Äpfel und Birnen; die Erziehung der Kinder; Preis und Leistungsfähigkeit der Autos; das Glück beim Fischen

**7**

besondere
Komparativ-
Bedeutung

**Aufgabe**
| 3 | | |

Der Komparativ kann auch verwendet werden, wenn man etwas diskreter, höflicher oder nicht so direkt sagen möchte.

Lesen Sie die Sätze. Lesen Sie sie noch einmal: die Adjektive aber nicht in der Komparativform, sondern in der Grundform. Was können die Gründe sein, die Komparativ-Formen zu verwenden?

Vor der Bank wartet ein älterer Herr im Auto.
Der Bankdirektor: „Gestern traf ein größerer Posten 1000-DM-Scheine ein."
Eine jüngere Frau mit Sonnenbrille betritt den Schalterraum.
Der Mann hinter dem Bankschalter: „Wir haben hier ein kleineres Problem."
Die Bankräuber: „Wir haben einen größeren Geldbetrag erhalten!"
Aus den Memoiren eines Gangsterbosses: „In dieser Stadt hatte ich häufiger zu tun."

**Aufgabe**
3

**8**

graduierende
Ausdrücke

Wenn man über tägliche Erlebnisse und Erfahrungen spricht, verwendet man oft graduierende Ausdrücke. Sie machen die Sprache lebendiger, differenzierter, nuancenreicher. Das ist sicher in Ihrer Sprache auch so.

Lesen Sie die Skala der graduierenden Adverbien. Kreuzen Sie an, was Sie schon oft gehört haben.

| | |
|---|---|
| absolut, total, unheimlich, irre, echt, extrem | 120% |
| vollkommen | 100% |
| erheblich/äußerst | 100% |
| sehr | 90% |
| ziemlich | 80% |
| ganz | 60% |
| relativ | 40% |
| einigermaßen | 40% |
| gerade noch | 30% |
| ein bißchen/ein wenig/etwas | 20% |
| fast nicht/kaum/nicht so | 10% |
| nicht, gar nicht | 0% |
| absolut nicht/ganz und gar nicht/<br>überhaupt nicht | −20% |

Die Prozentzahlen sollen ungefähr angeben, wie man mit diesen Adverbien eine Aussage bewerten kann. Um große Begeisterung, starke Kritik, Ironie, Anerkennung etc. auszudrücken, benutzt man auch noch andere Mittel: Betonung, Körpersprache (Mimik und Gestik).

Spielen Sie ein wenig mit den graduierenden Adverbien, am besten zusammen mit Deutschen. Formulieren Sie eine weite Skala von sehr positiv bis sehr negativ. Welche Ausdrücke eignen sich mehr für die Umgangssprache, welche mehr für die Schriftsprache?

Das Essen war..... gut.
Sein Vortrag war..... langweilig.
Er ist ein..... angenehmer Mensch.
Er ist ein..... miserabler Tänzer, Gastgeber, Liebhaber.

**Aufgabe**
2–3

**9**

*sondern*

Satzteilnegation bedeutet: Nicht der ganze Satz, sondern nur ein Satzteil wird negiert (ein Wort, ein Teil eines Wortes). Das Negationswort (nicht/kein etc.) steht unmittelbar vor dem Satzteil, der negiert wird, und zwar unbetont. Der negierte Satzteil und die nachfolgende Korrektur tragen eine starke Betonung. Man verwendet die Konjunktion sondern (nicht aber):
Er war *kein Ménsch, sondern eine Maschíne.*
Er ist *nicht nur dúmm, sondern auch fréch.*
Viertel drei bedeutet im Schwäbischen *nicht viertel vor oder nach dréi, sondern viertel nach zwéi.*

Lesen Sie die Sätze und korrigieren Sie die hervorgehobenen Ausdrücke.

Das Leben beginnt erst *mit dem Alter.* (schon früher)
Heute gehe ich *mit dir* ins Kino. (allein)
Diese Leute hier in der Gegend sind *konservativ.* (reaktionär)
Man kann *nur rechts und links* verwechseln. (mein und dein)
Die Satzteilnegation bezieht sich *auf den ganzen Satz.* (nur auf einen Teil des Satzes)

**10**

*Wo steht
nicht/kein?*

**Aufgabe**
2–3/3 ☐ ☐

Satznegation heißt: der ganze Satz, die komplette Aussage wird negiert. Das Negationswort (nicht, nichts, kein etc.) wird mehr oder weniger stark betont.

Wo steht nicht im Satz?

1. Es steht so weit wie möglich hinten.

Aber: alle Prädikatsteile, die hinten stehen sollen, haben am Satzende Priorität:
2. Partizip II bei Perfekt oder Passiv (ist... nicht gekommen)
3. Infinitiv bei Modalverben (möchte... nicht wiedersehen)
4. Objekt mit Präpositionen (beschäftigt sich... nicht mit Briefmarken)
5. andere Teile des Prädikats und Aussagen mit enger Verbindung zum Verb (hat... keinen großen Hunger; spielt... keinen schlechten Fußball)
6. trennbare Vorsilbe (fährt... nicht ab)
7. Verb im Nebensatz (..., warum... nicht da war)

Dadurch kann das Negationswort an ganz verschiedenen Positionen im hinteren Satzfeld stehen.

Lesen Sie die Satzgruppen, und erklären Sie (mit den angegebenen Zahlen), warum das Negationswort an der jeweiligen Stelle steht.

a) Ich verstehe das nicht.
Nein, ich gehe nicht.
b) Ich gehe nicht weg.
Da steige ich nicht ein.
c) Das habe ich nicht verstanden.
Das wird nicht verändert.
d) Das kann man nicht verbessern.
Das darf nicht verändert werden.
Das hat niemand verstehen können.

e) ..., weil ich das nicht verstehe.
..., obwohl er mir nicht schreibt.
f) ..., daß er das nicht hat machen dürfen.
..., weil er von keinem hat gestört werden wollen.
..., obwohl er nicht hätte zu kommen brauchen.
g) Ich stelle keine Fragen.
Ich will nicht mehr Auto fahren.
Ich will kein Auto mehr fahren.
Du hast nicht einen einzigen Fehler gemacht.

**11**

**Aufgabe**
2–3 ☐ ☐

Negieren Sie die Sätze; achten Sie auf die Stellung des Negationswortes.

Ich liebe dich.
Ich habe Angst.
Ich habe etwas gehört.
Ich habe alles verstanden.
Ich komme wieder.

Ich habe noch Hunger.
Ich habe die Arbeit schon fertig.
Wir konnten noch etwas retten.
Ich bin schon 30.

**12**

**Aufgabe**
2–3 ☐ ☐

Negieren Sie die Sätze; verwenden Sie verschiedene Mittel der Negation (Negationswörter, Gegenteilwörter).

Hier kann man gut leben.
Ich habe den Film auch gesehen.
Du hättest mich fragen sollen.
Das ist so richtig.
Warum hast du mich angerufen?
Kannst du mir mal sagen, warum du mich angerufen hast?
Ich habe sehr viel gesehen.
Ich könnte in diesem Land gut leben.
..., weil man bei diesen Leuten viel hat lernen können.
..., obwohl er mich informiert hat.

# Übungen mit Stil

**Aufgabe** 3

Doppelte Negation wird im heutigen Deutsch positiv verstanden; man erreicht dadurch besondere rhetorische Wirkungen: Ironie, feine Unterschiede in der Bewertung eines Sachverhalts.

Lesen Sie die Sätze laut und machen Sie sich die genaue Bedeutung klar; achten Sie auf den Inhalt und auf den Klang. Ist das Gesagte eher positiv oder eher negativ gemeint? Diskutieren Sie die Sätze mit Deutschen.

**13**
doppelte Negation

Der Film war gar nicht so uninteressant.
Das Essen hier ist gar nicht so übel.
Deine Art ist wirklich nicht ohne Charme.
Ihr Verhalten wird nicht ohne Konsequenzen bleiben.
Es ist kein Unglück, wenn Sie das noch einmal machen.
Ich sage das nicht ohne Bitterkeit.
Das ist durchaus nicht unüblich bei uns.

**Aufgabe** 3

Was ist genau gemeint? Entscheiden Sie, ob eine positive oder negative Bewertung gemacht wurde. Achten Sie auf Ironie etc.

**14**

Ja, ja, das Gespräch war ganz interessant.
Wie ist er denn? – Och, ganz nett!
Ich würde mich an Ihrer Stelle etwas mehr anstrengen!
Herr Müller, Sie sollten nächstens etwas pünktlicher kommen!
Unser Personalchef ist nicht gerade der hellste Kopf im Haus.
Jetzt kommt unser Super-Wissenschaftler.
Du bist vielleicht ein Könner!
Wenn der Werther nicht völlig verblödet war, ...
Sicherung des Friedens: das wäre nicht die schlechteste Politik für eine Regierung.

**Aufgabe** 3

Formulieren Sie die Sätze um, aber ohne die Bedeutung zu verändern. Vergleichen Sie die Aufgaben 13 und 14.

**15**

Beispiel:  Ich habe Ihnen selbstverständlich *die Wahrheit gesagt*.
→ Ich habe Ihnen selbstverständlich *nicht die Unwahrheit gesagt*.

Unsere Zukunft ist *gefährdet*.
*Ich muß zugeben*, daß ich mich geirrt habe.
Die Verschwendung von Rohstoffen *muß gestoppt werden*.
*Es ist eine Tatsache*, daß die Sexualmoral freier geworden ist.
*Ich habe vergessen*, was wir alles miteinander besprochen haben.
*Es ist unter Diplomaten durchaus üblich*, so miteinander umzugehen.

**Aufgabe** 3

Einige Verben leiten eine negative Aussage ein (→ Gr. i. K. 5.):
Ich will das nicht tun.
→ Ich *weigere mich*, das zu tun.

Bilden Sie entsprechende Sätze.

**16**
„negative" Verben

Reizen Sie meinen Teddybär nicht! (warnen)
Sie dürfen keine Kaugummis unter den Sitz kleben. (verbieten)
Ich diskutiere mit Ihnen nicht über Orthographie. (ablehnen)
Er hat nichts gesehen, gehört und gesagt. (bestreiten)

**17**

**Aufgabe**

3

Leiten Sie die Aussagen mit „negativen" Verben und Ausdrücken ein
(→ Gr. i. K. 5.); im Satz entfällt dann die Negation.

Beispiel:    Der Junge *sagte:* Ich habe die Fensterscheibe *nicht* eingeworfen.
→ Der Junge *bestritt,* die Fensterscheibe eingeworfen zu haben.

Sie sagte: „Diesen Vertrag unterschreibe ich nicht!"
Sie sagten: „Dieses Konzert sollten Sie nicht besuchen."
Er sagte: „Mit dieser Frau darfst du nicht mehr sprechen."
Er sagte: „Das habe ich überhaupt nicht gesagt."
Sie sagte: „Diesen Menschen habe ich in meinem Leben noch nie gesehen."
Die Großmutter sagte zu Rotkäppchen: „Nimm dich in acht vor dem Wolf."

**18**

Fragen mit
bestimmten
Erwartungen

**Aufgabe**

3

Lesen Sie die Fragen mit dramatischer Stimme, mit gespielter Übertreibung.
Welche Antwort wird erwartet, gewünscht? (→ Kap. 19, wo die verwendeten
Redepartikel behandelt werden.)

Beispiel:    Habe ich etwa nicht recht?
→ Doch doch, du hast vollkommen recht.

Was, arbeitet ihr etwa noch?
Kommt ihr denn nicht?
Was, wollt ihr tatsächlich weitermachen?
Sind Sie denn nicht mehr mit mir zufrieden?
Ist mein Kleid nicht chic?

**19**

Stilvarianten

**Aufgabe**

2–3

Lesen Sie zum Abschluß die Beispiele, die noch einmal zeigen, wie vielfältig
Negation ausgedrückt werden kann.

Sind Sie mit diesem Vorschlag einverstanden?
Nein, ich bin mit diesem Vorschlag nicht einverstanden.
Nein, ich lehne diesen Vorschlag ab.
Nein, diesem Vorschlag verweigere ich die Zustimmung.
Nein, das ist ein sehr schlechter Vorschlag.
Nein, ich mache Ihnen einen Gegenvorschlag.
Nein, überhaupt nicht.

Hat Herr Egge sich dem Agenten unterworfen?
Nein, er hat sich dem Agenten nicht unterworfen.
Nein, er hat dem Agenten Widerstand geleistet.
Nein, er hat sich dem Agenten widersetzt.
Nein, er hat sich geweigert, sich dem Agenten zu unterwerfen.
Nein, er war nicht bereit, sich dem Agenten zu unterwerfen.
Nein, er war stärker als der Agent.
Nein, er hat länger gelebt als die Gewalt.

**Aufgabe**
3/3–4

Lesen Sie noch einmal die Texte der Lesepause. Denken Sie über die unterschiedlichen (formalen und inhaltlichen) „Negations"-Aspekte in diesen Texten nach und diskutieren Sie mit anderen darüber. Hier sind einige Fragen, die dabei anregen sollen:

**20**

Aufgaben zu
den Texten

1. Was ist eigentlich alles „verkehrt" am Text von Jandl?!
2. Den Text von Karl Kraus muß man sich mit großem Pathos, mit großer rhetorischer Geste gesprochen vorstellen. Was ist das Komische daran?
3. Kommentieren Sie die traurige Selbstdarstellung der jungen Frau aus Odessa. Was könnte man ihr vielleicht sagen?
4. Stellen Sie sich vor, Sie haben als Werthers Freund Gelegenheit, ihm tüchtig die Meinung darüber zu sagen, wie dumm er sich anstellt. Wer Goethes und Plenzdorfs Werther gelesen hat, kann versuchen zu diskutieren, was bei Plenzdorf anders ist als bei Goethe.
5. Was ist so schrecklich an den deutschen Zuständen, die Christoph Meckel beschreibt? Was hinderte denn daran, daß „die Freude kommt"? Fragen Sie Deutsche, die in der Nachkriegszeit aufgewachsen sind, wie sie diese Zeit erlebt haben, was sie von dem Text halten.
6. Worin besteht bei Herrn Egge, bei Herrn Keuner die jeweilige Widerstandshandlung? Was sind ihre „Maßnahmen gegen die Gewalt"? Kann man ihre Handlungsweisen kritisieren? Was bedeutet Illegalität, was sind ihre Kennzeichen?
7. Zu ganz später Stunde: diskutieren Sie mit den Regenwissenschaftlern Karl Valentin und Rembremerdeng über die Regenforschung und über die verwendeten Fachbegriffe. Was bedeutet der letzte Satz, genau genommen?

Zum Abschluß und zum Trost die folgende Botschaft:

THEORIE ist, wenn man genau weiß, wie's geht,
aber nichts klappt.
PRAXIS ist, wenn alles klappt,
aber keiner weiß, warum.
BEI UNS ist es gelungen, Theorie und Praxis zu vereinen:
Nichts klappt – und keiner weiß, warum!

# Kapitel 7

## SÄTZE ÜBER SÄTZE

### Satzbau

# Lesepause

## Wer ist Philipp Marlowe?

Was ist passiert? – Eine Reihe von Morden wurde begangen.
Wer hat die Morde begangen? – Verschiedene Täter.
Wen haben die Täter ermordet? – Sylvia Lennox, Mr. Wade und Mrs. Wade.
Wie sind die drei ermordet worden? – Lennox und Mr. Wade wurden erschossen. Mrs. Wade nahm
zu viel Schlaftabletten.
Wo wurden Lennox und Wade erschossen? – Lennox in Encino und Wade in Idle Valley.
Womit wurden sie erschossen? – Mit einer 38er Pistole.
Wann wurden Lennox und Wade erschossen? – Mrs. Lennox wurde nach einem Schäferstündchen
erschossen. Mr. Wade, als er volltrunken schlief.
Warum sind Lennox und Wade erschossen worden? – Weil Mrs. Wade eifersüchtig war.
Auf wen war sie eifersüchtig? – Auf Mrs. Lennox und Mr. Wade.
Warum hat Mrs. Wade zu viel Schlaftabletten genommen? – Weil angenommen wurde, daß sie
Lennox und Wade erschossen hatte.
Wer hat das angenommen? – Philipp Marlowe.
Wer ist Philipp Marlowe? – Ein Privatdetektiv.

*Hans Jürgen Heringer*

## ...doch nie, wie ein Elefant fliegt

Hast du schon mal einen Elefanten fliegen sehen?
Ich hab gehört, daß Pferde wie Hunde bellen,
und daß ein Frosch einen Storch besiegt;
und ich sah, daß Fische spazierengehn,
doch nie, wie ein Elefant fliegt;
ich sah noch nie, wie ein Elefant fliegt.

Ich habe gesehn, wie Vögel gemolken werden,
und wie ein Igel sich an dich schmiegt,
und ich sah ein Schwein, wie es Briefe schreibt,
doch nie, wie ein Elefant fliegt.

Ich habe schon Pferde singen gehört,
und ich kenn' einen Mann, der wie'n Hirschbulle
röhrt;
dann sah ich auch noch Hühner am Spieß
und ich Adam und Eva im Paradies;
ich sah die Loreley;
ich sah die Butterfly;
ich sah, wie Wind Stahl und Blei verbiegt;
ich sah einen Hut, der die Motten kriegt,
doch nie wie ein Elefant fliegt.

Ich hab' viel gesehn, doch ganz bestimmt
noch nie, wie ein Elefant fliegt;
doch nie, wie ein Elefant fliegt.

*Spottgesang der Nebelkrähen*
*in Walt Disney's „Dumbo"*

## Präambel einer nicht verabschiedeten Verfassung, April 1990

Ausgehend von den humanistischen Traditionen, zu welchen die besten Frauen und Männer aller Schichten unseres Volkes beigetragen haben,

eingedenk der Verantwortung aller Deutschen für ihre Geschichte und deren Folgen,

gewillt, als friedliche, gleichberechtigte Partner in der Gemeinschaft der Völker zu leben, am Einigungsprozeß Europas beteiligt, in dessen Verlauf auch das deutsche Volk seine staatliche Einheit schaffen wird,

überzeugt, daß die Möglichkeit zu selbstbestimmtem verantwortlichen Handeln höchste Freiheit ist,

gründend auf der revolutionären Erneuerung,

entschlossen, ein demokratisches und solidarisches Gemeinwesen zu entwickeln, das

Würde und Freiheit des einzelnen sichert, gleiches Recht für alle gewährleistet, die Gleichstellung der Geschlechter verbürgt und unsere natürliche Umwelt schützt,

geben sich die Bürgerinnen und Bürger der Deutschen Demokratischen Republik diese Verfassung.

*Christa Wolf*

## Präambel des Einigungsvertrags, August 1990

Die Bundesrepublik Deutschland und die Deutsche Demokratische Republik –

*entschlossen*, die Einheit Deutschlands in Frieden und Freiheit als gleichberechtigtes Glied der Völkergemeinschaft in freier Selbstbestimmung zu vollenden,

*ausgehend von dem Wunsch* der Menschen in beiden Teilen Deutschlands, gemeinsam in Frieden und Freiheit in einem rechtsstaatlich geordneten, demokratischen und sozialen Bundesstaat zu leben,

*in dankbarem Respekt* vor denen, die auf friedliche Weise der Freiheit zum Durchbruch verholfen haben, die an der Aufgabe der Herstellung der Einheit Deutschlands unbeirrt festgehalten haben und sie vollenden,

*im Bewußtsein* der Kontinuität deutscher Geschichte und eingedenk der sich aus unserer Vergangenheit ergebenden besonderen Verantwortung für eine demokratische Entwicklung in Deutschland, die der Achtung der Menschenrechte und dem Frieden verpflichtet bleibt,

*in dem Bestreben*, durch die deutsche Einheit einen Beitrag zur Einigung Europas und zum Aufbau einer europäischen Friedensordnung zu leisten, in der Grenzen nicht mehr trennen und die allen europäischen Völkern ein vertrauensvolles Zusammenleben gewährleistet,

*in dem Bewußtsein*, daß die Unverletzlichkeit der Grenzen und der territorialen Integrität und Souveränität aller Staaten in Europa in ihren Grenzen eine grundlegende Bedingung für den Frieden ist –

*sind übereingekommen*, einen Vertrag über die Herstellung der Einheit Deutschlands mit den nachfolgenden Bestimmungen zu schließen: ...

# Grammatik im Kasten

## 1. Verb und Satzglieder

Das Verb ist das zentrale Element eines Satzes. Im Hauptsatz kann das Verb zwei Stellen im Satz besetzen: die zweite Stelle und die letzte Stelle. An der zweiten Stelle steht das markierte Verb (mit den Merkmalen für Person, Singular/Plural, Tempus, Konjunktiv). An der letzten Stelle stehen die übrigen Teile des Verbs (P II, Infinitiv, trennbare Vorsilben, andere Teile des verbalen Ausdrucks).

Das Verb bestimmt die „mitspielenden" Satzglieder, damit ein vollständiger Satz entsteht:

1. Nominativ: *Ich* lebe.
2. Akkusativ: Ich sammle *Bierdeckel*.
3. Dativ: Alle Bierdeckel gehören *mir*.
4. Objekte mit Präposition: Ich sehne mich *nach dir*.
5. bestimmte Informationen, die man mit Adverbien ausdrücken kann: Mir geht's *gut*.

1. bis 5. sind die Satzglieder, die beim Verb „mitspielen" können. Wir nennen Sie *Ergänzungen,* wenn sie obligatorisch sind. Wir nennen sie *Angaben,* wenn sie frei sind (nicht obligatorisch): Angaben der Zeit, des Ortes, des Grundes, der Art und Weise etc.

| Satzglieder (s. Lesepause: Wer ist Philipp Marlowe?) | | | |
|---|---|---|---|
| 1. Stelle: Satzglied 1 | 2. Stelle: markiertes Verb | Weitere Stellen Satzglied 2, Satzglied 3 etc. | Letzte Stelle: andere Verbteile |
| Verschiedene Täter | haben | die Morde | begangen. |
| Die Täter | haben | Sylvia Lennox, Mr. und Mrs. Wade | ermordet. |
| Man | ermordete | sie, indem man sie erschoß. | |
| In Encino und Idle Valley | sind | Lennox und Wade | erschossen worden. |
| Mit einer 38er Pistole | wurden | sie | erschossen. |
| Weil Mrs. Wade eifersüchtig war, | wurden | sie | erschossen. |
| Mrs. Wade | war | auf Mrs. Lennox und Mr. Wade | eifersüchtig. |
| Philipp Marlowe, ein Privatdetektiv, | hat | das | angenommen. |

An der ersten Stelle (also: vor dem markierten Verb) steht nur <u>ein</u> Satzglied. Es kann ganz verschiedene Formen haben:

| | |
|---|---|
| Nomen: | verschiedene Täter; die Täter; in Encino und Idle Valley; mit einer 38er Pistole; Mrs. Wade; Philipp Marlowe, ein Privatdetektiv |
| Pronomen: | man; sie; es; er etc. |
| Adverbien: | dort; heute; hier; ab und zu; so etc. |
| bestimmte Konjunktionen: | deshalb; trotzdem; aus diesem Grund etc. |
| Nebensätze: | weil Mrs. Wade eifersüchtig war |

Sehr oft stehen die folgenden Informationen an der ersten Stelle:

| | |
|---|---|
| Angabe des Ortes | *Hier* muß es passiert sein. |
| Angabe der Zeit | *Kurz vor acht* ist es passiert. |
| Agens, Täter (Nominativ) | *Ich* bin's nicht gewesen. |
| Angabe bestimmter Umstände | *So* hätte ich es nicht getan. |

Die erste Stelle kann die rhetorische Funktion haben, ein bestimmtes Satzglied zu betonen, besonders stark zu thematisieren:

*Mit dir* bin ich fertig!
*Noch nie* habe ich so etwas erlebt!
*Zu spät gekommen* bist du auch noch.

Es kann also jedes beliebige Satzglied an der ersten Stelle stehen, in schriftsprachlichen Texten auch sehr lange Satzglieder (wie in den beiden deutschlandpolitischen Texten der Lesepause).

## 2. Obligatorische Positionen im Satz: Ergänzungen

Das Verb bildet mit seinen Ergänzungen (den obligatorischen Satzgliedern) ein Satzmuster. In der Tabelle finden Sie die wichtigsten Satzmuster.

| Die 6 wichtigsten Satzmuster im Deutschen | | | | |
|---|---|---|---|---|
| Nominativ | Verb | Dativ | Akkusativ | Präposition |
| 1. Verb mit Nominativ und Akkusativ | | | | |
| Herr Valentin | kauft | | einen Hut. | |
| Man | ermordete | | Mrs. Wade. | |
| Marlowe | entdeckte | | die Wahrheit. | |
| 2. Verb mit Nominativ und Objekt mit Präposition | | | | |
| Ich | bleibe | | | im Bett. |
| Sie | ging | | | in die Falle. |
| Wir | denken | | | an eine Pause. |
| 3. Verb mit Nominativ | | | | |
| Der Opa | schläft. | | | |
| Ein Kind | träumt. | | | |
| Wir | faulenzen. | | | |
| 4. Verb mit Nominativ und Dativ | | | | |
| Die Geschichte | gefällt | keinem. | | |
| Keiner | hilft | mir. | | |
| Sie | fehlt | ihm. | | |

| Nominativ | Verb | Dativ | Akkusativ | Präposition |
|---|---|---|---|---|
| 5. Verb mit Nominativ und Dativ und Objekt mit Präposition | | | | |
| Ich | danke | Ihnen | | für die Einladung. |
| Sie | riet | mir | | zu mehr Zurückhaltung. |
| Ich | gratuliere | dir | | zum Geburtstag. |
| 6. Verb ohne Ergänzung (mit obligatorischem es) | | | | |
| Es | klingelt. | | | |
| Es | donnert. | | | |

## 3. „freie" Positionen im Satz: Angaben

Angaben sind freie, nicht obligatorische Satzglieder. Durch sie können nähere Umstände beschrieben werden (Ort, Zeit, Grund, Bedingung etc.) (→ Kap. 8, Gr. i. K. 4. und A 10–32):

| | | |
|---|---|---|
| Lennox wurde *in Encino* erschossen. | wo? | Angabe des Ortes |
| Sie wurden *mit einer 38er Pistole* umgebracht. | wie? | Angabe der Art und Weise |
| Sie wurden erschossen, *weil Mrs. Wade eifersüchtig war.* | warum? | Angabe des Grundes |
| Mr. Wade fand den Tod, *als er volltrunken schlief.* | wann? | Angabe der Zeit |

## 4. Stellung des Verbs

Die Stellung des markierten Verbs (mit den Personen- und Tempus-Formen) führt zu drei Satzformen:

1. Das markierte Verb steht an der zweiten Stelle: Hauptsatz

| Satzglied 1 | markiertes Verb | weitere Satzglieder | andere Verbteile |
|---|---|---|---|
| Philipp Marlowe | hat | den Mord an Lennox, Mr. und Mrs. Wade | aufgeklärt. |
| Der Mord an den drei Personen | ist | von Philipp Marlowe | aufgeklärt worden. |
| Auf diese Weise | konnte | der gesamte Fall schnell zu den Akten | gelegt werden. |

2. Das Verb steht am Satzende: Nebensatz (→ Gr. i. K. 5.), z. B.:

| Satz 1 | Konjunktion | weitere Satzglieder | alle Verbteile |
|---|---|---|---|
| Man erschoß Lennox und Wade, | als | sie | schliefen. |

3. Das Verb steht am Satzbeginn: ja-nein-Frage/Imperativ/irrealer Bedingungssatz

| Markiertes Verb | weitere Satzglieder | andere Verbteile |
|---|---|---|
| Hatte | Mrs. Wade zu viel Schlaftabletten | genommen? |
| Setzen | Sie sich bitte mit Philipp Marlowe | in Verbindung! |
| Wäre | Mrs. Wade nicht | eifersüchtig gewesen, dann ... |

## 5. Nebensätze

1. Nebensätze mit Konjunktion (→ Kap. 8, Gr. i. K.):
   Ich hab' gesehn, *daß* Pferde wie Hunde bellen.
2. Nebensätze mit „Fragewörtern" als Konjunktion (indirekte Fragesätze)
   (→ Kap. 8, Gr. i. K. 3.):
   Ich sah noch nie, *wie* ein Elefant fliegt.
3. Infinitivsätze mit zu (→ Kap. 8, Gr. i. K. 3.):
   Es ist nicht einfach, die Geschichte vom fliegenden Elefanten zu glauben.
4. Relativsätze (→ Kap. 16, A 3–16):
   Also ich habe jedenfalls noch keinen Elefanten gesehen, der fliegen kann.

## 6. Stellung der Satzglieder

Die Stellung der Satzglieder ist im Deutschen relativ frei. Dennoch gibt es Tendenzen, in welcher Reihenfolge die Satzglieder im Satz stehen. In einem „neutral" gesprochenen Satz liegt die Betonung im hinteren Bereich des Satzes.
Wir nennen hier die Tendenz-Regeln für die „neutrale" Stellung der Satzglieder:

1. Zuerst das Bekannte, dann das Neue.
   Es war einmal *ein König. Der* hatte *ein wunderschönes Schloß. In dem Schloß* ließ er immer wieder *rauschende Feste* feiern. *Zu einem solchen Fest* hatte er *alle Prinzen der Nachbarkönigreiche* eingeladen. . . .
2. Kurze Satzglieder stehen vor langen Satzgliedern. Das bedeutet auch: pronominale Satzglieder (kurz) stehen vor nominalen Satzgliedern (lang).
   Rotkäppchen hat *sich im Weg* geirrt.
   Da hat *ihm der Wolf den richtigen Weg* gezeigt.
   Abends hat *es der Großmutter die ganze Geschichte* erzählt.
3. Sind die Satzglieder gleich lang (Pronomen oder Nomen), dann gilt:
   Nominativ kommt zuerst. (Ergänzungen im Dativ und Akkusativ: → A 5).
   Schließlich hat *der Wolf Rotkäppchen einen Kuß* gegeben.
   Schließlich hat *er es* überhaupt nicht aufgefressen.
4. Am Ende stehen Satzglieder, die eine enge Beziehung zum Verb haben.
   An diesem Abend litt der Wolf *großen Hunger.*
   Dafür erhielt er vom Jäger *den Friedensnobelpreis.*

Diese Wortstellungs-Tendenzen gelten genauso für den Nebensatz.

# Übungen und Regeln

**1**
Satzglied vor
dem Verb

**Aufgabe**
[2]

Im Hauptsatz steht vor dem Verb nur ein Satzglied. Die Position vor dem Verb wird sehr oft von Angaben (Zeit/Ort etc.) oder vom Nominativ besetzt.

Lesen Sie die Sätze der Gruppen 1 und 2. Vertauschen Sie Nominativ und Angabe.

Beispiel: *Wir* beenden unser Nachtprogramm in zehn Minuten.
↔ *In zehn Minuten* beenden wir unser Nachtprogramm.

Gruppe 1   Ich möchte morgen ganz lange im Bett bleiben.
Wir frühstücken gleich.
Der Heizer hatte auf der Titanic alle Hände voll zu tun.
Mr. Wade wurde erschossen, als er volltrunken schlief.

Gruppe 2   Mitten auf dem Schneefeld tanzten die Bernhardiner einen Tango.
Nach einem Schäferstündchen wurde Mrs. Lennox erschossen.
Jeden Morgen habe ich Probleme, aus dem Bett zu kommen.
Wenn ich dieses Fernsehprogramm sehe, schlafe ich immer gleich ein.

**2**
W-Fragen

**Aufgabe**
[2]

Nach Satzgliedern kann man mit W-Fragen fragen:
wer, was, wen, wem, womit, mit wem, wann, wo, wie, warum, wozu etc.

Fragen Sie in den folgen Sätzen mit W-Fragen nach den hervorgehobenen Satzteilen. Antworten Sie, indem Sie die Antwort an die erste Stelle setzen.

Beispiel: *Nach einem Schäferstündchen* wurde *Mrs. Lennox* erschossen.
→ Wann wurde Mrs. Lennox erschossen? (Zeitangabe)
Nach einem Schäferstündchen wurde sie erschossen.
→ Wer wurde erschossen? (Nominativ)
Mrs. Lennox wurde erschossen.

*Mehrere Personen* sind *von verschiedenen Tätern* erschossen worden.
*Mit einer 38er Pistole* ist *Mr. Wade in Idle Valley* erschossen worden.
*Philipp Marlowe* hält *Mrs. Wade* für mordverdächtig.

**3**
falsche Sätze

**Aufgabe**
[2]

Korrigieren Sie die falschen Sätze. Achten Sie auch auf die Kommas.

Nach einem Schäferstündchen, Mrs. Lennox ist ermordet worden.
Weil Mrs. Wade eifersüchtig war, die ganze Mordgeschichte ist passiert.
Mit einer 38er Pistole, die beiden sind ermordet worden.

**4**
Stellung der
Satzglieder

**Aufgabe**
[2–3]

Für die „neutrale" Reihenfolge der Satzglieder haben wir in Gr. i. K. 6. die Tendenzregeln 2. und 3. genannt. Verändern Sie die Sätze, indem Sie das Satzglied in Klammern an die erste Stelle setzen. Wie ist die Stellung der Satzglieder hinter dem Verb?

Beispiel: Philipp Marlowe fuhr mit dem Taxi nach Idle Valley. (Sofort)
→ Sofort fuhr Philipp Marlowe mit dem Taxi nach Idle Valley.
Er fand in Idle Valley die Leiche von Mr. Wade. (Nach einigem Suchen)
→ Nach einigem Suchen fand er in Idle Valley die Leiche von Mr. Wade.

Mitten auf dem Schneefeld tanzten die Bernhardiner einen Tango. (Völlig betrunken)
Die Kinder gratulierten ihnen zum Geburtstag. (Natürlich)
Sie wurden wegen groben Unfugs aus dem Rettungsdienst entlassen. (Noch am gleichen Abend)

Langohrige Hunde interessieren sich für leichte Fernsehunterhaltung. (Meistens)
Ihnen gefallen kulturelle Sendungen überhaupt nicht. (In der Regel)
Sie können nach politischen Sendungen nicht richtig einschlafen. (Oft)

Mit ihrer Schnelligkeit haben die Nilpferde den Touristen genarrt. (Immer wieder)
Sie hatten an diesem Tag ein herrliches Vergnügen. (So)
Ihnen hat der Wettkampf mit dem Touristen großen Spaß gemacht. (Auf jeden Fall)

**Aufgabe**
| 2–3 | | |

Ergänzungen im D(ativ) und A(kkusativ)

**5**

Dativ und Akkusativ

1. Sind beide Ergänzungen nominal, gilt: D vor A. Der Grund ist: Akkusativ-Ergänzungen haben einen engeren Bezug zum Verb, sind oft Teil des Prädikats und haben deshalb die Tendenz, hinten zu stehen.
2. Sind beide Ergänzungen pronominal, gilt: A vor D. Der Grund ist: tendenziell sind die A-Formen kürzer als die D-Formen; es wird in der gesprochenen Sprache mit dem markierten Verb verbunden: Ich hab's dir ja schon immer gesagt! (→ Kap. 20, A 7).
3. Sind D und A als Nomen und Pronomen gemischt, gilt: kurz vor lang.

Lesen Sie die Sätze in beiden Gruppen; ersetzen Sie in Gruppe 1 den nominalen Akkusativ durch Pronomen; ersetzen Sie in Gruppe 2 nacheinander beide pronominalen Ergänzungen durch die Nomen.

Gruppe 1
Der Tourist hatte *sich* immer schon *ein schönes Nilpferdbild* gewünscht.
Die Nilpferde haben *ihm das Foto* nicht gegönnt.
Man sieht *ihnen* gar nicht an, *daß sie so flott tauchen können*.

Gruppe 2
Die Bernhardiner haben *es ihnen* gezeigt. (das Lawinenspiel/den Leuten)
Man konnte *es ihnen* ansehen. (ihren Spaß/den Bernhardinern)
Man hatte *sie uns* als sehr zuverlässig empfohlen. (die Bernhardiner/der Bergwacht)

**Aufgabe**
| 2–3 | | |

Die Position von sich im Satz (→ Kap. 9, A 11–14)

**6**

Wo steht *sich*?

1. Wenn sich zum Verb gehört, kann es nicht an der ersten Stelle stehen.
2. Als pronominales (= kurzes) Satzglied tendiert es nach vorn.
3. Dabei kommt es darauf an, ob es A oder D ist. (→ A 5)
4. Obwohl es zum Verb gehört, geht es in Nebensätzen nicht mit dem Verb nach hinten, sondern bleibt vorn.

Lesen Sie die Sätze und erklären Sie die Position von sich.

Philipp Marlowe hat *sich* in dieser Mordsache bestimmt nicht geirrt.
In dieser Mordsache hat *sich Philipp Marlowe* bestimmt nicht geirrt.
In dieser Mordsache hat *er sich* bestimmt nicht geirrt.
Marlowe hat *es sich* nicht nehmen lassen, persönlich die Leiche zu untersuchen.
Philipp Marlowe ist ein gefragter Detektiv, weil *er sich* noch niemals geirrt hat.
Die Geschichte ist so kompliziert, weil *sich die Morde* an verschiedenen Orten ereignet haben.

**7**
Reihenfolge
der Angaben

**Aufgabe**
| 2–3 | | |

Reihenfolge der Angaben

1. Auch hier gilt: kurz vor lang, also Adverbien vor nominalen Angaben.
2. Ein Hauptsatz wird oft mit einer Angabe der Zeit oder des Orts eingeleitet; in der Schriftsprache können alle möglichen Angaben an der ersten Stelle stehen.
3. Bei Verben, die eine Richtung oder lokale Position ausdrücken, ist „Ort" eine obligatorische Ergänzung und steht hinten.
4. Tendenziell kann man die Angaben nach dem Muster ordnen:
   temporal → kausal → modal → lokal
   Bedenken Sie aber, daß mehr als zwei Angaben in einem Satz selten vorkommen.
5. Man ist bei der Reihenfolge relativ frei. Auch der Rhythmus und die Bequemlichkeit beim Sprechen spielen eine Rolle.

Lesen Sie die Sätze und erklären Sie die Wortstellung.

Der Tourist flog *im Sommer mit einer Reisegesellschaft nach Afrika.*
*Vergangenen Freitag* flog der Tourist *mit einer Reisegesellschaft nach Afrika.*
*In Afrika* fotografierte der Tourist Nilpferde.
Der Tourist fotografierte *den ganzen Tag lang in Afrika* Nilpferde.
*Der Tourist* fotografierte *den ganzen Tag lang aus Langeweile* Nilpferde.
*Aus lauter Langeweile* fotografierte er *dort den ganzen Tag lang* Nilpferde.

**8**
Satzglieder am
Satzende

**Aufgabe**
| 2–3 | | |

Bestimmte Satzglieder können ganz nach hinten gestellt werden, also hinter die letzte Stelle mit den anderen Verbteilen. Man formuliert so, um Sätze einfacher zu strukturieren oder um den Teil am Satzende zu betonen:

1. Vergleiche mit wie/als
2. Ergänzungssätze und Angabesätze (auch Infinitivsätze)
3. Aufzählungen oder sehr lange Satzglieder
4. zur besonderen Betonung einer Information, aus rhetorischen Gründen

Lesen Sie die Beispielsätze und erklären Sie die Wortstellung.

Marlowes letzter Fall ist so schwierig gewesen *wie noch nie.*
Und am Schluß haben die Nilpferde sogar vergessen, *sich zu entschuldigen.*
Philipp Marlowe hat angenommen, *daß Mrs. Wade Lennox und Wade erschossen hat.*
Die Bernhardiner haben sich amüsiert *mit Tangotanzen, Rumsaufen und Lawinenkullern.*
Und es wird kommen *ein großer Regen,* und die Menschheit wird beten *zu Gott.*
Die Bernhardiner waren beschäftigt *als Rettungshunde,* aber sie haben sich betätigt *als Lawinenmacher.*

108

**Aufgabe**

| 2–3 | | |

Von den jeweils drei Sätzen ist einer richtig, zwei sind falsch oder nicht gut formuliert. Kreuzen Sie die falschen Sätze an (achten Sie auch auf die kleinen Fehler), korrigieren Sie sie, und geben Sie eine Erklärung für den Fehler. Welche Fehler kommen bei Ihnen immer wieder vor?

**9**

falsche Sätze

Gruppe 1: Wortstellung in Hauptsätzen:

1. a) In Idle Valley wurde Mr. Wade erschossen.
   b) Aufgrund seiner intensiven Recherchen, der Detektiv Marlowe fand die Lösung.
   c) Weil Marlowe richtig kombiniert hatte, der Fall konnte aufgeklärt werden.

2. a) Daß du ihr das nicht gesagt hast, ich finde nicht gut.
   b) Wenn das hier so weitergeht, gehe ich.
   c) Seine Fehler einzugestehen ihm fällt sehr schwer.

3. a) Herr Valentin ging in ein Hutgeschäft gestern.
   b) Die Bernhardiner rollten am Abend den Berg hinunter.
   c) Ich habe kein Geld leider.

4. a) Sie hat für Literatur sich immer interessiert.
   b) Gestern haben sie sich ganz schön gestritten.
   c) Der Fehler ist mir schon wieder passiert, weil ich an die Regeln mich nicht erinnern kann.

5. a) Ich habe es dir immer schon gesagt.
   b) Ich habe danach dich nicht gefragt.
   c) Sie dürfen eine Tasse Kaffee mir gerne anbieten.

Gruppe 2: Wortstellung in Nebensätzen

1. a) Die Sache kam ins Rollen, weil die Bernhardiner Geburtstag hatten.
   b) Die Sache, weil die Bernhardiner Geburtstag hatten, kam ins Rollen.
   c) Die Sache kam ins Rollen, weil die Bernhardiner hatten Geburtstag.

2. a) Ich wußte nicht daß du das warst.
   b) Ich wußte nicht, daß du warst das.
   c) Ich wußte nicht, daß du das warst.

3. a) Das ist was ich habe gesagt.
   b) Das ist, was ich gesagt habe.
   c) Genau das habe ich gesagt.

4. a) Dort drüben läuft das Pferd, daß mein Eßzimmer tapezieren soll.
   b) Dort drüben läuft das Pferd, das mein Eßzimmer tapezieren soll.
   c) Dort drüben läuft das Pferd das soll tapezieren mein Eßzimmer.

5. a) Ich habe gehört, daß Pferde wie Hunde bellen und ein Frosch besiegt einen Storch.
   b) Ich habe gehört, daß Pferde bellen wie Hunde und ein Frosch besiegt einen Storch.
   c) Ich habe gehört, daß Pferde wie Hunde bellen und ein Frosch einen Storch besiegt.

6. a) Pferde sollten nicht tapezieren, weil wenn sie das tun es gibt ein Chaos.
   b) Pferde sollten nicht tapezieren, weil, wenn sie das tun, es gibt ein Chaos.
   c) Pferde sollten nicht tapezieren, weil es ein Chaos gibt, wenn sie das tun.

7. a) Das Pferd gab Tips, die man um ein Eßzimmer zu tapezieren beachten soll.
   b) Das Pferd gab Tips, die man beachten soll, um ein Eßzimmer zu tapezieren.
   c) Das Pferd gab Tips, die man soll beachten zu tapezieren ein Eßzimmer.

# Übung mit Stil

**10**

Aufgaben zu
den Texten

**Aufgabe**  Hier sind einige Aufgaben zum Stil der Lesetexte.

2–3/3 ☐ ☐

1. Die Fragen, die im Philipp-Marlowe-Text gestellt werden, werden sehr knapp beantwortet. Die meisten Antworten sind „unvollständige" Sätze. Antworten Sie probeweise „in vollständigen Sätzen" (so, wie man es im Sprachunterricht gelernt hat). Welche Textform klingt besser? Was sind Gründe, in der gesprochenen Sprache auf Fragen knapp, nur mit Satzgliedern, zu antworten? (→ Kap. 20, A 21)

2. Wie heißen in den beiden politischen Texten die Hauptsätze? Was sind Gründe dafür, im Vorwort eines Vertrags, in der Präambel einer Verfassung solche gewaltigen Häufungen von Satzgliedern an den Anfang zu stellen?

3. Mark Twain (Lesepause zu Kap. 3) hat ja recht! Aber dem Mann kann leicht geholfen werden. Mit einem kleinen Trick können Sie dem trennbaren Verb seinen stilistischen Schrecken nehmen. (Aber Sie nehmen damit dem Text seinen Witz.)

4. Lesen Sie den Spottgesang der Nebelkrähen (aus der deutschen Fassung von Walt Disneys Film „Dumbo"), und zwar laut, rhythmisch, mit Swing. Die Endstellung des Verbs in deutschen Nebensätzen ist viel mehr als nur ein grammatisches Ärgernis, sie ist ein guter Platz, wo nach Herzenslust gereimt, gerockt und getanzt werden kann. Wenn Sie dazu Gelegenheit haben, lassen Sie sich von dieser herrlichen Filmszene überzeugen.

# Kapitel 8

## ZWISCHEN DEN SÄTZEN

### Konjunktionen

# Lesepause

## Herr Böse und Herr Streit

Es war einmal ein großer Apfelbaum. Der stand genau auf der Grenze zwischen zwei Gärten. Und der eine Garten gehörte Herrn Böse und der andere Herrn Streit.

Als im Oktober die Äpfel reif wurden, holte Herr Böse mitten in der Nacht seine Leiter aus dem Keller und stieg heimlich und leise-leise auf den Baum und pflückte alle Äpfel ab. Als Herr Streit am nächsten Tag ernten wollte, war kein einziger Apfel mehr am Baum. „Warte!" sagte Herr Streit. „Dir werd ich's heimzahlen."

Und im nächsten Jahr pflückte Herr Streit die Äpfel schon im September ab, obwohl sie noch gar nicht reif waren. „Warte!" sagte Herr Böse. „Dir werd ich's heimzahlen."

Und im nächsten Jahr pflückte er die Äpfel schon im August, obwohl sie noch ganz grün und hart waren. „Warte!" sagte Herr Streit. „Dir werd ich's heimzahlen."

Und im nächsten Jahr pflückte Herr Streit die Äpfel schon im Juli, obwohl sie noch ganz grün und hart und sooo klein waren. „Warte!" sagte Herr Böse. „Dir werd ich's heimzahlen."

Und im nächsten Jahr pflückte er die Äpfel schon im Juni, obwohl die noch so klein wie Rosinen waren. „Warte!" sagte Herr Streit. „Dir werd ich's heimzahlen."

Und im nächsten Jahr schlug Herr Streit im Mai alle Blüten ab, so daß der Baum überhaupt keine Früchte mehr trug. „Warte!" sagte Herr Böse. „Dir werd ich's heimzahlen."

Und im nächsten Jahr im April schlug Herr Böse den Baum mit einer Axt um. „So", sagte Herr Böse, „jetzt hat Herr Streit seine Strafe."

Von da ab trafen sie sich häufiger im Laden beim Äpfelkaufen.

*Heinrich Hannover*

## Das is' nit g'wiß

Heut kommt der Hans zu mir,
freut sich die Lies.
Ob er aber über Oberammergau,
oder aber über Unterammergau,
oder aber überhaupt nit kommt,
das is nit g'wiß.

*Volkslied*

## Wie der Apfel sich einen Wurm fing

da ich bin
träume ich daß
auf den müllhalden rosen blühen
blätter aus den mauern brechen
bäume alle kreuzungen blockieren
der himmel durch die dächer dringt
sonnenstrahlen die türen aufkitzeln
regenschnüre den asphalt wegpeitschen
blitze den antennenwald schmelzen
aus allen waffen nur noch konfetti kommt
und mich meine ganz persönliche hexe
endlich in richtung vollmond entführt

*Peter-Jürgen Book*

## Das wußte er

Er wußte, daß der Mond um die Erde kreist und daß der Mond kein Gesicht hat, daß das nicht Augen und Nasen sind, sondern Krater und Berge.

Er wußte, daß es Blas-, Streich- und Schlaginstrumente gibt.

Er wußte, daß man Briefe frankieren muß, daß man rechts fahren muß, daß man Fußgängerstreifen benützen muß, daß man Tiere nicht quälen darf. Er wußte, daß man sich zur Begrüßung die Hand gibt, daß man den Hut bei der Begrüßung vom Kopf nimmt.

Er wußte, daß sein Hut aus Haarfilz ist und daß die Haare von Kamelen stammen, daß es einhöckrige und zweihöckrige gibt, daß man die einhöckrigen Dromedare nennt, daß es Kamele in der Sahara gibt und in der Sahara Sand.

Das wußte er.

*Peter Bichsel*

## Im Zoo

Sie stehen vor dem Affenhaus und gucken den Affen beim Spielen zu. Sofie brüllt: „Guten Tag, du Affe!"
Papa zuckt zusammen. Ein anderer Mann zuckt auch zusammen. Zwei Frauen drehen sich zu Sofie um.
Vater zieht Sofie weg und sagt leise: „Affen begrüßt man nicht. Sie können ja nicht antworten." Sofie sagt:
„Dann ist Herr Schneider auch ein Affe." Vater sagt: „Na, hör mal! So etwas kannst du doch nicht sagen."
Aber Sofie bleibt dabei. „Der antwortet auch nicht, wenn ich guten Tag sage. Also ist er ein Affe." Jetzt lacht
Vater endlich.

*Peter Härtling*

## Wenn die Kinder nach Hause kamen

Wenn die Kinder nach Hause kamen, aus Freundschaften, Ferien und erster Liebe, aus Epochen des Lichts
und der Unbedenklichkeit, Zeitaltern voll Schnee
wenn sie erschöpft in der Gartentür standen, mit Fahrrädern, Schultersäcken, Beulen und Sonnenbrand
wenn sie mit zerrissenen Hosen kamen, mit kleinen Schulden und wenig Verspätung, mit ruinierten
Schuhen und schmutzigen Pfoten
wenn sie mit heißen Köpfen durch die Wohnung rannten, voll märchenhafter Berichte, und ihre Begeisterung zeigten
wenn sich herausstellte, daß sie glücklich waren, außerhalb des Hauses, in aller Welt, auf Festen und
Vagabondagen, jenseits des Vaters
wenn sie in vollem Umfang die enge, immer gleiche Wohnung füllten –
dann war der Zauber nach einer Stunde vorbei.
Der Vater ließ das Badewasser ein.

*Christoph Meckel*

## Sonderbarer Rechtsfall in England

Man weiß, daß in England jeder Beklagte zwölf Geschworene von seinem Stande zu Richtern hat, deren
Ausspruch einstimmig sein muß und die, damit die Entscheidung sich nicht zu sehr in die Länge verziehe,
ohne Essen und Trinken so lange eingeschlossen bleiben, bis sie eines Sinnes sind. Zwei Gentlemen, die
einige Meilen von London lebten, hatten in Gegenwart von Zeugen einen sehr lebhaften Streit miteinander;
der eine drohte dem anderen, und setzte hinzu, daß, ehe vierundzwanzig Stunden vergingen, ihn sein
Betragen reuen solle. Gegen Abend wurde dieser Edelmann erschossen gefunden; der Verdacht fiel natürlich
auf den, der die Drohungen gegen ihn ausgestoßen hatte. Man brachte ihn zu gefänglicher Haft, das Gericht
wurde gehalten, es fanden sich noch mehrere Beweise, und elf Beisitzer verdammten ihn zum Tode; allein
der zwölfte bestand hartnäckig darauf, nicht einzuwilligen, weil er ihn für unschuldig hielt.
Seine Kollegen baten ihn, Gründe anzuführen, warum er dies glaubte; allein er ließ sich nicht darauf ein und
beharrte bei seiner Meinung. Es war schon spät in der Nacht, und der Hunger plagte die Richter heftig; einer
stand endlich auf und meinte, daß es besser sei, einen Schuldigen loszusprechen, als elf Unschuldige
verhungern zu lassen; man fertigte also die Begnadigung aus, führte aber auch zugleich die Umstände an,
die das Gericht dazu gezwungen hätten. Das ganze Publikum war wider den einzigen Starrkopf; die Sache
kam sogar vor den König, der ihn zu sprechen verlangte; der Edelmann erschien, und nachdem er sich vom
Könige das Wort hatte geben lassen, daß seine Aufrichtigkeit nicht von nachteiligen Folgen für ihn sein
sollte, so erzählte er dem Monarchen, daß, als er im Dunkeln von der Jagd gekommen und sein Gewehr
losgeschossen, es unglücklicherweise diesen Edelmann, der hinter einem Busche gestanden, getötet habe.
„Da ich", fuhr er fort, „weder Zeugen meiner Tat noch meiner Unschuld hatte, so beschloß ich, Stillschweigen zu beobachten; aber als ich hörte, daß man einen Unschuldigen anklagte, so wandte ich alles an, um
einer von den Geschworenen zu werden, fest entschlossen, eher zu verhungern, als den Beklagten umkommen zu lassen." Der König hielt sein Wort, und der Edelmann bekam seine Begnadigung.

*Heinrich von Kleist*

# Grammatik im Kasten

## 1. Satzverbindung durch Konjunktionen

Konjunktionen können Texte, Sätze und Satzteile verbinden. In diesem Kapitel geht es vor allem um die Verbindung von Sätzen.

1. Konjunktionen können inhaltliche Beziehungen zwischen Sätzen herstellen (Grund, Zweck, zeitliche Beziehung, Folge etc.):

    denn, weil, deshalb, um...zu, damit, nachdem, als, bevor, so daß, folglich etc.

2. Konjunktionen können Signale der Gliederung von Texten sein:

    1. (erstens); schließlich; z.B. (zum Beispiel); bzw. (beziehungsweise); sowohl...als auch, etc.

3. Einige Konjunktionen sind nur dazu da, Sätze grammatisch zu verbinden:

    daß, ob

## 2. Konjunktionen und Wortstellung

Konjunktionen haben eine Wirkung auf die Stellung des Verbs. Wir unterscheiden 3 Typen:

Typ A:
Konjunktionen, die gleiche Satzarten verbinden; die Wortstellung ändert sich nicht:
und, oder, doch, aber, sondern, denn, d.h. (das heißt), bzw. (beziehungsweise) etc.
Verbindung von zwei Hauptsätzen:
Herr Böse klaute Herrn Streits Äpfel, *und* Herr Streit sagte: „Na warte!"
Verbindung von zwei Nebensätzen:
Er wußte, daß der Mond um die Erde kreist *und* (daß) der Mond kein Gesicht hat.

Typ B:
Konjunktionen, die Nebensätze einleiten; das Verb steht am Ende:
daß, ob, als, nachdem, bevor, wenn, falls, obwohl, indem etc.
Der Satz mit der Konjunktion steht hinten:
Herr Streit pflückte die Äpfel im September, *obwohl* sie noch gar nicht reif *waren*.
Der Satz mit der Konjunktion steht vorn; man muß dabei auf die Wortstellung hinter dem Komma achten:
*Weil* Herr Böse und Herr Streit keine Apfelbäume mehr *hatten, mußten sie* ihre Äpfel im Supermarkt kaufen.

Typ C:
Viele Konjunktionen und konjunktionale Ausdrücke (trotzdem, aus diesem Grund etc.) sind selbständige Satzteile. Sie können an der ersten Stelle oder hinter dem Verb stehen:
deshalb, aus diesem Grund, dennoch, übrigens, dagegen, darüber hinaus, außerdem etc.

Herr Böse hatte keinen Apfelbaum mehr; *deshalb* traf er seinen Nachbarn im Supermarkt.
Herr Böse hatte keinen Apfelbaum mehr; er traf *deshalb* seinen Nachbarn im Supermarkt.
Herr Böse hatte keinen Apfelbaum mehr. Er traf seinen Nachbarn *deshalb* im Supermarkt.

## 3. Ergänzungssätze

Ergänzungen sind notwendige Satzglieder (Subjekt, Objekt, Objekt mit Präposition; → Kap. 7, G. i. K. 2.). Werden Ergänzungen verbal formuliert, sprechen wir von Ergänzungssätzen. Wir unterscheiden fünf Arten:

1. Nebensatz mit daß:

   Da wußten die Herren Böse und Streit, daß sie ihre Äpfel im Supermarkt holen mußten.
2. Infinitivsatz mit zu:

   Es war nicht ratsam, die Äpfel vom Nachbarn zu klauen.
3. Hauptsatz:

   Ich hoffe, Herr Böse und Herr Streit vertragen sich jetzt. (statt: daß)

   Herr Böse behauptet, er hat die Äpfel gefunden. (statt: Inf. oder daß)
4. Nebensatz mit ob oder wenn:

   Herr Böse, wissen Sie, ob der Supermarkt noch offen ist?

   Es wäre besser, wenn Sie Ihre Äpfel kaufen statt klauen würden.
5. Nebensatz mit Fragewort: wer, was, wann, wo, wie etc.

   Jetzt wissen die beiden, wie teuer Supermarktäpfel sind.

## 4. Angabesätze

Angaben sind freie Satzglieder. Werden Angaben nominal formuliert, braucht man Präpositionen (→ Kap. 13), werden sie verbal formuliert, braucht man Konjunktionen:

Nominale Variante: *Wegen des Äpfeldiebstahls* bekam Herr Böse Streit mit Herrn Streit.
Verbale Variante: *Weil Herr Böse Äpfel geklaut hatte*, bekam er Streit mit Herrn Streit.

In der Liste finden Sie die wichtigsten Entsprechungen zwischen Konjunktionen und Präpositionen.

| Konjunktionen und Präpositionen, die sich entsprechen | | |
|---|---|---|
| Art der Angabe | Konjunktionen Typ A, B, C entspricht den Typen in Gr. i. K. 2. | Präpositionen (→ Kap. 12, A 1, A 13–14) |
| Grund (warum?) | A denn<br>B weil; da<br>C deshalb; aus diesem Grund | wegen (G/D); durch (A); dank (G/D); kraft (G); angesichts (G); aufgrund (G); infolge (G); laut (D) |
| Argumente, die sich widersprechen | A aber; sondern; oder<br>B obwohl; obgleich; obzwar; wenngleich; während<br>C trotzdem | trotz (G); ungeachtet (G) |
| Ziel, Zweck (wozu?) | B damit; um … zu (Inf.) | zu (D); zwecks (G); zum Zwecke (G) |

| Art der Angabe | Konjunktionen Typ A, B, C entspricht den Typen in Gr. i. K. 2. | Präpositionen (→ Kap. 12, A 1, A 13–14) |
|---|---|---|
| Bedingung (unter welcher Bedingung?) | B  wenn; falls; vorausgesetzt, daß | bei (D); mit (D); im Falle (G); unter der Bedingung (G); unter der Voraussetzung (G) |
| Art und Weise (wie?) | B  indem; dadurch, daß | mit (D); durch (A); mit Hilfe (G); mittels (G); unter Zuhilfe-nahme (G) |
| Folge | B  so daß<br>C  folglich; also; infolgedessen | infolge (G) |
| Zeit (wann?/wie lange?) | Gleichzeitigkeit | |
| | A  und<br>B  während; solange; wenn; als<br>C  gleichzeitig | während (G/D); bei (D) |
| | Vorzeitigkeit/Nachzeitigkeit | |
| | B  als; seit; nachdem; bevor; bis; wenn<br>C  dann; schließlich; danach; vorher; zuvor; zuletzt | nach (D); seit (D); vor (D); bis zu (D) |
| Ort (wo?) | B  wo | in (A/D); auf (A/D); an (A/D); nach (D); zu (D); bei (D); aus (D) |

# Übungen und Regeln

## Verbindung gleicher Satzarten

**1**

*und/aber/oder*
etc.

**Aufgabe**

| 2 | | |

Eine Reihe von Konjunktionen verbinden gleiche Satzarten. Sie ändern die Wort-stellung in den beiden Satzarten nicht.

Lesen Sie die Sätze, markieren Sie die Konjunktionen, achten Sie auf die Wort-stellung.

Der Mensch denkt, und Gott lenkt.
Er wußte, daß der Mond um die Erde kreist und daß der Mond kein Gesicht hat.
Äpfel kauft man im Supermarkt, oder man klaut sie beim Nachbarn.
Nicht ich habe den Streit angefangen, sondern Sie!
Du glaubst, du bist erwachsen, aber in Wirklichkeit bist du noch ein Kind.
Ich kann nicht schlafen, denn ich liebe dich.
Wir hätten dich gerne gefragt, doch ich habe mich nicht getraut.
Ich verstehe das jetzt, d. h. (das heißt) ich glaube, es zu verstehen.
Wir haben das Problem jetzt verstanden, bzw. (beziehungsweise) einige von uns glauben, es verstanden zu haben.

**Aufgabe**   Verbinden Sie die Sätze mit passenden Konjunktionen aus Aufgabe 1.  **2**

Beispiel:  Ich kann nicht mehr. Ich will auch nicht mehr.
→ Ich kann nicht mehr, und ich will auch nicht mehr.
→ Ich kann und (ich) will auch nicht mehr.

Herr Böse schimpfte. Herr Streit wurde böse.
Ich bin nicht verrückt. Sie sind es!
Ich will nicht mehr! Ich habe die Nase voll!
Jetzt ist die Situation schwierig. Wir wollen nichts unversucht lassen.
Wir brauchen ein paar mutige Leute. Einer wäre schon sehr gut.
Wir müssen uns entschuldigen. Ich muß das wohl selber machen.

**Aufgabe** 2  In Gruppe 1 sind die hinteren Sätze vollständig formuliert, in Gruppe 2 sind sie  **3**
verkürzt formuliert. Lesen Sie die Sätze der Gruppe 1 in der Form von Gruppe 2
und umgekehrt. Achten Sie auf die Kommas (→ Kap. 18, Gr. i. K. 4.).

Beispiel:  Ich bin glücklich, und du bist auch glücklich.
↔ Ich bin glücklich, und du bist es auch.
↔ Ich bin glücklich und du auch.

Gruppe 1
Der Mond kreist um die Sonne, und der Mond hat kein Gesicht.
Ich habe es probiert, du aber hast es nicht probiert.
Gehe ich zuerst, oder gehst du zuerst?

Gruppe 2
Einer allein ist nicht schuld daran, sondern alle.
Herr Streit ist ein Kindskopf, Herr Böse auch.
Reife Äpfel sind gesund, unreife aber nicht.

**Aufgabe** 2–3  Aber oder sondern kann man leicht verwechseln. Mit aber schließt man ein  **4**
Gegenargument an, mit sondern eine Korrektur (→ Kap. 6, A 9):
Man darf keine Äpfel klauen, aber man kann welche kaufen.      *aber* oder
Manchmal kaufe ich keine Äpfel, sondern klaue welche.          *sondern?*

Verbinden Sie die Sätze mit aber oder sondern.

Du kannst gehen, wenn du willst. Ich muß noch bleiben.
Du bist überhaupt nicht eingeladen. Ich.
Bei mir brauchst du dich nicht zu beschweren. Beim Chef.
Bis jetzt hat es noch nicht funktioniert. Es kann ja noch kommen.
Mach was du willst. Beschwer dich hinterher nicht.
Bei mir können Sie keine Äpfel klauen. Probieren Sie es mal beim Nachbarn.
Ich habe den Streit nicht angefangen. Sie!

## Ergänzungssätze

**5**

*daß*-Sätze
*ob*-Sätze
Infinitivsätze

**Aufgabe**

2–3

Infinitivsätze sind eine Alternative zu daß- oder ob-Sätzen, wenn die Nominativ-Positionen in beiden Sätzen harmonieren. Vor dem Infinitiv steht zu:

Ich muß zugeben, *daß ich mich geirrt habe.*

↔ Ich muß zugeben, *mich geirrt zu haben.*

Formulieren Sie in Gruppe 1 aus den Infinitivsätzen daß-Sätze, in Gruppe 2 umgekehrt.

Gruppe 1

Du mußt zugeben, dich geirrt zu haben.

Es ist mir nicht bewußt, mich geirrt zu haben.

Ich finde es unmöglich von dir, mich hier eine Stunde warten zu lassen.

Ich konnte ja nicht damit rechnen, das ganze Geld zu verlieren.

Ich hoffe, gegen sechs Uhr zurück zu sein.

Gruppe 2

Herr Böse gibt zu, daß er gerne Äpfel stiehlt.

Herr Streit glaubte, daß er Herrn Böse ärgern kann.

Ich kann mich nicht daran erinnern, daß ich sie schon einmal gesehen habe.

Ich kann mich erinnern, daß ich als Kind ziemlich ängstlich gewesen bin.

Ich überlege mir, ob ich den Führerschein machen soll. (!)

**6**

**Aufgabe**

2–3

Die folgenden Ausdrücke nennen allgemeine Regeln, Möglichkeiten, Notwendigkeiten etc. (→ Kap.1, Gr. i. K. 3. Tabelle 1); sie haben ein unpersönliches es (→ Kap. 9, A 6, Gruppe 4).

Verändern Sie die Sätze mit daß, so daß Infinitivsätze entstehen.

Beispiel:

Es ist wichtig, *daß man immer frische Äpfel hat.*

→ Es ist wichtig, *immer frische Äpfel zu haben.*

Es ist nicht korrekt, daß Sie die Äpfel beim Nachbarn stehlen.

Es ist sinnvoll, daß man sich einen eigenen Apfelbaum pflanzt.

Es wäre vielleicht gut, wenn Sie einen höheren Gartenzaun bauen.

Daß Sie Äpfel geklaut haben, ist nicht so schlimm.

Daß Sie aber den ganzen Apfelbaum umgesägt haben, das ist schlimm.

Daß Sie den Schaden ersetzen müssen, ist Ihnen doch wohl klar?

**7**

**Aufgabe**

2–3

Bei den einzelnen Verben ist festgelegt, welche der Varianten 1.–5. (→ Gr. i. K. 3.) möglich sind bzw. bevorzugt werden.

Bilden Sie Sätze, spielen Sie mit den verschiedenen Varianten. Welche Formulierungen klingen in der gesprochenen Sprache am besten?

Beispiel:

Ich gebe zu: Apfeldieb

→ Ich gebe zu: Ich bin der Apfeldieb (Ich habe die Äpfel geklaut).

→ Ich gebe zu, daß ich der Apfeldieb bin (daß ich die Äpfel geklaut habe).

→ Ich gebe zu, der Apfeldieb zu sein (die Äpfel geklaut zu haben).

1. *Ich hoffe (nicht):*

Sie klauen nie wieder meine Äpfel.

Wir vertragen uns wieder.

Ich entscheide mich richtig.

Sie entscheiden sich richtig.

2. *Ich versuche:*

Ich mache wenig Fehler.

Ich rufe dich morgen an.

Ich treffe die richtige Entscheidung.

Ich gehe diesem Menschen aus dem Weg.

*3. Ich meine/denke/glaube (nicht):*
Sie sollten in Zukunft keine Äpfel mehr stehlen.
Entschuldigen Sie sich bei Herrn Böse!
Sie irren sich.
Wir sollten uns wieder vertragen.

*4. Ich ärgere mich (über):*
Sie haben meine Äpfel geklaut.
Ich habe zu viel für die Äpfel bezahlt.
Du bist zu spät gekommen.
Ich bin zu spät gekommen.

*5. Ich weiß (nicht):*
die Uhrzeit ihrer Ankunft
Wo gibt es billige Äpfel?
das Wetter von morgen
XYZ?⟩⟨ˆ∪✱

*6. Ich will/möchte wissen:*
Wo kann man in kurzer Zeit Deutsch lernen?
Uhrzeit
Warum haben Sie den Baum umgesägt?
Name, Geburtstag, Geburtsort und Adresse

*7. Ich wundere mich (über):*
Alle fahren in Deutschland so schnell.
Alle haben mich kritisiert.
Ich habe alles richtig gemacht.
Du hast alles richtig gemacht.

*8. Ich freue mich (über):*
Ich habe jetzt ein eigenes Haus mit Garten.
Wir haben jetzt ein eigenes Haus mit Garten.
Der Nachbar hat überhaupt nichts gemerkt.
Jetzt vertragen wir uns wieder.

*9. Ich/Er behaupte/t (nicht):*
Ich habe alles richtig gemacht.
Er hat von gar nichts gewußt.
Sie haben die Äpfel geklaut.
Wir haben alles falsch gemacht.

*10. Ich gebe zu:*
Ich habe Äpfel geklaut.
Ich war beim Äpfelklauen dabei.
Das war ein Irrtum.
Ich habe mich geirrt.

**Aufgabe 3** Verbalisieren Sie in der Gruppe 1 die hervorgehobenen Satzteile, nominalisieren Sie in der Gruppe 2 die Ergänzungssätze. Machen Sie sich bei dieser Aufgabe und bei allen vergleichbaren Aufgaben (bis Aufgabe 32) die Stilunterschiede zwischen gesprochener und geschriebener Sprache klar (→ dazu auch Kap. 13, Teil II, Gr. i. K.).

**8** verbaler/ nominaler Stil

Beispiel: *Ihre Antwort* war inakzeptabel.    (nominale Variante)
↔ *Was Sie geantwortet haben*, war inakzeptabel.    (verbale Variante)

Gruppe 1
*Meine Entscheidung* steht noch nicht fest.
*Unsere Teilnahme* ist noch völlig ungewiß.
*Eine Steuererhöhung* ist nicht sehr populär, Herr Bundeskanzler!

Gruppe 2
Ich habe nicht verstanden, *was „klauen" bedeutet.*
Ich weiß noch nicht, *wie Sie heißen.*
Ich empfehle Ihnen, *Urlaub zu nehmen.*

**Aufgabe 3** Schließt sich ein Ergänzungssatz an ein Verb oder Adjektiv mit fester Präposition an (→ Kap. 12, A 12), dann steht vor dem Komma da(r) + Präp:
denken an:    Denkst du *daran*, die Äpfel rechtzeitig zu pflücken.
abhängen von:  Das hängt *davon* ab, ob unser Nachbar welche übrig gelassen hat.

**9** da(r) + Präposition

Bilden Sie aus den hervorgehobenen Satzteilen Ergänzungssätze.

*Auf einen frischen Apfel täglich* kann ich nicht verzichten.
Unser Nachbar träumt *von einem eigenen Obstgarten.*
Ich habe lange *über sein Motiv für den Diebstahl* nachgedacht.
Ich möchte mich *für den Diebstahl der Äpfel* entschuldigen.
Ich muß Sie *vor dem Betreten meines Grundstückes* warnen!

## Angabesätze

Hier werden die verschiedenen Arten von Angabesätzen mit ihren Konjunktionen nach inhalt-lichen Gesichtspunkten dargestellt:
1. Zeit – 2. Grund – 3. Argumente, die sich widersprechen – 4. Ziel und Zweck – 5. Bedingung – 6. Methode, Art und Weise – 7. Folge.
Beachten Sie die verschiedenen Typen der Wortstellung (A, B, C, → Gr. i. K. 2.). Hinweise zur Zeichensetzung finden Sie in Kap. 18, A 16–23.

### 1. Angaben der Zeit

**10**

*wenn/als*

**Aufgabe**

| 2–3 | | |

Die Verwendung der Konjunktionen wenn und als:

als: für einmalige, abgeschlossene Ereignisse in der Vergangenheit

wenn: für andere Zeitverhältnisse (Ereignisse in der Gegenwart und Zukunft; bei wiederholten, regelmäßigen Ereignissen kann man immer, wenn; jedesmal, wenn verwenden).

Lesen Sie die Sätze und entscheiden Sie, ob man sie mit wenn, immer, (jedes-mal) wenn oder als verbinden kann.

Es wurde Frühling. Herr Böse freute sich über den blühenden Apfelbaum.
Der Apfelbaum blühte. Herr Streit wurde täglich nervöser.
Die Äpfel waren reif. Herr Streit pflückte sie nachts alle ab.
Herr Böse hackte den Baum um. Herr Streit schaute irritiert aus dem Fenster.
Herr Böse und Herr Streit treffen sich im Supermarkt. Sie sind sehr freundlich zueinander.

**11**

verbaler/
nominaler Stil

**Aufgabe**

| 3 | | |

Verbalisieren Sie in Gruppe 1 die hervorgehobenen Satzteile, nominalisieren Sie in Gruppe 2 die Angabesätze.

Beispiel: *Bei Regen* gehen wir ins Hallenbad.
↔ *Wenn es regnet*, gehen wir ins Hallenbad.

### Gruppe 1

*Bei deinem letzten Besuch* hast du viel besser ausgesehen.
*Während des Flugzeugstarts* ist das Rauchen untersagt.
Man darf die Türen nicht *vor dem Anhalten des Zugs* öffnen.
*Bis zum Beginn der nächsten Sendung* zeigen wir Ihnen einen Pausenfilm.
*Seit meinem letzten Treffen mit dir* hat sich bei mir viel verändert.
*Bei so einem Hundewetter* gehe ich nicht vor die Türe.

### Gruppe 2

*Wenn die Sachlage so traurig ist*, kann ich auch nichts mehr machen.
Sie haben die ganze Zeit Nüßchen geknackt, *während der Liebesfilm lief*.
*Wenn die Vorstellung zu Ende ist*, kann man noch mit dem Regisseur diskutieren.
*Seitdem du aus dem Urlaub zurück bist*, gab es nichts als Ärger.
*Bevor du dich entscheidest*, solltest du dir das noch mal genau überlegen.
Es dauert noch mindestens zweieinhalb Stunden, *bis der Staatsakt beendet ist*.

**Aufgabe**

2-3/3

Für die Angabe der Zeit gibt es noch viele weitere Konjunktionen. Lesen Sie die Liste (vergleichen Sie auch die Liste der Zeitadverbien in Kap. 15, A 8); streichen Sie sich die Konjunktionen an, die Sie gerne verwenden möchten. Achten Sie auf die Wortstellung und auf die Verwendung von Plusquamperfekt bei einigen Konjunktionen (→ Kap. 4, A 18).

**12**

andere Zeit-Konjunktionen

| | |
|---|---|
| bevor | Bevor du das nicht begriffen hast, brauchen wir nicht weiterzureden. |
| bis | Bis der Nachbar das merkt, sind wir längst über alle Berge. |
| da | Draußen gab es einen großen Knall. Da sind alle zum Fenster gelaufen. |
| danach/dann | Erst waren wir in der „Rose" auf ein, zwei Bier. Danach waren wir noch ein bißchen in „Rosy's Night Club". |
| davor/zuvor | Heute bin ich Politiker. Davor war ich Gärtner. |
| ehe | Ehe der Hahn drei Mal kräht, wirst du mich verraten haben. (Jesus zu Petrus) |
| früher | Unser Nachbar läuft immer mit einem Texashut herum; er hatte früher mal nach Amerika auswandern wollen. |
| immer/jedesmal wenn | Immer/Jedesmal, wenn ich das Wort Grammatik höre, wird mir ein bißchen komisch. |
| kaum, kaum daß | Kaum war er im Haus, gab es auch schon Streit. |
| nachdem | Niemand weiß genau, was passiert war, nachdem die Alarmsirenen die Leute aus den Betten geholt hatten. |
| seit(dem) | Seitdem ich hier lebe, geht es mir wieder besser. |
| sobald/sowie | Melden Sie sich bitte bei mir, sobald Sie zurück sind. |
| solange | Solang du deine Füße unter meinen Tisch streckst, tust du, was ich dir sage. (Vatis Argument) |
| sooft | Sooft ich auch darüber nachdenke: ich kann das einfach nicht verstehen. |
| später | Die Kinder dachten: „Jetzt dürfen wir noch spielen. Aber später müssen wir in die Badewanne." |
| wenn... schon | Wenn du schon hier in der Küche rumstehst, könntest du eigentlich das Geschirr spülen. |
| vordem (literarisch) | Wie war es, ach, in Köln vordem mit Heinzelmännchen so bequem! |
| vorher | Natürlich können Sie irgendwann Feierabend machen. Aber vorher muß ich Ihnen noch ein paar Briefe diktieren. |
| während | Während draußen die Welt brennt, sitzt ihr vor dem Fernseher! |
| währenddessen | Das Pärchen setzte sich verliebt auf eine Parkbank. Währenddessen ging der Holzwurm seiner Arbeit nach. |

**Aufgabe**

2-3/3

Setzen Sie passende Konjunktionen ein.

**13**

...ich endlich an die Reihe kam, war die letzte Weißwurst gerade verkauft.

Sie gibt nicht auf,... sie erreicht hat, was sie will.

...ich hier wohne, hat sich die Stadt ziemlich verändert.

Ich studiere hier seit zwei Semestern. ... fuhr ich anderthalb Jahre zur See.

Wollen Sie bitte auf meinen Apfelbaum aufpassen,... ich im Urlaub bin, Herr Streit.

...ich wieder zurück bin, rufe ich Sie an.

... ...ich dich brauche, hast du keine Zeit.

...du so einen komplizierten Fotoapparat benutzt, solltest du die Bedienungsanleitung lesen.

Ich bin sofort losgefahren,... du mich angerufen hattest.

Jetzt arbeiten wir noch ein bißchen. Und... machen wir ein Stündchen Pause.

## 2. Angaben des Grundes

**14**
*weil/da*

**Aufgabe**
`2–3` | |

Verbinden Sie die Sätze mit den Konjunktionen weil oder da (da klingt schriftsprachlich, literarisch). Achten Sie auf die Logik der Argumentation.

Beispiel:  Ich gehe nicht hin. Ich habe einfach keine Lust.
→ Ich gehe nicht hin, weil ich einfach keine Lust habe.
→ Weil ich keine Lust habe, gehe ich nicht hin.

Ich gehe heute nicht zur Arbeit. Ich habe was Besseres vor.
Die Arbeit ist mühsam. Es gibt keine Heinzelmännchen mehr.
Ich habe Deutsch gelernt. Ich wollte Hölderlin auf Deutsch lesen.
Und Gott war sehr zufrieden. Alles war gut geraten.
Der Mensch ist schlecht geworden. Gott war unzufrieden.

**15**
*denn*

**Aufgabe**
`2–3` | |

Lesen Sie die Sätze von Aufgabe 14 noch einmal, aber mit der Konjunktion denn; der denn-Satz steht hinten.

Beispiel:  Ich gehe nicht hin. Ich habe einfach keine Lust.
→ Ich gehe nicht hin, denn ich habe einfach keine Lust.

**16**
*deshalb*
*deswegen*

**Aufgabe**
`2–3` | |

Lesen Sie die nächsten Sätze mit den Konjunktionen deshalb, daher, darum, deswegen, aus diesem Grund etc.
Achten Sie auf die Wortstellung und auf die Logik der Argumentation.

Beispiel:  Ich bin nach Deutschland gekommen; ich esse Sauerkraut so gern.
→ Ich esse Sauerkraut so gern; aus diesem Grund bin ich nach Deutschland gekommen.
→ Ich esse Sauerkraut so gern; ich bin deshalb nach Deutschland gekommen.

Manchmal klaue ich Äpfel beim Nachbarn; ich liebe die Natur.
Der Nachbar hat Gift gespritzt, denn er mag keine Apfeldiebe.
Ich kann den Mann gar nicht ermordet haben, denn ich kann kein Blut sehen.
Ich mag dich, weil du Fehler zugeben kannst.

**17**
*verbaler/*
*nominaler Stil*

**Aufgabe**
`3` | |

Verbalisieren Sie in Gruppe 1 die hervorgehobenen Angaben, nominalisieren Sie in Gruppe 2 die Angabesätze; verwenden Sie verschiedene Konjunktionen.

Beispiel:  *Aus Feigheit* sind sie weggelaufen.
↔ *Weil sie feige waren*, sind sie weggelaufen.
↔ Sie sind weggelaufen, *denn sie waren feige*.
↔ *Sie waren feige; deshalb* sind sie weggelaufen.

Gruppe 1
*Wegen wiederholten Apfeldiebstahls* werden Sie zu zwei Wochen Gartenarbeit verurteilt.
*Aus Freude über euer wunderschönes Geschenk* spendiere ich jetzt Sekt für alle.
*Dank Ihrer spontanen Hilfsbereitschaft* haben wir das Schlimmste hinter uns.
*Aufgrund von Glatteis und überfrierender Nässe* kam es zu einer großen Zahl von Unfällen auf den Autobahnen.

Gruppe 2
*Weil die Bernhardiner so übermütig waren*, haben sie den Rum ausgesoffen.
Der Hans kommt über Unterammergau, *denn in Oberammergau herrscht Lawinengefahr*.
Das Pferd darf mein Zimmer nicht tapezieren; *es fehlt ihm an Berufserfahrung*.
*Kurzbeinige Hunde sind sehr feinfühlig*; sie sollten deshalb abends keine politischen Sendungen mehr sehen.

## 3. Angaben mit Argumenten, die sich widersprechen

**Aufgabe**
2–3

Verbinden Sie die Sätze mit der Konjunktion obwohl. Die Konjunktionen obgleich/ obschon/obzwar werden seltener verwendet; sie wirken schriftsprachlich, literarisch, manchmal veraltet.

**18**

*obwohl*

Beispiel:     Wir machen jetzt das Lawinenspiel. Aber eigentlich ist es verboten.
→ Wir machen jetzt das Lawinenspiel, obwohl es eigentlich verboten ist.

Der Tourist ist schnell gerannt. Aber er konnte die Nilpferde nicht fotografieren.
Die Rettungshunde durften den Rettungsrum nicht austrinken. Aber sie taten es doch.
Die Liese freut sich. Aber es ist nicht gewiß, ob der Hans kommt.
Ich habe es dreimal nicht geschafft; dennoch versuche ich es ein viertes Mal.
Er will Hölderlin und Hegel auf Deutsch lesen. Das ist ziemlich mühsam.

**Aufgabe**
2–3

Lesen Sie die Sätze in Aufgabe 18 noch einmal, aber mit den Konjunktionen trotzdem, dennoch, trotz dieser Tatsache.

**19**

*trotzdem*

Beispiel:     Wir machen jetzt das Lawinenspiel. Aber eigentlich ist es verboten.
→ Das Lawinenspiel ist eigentlich verboten. Trotzdem wollen wir es heute spielen.

(In schriftsprachlichen, literarischen Texten kann man die Ausdrücke dessen ungeachtet, nichtsdestoweniger, nichtsdestotrotz finden; Sie brauchen sie im heutigen Deutsch nicht unbedingt zu verwenden.)

**Aufgabe**
3

Verbalisieren Sie in der Gruppe 1 die hervorgehobenen Satzteile, nominalisieren Sie in der Gruppe 2 die Angabesätze.

**20**

verbaler/
nominaler Stil

Beispiel:     *Trotz einer gewissen Unsicherheit* betrat ich die Geisterbahn.
↔ *Obwohl ich mich ein wenig unsicher fühlte*, betrat ich die Geisterbahn.

Gruppe 1

Die Bernhardiner tranken den Rettungsrum *trotz stengsten Verbots*.
*Trotz angestrengter Bemühungen* konnte der Tourist die Nilpferde nicht fotografieren.
*Trotz starken Nebels* verringerten die meisten Autofahrer ihre Geschwindigkeit kaum.

Gruppe 2

*Obwohl die Straßen so glatt waren*, sind alle zu schnell gefahren.
Niemand verstand ihn, *obwohl er sich bemühte*, langsam zu sprechen.
*Obgleich alle von Reformen redeten*, ist alles beim alten geblieben.

**Aufgabe**
2–3

In diesen Sätzen passiert etwas, was man erwartet hat oder normalerweise erwarten würde, nicht.

Verbinden Sie die Sätze mit ohne daß oder ohne... zu + Inf.
Achten Sie auf die Veränderung bei der Negation.

**21**

*ohne daß*
*ohne...zu*
*+ Inf.*

Beispiel:     Ich verließ das Kino. Ich hatte *nicht* verstanden, um was es gegangen war.
→ Ich verließ das Kino, *ohne daß* ich verstanden hatte, um was es gegangen war.
→ Ich verließ das Kino, *ohne* verstanden *zu* haben, um was es gegangen war.

Er fing an zu weinen. Er wußte nicht, warum.
Der Tourist hat fünf Bilder geknipst. Kein Nilpferd war zu sehen.
Wir haben uns gleich gemocht. Wir hatten noch kein Wort miteinander gesprochen.
Wir leben schon ein halbes Jahr hier. Unsere Nachbarn haben wir nie gesehen.
Die Höhlenforscherrettungsmannschaft war drei Wochen unterwegs; sie hat keinen Höhlenforscher gerettet.

## 4. Angaben des Ziels, des Zwecks

**22**

*um ... zu*
*+ Inf.*
*damit*

**Aufgabe**

| 2–3 | | |

Angaben des Ziels und Zwecks benennen etwas, was man erreichen will. Sie stehen also im Zusammenhang mit den Angaben des Grundes (→ A 14).
Lesen Sie die Sätze der Gruppe 1 mit der Konjunktion damit, die Sätze der Gruppe 2 mit um ... zu + Inf.
Wie kann man die Sätze mit weil, denn, deshalb etc. formulieren?

Beispiel:  Unser Nachbar klaut Äpfel, damit er Geld spart.
↔ Unser Nachbar klaut Äpfel, um Geld zu sparen.
(Unser Nachbar klaut Äpfel, weil er Geld sparen will/möchte.)

### Gruppe 1

Ich habe wochenlang Zeitungsanzeigen studiert, um eine Wohnung zu finden.
Ich bin in die Stadt gefahren, um einzukaufen.
Ich habe mich beeilt, um noch Theaterkarten zu bekommen.
Der Tourist rannte hin und her, um die Nilpferde zu fotografieren.

### Gruppe 2

Gehen Sie mehr unter die Leute, damit Sie schneller Deutsch lernen.
Die Schnecke hat viel trainiert, damit sie die Marathon-Strecke laufen kann.
Rettungsbernhardiner haben ein Rumfäßchen, damit sie verunglückte Bergsteiger retten können.
Giraffen haben lange Hälse, damit sie besser fernsehen können.

**23**

*verbaler/*
*nominaler Stil*

**Aufgabe**

| 3 | | |

Verbalisieren Sie in Gruppe 1 die hervorgehobenen Satzteile, nominalisieren Sie in Gruppe 2 die Angabesätze.

Beispiel:  Wir machen das *zum Spaß*.
↔ Wir machen das, *um Ihnen/uns ein Vergnügen zu bereiten*.

### Gruppe 1

Sie sammelt Briefmarken *zum reinen Zeitvertreib*.
Die Rettungsbernhardiner brauchen den Rum *zur Rettung verunglückter Bergsteiger*.
*Zur Entspannung* höre ich mir manchmal eine Mozart-Schallplatte an und manchmal nicht.
*Zum Zwecke der Versöhnung* veranstalteten Herr Streit und Herr Böse ein Gartenfest.

### Gruppe 2

*Damit Sie das besser verstehen*, lese ich dieses Kapitel noch einmal.
Ich brauche dringend Urlaub, *um mich von diesem stressigen Job zu erholen*.
Kaufen Sie Energiesparlampen, *um Strom zu sparen*.
*Damit du mich nicht vergißt*, schenke ich dir diesen Talisman.

## 5. Angaben der Bedingung

**24**

*wenn/falls*

**Aufgabe**

| 2–3 | | |

Verbinden Sie die Sätze mit wenn oder falls.

Beispiel:  Du kommst mal wieder nach Deutschland. Mein Haus ist für dich offen.
→ Mein Haus ist für dich immer offen, *wenn/falls* du mal wieder nach Deutschland kommst.

Du kommst mal wieder in unsere Gegend. Besuch uns doch mal.
Brauchen Sie Äpfel? Kommen Sie doch mal zu mir rüber!
Brauchst du meine Hilfe, ruf mich an!
Wir fahren nach Sizilien. Aber das Auto darf nicht kaputt gehen.
Sie müssen auf Wein und Bier verzichten. Dann nehmen Sie auch ab.
Abflußrohr verstopft? Telefon 13-00-13

**Aufgabe**

Lesen Sie die Sätze mit den schriftsprachlichen Konjunktionen im Falle, daß …; unter der Bedingung, daß …; unter der Voraussetzung, daß …; vorausgesetzt, daß …

Formulieren Sie die Sätze einfacher, mit wenn oder falls.

**25**

schrift-
sprachliche
Konjunktionen

Im Falle, daß ihr Lust dazu habt, machen wir einen Betriebsausflug.
Herr Valentin kauft einen Hut nur unter der Voraussetzung, daß er feuerfest ist.
Bernhardinerhunde bekommen Rettungsrum nur unter der Bedingung, daß sie Antialkoholiker sind.
Vorausgesetzt, Sie haben am Wochenende nichts anderes vor, kommen Sie doch zu unserer Gartenparty!

**Aufgabe**
3

Verbalisieren Sie in Gruppe 1 die hervorgehobenen Satzteile, nominalisieren Sie in Gruppe 2 die Angabesätze.

**26**

verbaler/
nominaler Stil

Beispiel: *Bei Nichtgefallen des Matterhorn-Ölgemäldes* Geld zurück!
↔ *Wenn Ihnen das Matterhorn-Ölgemälde nicht gefällt,* erhalten Sie Ihr Geld zurück.

Gruppe 1
Man kann Original und Fälschung nur *bei genauem Hinsehen* unterscheiden.
Ich verrate Ihnen das nur *unter der Bedingung Ihrer Verschwiegenheit.*
*Im Falle einer Störung* rufen Sie unseren 24-Stunden-Service an!

Gruppe 2
*Falls dieses rote Lämpchen aufleuchtet,* überprüfen Sie Ihre Autobatterie!
*Im Falle, daß es ein Großfeuer gibt,* sind Strohhüte gefährlich.
*Wenn man das Abitur hat,* ist man noch lange nicht erwachsen, mein lieber Sohn!

## 6. Angabe der Methode, der Art und Weise

**Aufgabe**
2-3

Lesen Sie die Sätze mit den Konjunktionen indem und dadurch, daß. Lesen Sie dann die Sätze der Gruppe 1 in der Form von Gruppe 2 und umgekehrt.

**27**

*indem*
*dadurch, daß*

Gruppe 1
Ich versuche, mir das Rauchen abzugewöhnen, indem ich viel Schokolade esse.
Die Soße wird am besten, indem man Crème Fraîche nimmt.
Indem er die Kolleginnen und Kollegen bespitzelte, versuchte er, Karriere zu machen.
Ich habe so günstig eingekauft, indem ich die Preise verglichen habe.

Gruppe 2
Den Geschmack eines Apfels erfaßt man dadurch, daß man hineinbeißt.
Dadurch, daß man langsamer fährt, kommt man möglicherweise schneller ans Ziel.
Ein Problem wird dadurch nicht kleiner, daß man immer nur jammert.
Er hat seine Probleme manchmal dadurch lösen können, daß er üble Tricks angewendet hat.

**28**

verbaler/
nominaler Stil

**Aufgabe** | 3–4 | | | Verbalisieren Sie in Gruppe 1 die hervorgehobenen Satzteile, nominalisieren Sie in Gruppe 2 die Angabesätze.

Beispiel: *Durch langes und kräftiges Rühren* wird der Teig schön locker.
↔ Der Teig wird schön locker, *indem man ihn lange und kräftig rührt.*

### Gruppe 1

*Durch mein langes Zögern* wurde meine Situation auch nicht besser.
Nach dem Unterricht erhole ich mich normalerweise *mit einem Mittagsschläfchen.*
*Durch genaues Nachdenken* konnte Philipp Marlowe den Fall schnell klären.

### Gruppe 2

*Nur indem man täglich übt,* macht man beim Leben Fortschritte.
*Dadurch, daß die Nilpferde schnell untertauchten,* hatte der Tourist nur Wasser auf den Fotos.
*Indem sie unversöhnlich blieben,* ruinierten Herr Böse und Herr Streit ihre nachbarschaftlichen Beziehungen.

## 7. Angabe der Folge

**29**

so daß

**Aufgabe** | 2–3 | | | Verbinden Sie die Sätze mit der Konjunktion so daß.

Beispiel: Es regnete ununterbrochen. Sogar mein Goldfisch wurde depressiv.
→ Es regnete ununterbrochen, *so daß* sogar mein Goldfisch depressiv wurde.

Die Nilpferde tauchten schnell weg. Der Tourist konnte sie nicht fotografieren.
Die Kinder waren sehr schmutzig; sie mußten in die Badewanne.
Die Rettungsbernhardiner haben den Rum ausgesoffen. Sie vergaßen Ihre Dienstvorschriften.
Gott sah, daß alles gut geraten war; er nahm sich einen freien Tag.

**30**

folglich/also
etc.

**Aufgabe** | 3 | | | Lesen Sie die Sätze der Aufgabe 29 noch einmal, nun aber mit den Konjunktionen folglich, infolgedessen, demzufolge, so und also.

Beispiel: Wir feierten die ganze Nacht. Meine Arbeitslust am nächsten Morgen war bescheiden.
→ Wir feierten die ganze Nacht; *infolgedessen* war meine Arbeitslust am nächsten Morgen bescheiden.

**31**

zu..., als daß
so...,
daß nicht

**Aufgabe** | 3 | | | In diesen Sätzen geht es darum, daß etwas Erwartetes nicht passiert, daß eine Folge nicht eintritt.
Man verwendet so..., daß nicht oder zu..., als daß (oft mit K II).

Beispiel: Es war sehr laut. Man konnte sich nicht unterhalten.
→ Es war *so* laut, *daß* man sich nicht unterhalten konnte.
→ Es war *zu* laut, *als* daß man sich hätte unterhalten können.

Die Rettungsbernhardiner hatten viel Rum getrunken. Sie hätten niemanden mehr retten können.
Die Nilpferde waren sehr schnell. Der Tourist konnte sie nicht fotografieren.
Der Apfel ist sehr schön. Schneewittchen kann nicht widerstehen.
Herr Valentin war sehr wählerisch. Er konnte sich für keinen Hut entscheiden.

**Aufgabe**

Verbalisieren Sie die hervorgehobenen Satzteile mit weil und mit so daß.

**32**

verbaler/
nominaler Stil

Beispiel:    *Infolge eines Computer-Fehlers* funktionierte glücklicherweise nichts mehr.
→ Weil es einen Computer-Fehler gab, funktionierte glücklicherweise nichts mehr.
→ Es gab einen Computer-Fehler, so daß glücklicherweise nichts mehr funktionierte.

*Infolge ihres großartigen Talents* machte sie eine Bilderbuchkarriere.
*Infolge seines finanziellen Leichtsinns* mußte der Ministerpräsident seinen Hut nehmen.
*Infolge ihrer Unversöhnlichkeit* wurde die Beziehung zwischen Herrn Streit und Herrn Böse stark beeinträchtigt.

# Übungen mit Stil

**Aufgabe**

3

Spielen Sie in dieser Aufgabe mit den Konjunktionen: Verbinden Sie die Sätze mit allen Konjunktionen, die im jeweiligen Kontext einen Sinn ergeben. Es kann sehr unterschiedliche, überraschende Varianten geben.

**33**

Spiel mit
Konjunktionen

In Italien ist es warm. Ich fahre jetzt nach Italien.
Ich heirate. Ich liebe die Freiheit.
Ich liebe dich. Du hast einen Dickkopf.
Es ist Sonntag. Herr Valentin geht ohne Hut spazieren.
Die Deutschen arbeiten. Die Deutschen leben.

**Aufgabe**

3/3–4

Lesen Sie die Texte der Lesepause noch einmal. Hier sind dazu einige Fragen.

**34**

Aufgaben zu
den Texten

1. Die Zoo-Geschichte von Peter Härtling enthält wenig Konjunktionen. Aber man versteht den Zusammenhang. Setzen Sie versuchsweise die „gedachten" Satzverbindungen in den Text ein. Wird der Text dadurch besser?

2. Die Geschichte mit Herrn Böse und Herrn Streit ist umgangssprachlich formuliert. Schreiben Sie die Geschichte als Polizeibericht oder als Klageschrift eines Rechtsanwalts. Verwenden Sie dazu schriftsprachliche Stilelemente: Nominalisierungen, Präpositionen statt Konjunktionen, schriftsprachliche Konjunktionen (→ A 35).

3. Warum verwendet Christoph Meckel in seiner Erinnerung an die Kindheit wenn statt als? Hat das etwas mit dem Vater zu tun?

4. Ersetzen Sie im Text von Peter Bichsel probeweise die daß-Sätze durch Hauptsätze. Lesen Sie dann den Originaltext noch einmal laut vor, lernen Sie ihn am besten auswendig, um Wortstellung und Rhythmus der daß-Sätze ganz sicher zu beherrschen.

5. Unterstreichen Sie in der Geschichte von Heinrich von Kleist alle Konjunktionen. Sie sehen: der Satzbau ist ziemlich komplex. Erzählen Sie die Geschichte in umgangssprachlicher Form, mit einfacheren Sätzen.

# Konjunktionen-Nachlese

**35**

noch mehr
Konjunktionen

**Aufgabe**

| 3 | | |

In dieser Liste finden Sie weitere Konjunktionen. Einige davon gehören zur gehobenen Schriftsprache, manche klingen ein wenig veraltet. Streichen Sie die Konjunktionen an, die Sie lernen möchten.

| | |
|---|---|
| allenfalls | Der Rotwein ist nicht gut; man kann ihn allenfalls zum Kochen nehmen. |
| allerdings | Ich akzeptiere deine Entscheidung; du hättest allerdings vorher mit mir sprechen können. |
| anstatt daß | Anstatt daß Sie sich aufregen, sollten Sie mir erst einmal zuhören! |
| auch | Die Studenten gingen auf die Straße; auch die Schüler haben mitdemonstriert. |
| außer wenn | Ich mache nicht mehr mit; außer wenn ich Schokolade kriege. |
| außerdem | Die Bernhardiner wurden aus dem Dienst entlassen; außerdem wurde ihnen die Rettungsmedaille aberkannt. |
| bestenfalls | Er ist kein Künstler; bestenfalls ist er ein guter Handwerker. |
| dabei | Ich habe den Sonntagsmalwettbewerb nicht gewonnen. Dabei habe ich ein so schönes Bild gemalt. |
| dagegen | Die meisten fanden die Exkursion langweilig; ich dagegen habe mich sehr wohl gefühlt. |
| darüber hinaus | Es gibt viele technische Schwierigkeiten; darüber hinaus fehlt uns das nötige Geld. |
| ebenfalls | Frau Müller läßt schön grüßen; Frau Meier schickt ebenfalls beste Wünsche. |
| ebenso | Die Frauen konnten überhaupt nicht singen, ebenso die Männer. |
| ferner | Sie haben Ihr Konto stark überzogen; ferner sind da noch unbezahlte Rechnungen. |
| freilich | Man sollte den süßen Versuchungen widerstehen; das ist freilich nicht immer einfach. |
| gleichwohl | Er ist ein Chaot; gleichwohl ist er ein Genie. |
| immerhin | Das Auto ist total im Eimer; immerhin zahlt die Versicherung. |
| indessen | Er wollte an seinem Leben als Fernseh-Star festhalten, indessen wurden seine Auftritte immer peinlicher. |
| infolgedessen | Wir stecken in einer finanziellen Krise; infolgedessen muß gespart werden. |
| insbesondere | Die Nilpferde waren schlauer als der Tourist; insbesondere waren sie schneller. |
| insofern (insoweit) | Die Bernhardiner waren betrunken; insofern haben sie ihre Pflichten als Rettungshunde vernachlässigt. Aber weil sie Geburtstag hatten, müssen sie nur zwei Schweizer Franken Strafe zahlen. |
| insofern, als | Ich kann Ihre Haltung insofern verstehen, als ich einmal in einer ähnlichen Situation gewesen bin. Ich habe jedoch völlig anders reagiert als Sie. |
| inwiefern | Ich kann nicht sagen, inwiefern sie überhaupt noch an einer Zusammenarbeit interessiert sind. |
| je nachdem | Der Job lohnt sich, je nachdem wieviel Trinkgeld die Gäste geben. |
| jedenfalls | A: Was für ein Chaos! – B: Ich finde jedenfalls immer, was ich suche. |
| nämlich | Die Höhlenforscherrettungsmannschaften haben keine Höhlenforscher gerettet; sie kamen nämlich selbst nicht mehr zurück. |
| nicht zuletzt | Das Verhalten der Bernhardiner war scharf zu kritisieren; nicht zuletzt wegen der Kosten für den ausgetrunkenen Rum. |
| nichtsdestotrotz | So ein Wort klingt ein wenig komisch; nichtsdestotrotz kommt es in schriftsprachlichen Texten vor. |
| nichtsdestoweniger | Niemand war wirklich böse auf die Bernhardiner; nichtsdestoweniger wurden sie entlassen. |
| nur | Herr Streit und Herr Böse versöhnten sich am Schluß, nur der Apfelbaum war nicht mehr da. |
| nur daß | Der Streit zwischen den beiden Nachbarn ging versöhnlich aus, nur daß der Apfelbaum nicht mehr da war. |
| obendrein | Die Nilpferde waren schneller als der Tourist; obendrein hatten sie den Spaß auf ihrer Seite. |

| | |
|---|---|
| ohnedies/ohnehin | Was geben wir uns so viel Mühe? Diese Übung wird ohnedies keiner lesen. |
| schließlich | Der Tourist hatte immer den kürzeren gezogen; schließlich gab er auf. |
| sofern | Ein Rettungsbernhardiner muß nüchtern sein, sofern er im Dienst ist. |
| soviel (soweit) | Soviel ich weiß, haben sich Herr Streit und Herr Böse am Schluß versöhnt. |
| (an)statt daß | Die Hunde machten ihr Lawinenspiel, statt daß sie sich an die Dienstvorschriften gehalten hätten. |
| überdies | Herr Böse hat den Streit mit Herrn Streit begonnen; überdies kennt ihn jeder als Choleriker. |
| übrigens | Übrigens muß ich Ihnen noch erzählen, wie die Geschichte mit Herrn Böse und Herrn Streit am Ende ausgegangen ist. |
| vielmehr | Bei diesem Spiel kommst du mit der Logik nicht weit; du mußt vielmehr aus dem Gefühl heraus spielen. |
| wenngleich | Wenngleich sich die Bernhardiner sehr pflichtvergessen verhalten hatten, war niemand richtig böse auf sie. |
| wiewohl | Wiewohl ich im Recht bin, möchte ich nicht auf meiner Position beharren. |
| wohingegen | Der Tourist war stinksauer, wohingegen die Nilpferde einen vergnügten Tag gehabt haben. |
| zudem | Die Bernhardiner haben Lawinengefahr vorgetäuscht; zudem haben sie gegen die Schweizerische Rettungsrumbenutzungsverordnung verstoßen. |
| zumal (da) | Die Bernhardiner haben sich unvernünftig verhalten, zumal Alkoholtrinken im Dienst verboten ist. |
| zumindest | Herr Valentin hat sich die Hüte nur vorführen lassen; zumindest den Strohhut hätte er anprobieren sollen. |
| zwar..., aber | Zwar haben die beiden Hunde ihre Karriere ruiniert, aber es war dennoch ein schöner Geburtstag gewesen. |

Stanislaw Jerzy Lec bringt den letzten Beispielsatz:

je ... desto: Je tiefer man fällt, desto weniger tut es weh.

# Kapitel 9

## KLEIN, ABER . . .

### es man sich da so zu

## Lesepause _____

### Alltag

Ich erhebe mich.
Ich kratze mich.
Ich wasche mich.
Ich ziehe mich an.
Ich stärke mich.
Ich begebe mich zur Arbeit.
Ich informiere mich.
Ich wundere mich.
Ich ärgere mich.

Ich beschwere mich.
Ich rechtfertige mich.
Ich reiße mich am Riemen.
Ich entschuldige mich.
Ich beeile mich.
Ich verabschiede mich.
Ich setze mich in ein Lokal.
Ich sättige mich.
Ich betrinke mich.

Ich amüsiere mich etwas.
Ich mache mich auf den Heimweg.
Ich wasche mich.
Ich ziehe mich aus.
Ich fühle mich sehr müde.
Ich lege mich schnell hin:

Was soll aus mir mal werden,
wenn ich mal nicht mehr bin?

*Robert Gernhardt*

### für sorge

ich für mich
du für dich
er für sich
wir für uns
ihr für euch
jeder für sich

*Burckhard Garbe*

### Definitionen

Was heißt „konsequent"?
*Heute* so und *morgen* so.
Was heißt „inkonsequent"?
Heute *so* und morgen *so*.

*Jüdischer Witz*

### nacheinander

wieder haben wir miteinander gegessen
wieder sind wir beieinander gesessen
wieder sind wir auseinander gegangen
wieder haben wir nacheinander
kein verlangen

*Ernst Jandl*

### So, so!

Vier Maurer saßen einst auf einem Dach.
Da sprach der erste: „Ach!"
Der zweite: „Wie ists möglich dann?"
Der dritte: „Daß das Dach halten kann!!!"
Der vierte: „Ist doch kein Träger dran!!!!!!"
Und mit einem Krach
Brach das Dach.

*Kurt Schwitters*

### es-Texte

Und Gott sprach: Es werde Licht!
Und es ward Licht.            *Bibel*

Und es waren Hirten in derselben Gegend
auf dem Felde, die hüteten des Nachts
ihre Herde.            *Aus dem Lukasevangelium*

Es möchte kein Hund so länger leben!
Drum hab' ich mich der Magie ergeben.
            *Goethe, Faust I*

Wer reitet so spät durch Nacht und Wind?
Es ist der Vater mit seinem Kind.
            *Goethe, Erlkönig*

Es war einmal eine alte Geiß, die hatte
sieben junge Geißlein und hatte sie lieb,
wie eine Mutter ihre Kinder liebhat.
            *Märchen der Gebrüder Grimm*

Es war ein König in Thule
Gar treu bis an das Grab,
Dem sterbend seine Buhle
Einen goldnen Becher gab.

Es ging ihm nichts darüber,
Er leert ihn jeden Schmaus;
Die Augen gingen ihm über,
So oft trank er daraus.
            *Goethe, Faust I*

# Grammatik im Kasten

## Verwendungsweisen der kleinen Wörter

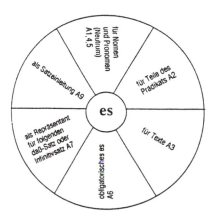

### sich

obligatorischer Teil bei bestimmten Verben:
*sich* amüsieren, *sich* interessieren für
an der Stelle eines Objekts:
Ich wasche *mich*./Ich wasche meine Hände.

Kasus:
Meistens steht sich in der Akkusativ-Position:
Ich wasche *mich*.
Manchmal steht sich in der Dativ-Position:
Ich stelle *mir* vor, in der Sonne zu liegen.

### man

Kasus:
einen (A) – einem (D)
Das kann *einen* doch nicht kalt lassen!
Das kann *einem* doch nicht egal sein!
Das passende Possesivpronomen ist sein:
Manchmal kann man *seine* eigene Schrift nicht lesen.

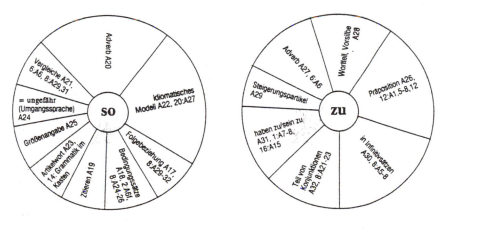

# Übungen und Regeln

## *es* und *da*

**1**

*es* als „Prowort"

**Aufgabe** 2

Es kann Wörter und Ausdrücke ersetzen („Prowort"). Es kann für Nomen und Pronomen stehen, wenn sie Neutrum Singular sind. Achten Sie darauf, daß es zu 's verkürzt werden kann (→ Kap. 20, A 7):

A: Was ist mit dem *Rumfäßchen?* – B: *Es* ist leer.

B: Wo ist das *Rumfäßchen?* – B: Keine Ahnung, ich *hab's* nicht gesehen.

Antworten Sie kurz, also mit es, auf die Fragen.

A: Wo ist das Geld? – B: (weg)

A: Wer hat denn mein Bier getrunken? – B: (Ich)

A: Wo liegt Castrop-Rauxel? – B: (Ich weiß nicht, ...)

A: Wer war das? – B: (Ich weiß, ...)

**2**

**Aufgabe** 2

Es als Prowort kann für einen Teil des Prädikats stehen:

A: Herr Hahn, möchten Sie Geschäftsführer unserer Nudelfabrik werden?

B: O ja, ich möchte es sehr gern werden.

Setzen Sie den Dialog oder Text mit es fort.

A: Du bist ja betrunken! – B: Nein, ...

A: Bist du mir immer noch böse? – B: Nein, ...

Ich wollte so gerne Schauspieler werden, aber leider ... (nicht).

**3**

**Aufgabe** 2–3

Es kann als Prowort für ganze Texte stehen. Man kann es dann oft durch das oder alles ersetzen:

Die Prinzessin hat mir genau erklärt, auf welchem Weg ich aus dem Gefängnis fliehen könnte. Aber ich Unglücklicher habe es vergessen.

Antworten Sie auf die Frage, ergänzen Sie die Antworten.

A: Hätten Sie gewußt, wie Sie das Rätsel lösen können? – B: Nein, ...

A: Kommen Sie, ich erkläre Ihnen die Regeln des Skatspiels. Also, ... (es folgt ein halbstündiger Vortrag). Sie sehen, ... (ganz einfach). – B: Es tut mir leid, aber ich fürchte, ... (nicht verstanden).

**4**

Antworten mit *es/das*

**Aufgabe** 2–3

Wenn jemand nach etwas Unbestimmtem/Unbekanntem fragt, antwortet man mit es oder das (auch wenn das Nomen feminin oder maskulin ist):

Was sind denn das für Leute? – Es/Das sind Gäste aus Frankreich.

Beantworten Sie die Fragen.

Was sind das für Hüte?            (Strohhüte)

Was ist denn Lasagne?            (eine italienische Spezialität)

Wer ist dieser Mann?            (Herr Streit)

**Aufgabe**
2–3 ☐☐

**5**

*da(r)*
+ Präposition

Bei Ausdrücken, die eine feste Präposition haben (→ Kap. 12, A 12), ist die Proform nicht *es*, sondern da(r) + Präposition.

Wiederholen Sie Kap. 8, A 9.
Ersetzen Sie die unterstrichenen Satzteile durch ein geeignetes Prowort.

Manchmal ärgere ich mich *über dein dummes Geschwätz.*
Herr Böse interessiert sich sehr *für fremdes Eigentum.*
Ich kann mich noch sehr genau *an meine erste Liebesgeschichte* erinnern.

**Aufgabe**
2–3 ☐☐

**6**

Verben mit *es*

Es kann ein obligatorischer Bestandteil bestimmter Ausdrücke sein. Lesen und lernen Sie die Ausdrücke. Machen Sie sich bei den Ausdrücken in Gruppe 1.–3. und 5. klar, daß *es* obligatorisch ist, indem Sie Sätze bilden, die mit anderen Satzteilen beginnen; *es* steht dann hinter dem Verb. Bei Gruppe 4 ist *es* nicht obligatorisch, aber üblich.
Achten Sie auf die „Abschleifung" 's (→ Kap. 20, A 7).

Beispiel:  Es hat heute nacht geschneit.
→ Heute nacht hat's geschneit.

1. Verben, die Wetter, Naturerscheinungen und Geräusche bezeichnen:
es schneit, es regnet, es donnert, es blitzt, es klingelt, es kracht etc.

2. Verben, die das persönliche Befinden bezeichnen:
Es geht mir gut.
Es gefällt mir hier nicht.
Es juckt mich am Rücken.
Es friert mich.
Es ist mir kalt.
Es hat mir überhaupt nicht geschmeckt.

3. Ausdrücke, die ein Thema einleiten:
Es gibt keine Äpfel mehr zu essen.
Es handelt sich um die Sache mit den gestohlenen Äpfeln.
Es geht um die Wurst.
Es kommt auf die Liebe an.
Es dreht sich alles um das liebe Geld.

4. Ausdrücke, die Modalverben ersetzen können (→ Kap. 1, Gr. i. K. 3. Tabelle 1):
es ist notwendig, es ist nötig, es ist empfehlenswert, es ist möglich, es ist nützlich, es ist verboten

5. andere Ausdrücke, bei denen es aber nicht am Satzanfang stehen kann:
Ich habe es sehr eilig.
Ich meine es gut mit Ihnen.
Sie haben es sich zu leicht gemacht.
Ich möchte es nicht darauf ankommen lassen.
Ich habe es in meinem Leben nicht sehr weit gebracht.
Herr Böse hatte es sich mit Herrn Streit gründlich verdorben.
Er hatte es auf seine Äpfel abgesehen.
Du bringst es nie auf einen grünen Zweig.
Ich glaube, Sie machen es sich etwas zu leicht.

**7**

*es* als „Joker"

**Aufgabe**

| 2–3/3 | | |

Es kann Repräsentant (eine Art „Joker") für einen daß-Satz oder Infinitivsatz sein. Hinter dem Verb kann es auch weggelassen werden. Es verschwindet, wenn der Nebensatz oder Infinitivsatz an der ersten Stelle steht, oder es kann durch das ersetzt werden:

Es macht mich glücklich, daß du mich liebst.
→ Mich macht es glücklich, daß du mich liebst.
→ Mich macht glücklich, daß du mich liebst.
→ Daß du mich liebst, macht mich glücklich.
→ Daß du mich liebst, das macht mich glücklich.

Variieren Sie die Sätze wie oben; diskutieren Sie mit Deutschen, welche Varianten am besten klingen.

Es ärgert mich, daß ich alles vergessen habe.
Es reicht mir, was ich bei euch gesehen habe.
Es ist mir klar, daß ich alles noch mal von vorn beginnen muß.
Es ist mir völlig egal, wie du das machst.
Es war dem Touristen nicht gelungen, die Nilpferde zu fotografieren.

**8**

*da(r)*
+ Präposition

**Aufgabe**

| 2–3 | | |

Bei Ausdrücken mit Präposition ist es wie bei Aufgabe 5: kein es, sondern da(r) + Präp. (→ Kap. 12, A 12):

Herr Streit ärgert sich *darüber*, daß jemand seine Äpfel geklaut hat.

Bilden Sie Sätze aus den angegebenen Teilen.

| | |
|---|---|
| Er (sich freuen über) | , einen Hauptpreis gewonnen zu haben. |
| Ich (achten auf) | , nicht noch dicker zu werden. |
| Die Nilpferde (sich wundern über) | , daß der Tourist so langsam war. |

**9**

stilistisches *es*
als Satzanfang

**Aufgabe**

| 2–3 | | |

Es kann als freie, stilistische Satzeinleitung verwendet werden und steht dann an der ersten Stelle; es ist nur dazu da, die Stelle vor dem Verb zu besetzen. Besonders beliebt ist das bei Passivsätzen (→ Kap. 5, A 17):

Viele Äpfel sind gestohlen worden.
→ Es sind viele Äpfel gestohlen worden.
Hier darf heute nicht geparkt werden.
→ Es darf hier heute nicht geparkt werden.

Formulieren Sie die Sätze um, indem Sie mit es beginnen.

Viele Menschen sind zur Demonstration gekommen.
Hier wird viel zu viel geredet.
Heute ist kein einziger Hut verkauft worden.
Zwischen ihnen ist kein einziges Wort gesprochen worden.
In diesem Kapitel sollten Sätze mit „es" gebildet werden.

**10**

*da*

**Aufgabe**

| 2–3 | | |

Da begegnet uns, außer in den Verbindungen mit Präpositionen (→ A 5 und A 8), noch in anderen Funktionen:
1. als hinweisendes Adverb
   Schau mal da, da liegt ein Hundertmarkschein auf der Straße.
2. als Konjunktion der Zeit (= dann) (→ Kap. 8, A 12)
   Da kam der junge Königssohn.

3. als Konjunktion des Grundes (= weil; literarisch klingend) (→ Kap. 8, A 14)

   Und Hänsel und Gretel schliefen ein, da sie sehr müde waren.

4. als demonstrative Verstärkung in der Gesprochenen Sprache (→ Kap. 20, A 13, 14, 17)

   Das Geld da, das kannst du behalten.

   Klären Sie die Bedeutung und stilistische Wirkung von da.

Hallo, Sie da drüben, kommen Sie doch bitte mal her!

Ich bat ihn um Hilfe, da ich nicht mehr weiter wußte.

Moskau? Da möchte ich gern mal hinfahren.

Die Leute da, mit denen solltest du dich besser nicht abgeben.

Da ist ein Dieb gekommen und hat meinem Herrn die Kleider gestohlen. (Märchen vom „Gestiefelten Kater")

# sich und man

**Aufgabe**
2-3/3

In der Liste stehen wichtige Verben mit sich. Sie sind nach inhaltlichen Gruppen geordnet, jedoch nicht sehr systematisch. Markieren und üben Sie die Ausdrücke, die Ihnen wichtig sind. Bilden Sie Beispielsätze, achten Sie auf den Kasus von sich (A oder D) sowie auf die Präpositionen.

**11**

*sich*-Verben

## 1. Kleidung/Kosmetik

| | | |
|---|---|---|
| sich anziehen | sich ausziehen | sich umziehen |
| sich rasieren | sich waschen | sich duschen |

## 2. Beschäftigungen, Tätigkeiten (körperlich, geistig, emotional)

| | | |
|---|---|---|
| sich abgeben mit | sich etw. wünschen (D) | sich ausdrücken |
| sich beeilen | sich etw. ansehen (D) | sich bedienen |
| sich berufen auf | sich befassen mit | sich bemühen um |
| sich bewerben um | sich beschäftigen mit | sich bewähren |
| sich einsetzen für | sich etw. einbilden (D) | sich einlassen auf |
| sich erinnern an | sich entscheiden für | sich entschließen zu |
| sich fortpflanzen | sich festhalten | sich fortbewegen |
| sich konzentrieren auf | sich fragen | sich gewöhnen an |
| sich sehnen nach | sich im klaren sein über (D) | sich orientieren an |
| sich setzen | sich etw. überlegen (D) | sich umschauen nach |
| sich vergewissern | sich verhalten | sich verpflichten zu/auf |
| sich versammeln | sich verstecken | sich verteidigen gegen |
| sich etw. vorstellen (D) | sich wehren gegen | sich weiterbilden |

## 3. negative Emotionen gegen andere, Streit und Trennung

| | | |
|---|---|---|
| sich ärgern über | sich aufregen über | sich beschweren über |
| sich distanzieren von | sich ekeln vor | sich entfernen von |
| sich entrüsten über | sich schlecht fühlen | sich fürchten vor |
| sich genieren vor | sich in die Haare geraten (D) | sich hassen |
| sich hüten vor | sich lustig machen über | sich mißverstehen |
| sich auf die Nerven gehen (D) | sich raufen | sich richten gegen |
| sich scheiden lassen | sich streiten | sich täuschen in |
| sich trennen von | sich weigern | sich verkrachen |
| sich unterscheiden von | sich zanken | |

### 4. positive Einstellungen/Interesse

sich begeistern für        sich beherrschen        sich benehmen
sich beschränken auf       sich eignen für         sich einstellen auf
sich erkundigen nach       sich erwärmen für       sich freuen auf
sich freuen über           sich gut fühlen         sich gedulden
sich informieren           sich etw. leisten können (D)   sich trauen
sich vornehmen (D)         sich mit etw. zufriedengeben   sich etw. zutrauen (D)

### 5. Kommunikation, Beziehungen zwischen Menschen

sich anfreunden mit        sich begegnen (D)       sich aussprechen
sich bedanken für/bei      sich berühren           sich begrüßen
sich beraten               sich kennenlernen       sich einigen
sich entschuldigen         sich melden             sich küssen
sich lieben                sich umarmen            sich unterhalten über
sich stützen auf           sich vereinigen         sich vergnügen
sich verabreden            sich verlieben          sich verloben
sich verlassen auf         sich verstehen          sich vertragen
sich versöhnen             sich wenden gegen       sich wundern über
sich vorstellen (A)

### 6. negative Entwicklungen, Pleiten und Pannen

sich etw. an/abgewöhnen (D)   sich betrinken       sich drücken vor
sich erkälten              sich irren              sich schmutzig machen
sich umbringen             sich verletzen          sich verschlucken
sich verschreiben          sich verspäten          sich versprechen

### 7. positive Tätigkeiten und Zustände

sich amüsieren             sich ausruhen           sich ausschlafen
sich entspannen            sich erholen            sich hinlegen

### 8. sich in unpersönlichen Ausdrücken

es dreht sich um           es handelt sich um      es stellt sich heraus, daß . . .
etw. spielt sich ab        etw. wirkt sich aus     etw. beläuft sich auf
etw. bewahrheitet sich     etw. ereignet sich      etw. ergibt sich aus
etw. spricht sich herum    es setzt sich zusammen aus   sich verschärfen
sich befinden in/an/auf . . .

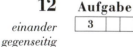

**12**

*einander
gegenseitig*

**Aufgabe**

3

Manche Verben mit sich können ein Wechselverhältnis ausdrücken; man kann das mit einander (miteinander, füreinander etc.), gegenseitig, wechselseitig verdeutlichen:

Herr Böse hat sich mit Herrn Streit wieder vertragen.
→ Sie haben sich wieder vertragen.
→ Sie haben sich wieder miteinander vertragen.

Gehen Sie die Liste der Verben in A 11 noch einmal durch und finden Sie diejenigen heraus, die ein Wechselverhältnis ausdrücken können.

Drücken Sie in den folgenden Sätzen das Wechselverhältnis deutlicher aus.

Ich kann mich mit dir nicht einigen!
Sie hat ihn gestern kennengelernt.
Er und sie gehen sich auf die Nerven.
Der Holzwurm hat sich mit einem alten Schrank angefreundet.
Der Tourist hatte sich mit drei Nilpferden verabredet.

**Aufgabe**
2–3

Selbst kann einen Ausdruck mit sich verstärken. Stellen Sie sich einmal vor, was die kleine Sofie schon alles kann:

Sie zieht sich an und kann sich schon die Schuhe binden.
→ Sie zieht sich schon *selbst* an und kann sich schon *selbst* die Schuhe binden.

**13**

*selbst*

Loben Sie Sofie ein wenig.

Sie zieht sich an und aus.
Sie wäscht sich alleine.
Wenn niemand im Haus ist, macht sie sich Schokoladenpudding mit dem Küchenmixer.

**Aufgabe**
3

Sich wird oft für eine passivische, unpersönliche Redeweise verwendet (→ Kap. 5, A 11 und 14). Es scheint so, als ob es keinen Täter gibt.

Lesen Sie die Sätze und beschreiben Sie, worum es geht, was da passiert.

**14**

*sich* und Passiv

Es sieht so aus, als ob sich das ganze Problem in Luft auflöst.
Dieses Geschäft rechnet sich nicht.
Der Fall hat sich erledigt.
Seit wir Gartenzwerge haben, entwickeln sich unsere Gartenpflanzen viel besser.
Am Anfang hat man oft Schwierigkeiten. Aber das gibt sich.
Hör' doch auf damit. Es lohnt sich doch nicht.
Aus alledem ergibt sich, daß die Arbeit nicht umsonst war.

**Aufgabe**
2–3

Für unpersönliche Redeweise kann man auch man verwenden (→ Kap. 5, A 9). Formulieren Sie die Sätze um, indem Sie man verwenden. Achten Sie auf Akkusativ und Dativ-Formen (einen/einem).

**15**

*man*

Beispiel:

Ich freue mich immer über einen neuen Hut.
→ Man freut sich immer über einen neuen Hut.
→ Ein neuer Hut freut *einen* immer.

Die deutschen Fernsehshows langweilen mich meistens.
Dieses Wetter bringt mich noch zum Wahnsinn.
Die kleinen Wörter machen mir sehr zu schaffen.
Diese Dinge geben mir zu denken.
Moderne Musik geht mir manchmal auf die Nerven.

**Aufgabe**
3

Wie man sich auf man (oder frau) bezieht – eine Übung, die Gelegenheit zu Diskussionen schafft:

Wenn man mit *man* beginnt, soll man auch mit *man* weitersprechen (und nicht mit *er*).
Man kann das nur verstehen, wenn man auch in so einer Situation gewesen ist.

**16**

*man/frau*

Immer häufiger findet man zur Form man die Alternative frau. Die Form frau will gegen die männliche Orientiertheit von Gesellschaft und Sprache Front machen; dabei kann frau mit sie weitersprechen:

Man/Frau wird sehen, wie es weitergeht.
Heute läßt frau sich nicht mehr alles gefallen.

Das Possessivpronomen für man ist sein (frau: ihr):
Manchmal stolpert man (frau) über seine (ihre) eigenen Argumente.

Lesen Sie die Sätze, setzen Sie die fehlenden Formen ein.

Da weiß man, was ... hat. (Werbespruch für ein Waschmittel)
Wenn frau/man so etwas behauptet, muß ... das auch begründen können.
Manchmal glaubt man/frau, ... hat es geschafft, aber dann muß ... wieder von vorn anfangen.

## *so* und *zu*

**17**

*so* als
Konjunktion

**Aufgabe**

| 3 | | |

So kann als Konjunktion eine Folgebeziehung ausdrücken (→ Kap. 8, A 29–32).
So konkurriert mit folglich, also, infolgedessen, so daß etc.

Ändern Sie die Sätze, indem Sie so verwenden.

Herr Valentin brauchte einen neuen Hut. Folglich ging er in einen Hutladen.
Ich möchte Hölderlin auf Deutsch lesen. Also bin ich nach Deutschland gekommen.
Die Lage wurde kritisch. Es mußte dringend ein Ausweg gefunden werden.
Der Regierung fehlt Geld. Infolgedessen wurden wieder Steuererhöhungen beschlossen.

**18**

*so* in
Bedingungs-
sätzen

**Aufgabe**

| 3 | | |

So kann als Konjunktion in Bedingungssätzen stehen: als schriftsprachliche oder
literarische Variante für dann, in älteren Texten oder in Texten mit pathetischem
Klang auch als Variante für wenn (→ Kap. 2, A 6–8; Kap. 8, A 24–26).

Drücken Sie die Sätze umgangssprachlicher bzw. moderner aus.

Wir werden uns wiedersehen, so Gott will.
Und bist du nicht willig, so brauch' ich Gewalt. (Goethe, Erlkönig)
Dividieren wir eine Zahl durch 0, so erhalten wir „unendlich".

**19**

*so* beim
Zitieren

**Aufgabe**

| 3 | | |

Beim Zitieren, vor allem in Nachrichtentexten, verwendet man so, um die Informa-
tionsquelle zu nennen. So konkurriert mit Präpositionen und anderen Ausdrük-
ken: nach, zufolge, laut; wie xy sagte etc.:
Im Verlaufe des Abends kam es erneut zu Zwischenfällen zwischen Demonstranten und
Sicherheitskräften, so der Sprecher der Polizei.

Verbinden Sie die Sätze mit so.

Die Lage entspannt sich zusehends (berichtet ein Korrespondent der ARD).
Es kam zu Hamsterkäufen (behauptet ein Augenzeuge).
Nur mit Unterstützung der Banken läßt sich die Krise überwinden (sagte ein Firmensprecher).

**20**

*so* als Adverb

**Aufgabe**

| 2–3 | | |

So als Adverb kann bedeuten auf diese Art und Weise, in dieser Art, in diesem Stil,
wie folgt etc.:
Also das war so: Der Wolf hatte großen Hunger, während Rotkäppchen Kuchen hatte.

Ersetzen Sie die hervorgehobenen Satzteile durch so.

Das macht man bei uns *auf diese Art und Weise*.
*In diesem Licht* habe ich das noch nie betrachtet.
Das kannst du doch *in dieser Weise* nicht behaupten.
Probieren Sie es doch mal *auf unsere Art*!
Ich hab's *auf meine Art* gemacht.

**21**

*so*
in Vergleichen

**Aufgabe**

| 2–3 | | |

Vergleiche und Folgen mit so (→ Kap. 6, A 6; Kap. 8, A 29 und 31).
Nun steh' ich hier ich armer Tor, und bin so klug, als wie zuvor. (Goethe, Faust I)
Variationen

Jetzt bin ich genau so dumm wie vorher.
Ich bin immer noch so unwissend, daß ich verzweifeln könnte.
Schaut alle her, so dumm bin ich.
In der dritten Variation ist so betont und bedeutet sehr, absolut.

Setzen Sie so in die Sätze ein.

Du bist dumm. Ich bin dumm.
Die Unterhaltungsprogramme im Fernsehen sind langweilig. Kurzbeinige Hunde schlafen dabei ein.
Der Krimi ist gerade spannend. Ich kann gar nicht aufhören zu lesen.
Die beiden Bernhardiner Josef und Adolf sind Zwillinge und sehen sich ähnlich. Man kann sie kaum voneinander unterscheiden.

**Aufgabe**

 3–4

**22**

*so* in „idio-matischen Modellen"

So ist in verschiedenen Varianten „idiomatisches Modell" (→ Kap. 20, A 27). Mit so kann man Verwunderung ausdrücken, eine Ankündigung einleiten oder die emotionale Reaktion verbergen:

A: Du, ich hab' keine Lust mehr! – B: So? Du hast mir doch versprochen, da zu bleiben!
A: Warum kochst du denn den Reis ohne Salz? – B: Ich mach' Diät. – A: Ach so!
So. Jetzt habe ich keine Lust mehr. Ich höre auf.
A: Du, ich hab' dein Auto zu Schrott gefahren. – B: So, so!

Lesen Sie die Mini-Dramen und schreiben Sie auf, was in der jeweiligen Situation gesagt werden könnte. Verwenden Sie so.

1. Die Bernhardinerhunde haben den ganzen Rum getrunken und fleißig Tango getanzt. Dann wollen Sie das Lawinenspiel machen. Was sagen sie? (→ Lesepause Kap. 4)
2. Sie haben eine Verabredung mit Ihrer Freundin/Ihrem Freund. Sie warten schon eine Stunde. Sie sind wütend und gehen wieder nach Hause.
3. Sie haben Gäste zum Essen eingeladen. Sie haben das Essen gerade fertig und möchten das den Gästen mitteilen.
4. Sie sind mit jemandem in der Kneipe, der sich immer wieder zum Bier einladen läßt. Sie zahlen auch diesmal das Bier. Was sagen Sie?
5. Sie haben den Touristen, der vergeblich versucht hat, die Nilpferde zu fotografieren, beobachtet. Der Tourist erzählt Ihnen später, daß er viele Nilpferdbilder auf dem Film hat. Sie sind skeptisch. Was sagen Sie? (→ Lesepause Kap. 4)

**Aufgabe**

2–3

**23**

*so* als Artikel-wort

So kann als Artikelwort verwendet werden (statt: solch; → Kap. 14, Liste der Artikelwörter):

So ein Tag, so wunderschön wie heute, so ein Tag, der dürfte nie vergehn!

Formulieren Sie die Sätze um, indem Sie das Artikelwort so verwenden.

Ich möchte auch mal solch einen schönen Teddy haben.
Ich hätte gern solch einen gelben Strohhut.
Was für ein Glück, daß ich Sie getroffen habe.
Großmutter, warum hast du solch ein großes Maul?
Da ist ein eigenartiger Herr, der Sie sprechen will.

**Aufgabe**

2–3

**24**

*so* = ungefähr

So wird in der Umgangssprache in der Bedeutung von etwa, ungefähr, ca. (= circa) verwendet; allein, oder in Kombination mit diesen Wörtern:

Wir sind so/so etwa in drei Stunden da.

Verändern Sie die Sätze, indem Sie statt der hervorgehobenen Ausdrücke so verwenden.

Dafür brauchen wir *ca.* 3 Wochen.
Es waren *ungefähr* 30 Teilnehmer.
Das Essen ist *in etwa* 10 Minuten fertig.

**25**

*so* als Größen-
angabe

**Aufgabe**
2–3 | |

So wird als (oft übertreibende) Größenangabe verwendet; stark betont, verbunden mit einer Geste:

A: Wie groß war denn der Fisch, den du gefangen hast? – B: Sooo groß!

Machen Sie mit so deutlich, worum es geht.

Als Herr Streit die Äpfel im Juli erntete, waren sie noch klein.
Der Nagel im Autoreifen war groß.
Wie groß bist du denn schon?
Zeigen Sie mal, wie hoch der Stapel der unerledigten Arbeit ist.
Ich hab' dich lieb.

**26**

*zu* als
Präposition

**Aufgabe**
2–3/3 | |

In Kap. 12 (A 1 und A 12) geht es um zu als Präposition. Interpretieren Sie die
verschiedenen Bedeutungen von zu:

Rotkäppchen, geh zur Großmutter und bring ihr zum Geburtstag Kuchen und Wein.
Aus Angst vor dem Wolf hatte Rotkäppchen anfangs gar keine Lust zum Blumenpflücken.
Zu Rotkäppchens großer Verwunderung war der Wolf aber sehr höflich und hilfsbereit.
Die Großmutter lud Rotkäppchen und den Wolf zum Kaffeetrinken ein.
Zum Schluß kam auch noch der Jäger, und zu viert feierten sie ein friedliches Geburtstagsfest.

**27**

*zu* als Adverb

**Aufgabe**
2–3 | |

Zu als Adverb bedeutet geschlossen, verstopft, blockiert etc. (→ Kap. 5, A 6).
Verwenden Sie andere Wörter als zu.

Im August sind hier ganz viele Geschäfte zu.
Und dann machte es „klick", und die Tür war zu.
Die Grenze war jahrelang zu.
Am Freitag nachmittag war die Autobahn mal wieder völlig zu.
Nach dem zweiten Rumfäßchen waren der Adolf und der Josef völlig zu.

**28**

*zu* in Wörtern

**Aufgabe**
3 | |

Zu als Vorsilbe oder Wortteil hat mehrere Bedeutungen, die miteinander zusam-
menhängen können.

1. Richtung:                    Zubringerstraße, Zutritt, zurück
2. Ziel, Zweck:                 zubereiten, zudringlich
3. Kommunikation:               zuhören, zulächeln, zusammen
4. Addition:                    hinzufügen, dazukommen, Zuverdienst, zunehmen
5. Verletzung, Zerstörung:      Zumutung, übel zugerichtet
6. Quantität:                   zutiefst, zumindest
7. Verschluß:                   zumachen, zuhalten

Ordnen Sie diese Bedeutungen den Wörtern mit zu zu. Sie können das Spiel
verlängern, indem Sie in einem (dicken) Wörterbuch den ganzen Buchstaben
„Z" durchblättern.

Ich könnte dir stundenlang bei der Arbeit zuschauen.
Greifen Sie zu, meine Damen und Herren!
Und dann hat er plötzlich zugeschlagen.
Ihr fliegen alle Herzen der Männer zu.
Ach, sei doch nicht so zugeknöpft.
Es führt kein Weg zurück.
Und dann kam der ganze Skandal zutage.
Und dann ist er mitten auf der Straße zusammengebrochen.
Zusammen sind wir unschlagbar.

**Aufgabe**
2–3 ☐ ☐

Zu als Steigerungspartikel bedeutet mehr als normal, mehr als erwartet:
Der Tourist war zu langsam für die flinken Nilpferde.
Normalerweise entsteht dabei eine negative Bewertung (die aber nicht immer wörtlich gemeint ist). Man kann zu noch weiter steigern, indem man viel, erheblich, bei weitem etc. davorsetzt.

Verändern Sie die Sätze, indem Sie zu verwenden und stark dramatisieren.

**29**
*zu* = „mehr als normal"

Stell die Musik leiser; sie ist ...
Der Wagen schluckt viel mehr Benzin als normal.
Das ist so schön! Es kann gar nicht wahr sein.
Draußen ist es schrecklich kalt. Da gehe ich nicht vor die Tür.

**Aufgabe**
2–3 ☐ ☐

In Infinitivsätzen steht zu beim Infinitiv. Wiederholen Sie in Kap. 8 die Aufgaben 5–8 (Ergänzungssätze) und in Kap. 1 alle Übungen, in denen „Modalverben" durch andere Ausdrücke mit gleicher Bedeutung ersetzt werden.

Bilden Sie aus den hervorgehobenen Teilen Infinitivsätze.

**30**
*zu* + Inf.

Ich hoffe, *ich nehme 10 Kilo ab.*
Der Tourist war wild *auf Bilder mit Nilpferden.*
Aber er hat *die Nilpferde nicht fotografieren* können.
Hört endlich auf *mit dem Unsinn.*

**Aufgabe**
2–3 ☐ ☐

Schauen Sie sich die Verwendung von Passiv haben/sein + zu in Kap. 1 (Gr. i. K. 4. und A 7–8) und Kap. 16 (A 15) an.

**31**
*haben zu/sein zu* + Inf.

**Aufgabe**
3 ☐ ☐

Zu ist an einer Reihe von zweiteiligen Konjunktionen beteiligt: um ... zu, (an)statt ... zu, ohne ... zu (→ Kap. 8, A 21–23).

Verändern Sie die hervorgehobenen Teile mit einer Konjunktion mit zu.

**32**
Konjunktionen mit *zu*

Ich bin gekommen, *weil ich dich warnen will.*
*Statt daß du mich kritisierst,* solltest du mir lieber helfen.
Der Tourist kam *ohne ein einziges Nilpferdbild* nach Hause.
*Zur Rettung der Höhlenforscher* wurde eine Höhlenforscherrettungsmannschaft zusammengestellt.
Bravo, Sie haben alle Aufgaben *ohne Fehler* gelöst.

Goethe (Faust) zu diesem Kapitel:

> Da steh' ich nun, ich armer Tor,
> und bin so klug als wie zuvor.

143

# Kapitel 10

## WAS DIE ANDEREN SAGEN

### Indirekte Rede und K I

## Lesepause _____

### Nach Kanada

Im Eisenbahnabteil auf der Rückfahrt von Irgendwo nach Itzehoe und nachdem wir spät ins Gespräch gekommen, redete sie, eine hübsche Mischung aus Frau, Mädchen und Modeblatterscheinung, immer hastiger auf mich ein, als schaffe sie es sonst vor Ankunft des Zuges nicht mehr, ihre allerwichtigste Mitteilung loszuwerden: Nach Kanada wolle sie auswandern. Mit ihrem Mann. Ihr Ziel liege fest, man werde abseits der Zivilisation hausen, in einem Blockhaus, selbstgebaut, und von eigener Hände Unternehmen leben. Es gehe darum, frei zu sein, und zwar gründlich. Dies sei ihr letzter Besuch in Itzehoe bei ihren Eltern und Freunden, die sie vielleicht niemals mehr in ihrem Leben wiedersehe, denn Geld für erneute Besuche hätten sie keins. Das sei der Preis der Freiheit, den müsse man zahlen; dazu sei sie bereit, obwohl er, wie sie spüre, ständig steige, aber auch ihr Wissen über sich selber ständig erweitere. Möglicherweise wäre alles falsch, was sie da tue, doch sei sie viel reifer geworden. Und darauf komme es doch an, auf sonst gar nichts. Gleich nach unserer Ankunft stieg sie in die erste Taxe vor dem Ausgang, nickte noch einmal abschiednehmend und eigentlich mehr für sich als für mich vor sich hin und fuhr, ohne Blick für ihren Geburtsort, den langen, langen Weg nach Kanada davon.

*Günter Kunert*

### Katharina Blum gab an, daß sie Angst habe

Katharina Blum gab an, daß sie Angst habe, es sei nämlich in jener Donnerstagnacht, kurz nachdem sie mit Götten telefoniert habe (jeder Außenstehende sollte an der Tatsache, daß sie, wenn auch nicht bei der Vernehmung, offen über ihre telefonischen Kontakte mit Götten sprach, ihre Unschuld erkennen) etwas ganz Scheußliches passiert. Kurz nachdem sie mit Götten telefoniert, den Hörer gerade wieder aufgelegt habe, habe wieder das Telefon geklingelt, sie habe, in der „wilden Hoffnung", es sei wieder Götten, sofort den Hörer abgenommen, aber es sei nicht Götten am Apparat gewesen, sondern eine „fürchterlich leise" Männerstimme habe ihr „fast flüsternd" lauter „gemeine Sachen" gesagt, schlimme Dinge, und das Schlimmste sei, der Kerl habe sich als Hausbewohner ausgegeben und gesagt, warum sie, wenn sie so auf Zärtlichkeiten aus sei, so weit hergeholte Kontakte suche, er sei bereit und auch in der Lage, ihr jede, aber auch jede Art von Zärtlichkeit zu bieten. Ja, es sei dieser Anruf der Grund gewesen, warum sie noch in der Nacht zu Else gekommen sei. Sie habe Angst, sogar Angst vor dem Telefon, und da Götten ihre, sie aber nicht Göttens Telefonnummer habe, hoffe sie immer noch auf einen Anruf, fürchte aber gleichzeitig das Telefon.

*Heinrich Böll*

### Die Zwiebacktüte

Bei allem falle ihm immer aus seiner Jugendzeit die Geschichte mit der Zwiebacktüte ein, die Zwiebacktüte, auf der immer eine Bäckersfrau abgebildet gewesen sei, die auf ihrem Kopf eine Zwiebacktüte getragen habe, und eben auf dieser zweiten Tüte sei wieder eine Bäckersfrau abgebildet gewesen, die eine weitere, schon wesentlich kleinere Zwiebacktüte getragen habe, und auf dieser schon wesentlich kleineren Zwiebacktüte sei wieder eine weitere, aber immer die gleiche Bäckersfrau abgebildet gewesen, die eine weitere, schon winzig kleine, aber immer die gleiche Zwiebacktüte auf ihrem Kopf getragen habe, und nun habe man diese letzte Zwiebacktüte nur noch mit der Lupe erkennen können, gleichviel aber habe immerfort eine weitere, immer kleiner werdende Bäckersfrau eine immer kleiner werdende Zwiebacktüte auf ihrem Kopf getragen, und auf einmal wären weder Bäckersfrau noch Zwiebacktüte auszumachen gewesen, aber in seinem Kopf habe er die Geschichte weiterverfolgt bis zur Schlaflosigkeit über die Endlosigkeit der Bäckersfrau mit der Zwiebacktüte, bis zum Wahnsinnigwerden, und heute habe er große Lust, über sein ganzes Tun und Lassen DIE ZWIEBACKTÜTE zu schreiben.

*Hans Dieter Hüsch*

# Grammatik im Kasten

## 1. Fremde Meinungen oder Texte kann man auf verschiedene Arten zitieren

1. Hervorhebungen von „wörtlichen" Zitaten in gedruckten Texten

In Artikel 17 des Grundgesetzes heißt es:

„Jedermann hat das Recht, sich einzeln oder in Gemeinschaft mit anderen schriftlich mit Bitten oder Beschwerden an die zuständigen Stellen und an die Volksvertretung zu wenden."

In diesem Beispiel werden mehrere Möglichkeiten benutzt, um den Text als Zitat hervorzuheben:
− Einrückung
− Wechsel der Schrift (kleinere Schrift, kursive Schrift)
− Anführungszeichen „..." (auch Gänsefüßchen genannt)

In wissenschaftlichen Texten wird erwartet, daß man die Belegstelle des Textes angibt (z. B. durch Fußnoten). Es wird auch erwartet, daß das Zitat unverändert wiedergegeben wird; Kürzungen kann man durch Pünktchen (...) kennzeichnen.

2. Direkte Rede bei wörtlichen Zitaten in geschriebenen oder gedruckten Texten

In geschriebenen oder gedruckten Texten (z. B. in Briefen oder Erzählungen) wird die wörtliche Rede durch Doppelpunkt, Großschreibung des ersten Buchstabens und Anführungszeichen gekennzeichnet:

Und dann fragte Rotkäppchen: „Großmutter, warum hast du so große Ohren?"
Da antwortete der Wolf: „Damit ich dich besser hören kann!"

Im Deutschen pflegt man diese Zeichen sehr genau zu setzen:

„Großmutter", fragte Rotkäppchen, „warum hast du so ein großes Maul?" − „Damit ich dich", sagte da der Wolf und sprang aus dem Bett, „besser fressen kann."

3. Indirekte Rede (iR)

Auch in der iR wird deutlich gemacht, daß man einen fremden Text referiert, die Aussage einer anderen Person. Aber: man muß diesen Text nicht mehr unbedingt Wort für Wort wiedergeben; man baut ihn grammatisch in den eigenen Text ein.

Zitate in iR können im Indikativ oder im Konjunktiv formuliert werden. Mit welchen Formen und mit welcher stilistischen Wirkung dies geschieht, wird jetzt erklärt:

## 2. Verwendung von Indikativ in der iR

1. Gesprochene Umgangssprache, Situationen des alltäglichen Lebens

Sie haben doch gestern ausdrücklich erklärt, daß Sie *mitmachen*.
Sie hat mir erzählt, daß sie ganz anders darüber *denkt*.

2. Unbezweifelbare, objektive Wahrheiten (oder wenn man etwas als wahr oder unbezweifelbar darstellen möchte)

Sie hat mir mitgeteilt, daß sie mit dem Zug um 18.10 Uhr *ankommt*.
(Es gibt keinen Grund, daran zu zweifeln.)
Und dann hat Galileo Galilei gesagt, daß sie (die Erde) sich doch *bewegt*.
(Es gibt für uns heute keinen Grund mehr, daran zu zweifeln.)

## 3. K II in der iR (→ Kap. 2, Gr. i. K. 1.)

1. Gesprochene Umgangssprache, Situationen des alltäglichen Lebens

Er hat mir gesagt, die Heinzelmännchen *kommen* heute abend und *helfen* uns. (Indikativ)
Er hat mir gesagt, die Heinzelmännchen *kämen* heute abend und *würden* uns *helfen*. (K II)

In beiden Sätzen zeigt sich der Sprecher überzeugt, daß die Heinzelmännchen kommen und helfen werden. Indikativ und K II sind also zwei Möglichkeiten für iR in der gesprochenen Umgangssprache.

2. Man will sich vom Gesagten distanzieren, man bezweifelt die Wahrheit.

Der Kerl hat die ganze Zeit behauptet, die Heinzelmännchen würden uns helfen.
Der Wolf sagte zu den sieben Geißlein, er wäre ihr liebes Mütterlein.
Offiziell sagte man uns, wir könnten bald in unsere Wohnungen zurückkehren.

In allen drei Sätzen soll man hören, daß das Gesagte nicht glaubhaft ist. Die distanzierende Wirkung des K II kann man durch bestimmte Ausdrücke (Kerl, behauptet, offiziell) verstärken. In der realen Gesprächssituation kann man die distanzierende Wirkung auch durch Mimik und Gesten (z. B. Kopfschütteln, Grinsen, „den Vogel zeigen") oder durch den Tonfall der Stimme verstärken.

## 4. K I und K II in der schriftsprachlichen Form der iR

Im heutigen Deutsch werden viele K I-Formen, die in manchen Grammatiken noch dargestellt werden, nicht mehr gesprochen oder geschrieben. Das heutige K I-Schema ist sehr reduziert. Nicht mehr verwendet werden:

1. Formen, die man nicht vom Indikativ unterscheiden kann
   (1. Person Singular Gruppe 3; 1. und 3. Person Plural Gruppe 2 und 3).
2. Formen, die zwar anders geschrieben werden als Indikativ, die aber ähnlich klingen
   (2. Person Plural).
3. auch die meisten Formen 2. Person Singular.

Die verschwundenen K I-Formen werden im heutigen Deutsch durch K II-Formen ersetzt. In der schriftsprachlichen iR gibt es also eine Mischung von K I- und K II-Formen.

| Verteilung von K I/K II in der schriftsprachlichen Form der iR (Gegenwartsform) (Die K II-Formen sind kursiv gedruckt) | | | |
|---|---|---|---|
| Person | Gruppe 1: nur das Verb *sein* | Gruppe 2: 6 Modalverben (z. B. können) und das Verb *wissen* | Gruppe 3: haben und alle anderen Verben (z. B. nehmen) |
| ich | sei | könne | hätte *nähme/würde nehmen* |
| du | sei(e)st/*wär(e)st* | *könntest* | hättest *nähmest/würdest nehmen* |
| er/sie/es/man | sei | könne | habe nehme |
| wir | seien | *könnten* | hätten *nähmen/würden nehmen* |
| ihr | *wär(e)t* | *könntet* | hättet *nähm(e)t/würdet nehmen* |
| sie (Pl)/Sie | seien | *könnten* | hätten *nähmen/würden nehmen* |

| Vergangenheitsform der iR in der Schriftsprache Im K I gibt es nur eine Vergangenheitsform (wie im K II, → Kap. 2, Gr. i. K. 1.); sie wird auf der Basis der Perfekt-Formen gebildet. | | | |
|---|---|---|---|
| Perfekt mit *sein* + P II | | Perfekt mit *haben* + P II | |
| Indikativ | iR | Indikativ | iR |
| es gelang es ist gelungen es war gelungen } → | es sei gelungen | man arbeitete man hat gearbeitet man hatte gearbeitet } → | man habe gearbeitet |
| sie gingen sie sind gegangen sie waren gegangen } → | sie seien gegangen | sie schrieben sie haben geschrieben sie hatten geschrieben } → | sie hätten geschrieben |

# Übungen und Regeln

**Aufgabe** 2 — Schreiben Sie für die Verben sein – dürfen – haben – verstehen – wissen das ganze Formen-Schema auf, wie es in der schriftsprachlichen Form der iR gebraucht wird (→ Gr. i. K. 4.). **1** Formen

**Aufgabe** 2 — Wie heißen die schriftsprachlichen Konjunktiv-Formen für die iR (K I oder K II)? **2**

| | | | | | |
|---|---|---|---|---|---|
| es geht | wir wissen | ich darf | man braucht | Sie haben | du weißt |
| wir können | man muß | man versteht | Sie sind | sie wollen | man hat |
| sie soll | man nimmt | es gibt | ihr müßt | du bist | sie verlieren |

149

**3** Aufgabe [2] Tragen Sie die Vergangenheitsformen der schriftsprachlichen iR in die Tabelle ein.

Vergangenheit

| Person | kommen | schreiben | wissen | sein |
|---|---|---|---|---|
| du | sei(e)st gekommen | . . . . . . . . . . . . | . . . . . . . . . . . . | . . . . . . . . . . . . |
| wir | . . . . . . . . . . . . | hätten geschrieben | . . . . . . . . . . . . | . . . . . . . . . . . . |
| man/er/sie/es | . . . . . . . . . . . . | . . . . . . . . . . . . | . . . . . . . . . . . . | . . . . . . . . . . . . |
| ihr | . . . . . . . . . . . . | . . . . . . . . . . . . | . . . . . . . . . . . . | . . . . . . . . . . . . |
| sie (Pl)/Sie | . . . . . . . . . . . . | . . . . . . . . . . . . | . . . . . . . . . . . . | seien gewesen |
| ich | . . . . . . . . . . . . | . . . . . . . . . . . . | hätte gewußt | . . . . . . . . . . . . |

**4** Aufgabe [2–3] Wie heißen die schriftsprachlichen Formen der iR?
Achten Sie auf den Wechsel von Gegenwart und Vergangenheit.

| | | | |
|---|---|---|---|
| ich war | wir waren | sie antworteten | sie sind gekommen |
| ich bin krank | sie kamen an | es gab | es ist gelungen |
| ich weiß nichts | er hat es gewußt | sie wußten nichts | er hatte kein Geld gehabt |
| er setzte sich | sie saßen | es geht nicht | sie konnten nichts wissen |
| er starb | sie liefen | man macht | er durfte nicht kommen |

**5** Aufgabe [2–3]

Personen-Perspektive

Wenn ein Sprecher („ich") zu einem bestimmten Zeitpunkt („jetzt") und an einem bestimmten Ort („hier") etwas sagt, dann sind diese Bedingungen der Sprechsituation für den Zuhörer klar, denn er steht dem Sprecher gegenüber. In der iR ist das nicht so; die personalen Perspektiven verändern sich im Deutschen, wie in allen Sprachen:

*Sie* sagte: „Das ist *mein* neues Auto, *ich* fahre damit sehr gern."
→ *Sie* sagte, das sei *ihr* neues Auto, *sie* fahre damit sehr gern.
*Sie* sagte zu mir: „*Du* bist ein großer Dummkopf!"
→ *Sie* sagte zu *mir*, *ich* sei ein großer Dummkopf!
*Der Pfarrer* sagte: „*Wir* sind alle Sünder, und *unser* Leben ist ein Jammertal."
→ *Der Pfarrer* sagte, *wir* (= alle Menschen, auch der Pfarrer) seien alle Sünder, und *unser* Leben sei ein Jammertal.

Formulieren Sie die Sätze in der iR. Achten Sie darauf, daß die Personal- und Possessiv-Pronomen stimmen.

Sie sagte: „Ich hatte gestern Kopfweh und konnte deshalb nicht zu unserem Treffen kommen."
Er sagte: „Ich werde mich an diesem Unsinn nicht beteiligen."
Sie sagte zu mir: „Du könntest eigentlich langsam aufstehen."
Schließlich gab er zu: „Ich kann mich sehr genau an diesen Tag erinnern."
Er sagte mir: „Ich habe deine Gedichte gelesen. Sie sind schöner als meine eigenen. Auch meiner Frau haben sie sehr gut gefallen."
Er sagte: „Ab und zu vergesse ich meine ökologischen Prinzipien und fahre völlig zwecklos mit dem Auto durch die Gegend."

**Aufgabe**

| 2 | | |

Im gesprochenen und geschriebenen Deutsch kann man zwischen zwei ver-schiedenen Satzformen wählen:
1. Hauptsatz: das Verb steht an der zweiten Stelle
2. daß-Satz (bei Fragen/Zweifel ob): das Verb steht am Satzende.

Lesen Sie die Sätze der Gruppe 1 in der Form von 2 und umgekehrt.

**6**

Hauptsatz/
*daß*-Satz

## Gruppe 1
Sie erzählte atemlos, sie wollten nach Kanada auswandern.
Sie betonte auch, dies sei der letzte Besuch in ihrer Heimatstadt.
Sie fügte hinzu, dies sei der Preis der Freiheit.

## Gruppe 2
Die Maus klagte, daß ihr die Welt immer enger werde.
Die Katze sagte, daß die Maus in die andere Richtung laufen solle.
Die Maus glaubte, daß dies der Weg in die Freiheit sei.

**Aufgabe**

| 2 | | |

Für längere Texte in der iR eignen sich Hauptsätze besser als daß-Sätze; denn es ist stilistisch nicht so günstig, viele daß-Sätze hintereinander zu reihen.

Formen Sie den Text um, indem Sie Hauptsätze bilden.

**7**

Er sagte, daß er pünktlich um vier Uhr kommen würde, und daß er seine ganzen Arbeitsunterlagen mitbringen würde, und daß er bis ungefähr sechs Uhr Zeit hätte, und daß er dann zu einem anderen Termin müßte.

**Aufgabe**

| 2–3 | | |

Fragen, auf die man mit Ja, Nein, Ich weiß es nicht antwortet (Ja/Nein-Fragen), bilden in der iR Nebensätze mit ob:
Er hat sie gefragt: „Liebst du mich eigentlich noch?"
→ Er hat sie gefragt, ob sie ihn eigentlich noch lieben würde.

Lesen Sie die Fragen in der iR, umgangssprachlich oder schriftsprachlich.

**8**

ja/nein-Fragen

Dann wollte sie plötzlich wissen: „Hast du mir die Wahrheit gesagt?"
Mein Arzt fragte mich: „Rauchen und trinken Sie immer noch so viel?"
Sie fragte mich: „Redest du eigentlich immer so dummes Zeug?"
Mein kleiner Sohn fragte mich: „Dreht sich die Sonne um die Erde oder ist es umgekehrt?"
Kasperle fragte die Kinder: „Wart ihr alle dabei, als der Teufel die Großmutter holte?"

**Aufgabe**

| 2–3 | | |

Fragen, auf die man eine neue Information erwartet, werden in der iR als Neben-sätze formuliert (W-Fragen, Informations-Fragen, → Kap. 8, Gr. i. K. 3.):
Ich wurde gefragt: *„Warum* sind Sie nicht rechtzeitig gekommen?"
→ Ich wurde gefragt, *warum* ich nicht rechtzeitig gekommen sei.

Formulieren Sie die Informations-Fragen in der iR.

**9**

W-Fragen

Der Chef fragte mich: „Wieso sind Sie erst so spät gekommen?"
Ich fragte ihn dann: „Aus welchem Grund haben Sie mich denn herbestellt?"
Manche fragen: „Warum ist Deutsch so kompliziert?"
Beim Abschied fragte er sie: „Wann kommst du wieder?"
Er fragte sie streng: „Wo bist du gewesen?"
Sie fragte kalt zurück: „Was geht dich das an?"

**10**

Auffor-
derungen,
Ratschläge

**Aufgabe**
2–3 ☐ ☐

Aufforderungen, Empfehlungen, gute (oder schlechte) Ratschläge drückt man in der iR mit den Grundverben sollen und müssen aus (→ Kap. 1, Gr. i. K. Tabelle 1, A 10 und 22; Kap. 11, Gr. i. K. 2.):

Sie sagte: „Komm bitte mal her!"
→ Sie sagte, ich solle (bitte) (mal) zu ihr kommen.
Der Polizist rief aufgeregt: „Weitergehen!"
→ Der Polizist rief aufgeregt, die Leute sollten weitergehen.

Bilden Sie Sätze in der iR.

Und dann sagte mein Chef zu mir: „Sie machen morgen Dienst!"
Die Lehrerin rief: „Hört doch auf, einen solchen Lärm zu machen!"
Plötzlich rief einer: „Müller, zum Chef!"
Sie sagte mit nachdrücklicher Stimme: „Mach du das bitte, sonst kann's ja doch keiner!"
Als wir endlich an der Reihe waren, sagte der Beamte: „Mittagspause! Verlassen Sie jetzt mein Büro!"

# Übungen mit Stil

**11**

Verben der
Kommu-
nikation

**Aufgabe**
2–3/3 ☐ ☐

Wenn man fremde Texte wiedergibt (in direkter oder indirekter Rede), so leitet man dies mit Verben der Kommunikation ein. Damit kann man ausdrücken, welche Art der Kommunikation gemeint ist: Äußerung eines Sachverhalts, Mitteilung, Zitat, Vermutung, Kritik, Frage, Lüge, Vorwand etc.

Sie finden in der Gruppe 1 Verben und Ausdrücke der Umgangssprache, in der Gruppe 2 Verben und Ausdrücke der Schriftsprache. Formulieren Sie passende Beispiele. Welche Satzvarianten sind geeignet (→ Kap. 8, A 7)? Diskutieren Sie mit Deutschen, ob Ihre Beispiele stilistisch gut formuliert sind, vor allem der Gruppe 2.

Gruppe 1

| | | | |
|---|---|---|---|
| sagen | schreiben | fragen | antworten |
| meinen | glauben | finden | denken |
| wissen wollen | erklären | erzählen | behaupten |
| vermuten | das Gefühl haben | überzeugt sein | der Meinung sein |

Gruppe 2

| | | | |
|---|---|---|---|
| angeben | unterstreichen | feststellen | die Vermutung äußern |
| es heißt | betonen | zitieren | den Einwand erheben |
| mitteilen | man sagt | es stellt sich die Frage | die Feststellung machen |
| einwenden | annehmen | die Ansicht vertreten | die Behauptung aufstellen |

**12**

Distanzierung
durch K II

**Aufgabe**
2–3 ☐ ☐

Durch K II (und durch bestimmte Ausdrücke, durch Mimik, Tonfall und Gesten) kann man eine distanzierende Wirkung erzielen. Vergleichen Sie die Sätze:

Sie sagte, sie sei um 8 Uhr gar nicht zu Hause gewesen.
→ Sie behauptete, sie wäre um 8 Uhr gar nicht zu Hause gewesen.
Und dann sagte er: „Sie sind selbst schuld daran!"
→ Und dann sagte dieser verdammte Kerl doch, ich wäre selbst schuld daran.

Dramatisieren Sie die Sätze, indem Sie sich durch KII deutlich distanzieren. Überlegen Sie, mit welchen Wörtern, Gesten etc. Sie die distanzierende Wirkung noch steigern können. Besprechen Sie die Aufgabe mit Deutschen.

Er sagte: „Ich war den ganzen Abend im Büro.“
Viele haben später gesagt: „Davon haben wir gar nichts gewußt.“
Er sagte, er habe noch nie im Leben die Unwahrheit gesagt.
Letztes Jahr hat er mir versprochen: „Du bekommst das Geld in zwei Wochen zurück!“
Du hast mir doch gesagt, so ein Kuchen müsse zwei Stunden backen; jetzt ist er ganz schwarz.

**Aufgabe**
3

**13**
Ort-/Zeit-perspektive

Ort und Zeit einer Aussage sind oft ganz verschieden von der Situation, in der sie wiedergegeben werden. Anders als bei Verschiebung der personalen Perspektive (→ A 5) hat man hier mehr Freiheit beim Formulieren; man soll aber darauf achten, daß die Bedeutungen von Ort und Zeit im Kontext klar sind und daß die Formulierungen nicht komisch wirken:
Cäsar sagte: „*Morgen früh* besiege ich alle meine Feinde.“
→ Cäsar sagte, *am folgenden Morgen* werde er alle seine Feinde besiegen.
Cäsar sagte zu Kleopatra: „*Heute abend* wirst du noch eine große Überraschung erleben.“
→ Cäsar sagte zu Kleopatra, *am Abend* werde sie noch eine große Überraschung erleben.
Cäsar sagte: „*Genau hier* will ich für mich eine Siegessäule bauen.“
→ Cäsar sagte, *genau an dieser Stelle* wolle er für sich eine Siegessäule bauen.

Verändern Sie die Sätze wie in den Beispielen. Überlegen Sie, ob man vielleicht auf die Verschiebung der Ort-/Zeit-Perspektive verzichten kann.

Sie sagte damals zu mir: „Noch heute abend werde ich alles entscheiden.“
Als er in Hawaii ankam, sagte er sofort: „Hier gefällt es mir.“
Ich erinnere mich genau, daß sie damals ausrief: „Ich freue mich auf morgen früh, wenn ich abreise.“

**Aufgabe**
3

**14**
Stilwirkung der iR

Hören Sie einmal genau zu, wenn jemand spricht: Die Rede wird voll von kleinen Wörtern und Tönen sein, die die gesprochene Sprache, die direkte Rede lebendig machen.
Die iR dagegen klingt geglättet, denn diese Elemente der lebendig gesprochenen Sprache fehlen teilweise oder ganz:
„Hey, Mann, klar doch, ich komme heut’ abend!“
→ Er sagte, daß er (ganz bestimmt) abends kommen werde.
Sie rief: „Ja, ja, das war ja vorauszusehen.“
→ Sie rief, das sei (ja) vorauszusehen gewesen.

Formulieren Sie die gesprochenen Sätze in der iR.

Er sagte: „Nein, nein, das mache ich nicht!“
Sie flüsterte leise: „Aber ja, ich komme gern!“
Sie sagte: „Ach was, Quatsch, das ist gar nicht so schlimm!“
Er schrie: „Mensch, paß mal auf, das ist doch ganz große Klasse für uns.“

Versuchen Sie – als kuriose Sprachspielerei – eine Comic-Szene (z. B. Asterix oder Mickey Mouse) in der iR wiederzugeben.

153

**15** **Aufgabe** `3` Ein Text in der iR soll ebenso klar sein wie ein direkt gesprochener Text. Wenn
Dialoge Aussagesätze und Fragesätze abwechseln oder wenn im Dialog gesprochen
wird, muß man das erkennen können:

Valentin: „Ich will einen bequemen Hut. Haben Sie Strohhüte?"

→ Valentin *sagte*, er wolle einen bequemen Hut, und er *fragte*, ob sie in diesem Laden
Strohhüte hätten.

Valentin: „Filzhüte sind brennbar." – Verkäuferin: „Sie sind ein schwieriger Kunde."

→ Valentin *sagte*, Filzhüte seien brennbar, worauf die Verkäuferin *erwiderte*, er sei ein
schwieriger Kunde.

Versuchen Sie, die ersten Passagen des Dialogs zwischen Valentin und der
Hutverkäuferin in der Lesepause zu Kap. 16 in iR wiederzugeben.

**16** **Aufgabe** `3/3–4` Geben Sie die literarischen Texte in iR wieder. Beachten Sie die folgenden
Literaturtexte Arbeitshinweise:
in iR
- Verwenden Sie möglichst wenig oder keine daß-Sätze, weil es sich um längere
  Texte handelt (→ A 6–7).
- Achten Sie auf die „Ich-Jetzt-Hier-Perspektiven" (→ A 5 und 13).
- Achten Sie auf die Zeit (→ Gr. i. K. 4. und A 4).
- Entscheiden Sie, ob oder wieweit Sie bei lebendig gesprochenen Passagen
  den Text glätten wollen. Bei Dialogen muß klar sein, wer gerade spricht
  (→ A 14–15).
- Besprechen Sie Ihre Lösungen mit Deutschen; vergleichen Sie unsere Lösun-
  gen im Antwortblatt. Möglicherweise finden Sie noch bessere, flüssigere For-
  mulierungen.

Text 1

Franz Kafka schreibt: „,Ach', sagte die Maus, ,die Welt wird immer enger mit jedem Tag. Zuerst war sie so
breit, daß ich Angst hatte. Ich lief weiter und war glücklich, daß ich endlich rechts und links in der Ferne
Mauern sah, aber diese langen Mauern eilen so schnell aufeinander zu, daß ich schon im letzten Zimmer bin,
und dort im Winkel steht die Falle, in die ich laufe.' – ,Du mußt nur die Laufrichtung ändern', sagte die
Katze und fraß sie auf."

Text 2: Kleine Goethe-Geschichte

Ich las: „Herr B. (Bertolt Brecht) war ein guter Schüler. Er liebte es, seine Aufsätze mit Goethe-Zitaten zu
belegen, um seinen Ansichten einen größeren Nachdruck zu verleihen. Die Zitate erfand er selber. Trotzdem
fiel er nie auf, weil kein Lehrer zugeben wollte, daß ihm ein Goethe-Wort unbekannt sei."

Text 3

Elias Canetti schreibt: „Von Menschen, die ich gut kenne, lasse ich mir immer wieder die gleichen
Geschichten erzählen, besonders, wenn es um die zentralen Ereignisse ihres Lebens geht. Ich ertrage nur den
Umgang solcher Menschen, bei denen diese Geschichten jedesmal etwas anders lauten. Die übrigen kommen
mir vor wie Schauspieler, die ihre Rolle zu gut gelernt haben. Ich glaube ihnen nichts."

Text 4

Bertolt Brecht schreibt: „Herr Keuner war mit seinem kleinen Sohn auf dem Land. Eines Vormittags traf er
ihn in der Ecke des Gartens und weinend. Er erkundigte sich nach dem Grund des Kummers, erfuhr ihn und
ging weiter. Als aber bei seiner Rückkehr der Junge immer noch weinte, rief er ihn her und sagte ihm: ,Was
hat es für einen Sinn zu weinen bei einem solchen Wind, wo man dich überhaupt nicht hört.' Der Junge
stutzte, begriff diese Logik und kehrte, ohne weitere Gefühle zu zeigen, zu seinem Sandhaufen zurück."

**Aufgabe**

| 4 | | |

**17**

In dieser Aufgabe sind alle grammatischen und stilistischen Schwierigkeiten versammelt. Diese Übung sollten Sie am besten zusammen mit Deutschen machen.

In einem Buch las ich: „Zu Sokrates sagte einmal ein Mann: ‚Ich muß dir etwas Wichtiges über deinen Freund erzählen!‘ Sofort unterbrach ihn der Philosoph: ‚Hast du deine Mitteilung auch durch die drei Siebe hindurchgehen lassen?‘ – ‚Welche drei Siebe?‘ – ‚Hör zu! Das erste Sieb ist das Sieb der Wahrheit. Bist du überzeugt, daß alles, was du mir sagen willst, auch wahr ist?‘ – ‚Das weiß ich nicht, ich habe es nur sagen hören‘, antwortete der Mann. ‚Hast du es dann durch das zweite Sieb gesiebt, durch das Sieb der Diskretion?‘, fragte Sokrates weiter. Der Mann errötete und antwortete: ‚Ich muß gestehen, nein!‘ Sokrates wollte weiter wissen: ‚Und hast du auch an das dritte Sieb gedacht und dich gefragt, ob es nützlich ist, mir das von meinem Freund zu erzählen?‘ – ‚Nützlich‘, erwiderte der Mann, ‚nützlich ist es eigentlich nicht.‘ Da antwortete Sokrates: ‚Wenn das, was du mir von meinem Freund erzählen willst, weder wahr, noch diskret, noch nützlich ist, dann behalte es lieber für dich!‘ So ließ er den Mann stehen und ging weg.“

**Aufgabe**

| 3–4 | | |

**18**

Regeln zur iR sind vor allem Stilregeln: sie lassen gewisse Freiheiten beim Formulieren. Zwei Beispiele, die den genannten Regeln widersprechen, finden sich in den Texten der Lesepause (Kunert und Hüsch):

Möglicherweise *wäre* alles falsch, was sie da tue…

…und auf einmal *wären* weder Bäckersfrau noch Zwiebacktüte auszumachen gewesen…

Können Sie Gründe dafür finden?

**Aufgabe**

| 3 | | |

**19**

Wo gibt es die iR?

Wir haben gesagt, daß K II ein Mittel der Distanzierung sein kann. Aber auch die Neutralität, die mit einer schriftsprachlich korrekten iR bewirkt wird, schafft Distanz: nicht zum Zweck, das Gesagte für unglaubwürdig zu erklären. Man betont aber z. B., daß eine andere Person die Verantwortung für das Gesagte trägt, daß man selbst zu absoluter Neutralität verpflichtet ist, daß man die Rolle des neutralen Beobachters spielt, daß man den fremden Text nicht zu seinem eigenen machen möchte.

Es gibt bestimmte Berufe, in denen häufig in der schriftsprachlichen Form der iR formuliert wird: Journalisten, Nachrichtenredakteure in Rundfunk und Fernsehen, Juristen, Gutachter… und Schriftsteller, wenn sie die Rolle des objektiven, kritischen, distanzierten Beobachters einnehmen wollen.

Achten Sie bei der Zeitungslektüre, bei den Rundfunk- und Fernsehnachrichten auf Form und Stil der iR. Diskutieren Sie mit Deutschen den Gebrauch der iR in den Texten der Lesepause. Wie klingen die Texte, welche Wirkungen werden erzielt?

**Aufgabe**

| 3–4 | | |

**20**

Es ist möglich, daß man Texte in der schriftsprachlichen Form der iR als besonders elegant und flüssig formuliert empfindet. Diskutieren Sie diesen ästhetischen Aspekt der Verwendung der iR noch einmal anhand der Texte der Lesepause und der Aufgaben 16–17.

**21** **Aufgabe**
3–4

Lesen Sie zum Abschluß noch einen Bericht aus der ZEIT über einen sonderbaren Rechtsfall in Westfalen: ein Streit um die angemessene Bewertung des Tanzes Lambada, wiedergegeben mit einer bunten Mischung von Reportersprache, iR und direkten Zitaten der Beteiligten. Folgen Sie mit Vergnügen den Bewegungsabläufen des Tanzes und des Textes.

Eine dpa-Meldung durchfuhr die Medienlandschaft. Es ging um den sittlichen Stellenwert des Tanzes Lambada in der Arbeitswelt. Die 3. Kammer des Arbeitsgerichts im westfälischen Bocholt hatte entschieden, daß ein Vorgesetzter eine Angestellte nicht ungestraft in die Nähe von Prostituierten rücken darf, wenn sie beim Betriebsfest einen heißen Lambada hinlegt.

Nach dem Betriebsfest hatte der Chef seiner Mitarbeiterin gesagt, sie habe sich auf dem Fest in Gegenwart wichtiger Geschäftskunden „unsittlich verhalten ... wie ein Mädchen aus Hamburg, wie eine Dirne". Sie habe „Lambada hoch drei" getanzt und ihr Partner habe „seine Hand in ihr am Rücken tief ausgeschnittenes Kleid gesteckt". Die junge Frau erlitt einen Weinkrampf, suchte einen Arzt auf, der sie für eine Woche krankschrieb und ihr nahelegte zu kündigen, was sie auch tat. Dem Gericht gegenüber erklärte der wegen Beleidigung angeklagte Firmenchef, die Klägerin sei gar nicht als Dirne bezeichnet worden, der Ausdruck Dirne habe lediglich „der Beschreibung des Tanzes der Klägerin" gedient. Insofern sei das Gespräch „genausowenig eine Beleidigung, als wenn man zu einem Autofahrer sagt, er fahre wie ein Rennfahrer".

Die Richter aber bewerteten das Verhalten des Beklagten eindeutig als Beleidigung. Immerhin habe er den Tanz seiner Mitarbeiterin „mit dem einer Dirne verglichen". Immerhin sei der „Beruf der Dirne im allgemeinen Geschäftsleben als unsittlich angesehen." Deshalb sei Dirnenlohn nicht einklagbar, erinnerte die Kammer und folgerte: „Bereits hier liegt eine Unterscheidung zu einem Rennfahrer vor, der seine Lohn- und Gehaltsansprüche auf dem Rechtswege geltend machen kann. Auch muß Rennfahrern im allgemeinen eine äußerst verantwortungsbewußte Fahrweise bescheinigt werden." Der Vergleich mit der Verhaltensweise einer Dirne stelle demgegenüber die „Person regelmäßig in die Nähe dieser Berufsgruppe."

Nach dem motorsportlichen Auftakt drangen die Arbeitsrichter auch in die Kulturgeschichte des Tanzes ein. Weil „es im Bereich des Tanzsports etliche Tänze mit Körperkontakt" gibt, sei „der Vorwurf eines dirnenartigen Verhaltens objektiv falsch. Der Lambada-Tanz könne auch deshalb nicht unsittlich sein, weil „gerade dieser Tanz vielfach bereits im Nachmittagsprogramm des öffentlich-rechtlichen Fernsehens gezeigt wurde und wird." Darüber hinaus würben die dem Allgemeinen Deutschen Tanzlehrerverband (ADTV) angeschlossenen Tanzschulen gerade mit Lambada. Auch dies beweise, daß der Tanz nicht unsittlich sei, da „gerade der ADTV zuständig ist für die Festlegung der Benimmregeln". Lambada müsse im übrigen mit Körperkontakt getanzt werden, denn „bei einer Reihe von Elementen dieses Tanzes werden von der Tänzerin Bewegungsabläufe verlangt, die biophysikalisch nur unter Herstellung eines direkten Körperkontaktes möglich sind", anderenfalls „müßte die Tänzerin zu Boden fallen".

Der Spediteur wurde zur Zahlung eines Schmerzensgeldes (2000 Mark) und Lohnersatzes verurteilt.

# Kapitel 11

## FRAU NEHME

### Aufforderungen

# Lesepause

## Kindsein ist süß?

Tu dies! Tu das!
Und dieses laß!
Beeil dich doch: . . .
Heb die Füße hoch!
Sitz nicht so krumm!
Mein Gott, bist du dumm!
Stopf's nicht in dich rein!
Laß das Singen sein!
Du kannst dich nur mopsen!
Hör auf zu hopsen!
Du machst mich verrückt!
Nie wird sich gebückt!
Schon wieder 'ne vier!
Hol doch endlich Bier!
Sau dich nicht so ein! . . .
Das schaffst du allein!
Mach dich nicht so breit!
Hab jetzt keine Zeit!
Laß das Geklecker!
Fall mir nicht auf den Wecker!
Mach die Tür leise zu!
Laß mich in Ruh!

Kindsein ist süß?
Kindsein ist mies!

*Susanne Kilian*

## Rezept (aus der Speisekarte der Autobahn-Raststätte Waldmohr/Pfalz)

Man nehme 12 Monate, putze sie sauber von BITTERKEIT, GEIZ, PEDANTERIE und ANGST und zerlege jeden in 30 oder 31 Teile, so daß der Vorrat für ein Jahr reicht. Es wird jeder einzeln angerichtet aus 1 Teil ARBEIT und 2 Teilen FROHSINN und HUMOR. Man füge 3 gehäufte Teelöffel OPTIMISMUS hinzu, einen Teelöffel TOLERANZ, ein Körnchen IRONIE und eine Prise TAKT. Dann wird die Masse sehr reichlich mit LIEBE übergossen. Das fertige Gericht schmücke man mit Sträußchen kleiner AUFMERKSAMKEITEN und serviere es täglich mit HEITERKEIT.

## Pasta asciutta für zweihundert bis dreihundert Personen

Frau nehme:
Fünfundzwanzig bis dreißig Kilo Rinderhack und brate es in Olivenöl an, dünste es mit fünfzehn Kilo Zwiebeln, fünfzehn Kilo geraspelten Karotten, einer Menge in Streifen geschnittenen Sellerieblättern, zehn bis fünfzehn Knoblauchzehen, Salz, Paprika und Oregano, sieben bis neun Kilo Tomatenmark, fünf bis acht Kilo geschälten Tomaten und drei Flaschen guten Rotweins an, rühre alles gut um und dünste es mindestens vier bis fünf Stunden.
Währenddessen gart frau etwa dreißig Kilogramm Spaghetti in Salzwasser mit einem Schuß guten Öls, würze mit Salz, Oregano und flüssiger Butter, nehme sechs Kilo Parmesankäse zum Bestreuen und hat Pasta asciutta nach echt italienischem Rezept für etwa zweihundert bis dreihundert (letzteres aber nur, wenn sie nicht sehr hungrig sind) Personen.
Dazu wird Rotwein serviert. Reichlich.

*Peter Paul Zahl*

## Monopoly. Eine Spielbeschreibung

Also, das ist so: Du ziehst hier los, und mit jedem Auge, das du gewürfelt hast, rückst du um ein Feld weiter vor. Auf den Feldern sind bezeichnete Objekte, die du kaufen kannst, wenn du willst. Am besten, du suchst immer eine ganze Straße zu kaufen, dann kannst du darauf bauen, hier, diese grünen und roten Häuschen. Die Preise stehen auf den Kärtchen, die dir die Bank gibt, wenn du sie kaufen willst. Wenn dann einer auf dein Feld kommt, muß er Miete zahlen, und zwar um so mehr, je größer du gebaut hast. Was also in die einzelnen Häuser reingesteckt wird, zahlt sich unbedingt aus. Andererseits, wenn du auf das Feld eines anderen gerätst, mußt du zahlen. Verstehst du? Du mußt also versuchen, den anderen fertigzumachen und ihm die ganzen Häuser vor der Nase wegzukaufen. Wenn du auf ein Feld kommst, auf dem „Ereignisfeld" steht, nimmst du von dem Haufen in der Mitte eine Karte ab und liest sie laut vor. Da ist dann immer irgend etwas los. Das wirst du ja noch sehen. Und dann gibt es noch ein Feld, auf dem steht „Gemeinschaftsfach". Dann nimmst du halt dort eine Karte weg, aber das ist nicht so wichtig. Jetzt bist du dran, los, würfle!

*Manfred Bosch*

# Grammatik im Kasten

Es geht um Bitten und Aufforderungen und um die sprachlichen Formen, mit denen man sie ausdrücken kann. Es gibt viele Querbeziehungen zu anderen Kapiteln. Und es geht noch einmal um den K(onjunktiv) I.

## 1. Imperativ

Die drei Formen des Imperativ:

| „du"-Form | „ihr"-Form | „Sie"-Form |
|---|---|---|
| Schreibe! (Schreib!) | Schreibt! | Schreiben Sie! |
| Vergiß es! | Vergeßt es! | Vergessen Sie es! |
| Entschuldige bitte! | Entschuldigt bitte! | Entschuldigen Sie bitte! |
| Sei ein wenig geduldig! | Seid ein wenig geduldig! | Seien Sie ein wenig geduldig! |

Bei der „du"-Form fällt das Endungs-e oft weg (besonders in der gesprochenen Sprache; → Kap. 20, A 3).

Bei den Imperativsätzen steht das Verb am Satzanfang (→ Kap. 7, Gr. i. K. 4.).

## 2. Sprachliche Formen für Bitten und Aufforderungen im Dialog

1. Imperativ, oft verbunden mit Redepartikeln (→ Kap. 19, A 7–9)
   Bleiben Sie bloß von meinem Grundstück weg, Herr Streit!
2. Modalverben (→ Kap. 1, Gr. i. K. Tabelle 1 und A 10 und A 22)
   Herr Streit, ich sage es noch einmal: Sie sollen von meinem Grundstück wegbleiben!
   Herr Streit, ich möchte, daß Sie von meinem Grundstück wegbleiben!
3. Verben, die eine Bitte/Aufforderung ausdrücken
   Herr Streit, ich fordere Sie auf (ich bitte Sie), von meinem Grundstück fernzubleiben!
4. Präsens und Futur
   Sie verlassen jetzt sofort mein Grundstück, Herr Streit!
   Sie werden sofort mein Grundstück verlassen, Herr Streit!
5. Infinitiv und P II
   Wegbleiben, Herr Streit!
   Weggeblieben, Herr Streit!
6. Appellative Ausdrücke ohne Verb
   Raus! Runter von meinem Grundstück!
7. Fragen
   Wollen Sie jetzt bitte mein Grundstück verlassen?
8. K II als Ausdrucksmittel der Höflichkeit (→ Kap. 2, A 5)
   Würden Sie bitte mein Grundstück verlassen, Herr Streit!
9. Äußerungen, die in bestimmten Situationen als Aufforderung gemeint sind
   Da ist die Tür!
10. Verkürzte Äußerungen in „professionellen" Situationen
    Schnell! Das Telefon! Die Feuerwehr!
    Pinzette... Schere... Tupfer... Alkohol... Nein, den Cognac!

## 3. Auch K I ist eine sprachliche Form, mit der man appellieren kann

1. in Arbeitsanweisungen (Kochrezepte, Bedienungsanleitungen, Fachbücher)
   Man verwende die Zahnpasta sparsam!
   Die Strecke zwischen den Punkten A und B betrage 7 cm.
2. in religiöser, pathetischer oder prophetischer Rhetorik
   Möge der Herr ihm ewigen Frieden schenken!
   Wer Ohren hat zu hören, der höre! (mahnendes Wort aus der Bibel)
3. in akademischen Texten und Diskussionen
   Es sei aber darauf hingewiesen, daß dieses Kapitel nicht so wichtig ist.

# Übungen und Regeln

**1**
Bitten und Aufforderungen

**Aufgabe** `3`

Bitten und Aufforderungen können in vielfältiger Weise höflich oder unhöflich formuliert werden: durch Verwendung von K II (→ Kap. 2, A 5), durch die Frageform, durch bestimmte Modalverben und bestimmte Redepartikel (→ Kap. 19, A 7–9).

Formulieren Sie die Sätze höflicher oder noch unhöflicher.

Hau ab!
Laß mich nicht allein!
Bring mir die Zeitung!

**2**
Schildersprache

**Aufgabe** `2–3`

Erklären Sie, was die Verkehrs- und Hinweisschilder bedeuten.

STOP!
Kein Zugang!
Einbahnstraße!
Langsam fahren!
Vorsicht!

**3**

**Aufgabe** `3`

Was steht auf den Hinweisschildern?

Beispiel: Man darf den Rasen nicht betreten.
→ RASEN BETRETEN VERBOTEN

Hier darf man nicht baden.
Radfahrer sollen an der Kreuzung absteigen.
Bitte klopfen Sie nicht, wenn Sie eintreten wollen.
Stellen Sie den Motor ab, wenn die Ampel auf Rot steht.

**Aufgabe**

Ersetzen Sie die Ausdrücke durch Kurzformen.

**4**

Kurzbefehle

Beispiel:   a) Inf: Aufstehen!
            b) P II: Aufgestanden!
            c) (wenn möglich) Adverb: Raus!

Fragen Sie einen Deutschen, der bei der Bundeswehr war, mit welchen Befehlen er herumkommandiert wurde.

Haltet den Mund, paßt auf und macht mit!
Sie können hereinkommen.
Bleiben Sie stehen!


**Aufgabe**

3

In bestimmten Situationen werden nur noch Fachausdrücke, kurze Anweisungen ohne Kontext als Aufforderung verwendet.

**5**

Lesen Sie diese Kurzbefehle in Gruppe 1.
Machen Sie – z. B. als Filmregisseur – Vorschläge für mehr oder weniger höfliche Texte in den Szenen in Gruppe 2.

Gruppe 1:  Kurzbefehle
Rauf! – Bißchen höher! – Jetzt links! – Okay, langsam ablassen!
(auf einer Baustelle: Bauarbeiter zum Kranführer)
Name – Vorname – geboren – Geburtsort – wohnhaft – Paßnummer?
(auf einer unfreundlichen Behörde)

Gruppe 2:  Szenen
beim Portraitfotografen – beim Zahnarzt – beim Safeknacken im Tresorraum der Bank – beim Feuerlöschen


**Aufgabe**

Hier sind Verben, die für Aufforderungen verwendet werden können. Lesen Sie die Ausdrücke; lassen Sie sich Beispielsätze und Situationen einfallen; beachten Sie die möglichen Satzvarianten (→ Kap. 8, A 7).

**6**

Verben für Aufforderungen

| | | | |
|---|---|---|---|
| bitten | auffordern | vorschlagen | empfehlen |
| sagen | raten | es ist verboten | du solltest |
| befehlen | anordnen | beauftragen | veranlassen |
| verlangen | | | |


**Aufgabe**

3–4

Man kann auch auf „indirekte" Weise Aufforderungen aussprechen. Aufforderungen und Bitten können sich in ganz „normalen" Sätzen verstecken:

**7**

indirekte Aufforderungen

Hier zieht's.          = Kannst du bitte das Fenster schließen?
Du redest zu viel.     = Sei endlich ruhig!

Sicher kennen Sie Ähnliches aus Ihrer Sprache. Bestimmte Ausdrücke und Redeweisen werden eindeutig als Aufforderung verstanden.

Lesen Sie die Ausdrücke und interpretieren Sie sie.

Dort hat der Zimmermann das Loch gelassen!
Kommen Sie gestern wieder!
Geh hin, wo der Pfeffer wächst!

**8**
Arbeits-
anweisungen

**Aufgabe**
2–3 ☐ ☐

In Arbeitsanweisungen (z. B. Kochrezepte, Bedienungsanleitungen für technische Geräte, Packungsbeilagen bei Medikamenten, Grammatikbücher) werden
Appelle sehr unterschiedlich formuliert.

Erklären Sie in den Sätzen die jeweils verwendete sprachliche Form.

Setzen Sie die folgenden Sätze ins Passiv.
Das Gerät wird mit dem Hauptschalter auf der Gehäusefront eingeschaltet.
Man nehme 25–30 Kilogramm Rinderhack, brate es in Olivenöl ...
Zuerst 25–30 Kilogramm Rinderhack in Olivenöl braten ...
Drei Mal täglich eine Tablette nach den Mahlzeiten.
Für die Nachspeise: 300 g Zucker, 4 Eier, ...

Und wie klingen die folgenden Appelle?

Stillgestanden! – Aufgepaßt!

**9**
Wünsche mit
Pathos

**Aufgabe**
3 ☐ ☐

Lesen Sie die Sätze – mit Pathos in der Stimme, mit theatralischer Übertreibung.
Erklären Sie umgangssprachlich, was gemeint ist.

Es werde Licht!
Möge Gott dir gnädig sein!
Der Herr sei seiner Seele gnädig!
Wer ohne Sünde ist, der werfe den ersten Stein!
Ruhe in Frieden!
Möge der Verstorbene uns stets ein leuchtendes Vorbild sein!
Sein Schicksal sei euch eine Mahnung!

**10**
akademische
Rhetorik

**Aufgabe**
3 ☐ ☐

Zur akademischen Rhetorik gehören diese Ausdrücke (mit K I), die einen gewissen auffordernden Charakter haben:
es sei darauf hingewiesen, daß ...
es sei daran erinnert, daß ...
es sei noch angemerkt, daß ...
es sei noch erwähnt, daß ...
im folgenden sei dargestellt, daß ...

Formulieren Sie die Sätze um, indem Sie solche Formen verwenden.

Ich erinnere daran: es ist nicht bewiesen, daß der Angeklagte an diesem Unfall überhaupt beteiligt war.
Ich möchte im folgenden darstellen, welche Vorteile unsere neue Wegwerf-Dose bietet.
Es soll vor allem darauf hingewiesen werden, daß politische Fernsehsendungen den Stoffwechsel nachteilig
beeinflussen können.

**11**
Hypothesen
mit KI

**Aufgabe**
3 ☐ ☐

In wissenschaftlichen Texten – z. B. in Büchern oder Sendungen mit naturwis-
senschaftlichem oder mathematischem Inhalt – können Aufgaben, Beispiele,
Vorgaben mit K I formuliert werden:
Die Grundfläche betrage 48 m$^2$.
A sei 5, B sei 7.
p und q seien beliebige Sätze der Sprache L.
Man kann statt dessen einfacher sagen:
Wir nehmen einmal an, daß ...; Wir setzen voraus, daß ...; Wir legen fest, daß ...; Wir
definieren ...; Angenommen, ...

Geben Sie den Beispielsätzen eine einfachere Form.

**Aufgabe**

| 3 | | |

Einige komplexe Konjunktionen sind mit sein im KI gebildet:

es sei denn, ...

wie dem auch sei, ...

sei es, daß ... oder daß

Lesen Sie die Sätze der Gruppe 1 und formulieren Sie sie so um, daß die KI-Formen verschwinden. Verfahren Sie bei Gruppe 2 umgekehrt.

## Gruppe 1

Wir werden weiterhin von der Integrität von Herrn Müller ausgehen, *es sei denn*, es werden wirklich stichhaltige Beweise für die Vorwürfe gegen ihn vorgelegt.

Wir haben jetzt die unterschiedlichen Standpunkte gehört. *Wie dem auch sei:* Wir kommen nicht daran vorbei, uns eine eigene Meinung zu bilden.

Ich stehe zu meiner Handlung, *sei* sie nun von Vorteil *oder* nicht.

## Gruppe 2

Herr Meier kann zur Tatzeit nicht am Tatort gewesen sein. Oder hat er einen Privathubschrauber?

Diese Tat ist scharf zu mißbilligen, gleichgültig, ob sie nun aus Berechnung oder nur aus Leichtsinn begangen worden ist.

Es gibt für Ihren Vorschlag wirklich sehr gute Argumente. Aber trotz allem: ich kann mich nicht entschließen, meine Zustimmung zu geben.

Der Dichter zum Thema:

### Brief-Schluß

Fall in keinen tiefen Graben!
Stochre in kein Wespennest!
Tiger, welche Eile haben,
halte nicht am Schwanze fest!
Laß noch vieles andre bleiben,
doch vergiß nicht, mir zu schreiben!

*Josef Guggenmos*

# Kapitel 12

## FÜR UND WIDER

### Präpositionen

# Lesepause _____

### Die Beamten

Um zwölf Uhr kommen sie aus dem Portal, jeder dem nächsten die Tür haltend, alle in Mantel und Hut und immer zur gleichen Zeit, immer um zwölf Uhr. Sie wünschen sich, gut zu speisen, sie grüßen sich, sie tragen alle Hüte.
Und jetzt gehen sie schnell, denn die Straße scheint ihnen verdächtig. Sie bewegen sich heimwärts und fürchten, das Pult nicht geschlossen zu haben. Sie denken an den nächsten Zahltag, an die Lotterie, an das Sporttoto, an den Mantel für die Frau und dabei bewegen sie die Füße und hie und da denkt einer, daß es eigenartig sei, daß sich die Füße bewegen.
Beim Mittagessen fürchten sie sich vor dem Rückweg, denn er scheint ihnen verdächtig und sie lieben ihre Arbeit nicht, doch sie muß getan werden, weil Leute am Schalter stehn, weil die Leute kommen müssen und weil die Leute fragen müssen. Dann ist ihnen nichts verdächtig, und ihr Wissen freut sie und sie geben es sparsam weiter. Sie haben Stempel und Formulare in ihrem Pult, und sie haben Leute vor den Schaltern. Und es gibt Beamte, die haben Kinder gern, und solche, die lieben Rettichsalat, und einige gehn nach der Arbeit fischen, und wenn sie rauchen, ziehen sie meist die parfümierten Tabake den herberen vor, und es gibt auch Beamte, die tragen keine Hüte.
Und um zwölf kommen sie alle aus dem Portal.

*Peter Bichsel*

### Getarnte Soldaten

Ein Hauptmann stand mit seinen Soldaten im Wald. Er sprach: „Heute tarnen wir uns. Es ist jetzt drei Uhr. Ich gebe euch Zeit bis Viertel nach drei." Die Soldaten liefen davon. Einer steckte sich Federn an und setzte sich ins Laub eines Baumes. Andere kleideten sich in Felle von Füchsen und Rehen und gingen wie diese Tiere zwischen den Stämmen herum. Es gab auch solche, die sich bloß in Löchern versteckten. Der Hauptmann ging durch den Wald, als es ein Viertel nach drei war. Im Gebüsch erblickte er den nackten Fuß eines Soldaten. Doch er achtete nicht darauf, denn der Fuß sah aus wie ein Schweinsfuß. Drei Soldaten waren mit Laub zugedeckt und zeigten nur ihre Bäuche, die aber wie Käse aussahen. Als die Übung vorbei war, rief der Hauptmann alle Soldaten zu sich. Aber keiner hörte die Stimme. Auch am folgenden Tag rief der Hauptmann: „Kommt alle mal her!" Doch umsonst. Nie wurde einer wiedergefunden.

*Jürg Schubiger*

### Frei von Zuckerbrot und Peitsche

Erst die lustige Zusammenarbeit zwischen Arbeit und Spiel, zwischen Unterrichtsstunde und Pause, zwischen Bildungshunger und Knäckebrot schafft einen neuen Menschen, jenseits von Zuckerbrot und Peitsche. Doch im spielenden Arbeiten und im arbeitenden Spielen wird die Peitsche nicht einfach zum Zuckerbrot und das Zuckerbrot zur Peitsche werden, o nein. Dieser neue Mensch wird nicht außer sich sein, sondern er wird zu sich kommen. Denn diese lustige Zusammenarbeit von Arbeit und Spiel und dieses frohe Zusammenspiel zwischen Spiel und Arbeit wird den neuen Menschen ganz frei machen von Zuckerbrot und Peitsche.

*Ludwig Harig*

## Verhältniswörter

Ich stehe nicht an
Du stehst nicht auf
Er steht nicht hinter
Sie steht nicht neben
Es steht nicht in

Wir gehen nicht über
Ihr geht nicht unter
Sie gehen nicht vor und nicht zwischen
Es geht nichts
über die Gemütlichkeit

*Hildegard Wohlgemuth*

## Frage

Mein Großvater starb
an der Westfront;
mein Vater starb
an der Ostfront;
an was sterbe ich?

*Volker von Törne*

## Zuflucht

Manchmal suche ich Zuflucht
bei dir vor dir und vor mir
vor dem Zorn auf dich
vor der Ungeduld
vor der Ermüdung
vor meinem Leben
das Hoffnungen
abstreift wie der Tod
Ich suche Schutz bei dir
vor der zu ruhigen Ruhe
Ich suche bei dir
meine Schwäche
Die soll mir zu Hilfe kommen
gegen die Kraft
die ich nicht haben will

*Erich Fried*

## Recht auf Eigentum

(1) Das Eigentum und das Erbrecht werden gewährleistet. Inhalt und Schranken werden durch die Gesetze bestimmt.
(2) Eigentum verpflichtet. Sein Gebrauch soll zugleich dem Wohle der Allgemeinheit dienen.
(3) Eine Enteignung ist nur zum Wohle der Allgemeinheit zulässig. Sie darf nur durch Gesetz oder auf Grund eines Gesetzes erfolgen, das Art und Ausmaß der Entschädigung regelt. Die Entschädigung ist unter gerechter Abwägung der Interessen der Allgemeinheit und der Beteiligten zu bestimmen. Wegen der Höhe der Entschädigung steht im Streitfalle der Rechtsweg vor den ordentlichen Gerichten offen.

*Grundgesetz, Artikel 14*

## In Erwägung unsrer Schwäche

In Erwägung unsrer Schwäche machtet
Ihr Gesetze, die uns knechten solln.
Die Gesetze seien künftig nicht beachtet
In Erwägung, daß wir nicht mehr Knecht sein wolln.

In Erwägung, daß ihr uns dann eben
Mit Gewehren und Kanonen droht
Haben wir beschlossen, nunmehr schlechtes Leben
Mehr zu fürchten als den Tod.

*Bert Brecht*

# Grammatik im Kasten

## 1. Das Kapitel hat drei Teile:

1. eine alphabetische Liste mit den Präpositionen, die in der gesprochenen und geschriebenen Sprache häufig verwendet werden (ca. 40).

2. eine alphabetische Liste mit ca. 200 Ausdrücken (Verben und Adjektive), die mit einer festen Präposition verbunden sind (sich freuen auf, schimpfen über).

3. eine Auswahl weniger oft verwendeter Präpositionen (dank, aufgrund etc.) und komplexer Ausdrücke, die wie Präpositionen wirken (im Unterschied zu, im Verhältnis zu, in Erwägung).
   Man verwendet sie vor allem in der Schriftsprache (Juristen- und Verwaltungssprache, akademischer und technischer Sprachgebrauch etc.).
   Diese Liste ist praktisch unbegrenzt.

## 2. Präpositionen und Kasus

Bei den Präpositionen der ersten Liste (→ S. 170–175) sind A(kkusativ) und D(ativ) am wichtigsten. Machen Sie sich klar, welche Präpositionen mit A (durch, für, gegen, ohne, um etc.), welche mit dem D (aus, bei, mit, nach, von, zu etc.) verbunden sind.

Eine wichtige Gruppe von Präpositionen ist je nach Kontext mit A oder mit D verbunden (an, auf, hinter, in, neben, über, unter, vor, zwischen etc.). Man kann sich an den lokalen und temporalen Funktionen dieser Präpositionen orientieren:

| | | | |
|---|---|---|---|
| wohin? | ins Bett (A) | wo? | im Bett (D) |
| wie lange? | über einen Monat (A) | wann? | im August und im halben September (D) |

G(enitiv) kommt in der Umgangssprache nur bei wenigen Präpositionen vor (wegen, während, statt, trotz, oberhalb etc.). In der gesprochenen Sprache wird hier lieber D verwendet; das wird auch mehr und mehr in geschriebenen Texten akzeptiert. Man kann sagen, daß G in der gesprochenen Sprache fast ganz verschwindet:

| | |
|---|---|
| *Wegen des Zahltags* sind die Beamten ganz unruhig. | (korrekte Schriftsprache) |
| *Wegen dem Zahltag* sind die Beamten ganz unruhig. | (übliche Umgangssprache) |

Bei Personalpronomen wird fast immer D statt G verwendet: wegen mir, wegen euch, wegen ihr, statt ihm.
Daneben gibt es auch die schriftsprachlichen Formen: euretwegen, seinetwegen, ihretwegen.

Anders ist es bei den Listen der schriftsprachlichen Präpositionen und präpositionalen Ausdrücke (→ S. 185–188). Hier ist G der wichtigste Kasus:
*In Anbetracht Ihres besonderen Eifers* bekommen Sie eine Gehaltserhöhung.

Oft ist von + D bei solchen Ausdrücken eine Alternative zu G:
Nach Prüfung *zahlreicher Akten* konnte festgestellt werden, daß er fast immer ein loyaler Beamter war.
Nach Prüfung *von zahlreichen Akten* konnte festgestellt werden, daß er früher ein langjähriger Spitzel des Geheimdienstes war.

## 3. Die Bedeutung(en) der Präpositionen

Für die meisten Präpositionen der Liste S. 170–175 gilt: sie werden häufig verwendet, in der Umgangssprache wie in der Schriftsprache. Wichtig ist: sie können mehrere, zum Teil sehr verschiedene Bedeutungen haben, z. B.

aus: räumlich-lokale Bedeutung (aus der Tasche, aus Hamburg)
      Grund, Motiv (aus Mitleid)
      Materialbeschaffenheit (aus Holz)

Beim Hören und Lesen muß man diese Bedeutungen schnell und sicher erkennen. Die Liste enthält deshalb bei jeder Präposition Beispielsätze für die einzelnen Bedeutungen, die wichtig sind.

Bei den komplexen Präpositionen und Ausdrücken der Schriftsprache S. 185–188 ist es anders: sie kommen seltener vor, sind aber fast immer eindeutig.

## 4. Die Position der Präpositionen

Der Begriff Präposition sagt eigentlich, daß diese Wörter vor dem Nomen/Pronomen/Adverb stehen (prä = vor).

Einige Präpositionen können aber davor oder dahinter stehen: entgegen, entlang, gegenüber, gemäß, nach, ungeachtet, wegen etc.

Einige stehen immer dahinter: zuliebe, halber.

Es gibt auch die Position vor und hinter dem Wort: um ... willen.

Beispiele:

*Nach* seiner Meinung ist Grammatik demotivierend.

Meiner Meinung *nach* erzeugt sie Lust.

Dir *zuliebe* bin ich zu Hause geblieben.

Der Dichter trinkt im Stillen nur *um* des Reimes *willen*.

## 5. Verschmelzung von Artikelwörtern mit Präpositionen

In der Schriftsprache wie in der Umgangssprache können Artikelwörter im D und A mit bestimmten Präpositionen verschmolzen werden (→ Kap. 20, A 6).

Schriftsprache:

dem: am – beim – im – vom – zum
der: zur
das: ans – ins

Umgangssprache:

das: ans – aufs – durchs – fürs – hinters – ins – übers – ums – unters

Nur in gesprochener Sprache:

eine/einem: mit 'ner – mit 'nem – für 'ne etc.

## 6. Eine Reihe von Präpositionen und Konjunktionen entsprechen sich.

Man kann oft wählen zwischen einem Ausdruck mit Präpositionen + Nomen (nominale Stilform) oder einem Satz, der durch eine Konjunktion eingeleitet wird (verbale Stilform), → Kap. 8, Gr. i. K. 4. und A 10–32; Kap. 13, Teil II.

Beispiel:
*Aus Neugier* wollte der Tourist die Nilpferde sehen.
↔ *Weil er neugierig war*, wollte der Tourist die Nilpferde sehen.

Der Nominalstil gehört mehr in den Bereich der Schriftsprache; für die gesprochene Umgangssprache ist er oft zu komplex, zu kompliziert; der verbale Stil spielt die wichtigere Rolle.

# Übungen und Regeln

## Liste der Präpositionen

**1**
Verwendung
der
Präpositionen

**Aufgabe**
2–3/3

Nehmen Sie diese Liste als Lese- und als Einsetzübung. Streichen Sie mit Markerstift das an, was Ihnen interessant, neu und wichtig erscheint. Die meisten Präpositionen kennen Sie sicher.
Machen Sie aus der Liste Ihre persönliche Auswahlliste. Lernen Sie dann Ihre Liste, z. B. mit Karteikarten. Beachten Sie die Angaben des Kasus (D/A/G). Üben Sie vor allem die Beispiele mit D. Denn dort passieren die meisten Fehler.
Hinter jedem Beispielsatz wird die Bedeutung der Präposition in diesem Satz erklärt: lokal, Richtung, temporal etc.
Setzen Sie die Präpositionen in die Beispielsätze ein. Machen Sie sich die jeweilige Bedeutung genau klar. Vergleichen Sie das Beispiel mit Ihrer Sprache. Beachten Sie, daß Sie oft auch Artikelwörter einsetzen müssen (→ Kap. 14). Sie müssen sich zwischen bestimmtem, unbestimmtem Artikel und Nullartikel entscheiden – und alles mit dem richtigen Kasus.

### ab (D/A)
Nehmen Sie den Zug um 8.10 Uhr, ..... Stuttgart haben Sie dann einen Speisewagen. (lokal, D)
..... italienisch... Grenze sind die Fahrpreise niedriger. (lokal, D)
..... 1. Januar sind die Gaspreise höher. (temporal, D: ab dem ersten J., A: ab ersten J.)
Dieser Film ist ..... 18 Jahren. (Minimum-Angabe, D)

### als (kein fester Kasus)
Er arbeitet bei Daimler-Benz ..... Feinmechaniker. (Beruf, Funktion)
..... Chef ist er hochqualifiziert, ..... Mensch ist er unerträglich. (bestimmte Rolle)
Ich habe ihn ..... aufrichtig... Menschen kennengelernt. (bestimmte Eigenschaft)
Wenig Geld ist besser ..... gar kein Geld. (Vergleich, → Kap. 6, A 6)

170

## an (D/A)

Die Urlaubspostkarten hängen alle . . . . . Wand (lokal, D)
Schieben Sie bitte den Tisch . . . . . Wand. (Richtung, A)
Wir sind jetzt in Köln . . . . . Rhein. (geographisch: an einem Fluß, Berg etc., D)
Seit Jahren schreibt er . . . . . Roman. (metaphorisch: „am Rand" einer großen Aufgabe, D)
Liebling, ich denke jeden Tag . . . . . dich. (Adressat einer Handlung, A)
. . . . . Anfang war das Wort. (temporal, Zeitpunkt, D)
Ich bin . . . . . 2. Oktober geboren (Datum, D)
Wie komme ich nur . . . . . schnellst... zu Geld? (Superlativ, → Kap. 15)
Ach Papa, immer sagst du, du wärst . . . . . Arbeiten. (besondere Form des Präsens, → Kap. 4, A 1)

## auf (D/A)

Die Katze . . . . . heiß... Blechdach (lokal, D)
Die Katze springt . . . . . heiß... Blechdach. (lokal, Richtung, A)
Briefmarken bekommen Sie . . . . . Post. (Alternative zu *bei/in,* hauptsächlich bei staatlichen Institutionen: Polizei, Bank, Gericht etc.)
Unser Hotel ist . . . . . mehrer... Monate ausgebucht. (Zeitdauer, A)
. . . . . Millimeter genau; . . . . . die Minute (genaue Maßangabe, A)
Sagen Sie das bitte nochmal, aber . . . . . deutsch. (bei Sprachen)
. . . . . Reise, . . . . . Konferenz, . . . . . Flucht. (Alternative zu *während*: gleichzeitig, D)
Ich besuche Sie . . . . . Empfehlung meines Professors. (Angabe eines Grundes, A)
. . . . . einmal wurde es stockfinster. (idiomatisch: plötzlich)

## aus (D)

Nimm bitte den Finger . . . . . Nase. (lokal)
Ich mache das . . . . . lauter Langeweile. (Angabe des Grundes)
Städte . . . . . Glas, Beton, Aluminium und Langeweile. (Material, Beschaffenheit)

## außer (D)

. . . . . Spesen nichts gewesen. (Eine Erwartung wird nicht erfüllt.)
Ich bin ganz . . . . . Atem. (Etwas ist nicht vorhanden.)
Europa liegt nicht . . . . . Reichweite der Probleme der dritten Welt. (lokal: außerhalb)

## außerhalb/innerhalb/oberhalb/unterhalb/rechts/links/diesseits/jenseits
(alle G; umgangssprachlich zum Teil D)

. . . . . Umzäunung grasten die Schafe. (lokal)
. . . . . ganz... Stadtgebiet... gilt Tempo 30. (lokal)
. . . . . Monat... hat er zweimal im Lotto gewonnen. (temporal)
Wir zelteten eine Strecke . . . . . Flußmündung. (lokal)
. . . . . und . . . . . Weg... beginnt der Dschungel. (lokal)
Kinder suchen immer nach dem Geheimnis . . . . . Spiegel...; nur wir Erwachsenen begnügen uns mit unserer flachen Vordergründigkeit. (Stanislaw Jerzy Lec) (lokal)

## bei (D)

Am liebsten bin ich . . . . . (du). (in der Nähe von Personen)
Köln liegt . . . . . Bonn, oder ist es umgekehrt? (geographische Angabe: in der Nähe von)
Er arbeitet . . . . . Finanzamt. (Arbeitgeber, Firma)
Tut mir leid, aber ich habe nicht genug Geld . . . . . mir. (dabei)
. . . . . wem haben Sie das denn abgeschrieben? (Quellenangabe)
Das Fest fand . . . . . herrlich... Sommerwetter statt. (Gleichzeitigkeit)
. . . . . so ein... Wetter sollte man im Bett bleiben. (Gleichzeitigkeit und Bedingung)
Das habe ich doch . . . . . best... Willen nicht wissen können. (idiomatisch: wirklich)

## bis (A; oft mit einer zweiten Präposition, die dann den Kasus bestimmt)

Von Stuttgart ..... (nach) Mannheim dauert es mit dem ICE nur noch 40 Minuten. (Strecke)
..... zum Ausgang waren es nur wenige Meter. (lokal)
Also dann Tschüs ..... Montag! (temporal)
Der Saal war ..... auf ..... letzt... Platz gefüllt. (extreme Position bei einer Menge)

## durch (A)

..... Innenstadt kommen Sie mit dem Auto fast nicht vorwärts. (vorn rein, hinten raus)
Wir sind stundenlang ..... Wald gelaufen. (ohne Ziel, innerhalb eines Raumes)
Mit einem Satz sprang er ..... Fenster. (hindurch)
Es ist schlimm, daß wir so etwas erst ..... Zeitung erfahren. (medial)
Der ganze Streit ist ..... dumm... Mißverständnis entstanden. (Angabe des Grundes)
Auch ..... die ausländischen Arbeiter ist Deutschland ein reiches Land geworden. (Agens)

## für (A)

Ich arbeite nur zum Teil ..... (ich), der andere Teil ist ..... mein... Chef. (wer den Nutzen hat)
..... Arbeit brauchen wir sicher zwei Wochen. (temporal, Ziel)
Das war eine gute Lehre ..... sie. (wer den Nutzen hat, hier: ironisch)
..... sein Alter ist er noch ganz schön fit. (Vergleich)
Das brauche ich ..... mein Diplom. (Zweck)
Meter ..... Meter kämpften wir uns vorwärts. (kontinuierlicher Prozeß)
..... 100 Mark bekommst du heute nicht mehr viel. (Tausch)
..... Torwart brauchen wir heute einen Ersatzspieler. (Ersatz)
Was ist das denn ..... komisch... Vogel? (Frage nach einer Qualität, → Kap. 15, Gr. i. K. 2)
So, das war's ..... heute. (idiomatisch, Zeitangabe: Ende)

## gegen (A)

Renn' doch nicht mit dem Kopf ..... Wand. (Zusammenstoß)
Es ist nicht immer leicht, ..... Strom zu schwimmen. (Gegenrichtung)
Einige sind immer noch ..... Tempolimit. (Opposition)
Ich komme so ..... 8 Uhr bei dir vorbei. (ungefähre Zeitangabe)
Es waren so ..... 200 Leute da. (ungefähre Menge)

## gegenüber (D)

Die Post ist ..... Bahnhof. (lokal)
Die Post liegt ..... Bahnhof ..... (lokal)
..... Meyer ist der Müller eine Null. (Vergleich)
Schwächeren ..... sollte man tolerant sein. (Verhalten zu einer anderen Person)

## hinter (D/A)

Mein Fahrrad steht ..... Haus. (lokal, D)
Ich stelle dein Fahrrad ..... Haus. (lokal, Richtung, A)
Hitler hat lautstark verkündet: ..... (ich) stehen Millionen. (idiomatisch: Unterstützung)
Komm, bring's endlich ..... (du), dann hast du es ..... (du). (idiomatisch: Mach die Arbeit fertig./Erledige etwas Unangenehmes.)

## in (D/A)

Heute findet das Frühstück ..... Bett statt. (lokal, D)
Ich lache Ihnen ..... Gesicht? Wohin denn sonst? (Stanislaw Jerzy Lec) (lokal, Richtung, A)
..... Jahre 2030 sieht die Welt ganz anders aus. (Jahresangabe)
..... letzt... Sommer war ich unheimlich verliebt. (Zeit: Woche, Monat, Jahreszeit)
..... Deutsch... gibt es viele Präpositionen. (bei Sprachen, D)
Übersetzen sie den Text bitte ..... Deutsch... (bei Sprachen, A)
..... Grün steht dir das Kleid am besten. (Angabe einer Farbe)
..... Mathematik ist sie ein As. (Bereich, Gebiet)
Unser Meerschweinchen liegt seit vorgestern ..... Sterben. (besondere Art des Präsens, D)

## mit (D)

Warum bist du nicht ..... Zug gekommen? Das ist doch viel bequemer als ..... Auto. (Fahrzeug, Hilfsmittel)

Am liebsten gehe ich ..... mein... Oma spazieren. (in Begleitung einer Person)

Am liebsten gehe ich ..... Regenschirm spazieren. (begleitendes Hilfsmittel)

..... groß... Interesse haben sie vom Tod ihres reichen Onkels in Amerika Kenntnis genommen. (begleitendes Gefühl/Motiv)

..... etwas Mühe werden Sie es bestimmt schaffen. (begleitender Umstand)

Heute spielen die Kinder schon ..... 7 oder 8 Jahr... auf dem Computer herum. (Alter für eine Handlung)

Ich suche ein Wort ..... vier Buchstaben. (Charakterisierung)

Ich hätte gern ein Zimmer ..... Blick aufs Meer. (Eine Qualität gehört dazu.)

## nach (D)

Ich muß einfach ab und zu mal ..... Paris fahren, das tut mir gut. (Zielangabe bei Städten und Ländern ohne Artikel)

Ich gehe mal ..... oben und schaue, ob die Kinder schlafen. (lokal, Richtung)

..... Mittagessen gibt es nichts besseres als eine gute Tasse Espresso. (Zeitangabe)

..... christlich... Ethik dürfte es eigentlich keine Atomwaffen geben. (Bezug auf eine Lehre, Instanz, Autorität)

Vor dem Fußballspiel mußten wir uns ..... Größe ..... aufstellen. (geordnete Reihenfolge)

## neben (D/A)

Am liebsten sitze ich ..... (du). (enge Nachbarschaft, D)

Komm, setz dich hier ..... (ich)! (lokal, Richtung, A)

..... Miete muß ich monatlich 150 Mark für Wasser, Strom und Heizung ausgeben. (begleitende Tatsache, die weniger, möglicherweise auch genauso wichtig ist, D)

Und Gott sprach: Du sollst keine anderen Götter haben ..... (Gott: ich). (Konkurrenz)

..... dies... Dummkopf bist du doch ein Super-As! (Vergleich)

## ohne (A)

Es mußte ..... Narkose operiert werden. (fehlender Begleitumstand)

Das Zimmer kostet 120 Mark ..... Frühstück. (Etwas wird ausgeschlossen.)

## pro/je (A)

Wir müssen mit etwa 150 Mark ..... Teilnehmer rechnen. (Entsprechung)

## seit (D)

Wie soll ich das aushalten: ..... mehr als sieben Stunden sind wir nicht mehr zusammengewesen. (Zeitdauer: Vergangenheit bis jetzt)

## statt/anstatt (G; umgangssprachlich: D)

..... groß... Fest... gibt's nur eine kleine Party. (Ersatz, Stellvertretung)

## trotz (G; umgangssprachlich: D)

..... verschiedenst... Wehwehchen lebte er noch jahrelang. (entgegen der Erwartung)

## über (D/A)

Geier kreisen ..... Stadt. (lokal, keine Richtung, D)

Probier doch endlich einmal, ..... dein... Schatten zu springen. (lokal, Richtung, A)

Am besten fahren Sie nach Hamburg ..... Frankfurt und Hannover. (Streckenbeschreibung = via)

Im Kurs sind ..... 20 Teilnehmer. (Überschreitung einer Menge, A)

..... ein... Stunde (lang) habe ich auf dich gewartet. (Überschreitung einer Zeit, A)

Man kann ..... all... reden, nur nicht ..... zehn Minuten. (Thema, A; Überschreitung einer Zeit, A)

Wir haben tagelang ..... Problem gesessen. (schwieriges Thema, hier metaphorisch: mit dem Kopf über dem Thema, D)
..... Nacht sind 10 cm Neuschnee gefallen. (gleichzeitig: während)
..... ganz... Nacht ..... hat es geschneit. (Zeitdauer, A; über kann weggelassen werden)

## um (A)
Alles dreht sich ..... Geld. (zentrales Thema, Mittelpunkt)
Die Leute sitzen ..... Tisch. (Position um ein Zentrum herum)
Ich komme pünktlich ..... acht. (genaue Zeitangabe)
Ich komme so ..... vier (herum). (ungefähre Zeitangabe)
Mein Haus ist ..... 1500 gebaut worden, steht aber immer noch. (ungefähre Altersangabe)
Kümmern Sie sich ..... Ihr... eigen... Dreck! (Thema, Gegenstand der Sorge)

## unter (D/A)
Meine Katze schläft am liebsten ..... Bettdecke. (lokal, D)
Komm doch ..... Bettdecke, da ist es schön warm. (lokal, Richtung, A)
Der Philosoph E. B. war ein Weiser ..... viel... Holzköpfen. (zwischen, im Vergleich zu anderen, D)
Ein Mann ging von Jerusalem nach Jericho und fiel ..... Räuber. (Richtung: in eine (üble) Gesellschaft, A)
Wir lassen dich frei ..... Bedingung, daß du uns verrätst, wo der Schatz vergraben ist. (Bedingung, D)
Für Jugendliche ..... 18 Jahren ist dieser Film nicht geeignet. (weniger als, D)
Manche Deutsche verhalten sich heute so, als ob sie noch ..... Kaiser Wilhelm leben würden. (Herrschaft, Autorität, Regime, D)

## von (D)
Der Apfel fällt nicht weit ..... Stamm. (Entfernung)
Der Apfel fällt ..... Baum, wenn er reif oder wenn er faul ist. (lokaler Startpunkt)
Das habe ich ..... Anfang an gewußt. (zeitlicher Startpunkt)
Ich komme gerade ..... Frankfurt. (momentane geographische Herkunft)
Ich habe ..... 12 bis 13 Uhr Zeit. (Zeitspanne)
Das freut mich aber, daß ich ..... Chef persönlich abgeholt werde. (Agens)
Das sind Beispielsätze ..... hoh... intellektuell... Niveau. (Qualität, Eigenschaft)
Das ist der kleine Junge ..... unser... Nachbarn. (umgangssprachliche Alternative zu G)
..... all... Kindern war ich immer am lautesten. (Teil einer Menge)
Auf dem Campingplatz, da waren bestimmt Millionen ..... Moskitos! (Menge)
Vater zum Sohn: „Du kannst ja meinetwegen ..... Affen abstammen, ich aber nicht." (Quelle, Ausgangspunkt einer Entwicklung)

## vor (D/A)
Schließlich standen wir ..... ein... merkwürdigen Gebäude. (lokal, D)
Wenn er ..... Publikum tritt, ist sofort alles mucksmäuschenstill. (lokal, Richtung, A)
..... Woche haben wir uns erst kennengelernt. (Zeitpunkt in der Vergangenheit)
..... Ende Mai wird das Museum nicht fertig. (Zeitpunkt in der Zukunft)
..... Glück beiße ich mir noch den großen Zeh ab. (bei Ausdrücken des Empfindens: Traurigkeit, Freude, Schmerz)

## während (G; umgangssprachlich meist D)
..... Vortrags haben viele geschlafen. (Gleichzeitigkeit, oft auch bei widersprechenden Erwartungen)

## wegen (G; umgangssprachlich meist D)
..... allzuviel... Fehler konnte man den Text nicht korrigieren. (Angabe des Grundes)
Ein... Indiskretion ..... mußten die Pläne abgeändert werden. (Angabe des Grundes)

## wie (kein fester Kasus)

Sie glichen sich ..... ein Ei dem anderen. (Vergleiche, auch negativ)
Du siehst nicht so gut aus ..... früher. (Variante für Komparativ mit als)

## zu (D)

Wenn ich ein Vöglein wär', flög' ich ..... (du). (lokal, zielgerichtet, aber: D)
Bis ..... Jahresende muß Ihr Bericht fertig sein. (temporal, zielgerichtet)
Komm doch einfach am Samstag ..... Abendessen. (temporal und Zweck)
Ich lerne einfach ..... Vergnügen Deutsch. (Zweck, Motiv)
Setzen Sie sich bitte ..... dritt oder ..... viert an den Tisch. (Bildung einer Gruppe)
Kaufen Sie Blumen, den Strauß ..... nur vier Mark. (Preisangabe)
Ich habe ..... Teil überhaupt nichts verstanden. (viele Idiome, z. B. hier: teilweise)

## zwischen (D/A)

..... Weihnachten und Neujahr sind viele Geschäfte in Deutschland zu. (temporal, D)
Manche setzen sich ..... all... Stühle. (lokal; hier metaphorisch: ungeschickt taktieren, A)
Und dann sitzen sie ..... all... Stühlen. (lokal, D)
..... (du) und (ich) gibt es viele Probleme. (Personen, oft in Konfrontation, D)
So ein Gerät kostet ..... 2500 und 3000 DM. (ungefähre Maßangabe)

---

**Aufgabe** 2–3 | | | **Geben Sie Antworten auf die folgenden Fragen.** **2**

Beispiel: Wo ist (liegt/befindet sich) mein Schlüssel? – Küche, Etui, Schlüsselbund, andere Schlüssel
→ In der Küche, im Etui, am Schlüsselbund, bei den anderen Schlüsseln

| | |
|---|---|
| Wo ist/liegt/befindet sich die Uhr? | Tasche, Armband, Tisch, Uhrmacher, Reparatur |
| ebenso: Apfel: | Baum, Teller, Korb, andere Äpfel |
| Geld: | Bank, Kopfkissen, Geldbeutel, Teufel |
| Ring: | Finger, Geldbeutel, Jackentasche, Juwelier |
| Wo arbeiten Sie? | Fabrik, Garten, Universität, Klinik, Finanzamt, Meyer & Co., Arbeitszimmer |
| Wo ist/steht/befindet sich das Hotel „Zur Sonne"? | Meer, Berg, Fuß des Berges, Spitze des Berges, Post, Bahnhof, Stadtmitte, Stadtrand, See, Insel |
| Wo bist du? | Theater, Bett, Straße, Demonstration, Schwimmbad, Bauernhof, Land, Hauptbahnhof, Stadtbücherei, Freund |

---

**Aufgabe** 2–3 | | **Bilden Sie aus den angegebenen Teilen Ausdrücke mit Präpositionen.** **3**

Beispiel: Autobahn: fahren, Weg, Tankstelle, Brücke, Unfall, Verkehrslärm
→ auf der Autobahn fahren
→ auf die (zur) Autobahn fahren
→ der Weg zur/auf die Autobahn
→ die Tankstelle an der Autobahn
→ die Brücke über die Autobahn
→ der Unfall auf der Autobahn
→ der Verkehrslärm von der Autobahn

| | |
|---|---|
| Schule: | lernen, gehen, arbeiten, Weg, Schwierigkeiten |
| Bett: | schlafen, liegen, gehen, ein neues Leintuch, Teppich, Jesusbild |
| Auto: | Geld ausgeben, fahren, Ärger, einsteigen, aussteigen, Schwierigkeiten |
| Freund/in: | wohnen, eingeladen sein, spazierengehen, schlafen, Trennung, Probleme |
| Wohnung: | Miete, wohnen, ausziehen, einziehen, neue Möbel, Zeitungsannonce |

**4 Aufgabe** Setzen Sie passende Präpositionen und Artikelwörter ein. Manchmal gibt es
`2-3` mehrere Möglichkeiten.

1.

Woher kommst du? ..... England. Wie lange bist du schon .... Deutschland? Ich bin ..... Anfang April hier. Moment, ich weiß es genau, ......... 5. (fünft...) April. Ich bin damals ..... Fähre ..... Kanal gekommen. ..... frühen Morgen bin ich ..... Oostende ..... Belgien gewesen. ..... da bin ich ..... Autobahn ..... Köln ..... Stuttgart ..... München gefahren.

2.

Wie alt bist du? Ich bin ..... (19xy) geboren. ..... welch... Monat? Ich bin ..... August ..... Welt gekommen. ..... 5. 8. (fünft... acht...) 19xy bin ich also geboren.
Und wann sind Sie geboren?

3.

Du, kommst du heute abend mit ..... Kino? Gut, ich war schon lange nicht mehr ..... Kino. Also, ich komme so ..... 8 Uhr ..... (du) vorbei und hole dich ab. Das Kino geht ..... dreiviertel neun los.

4.

Wo ist denn nur mein Heft? Ach, ich glaube, ich habe es ..... Schublade gelegt. Aber ich kann es ..... Schublade nicht finden. Da war doch noch Schokolade ..... Schublade. Wer hat die Schokolade ..... Schublade geklaut?

5.

Es ist noch früh ..... Morgen, .... 6 und 7 Uhr. Die Mülleimer stehen ..... Haus. Die werden ..... 7 geleert. Ich vergesse es manchmal, sie ..... Haus zu stellen. Dann geht als erster Herr Meier ..... Haus. Seine Frau sitzt den ganzen Tag ..... Haus, er selbst kommt erst abends ..... 6 wieder ..... Haus. Die beiden alten Leute, die oben ..... Mansarde wohnen, gehen den ganzen Tag nicht ..... Haus.

6.

Wie komme ich ..... hier ..... schnellsten ..... Autobahn? Da fahren Sie ..... besten ..... Botanischen Garten vorbei, fahren zuerst geradeaus, dann biegen Sie ..... links ..... Hauptstraße, ..... zweit... Ampel fahren Sie ..... rechts. Wenn Sie ..... Stadt heraus sind, sind es ca. 15 km ..... Autobahn.

7.

So sieht es ..... mein... Zimmer aus: ..... Mitte steht ein Tisch, ..... Tisch herum stehen vier Stühle; ..... Ecke steht ein Fernsehapparat, ..... Fernseher steht ein großer Sessel, ..... ich am liebsten sitze, wenn ich .... Glotze hocke. Das Bett steht ..... Wand, .... Bett liegt ein kleiner Teppich. ..... Bett hängt ein schönes Bild ..... Spitzweg. ..... Wand hängt ein kleines Bücherregal, ..... ein paar Krimis stehen. Das ist meine ganze Bibliothek.

**5 Aufgabe** Hier sind Präpositionen versammelt, die räumliche Verhältnisse bezeichnen kön-
Raum-   `2-3` nen:
verhältnisse
an – auf – aus – außerhalb – durch – gegenüber – hinter – in – innerhalb – links – neben – rechts – über – um – unter – vor – zu – zwischen.

Setzen Sie in die Sätze die passende Präposition mit richtigem Kasus ein.

Ein Männlein steht ..... Walde.
Die Katze sitzt ..... Mauseloch.
Die Maus steckt ihren Kopf ..... Mauseloch.
Romeo singt schon ..... Veranda.
Julia liegt noch ..... Bett.
Aber irgendjemand lauscht ..... Hecke.

Komm ..... mein... Decke.
Sah ein Knab' ein Röslein stehn, Röslein .....
Heide. (Goethe)
..... all... Gipfeln ist Ruh', ..... all... Wipfeln
spürest du kaum einen Hauch. Die Vögelein
schweigen ..... Walde. (Goethe)

**Aufgabe**
2–3 ☐ ☐

Hier sind Präpositionen versammelt, die geographische Verhältnisse bezeichnen können:

**6**

geographische
Angaben

ab – an – auf – aus – oberhalb – unterhalb – bei – bis – durch – hinter – in – nach – neben – über – um – von – vor – zu – zwischen.

Setzen Sie in die Sätze die passenden Präpositionen mit richtigem Kasus ein.

Ich habe einen Onkel . . . . . Amerika.
Morgen kommt mein Onkel . . . . . Amerika.
Tübingen liegt . . . . . Stuttgart.
. . . . . Alpen liegt Schnee.
. . . . . Schwarzwald liegt Schnee.
. . . . . Europa liegt eine Tiefdruckzone.
. . . . . Stuttgart herum ist auf den Autobahnen immer Stau.
Köln liegt . . . . . Rhein.
. . . . . München brauchen Sie etwa zwei Stunden.
. . . . . sieben Bergen wohnt Schneewittchen.

**Aufgabe**
2–3 ☐ ☐

Hier sind Präpositionen versammelt, die zeitliche Verhältnisse bezeichnen können:

**7**

Zeit-
verhältnisse

ab – an – auf – außer – außerhalb – bei – innerhalb – bis – für – in – mit – nach – seit – über – um – vor – während – zu – zwischen.

Setzen Sie in die Sätze die passenden Präpositionen ein (mit richtigem Kasus). Finden Sie weitere Beispielsätze für alle Präpositionen.

. . . . . mehrer . . . Wochen mache ich jetzt schon Urlaub.
. . . . . nächst . . . Freitag habe ich keine Zeit.
. . . . . sechst . . . September bin ich verreist.
. . . . . Geburtstag wünsche ich dir alles Gute.
. . . . . Woche arbeite ich manchmal 60 Stunden.
. . . . . 18 Jahr . . . ist man in Deutschland volljährig.
. . . . . Mitternacht erwacht der kleine Vampir.
. . . . . Weihnachten freuen sich die Kinder und die Geschäftsleute.
. . . . . Schlafen schnarchst du.
. . . . . 6 Jahren komponierte er seine erste Oper.

**Aufgabe**
2–3 ☐ ☐

Hier sind Präpositionen versammelt, die kausale Verhältnisse (Agens, Gründe, Motive, Zweck, Ziel) bezeichnen können:

**8**

kausale
Verhältnisse

als – auf – aus – bei – durch – für – vor – wegen – zu.

Setzen Sie in die Sätze die passenden Präpositionen mit richtigem Kasus ein.

. . . . . Wagner fahren alle nach Bayreuth.
. . . . . sein . . . Festspielhaus in Bayreuth wurde in ganz Deutschland Geld gesammelt.
. . . . . den bayrischen König Ludwig wurde Wagners Traum Wirklichkeit.
. . . . . Freude gab Richard Wagner seiner Frau Cosima einen Kuß.
. . . . . Liebe hat Richard Wagner Cosima verführt.
. . . . . Empfehlung von Franz Liszt konnte Richard Wagner Karriere machen.
. . . . . sein . . . Schulden hatte Richard Wagner an vielen Orten Schwierigkeiten.
. . . . . sein . . . Frau Cosima wurden die Festspiele von Bayreuth ein Riesenerfolg.
. . . . . Pianist und Komponist hatte Franz Liszt überall Erfolg.
. . . . . solch ein . . . Talent ist das Publikum ganz aus dem Häuschen.

**9**
Präpositionen
in Texten

**Aufgabe**
2-3

Setzen Sie passende Präpositionen und Artikelwörter ein; achten Sie auf die korrekten Artikelwörter und Adjektivendungen.

1.

..... Wald wohnte Rotkäppchens Großmutter. ..... ihr... Alter konnte sie sich nicht mehr alleine versorgen. Was sie ..... Essen brauchte, wurde ihr deshalb regelmäßig ..... Rotkäppchen ..... Wald gebracht. ..... Weg ..... Häuschen der Großmutter wuchsen bunte Blumen. Und ..... ein... Hecke saß der Wolf, der wieder einmal nichts ..... Magen hatte. ..... sein... groß... Gefräßigkeit verspeiste der Wolf zuerst die Großmutter und dann auch noch Rotkäppchen. Beide wurden aber später ..... Jäger ..... Bauch des Wolfs wieder befreit, wobei der Jäger ..... ein... groß... Messer eine komplizierte Operation vorneh-men mußte. ..... sein... Gewehr hat der Jäger dann den armen Wolf erschossen. So ist ..... Ende alles gut ausgegangen, wenn auch nicht ..... Wolf. Nur der Kuchen und der Wein konnten ..... Abendessen nicht mehr verwendet werden.

2.

..... Stadt Heidelberg ..... Neckar wohnte ein Junge ..... Namen Adel. Sein Vater und seine Mutter waren ..... ein... arabisch... Land ..... Deutschland gekommen. Der Vater arbeitete ..... ein... Bäckerei, die Mutter ging ..... verschieden... Leuten putzen. Adel ging ..... ein Heidelberger Gymnasium. Immer wieder, wenn der Vater ..... ein... sentimental... Stimmung war, kam es vor, daß er sich ..... ein... stark... Tee ..... ein klein... Zimmer zurückzog und ..... niemand... zu sprechen war. Dann hörte es sich an, als ob er dort ..... irgendjemand... reden würde. Eines Tages, als die Eltern nicht ..... Hause waren, gelang es dem Jungen, ..... das klein... Zimmer einzudringen und ..... Geheimnis des Vaters zu kommen. Er fand ..... ein... klein... Schränkchen ein dickes Buch; ..... Buch fand er das Bild eines alten Mannes, der ..... Wüste ..... ein... Baum saß. Plötzlich begann der alte Mann, ..... deutlich vernehm-bar... Stimme ..... Adel zu sprechen. Bald wurde klar, daß es Adels Großvater war, der berühmte Straßenräuber ..... syrisch... Wüste. Und nun nimmt die schöne Geschichte „Der Kameltreiber ..... Heidelberg" (..... syrisch... Autor Rafik Schami) ihren Lauf. ..... Ende der Geschichte befreit Adel das Kamel ..... dem Heidelberger Zoo.

**10**

**Aufgabe**
2-3

Beschreiben Sie einige Bereiche Ihres alltäglichen Lebens. Üben Sie dabei die Präpositionen in den Ausdrücken und Situationen, die für Ihren Alltag wichtig sind.

1. Wie sieht Ihr Arbeitsplatz, Ihr Schreibtisch in Ihrem Zimmer aus?
2. Beschreiben Sie Ihre Küche.
3. Beschreiben Sie das Haus, in dem Sie wohnen.
4. Wie sieht die Gegend aus, in der Sie leben?
5. Beschreiben Sie den Weg von Ihrer Wohnung zum Bahnhof, zur Universität, zur Post, zum Stadion – und zurück. (Erklären Sie einem Fremden den Weg.)
6. Beschreiben Sie den Verlauf eines ganz normalen Tages in Ihrem Leben.
7. Beschreiben Sie ein interessantes Wochenende.
8. Geben Sie einen Kurzbericht einer Reise.
9. Beschreiben Sie einmal genau das Gesicht Ihres Freundes, Ihrer Freundin oder Ihr eige-nes.

**11**

**Aufgabe**
2–3/3

Erklären Sie möglichst genau die jeweilige Bedeutung der Präposition bzw. Vorsilbe. Sie können bei vielen Beispielen die Bedeutung durch Gesten mit den Händen oder durch kleine Zeichnungen verdeutlichen.

Beispiel: Morgens komme ich nur mit Mühe
aus dem Bett.

**auf**

Sie liegt auf ihrem Bett und träumt.
Er hat sein Geld auf einem Schweizer Konto.
Ich bringe das Paket noch auf die Post.
Er ist Lkw-Fahrer, deswegen ist er wochenlang auf Achse.
Auf mein Gedächtnis kann ich nicht immer vertrauen.

**aus**

Ich tue das nicht aus Mitleid, sondern weil ich dich liebe.
Jetzt nimm bitte den Finger aus der Nase!
Ich komme aus Australien.
Ich komme gerade aus einem Laden, da sehe ich, wie direkt gegenüber die Bank überfallen wird.
Das hat mich vollständig aus der Fassung gebracht.

**durch**

Die Katze paßt nicht durch das Mauseloch.
Wir sind stundenlang durch die Stadt gelaufen.
Die Verkehrsplaner wollten eine vierspurige Straße quer durch die Stadt bauen.
Durch diese Bemerkung hat er sich sehr geschadet.

**für**

Für 1,50 Mark bekam man früher ein Eis mit drei Kugeln.
Für dich tue ich gar nichts mehr.
Die Zutaten brauche ich für das Abendessen.
Ich muß mal für ein paar Tage Urlaub machen.
Was ist das denn für eine verrückte Musik?

**mit**

Heute bin ich mit mir einigermaßen zufrieden.
Das schreibst du am besten mit einem Bleistift.
Wir möchten ein Zimmer mit Bad.
Du bist nichts als ein Mitläufer.

**nach**

Ich gehe jetzt nach Hause.
Die Dimensionen der Freiheit: nach oben, nach unten, nach links, nach rechts, nach vorn und nach hinten ist alles offen.
Ich komme nach 8 noch einmal vorbei.
Der jagt immer noch nach dem Geld.
Meiner Meinung nach lohnt sich das alles nicht.
Hier riecht es aber sehr nach Knoblauch.

**um**

Alles dreht sich um die Liebe.
Und schon kam die Polizei um die Ecke.
Um Mitternacht starb sie.
Er ist so um 7 weggegangen.

## Auswahlliste der Ausdrücke mit Präpositionen

**12**
feste
Präpositionen

**Aufgabe**
2–3/3

In der Liste stehen Verben und Adjektive mit festen Präpositionen; es gibt sehr viel mehr davon. Hier sind solche, die oft gebraucht werden. Man sollte sie nach und nach lernen.

Streichen Sie die Ausdrücke an, die Sie noch lernen wollen. Prüfen Sie bei den Ausdrücken, ob es entsprechende Nominalisierungen (mit festen Präpositionen) gibt:

Beispiel:  fehlen/mangeln an        →    der Mangel an
sich freuen auf/über/an   →    die Freude auf/über/an

### als (A)
bezeichnen als            Sie können mich doch nicht einfach als einen Esel bezeichnen!

### an (D)
ändern an                 An unserer Niederlage läßt sich wohl nichts mehr ändern.
arbeiten an/schreiben an  Seit Jahren arbeitet er schon an seiner Doktorarbeit.
erkennen an               Dich erkennt man schon am Gang.
fehlen an                 Es fehlt uns hinten und vorne an Geld.
hängen an                 Der eine hängt am Leben, der andere am Strick.
leiden an                 Sehr viele leiden an ihren Depressionen.
es liegt an               Es liegt manchmal auch an dir, daß wir uns streiten.
mangeln an                Es mangelt an den einfachsten Nahrungsmitteln und Medikamenten.
teilnehmen an             Ich habe zweimal an einem Kochkurs teilgenommen.
zweifeln an               Was, du zweifelst an meiner Ehrlichkeit?

interessiert an           Ich bin an Ihrer Mitarbeit nicht weiter interessiert.
arm an                    Unser Land ist relativ arm an Bodenschätzen.
reich an                  Tolkiens Erzählweise ist reich an phantastischen Bildern.
schuld an                 Wie oft nach Katastrophen: keiner wollte schuld daran gewesen sein.

### an (A)
appellieren an            Ich appelliere an Ihre Vernunft: Keine Gewalt!
denken an                 Aber natürlich denke ich immer an dich.
sich erinnern an          Erstaunlich, daß sich niemand daran erinnern kann.
sich gewöhnen an          Ich hab' mich so an dich gewöhnt.
glauben an                Auf einem Giraffenhals beginnt sogar der Floh an seine Unsterblichkeit zu glauben. (Stanislaw Jerzy Lec)
richten an                Richten Sie Ihre Bewerbung rechtzeitig an unser Personalbüro.
schreiben an              An wen schreiben Sie denn schon wieder?
verraten an               Und dann hat er alles an die Gegenseite verraten.
sich wenden an            Wenden Sie sich vertrauensvoll an unseren Chef.

### auf (D)
basieren auf              Unsere Zusammenarbeit basiert auf gegenseitigem Vertrauen.
beruhen auf               Ich glaube, der Streit beruht auf einem Mißverständnis.
bestehen auf              Herr Müller, ich bestehe auf einer Entschuldigung!

### auf (A)
achten auf                Achten Sie bei einem Vertrag auch auf die kleingedruckten Bedingungen.
anspielen auf             Worauf wollen Sie mit dieser Bemerkung anspielen?
antworten auf             Antworten Sie bitte auf die gestellten Fragen.

| | |
|---|---|
| aufmerksam machen auf | Darf ich Sie auf einen kleinen Fehler aufmerksam machen? |
| aufpassen auf | Passen Sie mal besser auf Ihre Kinder auf, Herr Müller. |
| sich beschränken auf | Beschränken Sie sich bitte auf die wesentlichen Punkte. |
| sich beziehen auf | Meine Kritik bezieht sich auf einen ganz anderen Punkt. |
| eingehen auf | Auf unsere Kritik ist er mit keinem Wort eingegangen. |
| sich einstellen auf | Ich glaube, wir müssen uns auf schlechte Zeiten einstellen. |
| sich freuen auf | Und jetzt freue ich mich auf den Krimi im Nachtprogramm. |
| hinweisen auf | Zum Schluß möchte ich noch auf unsere Spendenaktion hinweisen. |
| hören auf | Sie sollten auf Ihre Frau hören: Machen Sie mal öfters eine Pause! |
| hoffen auf | Alle hoffen auf eine friedliche Lösung des Konflikts. |
| es kommt an auf | Es kommt ganz darauf an, was Sie für einen Preis zahlen wollen. |
| reagieren auf | Warum hast du denn nicht auf meine Briefe reagiert? |
| schimpfen auf | Alle haben ziemlich auf dich geschimpft, und zwar mit Recht. |
| sich verlassen auf | Ich hoffe, ich kann mich auf dich verlassen. |
| verzichten auf | Es fällt ihm schwer, auf die tägliche Packung Zigaretten zu verzichten. |
| sich vorbereiten auf | Du hättest dich besser auf diese Situation vorbereiten sollen. |
| warten auf | Sie warten hier auf ein Taxi? Da können Sie lange warten. |
| zurückkommen auf | Ich komme noch einmal auf meine Anfangsthese zurück: ... |
| | |
| angewiesen auf | Auf Ihre Hilfe sind wir überhaupt nicht angewiesen. |
| gespannt auf | Auf deine Entschuldigung bin ich sehr gespannt. |
| neidisch auf | Er ist ein bißchen neidisch auf ihren Erfolg. |
| stolz auf | Aber er ist auch stolz auf sie – oder vielleicht doch nur auf sich. |
| zornig/wütend/sauer auf | Du brauchst nicht gleich so wütend auf mich zu sein. |

## aus (D)

| | |
|---|---|
| bestehen aus | Ein Mensch besteht vor allem aus Wasser. |
| es ergibt sich aus | Daraus ergibt sich, daß es so nicht weitergehen kann. |
| entnehmen aus | Ich entnehme aus Ihren Worten, daß Sie einverstanden sind. |
| es folgt aus | Wieso folgt daraus, daß unsere Entscheidung falsch war? |
| folgern aus | Wieso folgern Sie aus meinen Worten, daß ich einverstanden bin? |
| schließen aus | Ich schließe es vor allem aus Ihrem Gesichtsausdruck. |

## bei (D)

| | |
|---|---|
| sich bedanken bei | Bedanken Sie sich bei Ihrem Sohn, nicht bei mir. |
| bleiben bei | Ich bleibe bei meiner Meinung: ich mache nicht mit. |
| sich entschuldigen bei | Willst du dich nicht bei deiner Mutter entschuldigen? |
| helfen bei | Tee hilft manchmal bei Erkältung. |
| behilflich bei | Hercule Poirot verbeugte sich höflich: „Darf ich Ihnen bei Ihren Überlegungen ein wenig behilflich sein?" |
| beliebt bei | Casanova war, so heißt es, recht beliebt bei den Frauen. |

## für (A)

| | |
|---|---|
| danken für | Ich danke Ihnen für Ihre Aufmerksamkeit. |
| sich entscheiden für/gegen | So, und wofür haben Sie sich entschieden? |
| sich entschuldigen für | Ich möchte mich bei Ihnen für meine Unhöflichkeit entschuldigen. |
| erklären für | Und dann wollten die Erben die alte Tante für unmündig erklären lassen. |
| halten für | Hören Sie mal, wofür halten Sie mich eigentlich? |
| kämpfen für/gegen | Ich frage mich, wofür wir in all den Jahren gekämpft haben. |
| sich interessieren für | Ich interessiere mich überhaupt nicht für deine Wehwehchen. |
| sein für/gegen | Wofür sind Sie denn bei dieser Auseinandersetzung? |
| sich schämen für | Für so eine Unhöflichkeit sollten Sie sich schämen! |
| sorgen für | Wenn du für Getränke sorgst, sorge ich fürs Essen. |

| | |
|---|---|
| charakteristisch für | Die Farbe ist charakteristisch für diesen Wein. |
| geeignet für | Die Sendung ist für langohrige Hunde nicht geeignet. |
| gut/schlecht für | Es war ziemlich . . . . . für mich, daß wir uns wieder begegnet sind. |
| interessant für | Für die meisten Teilnehmer waren die Vorträge nicht sehr interessant. |
| nötig/notwendig für | Nichts ist notwendiger für mich als Ruhe. |
| nützlich für | „Dieses Gesetz ist sehr nützlich." (Fragt sich nur: für wen?) |
| wesentlich für | Für uns ist das alles überhaupt nicht wesentlich! |
| wichtig für | Mohrrüben sind sehr wichtig für meine schlanke Linie. |
| zuständig für | Leider sind wir für Ihr Problem nicht zuständig; vielleicht hilft man Ihnen woanders. |

## gegen (A)

| | |
|---|---|
| sich aussprechen gegen/für | Ich spreche mich gegen Gewalt aus. |
| polemisieren gegen | Warum polemisieren Sie eigentlich ständig gegen mich? |
| protestieren gegen | Es nützt nichts, gegen schlechtes Wetter zu protestieren. |
| stimmen gegen/für | Übrigens, ich habe gegen dich gestimmt! |
| verstoßen gegen | Sie haben gegen die Straßenverkehrsordnung verstoßen. |
| sich wehren gegen | Warum wehren Sie sich nicht gegen solche Zumutungen? |
| | |
| allergisch gegen | Gegen Heavy Metal sind ältere Menschen manchmal allergisch. |
| empfindlich gegen | Warum sind Sie so empfindlich gegen Kritik? |
| hart gegen/gegenüber (D) | Sei doch nicht so hart gegen deine Mitmenschen/gegenüber deinen Mitmenschen. |

## in (D)

| | |
|---|---|
| bestehen in | Unsere Differenzen bestehen im Grundsätzlichen. |
| erkennen/sehen in | Darin erkenne ich einen kleinen Fortschritt. |
| liegen in | Das Problem liegt darin, daß wir zu wenig Geld haben. |
| sich täuschen in | Sollte ich mich so in Ihnen getäuscht haben? |
| sich unterscheiden in | Wir unterscheiden uns nur in Kleinigkeiten. |
| | |
| erfahren in | In diesen Dingen bin ich leider nicht sehr erfahren. |
| begabt in | In Algebra war sie sehr begabt. |

## in (A)

| | |
|---|---|
| geraten in | Leider bin ich da in eine ganz dumme Situation geraten. |
| sich verlieben in | Ich glaube, ich habe mich in dich verliebt. |
| einteilen/unterteilen in | Die Frage läßt sich in mehrere Aspekte unterteilen. |

## mit (D)

| | |
|---|---|
| anfangen mit | Mit diesen Argumenten kann ich wenig anfangen. |
| aufhören mit | Hören Sie endlich auf mit Ihrem Selbstmitleid. |
| beginnen mit | Beginnen Sie nicht zu spät mit Ihrer Arbeit. |
| sich beschäftigen mit | Ich beschäftige mich nur ungern mit so einer Angelegenheit. |
| sich befassen mit | Monatelang hat er sich mit der Aufklärung nur dieses einen Falles befaßt. |
| reden/sprechen mit | Darüber sollten Sie mit dem Chef sprechen. |
| streiten mit | Mit dir kann man herrlich streiten, es ist nie langweilig. |
| sich unterhalten mit | Wir haben uns prima miteinander unterhalten. |
| vereinbaren mit | Was für einen Termin haben Sie denn mit ihm vereinbart? |
| vergleichen mit | Man kann doch nicht Äpfel mit Birnen vergleichen. |
| sich verstehen mit | Mit ihr verstehe ich mich in letzter Zeit nicht mehr so gut. |
| | |
| befreundet mit | Mit so einem Menschen könnte ich nicht befreundet sein. |
| einverstanden mit | Mit Ihren Vorschlägen bin ich einverstanden. |
| fertig mit | Mit Ihnen bin ich fertig, und zwar endgültig! |
| verheiratet mit | Du bist verheiratet? Mit wem denn? |
| zufrieden mit | Glücklich, wer mit seinem Leben zufrieden ist. |

## nach (D)

| | |
|---|---|
| aussehen nach | Es sieht heute ganz nach Regen aus. |
| sich erkundigen nach | Warum hast du dich nicht nach ihr erkundigt? |
| fragen nach | Sie haben mich ja nicht danach gefragt. |
| forschen nach | Wir forschen im Atlantik nach der Titanic. |
| riechen/schmecken/stinken nach | Das riecht nach Skandal. |
| rufen/schreien nach | Es nützt nichts, wenn Sie nur vornehm nach dem Kellner rufen, hier müssen Sie nach ihm schreien. |
| streben nach | Viele streben nur nach einem bequemen Leben. |
| suchen nach | Wir suchen immer noch nach einer besseren Lösung. |
| verlangen nach | Wonach haben Sie denn verlangt? |
| urteilen nach | Warum urteilen Sie nicht einfach nach dem gesunden Menschenverstand? |

## über (A)

| | |
|---|---|
| sich ärgern über | Du ärgerst dich über die kleinsten Dinge. |
| berichten über | Darüber wurde aber gar nichts berichtet. |
| sich beschweren über | Sie können sich ja beim Chef über mich beschweren. |
| debattieren/diskutieren/ streiten über | Seit Stunden debattieren wir über belanglose Dinge. |
| sich einigen über | Über den Preis haben wir uns aber noch nicht geeinigt. |
| sich freuen über | Natürlich freuen wir uns sehr über Ihren Besuch. |
| sich informieren über | Sie können sich hier über alle Details informieren. |
| klagen/jammern/weinen/ heulen über | Klagen Sie nicht über Ihr Schicksal, es gibt viele, denen es schlimmer geht. |
| lachen über | Lachen Sie doch mal über sich. |
| nachdenken über | Ich hoffe, du denkst mal über meine Worte nach. |
| reden/sprechen/sich unter- halten über | Worüber habt ihr denn gesprochen? |
| schimpfen über | Schimpf nicht über das Wetter, das bringt nichts. |
| verfügen über | Sie können gern über mein Auto verfügen, wenn Sie es brauchen. |
| verhandeln über | Wir haben über diesen Punkt sehr hart verhandelt. |
| wissen über | Was weißt du denn über sie? |
| sich wundern über | Ich wundere mich über gar nichts mehr. |
| bestürzt über | Über die Nachricht war er sehr bestürzt. |
| erstaunt über | Ich sehe, Sie sind erstaunt über mein Verhalten; aber ich kann es erklären. |
| froh/traurig über | Ich bin sehr ..... darüber, daß ich das Geld los bin. |

## um (A)

| | |
|---|---|
| Angst haben um | Ich hatte richtige Angst um dich. |
| sich bemühen um | Sie sollten sich um mehr Pünktlichkeit bemühen. |
| bitten um | Ich bitte dich nur um eine Kleinigkeit. |
| es geht um | Es geht mir darum, daß ich deine Kritik unberechtigt finde. |
| es handelt sich um | Ich glaube, es handelt sich um ein ernstzunehmendes Problem. |
| sich herumdrücken um | Immer drückst du dich um die Arbeit herum. |
| sich kümmern um | Ich kümmere mich um das Essen und du um den Wein. |
| sich sorgen um | Warum sorgen Sie sich so sehr um Ihre Zukunft? |
| (sich) streiten um | Ich glaube, wir streiten (uns) um des Kaisers Bart. |
| trauern um | Tagelang haben die Kinder um den gestorbenen Angorahasen getrauert. |

## unter (D)

| | |
|---|---|
| leiden unter | Viele Kinder in der Gegend leiden unter Atemnot. |
| verstehen unter | Was verstehen Sie denn unter Toleranz? |

## unter (A)

| | |
|---|---|
| fallen unter | Das Delikt fällt unter den Straftatbestand der Nötigung. |

## von (D)

| | |
|---|---|
| abhängen von | Das hängt ganz davon ab, ob ich Lust dazu habe. |
| sich abhalten lassen von/durch | Lassen Sie sich von niemandem von Ihrem Vorhaben abhalten. |
| absehen von | Ich denke, von einem Disziplinarverfahren gegen die Bernhardinerhunde können wir absehen. |
| ausgehen von | Ich glaube, wir müssen von Mord ausgehen. |
| sich distanzieren von | Wir sollten uns von dieser Aktion distanzieren. |
| sich erholen von | Ich muß mich montags immer vom Wochenende erholen. |
| hören von | Ja, richtig, ich habe davon gehört. |
| es kommt von | Das kommt davon, wenn man nicht aufpaßt! |
| träumen von | Autoaufkleber: Hupen zwecklos, Fahrer träumt von Werder Bremen. |
| wissen von | Und ich weiß wieder mal überhaupt nichts davon! |
| frei von | Frei von allen Hemmungen verspielte er die Ersparnisse seiner alten Tante. |
| voll von | Nach kurzer Zeit war der Platz voll von Menschen. |

## vor (D)

| | |
|---|---|
| Angst haben vor | Wer hat Angst vor Virginia Woolf? |
| sich drücken vor | Komm, drück dich nicht wieder vor dem Geschirrspülen. |
| sich fürchten vor | Früher fürchteten sich die Kinder vor dem Nikolaus. |
| sich scheuen/sich genieren vor | Du brauchst dich doch nicht vor mir zu genieren. |
| sich schützen/beschützen vor | Und wer beschützt uns vor unseren Freunden? |
| verbergen/verstecken vor | Was haben Sie denn vor uns zu verbergen? |
| warnen vor | Vor diesem Mann möchte ich Sie warnen! |
| blaß vor | Blaß vor Schreck öffnete er die Tür. |
| sicher vor | Mit unserem Türspion sind Sie sicher vor Versicherungsvertretern. |

## zu (D)

| | |
|---|---|
| auffordern zu | Wir fordern unsere Politiker dazu auf, endlich aktiv zu werden. |
| beglückwünschen/ gratulieren zu | Darf ich Sie zu Ihrem Erfolg beglückwünschen? |
| benutzen zu | Wozu benutzen Sie denn diese komplizierten Geräte? |
| brauchen zu | Zum Leben braucht der Mensch nicht viel. |
| dienen zu | Ihre Argumente dienen doch nur zur Ablenkung von unserem Thema. |
| einladen zu | Darf ich Sie zu einem Glas Wein einladen? |
| sich entschließen zu | Endlich hat er sich zum Handeln entschlossen. |
| es führt zu | Leute, die Diskussion führt doch zu nichts. |
| gehören zu | Zu so einem Essen gehört ein guter Rotwein. |
| kommen zu | Wir kommen also zu dem Ergebnis, daß … |
| machen zu | Du hast mich zum glücklichsten Menschen auf der Welt gemacht. |
| nötigen zu | Warum wollen Sie mich zu einer unüberlegten Handlung nötigen? |
| nützen zu | Wozu nützt uns das alles? |
| raten zu | Ich rate Ihnen zu mehr Mäßigung, vor allem in der Öffentlichkeit. |
| rechnen/zählen zu | Ich rechne Vollmilchschokolade zum schweizerischen Nationalcharakter. |
| reichen zu | Das reicht nicht zum Leben und reicht nicht zum Sterben. |
| sagen zu | Was sagst du denn dazu? |
| überreden zu | Es ist sicher leicht, ihn zum Mitmachen zu überreden. |
| verurteilen zu | Sie wurde zu zwei Jahren Gefängnis mit Bewährung verurteilt. |
| zwingen zu | Wollen Sie mich etwa zum Rücktritt zwingen? |

| | |
|---|---|
| bereit zu | Aber wenn es darauf ankommt, sind sie zu nichts bereit. |
| entschlossen zu | Am Stammtisch sind die Männer immer zum äußersten entschlossen. |
| fähig zu | Wenn ich dir noch einmal begegne, bin ich zu allem fähig! |
| freundlich zu | Sie war immer sehr freundlich zu uns. |
| lieb/böse zu | Gretel war sehr lieb zu Hänsel. |

## Präpositionen der Schriftsprache

**Aufgabe**
3

Die folgenden Präpositionen kommen vor allem in schriftsprachlichen Texten vor. **13**
G ist dabei der wichtigste Kasus (oft ersetzbar durch von + D).
Lesen Sie die Beispielsätze; klären Sie die Bedeutung der Präpositionen, indem Sie den Satz mit anderen Worten ausdrücken, eine einfachere Präposition verwenden oder eine Erklärung formulieren.

| Beispiel: | aufgrund: | Aufgrund heftiger Proteste (aufgrund von heftigen Protesten) in der Öffentlichkeit mußte der Minister konkrete Zahlen auf den Tisch legen. |
|---|---|---|
| | anders: | Weil es in der Öffentlichkeit heftige Proteste gab, mußte... |
| | andere Präp.: | Wegen heftiger Proteste... |
| | Erklärung: | aufgrund nennt eine Begründung |

| | |
|---|---|
| à | Ein nobles Hotel, das Zimmer à 250 Mark und mehr. |
| anhand (G) | Anhand ganz neuer Zeugenaussagen weiß man jetzt genau, wie lang das Ungeheuer von Loch Ness ist. |
| anläßlich (G) | Anläßlich seines 60. Geburtstags wurde ihm eine Festschrift gewidmet. |
| anstelle (G) | Anstelle eines normalen Unterrichts veranstalten wir heute eine Podiumsdiskussion mit Gästen. |
| aufgrund (G) | Aufgrund einer Indiskretion ist der Skandal an die Öffentlichkeit gelangt. |
| bezüglich (G) | Bezüglich der Kosten müssen wir noch einmal miteinander reden. |
| binnen (G) | Ich hoffe, Sie sind mit der Arbeit binnen einer Woche fertig. |
| dank (G oder D) | Dank der Aufmerksamkeit einer alten Dame konnte der Überfall rasch aufgeklärt werden. |
| entsprechend (D) | Wir haben den Textentwurf entsprechend den verschiedenen Änderungsvorschlägen umgeschrieben. |
| gemäß (D) | Gemäß Artikel 5 Absatz 3 Grundgesetz sind Kunst und Wissenschaft frei. |
| | Gemäß dieser Interpretation müßten wir den Text als Kritik verstehen. |
| halber (G) | Ich erwähne das nur der Vollständigkeit halber. |
| hinsichtlich (G) | Hinsichtlich unseres Erfolgs bin ich sehr skeptisch. |
| infolge (G) | Infolge eines Versehens in der Klinik wurden die Kinder vertauscht. |
| kraft (G) | Hiermit erkläre ich euch kraft meines Amtes zu Mann und Frau. |
| laut (D) | Laut einer neuen Verordnung müssen die Kfz-Hersteller für die Verschrottung der Autos sorgen. |
| | Laut Artikel 5 Absatz 3 Grundgesetz sind Kunst, Wissenschaft, Forschung und Lehre frei, aber nur laut Artikel 5 Absatz 3. |
| mangels (G) | Die Tatzeit konnte mangels genauerer Angaben der Zeugen nicht eindeutig geklärt werden. |
| mittels (G) | Sie verschaffte sich den Zutritt mittels eines Zweitschlüssels. |
| mit Hilfe (G) | Nur mit Hilfe verschiedener Tricks sind wir hinter das Geheimnis gekommen. |
| per (A) | Wir schicken Ihnen das Schreiben am besten per Telefax. |
| seitens (G) | Seitens der Behörden ist viel zu lange geschlafen worden. |
| ungeachtet (G) | Ungeachtet des vehementen Protests hat die Regierung die Steuern erhöht. |
| zugunsten (G) | Die Sammlung ist zugunsten des städtischen Altersheims. |

zufolge (D)    Einer aktuellen Meldung zufolge werden die Verhandlungen um zwei Wochen vorverlegt.

zuliebe (D)    Ihrer Karriere zuliebe hat sie auf die Erfüllung mancher Wünsche verzichtet.

zwecks (G)    Zwecks Rettung der verschwundenen Höhlenforscher wird eine Höhlenforscherrettungsmannschaft zusammengestellt.

**14  Aufgabe**

3 | | |

Hier können Sie die „Kunst der Schriftsprache" üben: Formulieren Sie in der Gruppe 1 die hervorgehobenen Teile um, indem Sie eine Präposition aus der Liste in Aufgabe 13 verwenden.
Nominalisieren Sie in der Gruppe 2 die hervorgehobenen Sätze, indem Sie schriftsprachliche Präpositionen verwenden.

Beispiel:    1. *Wegen eines Materialfehlers* mußte die ganze Produktion gestoppt werden.
→ *Infolge* eines Materialfehlers mußte die ganze Produktion gestoppt werden.
2. Es wurde Geld gesammelt, *um das Rote Kreuz zu unterstützen.*
→ Es wurde *zugunsten des Roten Kreuzes* Geld gesammelt.

Gruppe 1

*Für den entlassenen Rettungsbernhardiner* haben die Kinder gesammelt.
*Über den Nutzen einer Grammatik* sind wir uns nicht so sicher.
Ich kann Ihnen das alles besser *mit einer kleinen Geschichte* verdeutlichen.
Mein lieber Mann, einen Knopf näht man *mit Nadel und Faden* an.
*Trotz aller Schwierigkeiten und Hindernisse* habe ich mir vorgenommen, Optimist zu werden.

Gruppe 2

*In § 7 der Prüfungsordnung steht, daß* man die Prüfung nur einmal wiederholen kann.
*Weil die Nachbarn so hilfsbereit waren,* konnte die obdachlos gewordene Familie mit dem Notwendigsten versorgt werden.
*Wie der SPIEGEL meldete,* war die Regierung schon seit mehreren Monaten über den Verdacht gegen die Chemiefirma informiert.
*Weil es nicht genügend Verdachtsmomente gab,* wurde der Mann nach zwei Stunden wieder freigelassen.
*Um die belastenden Akten schneller beseitigen zu können,* wurden Reißwölfe eingesetzt.

**15**

komplexe Ausdrücke mit Präpositionen

**Aufgabe**

3/3–4 | |

In geschriebenen Texten gibt es eine große Zahl fester Verbindungen mit Präpositionen. Sie haben die gleiche Funktion wie die einfachen Präpositionen. Bei diesen Ausdrücken ist G der wichtigste Kasus. Man findet sie zahlreich in juristischen, in wissenschaftlich-technischen Texten und in der Amtssprache. Die nachfolgende Sammlung bietet eine Auswahl.
Suchen Sie sich die Ausdrücke heraus, die Sie lernen wollen, die Ihnen interessant erscheinen oder die Sie für Ihre fachliche Arbeit brauchen.

*In Anbetracht* Ihres jugendlichen Alters ist das Urteil nicht ganz so hart ausgefallen.
*Nach Angaben* einer Nachrichtenagentur kam es gestern erneut zu Zwischenfällen im Grenzgebiet.
*Aus Anlaß* Ihres 70. Geburtstags möchten wir Ihnen dieses Geschenk überreichen. (→ *anläßlich*)
*Im Anschluß an* die Rede gab es noch eine heftige Diskussion.
Die Regimegegner wurden *unter Anwendung von* Gewalt abtransportiert.
Der Bericht wurde *in Art* eines Protokolls formuliert.
Ich hätte gerne einmal Seelachs *nach Art* des Hauses.
Ich komme *im Auftrag von* Müller & Co.
*In den Augen* der Opposition war die Regierungserklärung nur eine Farce.
*Mit Ausnahme* weniger Naturschutzgebiete gibt es keine natürliche Landschaft mehr.
Die Verhandlung fand *unter Ausschluß* der Öffentlichkeit statt.

*Auf der Basis* des bilateralen Abkommens konnten neue Wirtschaftsvereinbarungen getroffen werden.
Sie sollten den Fall *unter Beachtung* der geltenden Vorschriften entscheiden.

Er bekam die Informationen nur *unter der Bedingung* strengster Geheimhaltung.
*Mit Beginn* der Ferien begann die Zeit der Kreativität.
Momentan arbeiten wir schwerpunktmäßig *im Bereich* der Grundlagenforschung.
*Unter Berücksichtigung* der verschiedensten Faktoren konnte das Projekt fortgesetzt werden.
*Auf Beschluß* des Gemeinderates müssen nun auch Katzen an der Leine geführt werden.
*Zu dem* Putsch kam es *auf Betreiben* einiger im Ausland lebender Generäle.
*Zum Beweis* der Richtigkeit meiner Ausführungen möchte ich folgende Bemerkungen machen:...
Die Verhandlungen stehen *in Beziehung zu* dem vor zwei Jahren abgeschlossenen Handelsabkommen.
*In bezug auf* Ihre Aussprache sehe ich keine gravierenden Mängel. (→ *bezüglich*)
*Unter Bezugnahme* auf Ihr Schreiben vom 26. Juni machen wir Ihnen das folgende Angebot:...

*Zur Erinnerung an* seine Entdeckung Amerikas erfand Kolumbus das berühmte Ei.
*In Erwägung* unserer Schwäche protestieren wir gegen eure Macht!
*In Erwartung* Ihrer baldigen Antwort verbleibe ich mit freundlichen Grüßen... (mögliches Ende eines dienstlichen Briefes)

*Im Falle* einer Katastrophe ist der Notruf 110 zu wählen.
Die Überraschung des Abends kam *in Form* einer Bauchtanzgruppe.

*Auf dem Gebiet* der Heiratsvermittlung ist unser Institut führend.
Was Sie da sagen, steht eindeutig *im Gegensatz zu* Ihren früheren Aussagen.
*In Gegenwart* der Kinder solltest du das aber nicht sagen.
Sie leben *in Gemeinschaft mit* zwei anderen Familien.
Er erschien *in Gesellschaft* einer älteren Dame.
Wir können dieses Vorhaben nicht durchführen, dies besonders *unter dem Gesichtspunkt* der enormen Folgekosten.
Wir können nur *auf der Grundlage* der bisherigen Verträge miteinander verhandeln. (→ *aufgrund*)
Die Polizeiaktion geschah *nach dem Grundsatz* der Verhältnismäßigkeit der Mittel.

*Im Hinblick auf/in Hinsicht auf* die ökologischen Probleme muß man feststellen, daß die neue Straße nicht realisierbar ist. (→ *hinsichtlich*)
*In der Hoffnung auf* eine baldige Antwort verbleibe ich mit freundlichen Grüßen...

*Aus Interesse an* fremden Ländern lernte sie verschiedene Sprachen.
*Im Interesse* Ihrer Gesundheit sollten Sie sich etwas mehr bewegen.

Mit meinen Thesen stehe ich keinesfalls *in Konkurrenz zu* Ihnen, Herr Kollege!
Die doppelte Buchführung geschieht *zur Kontrolle* des Zahlungsverkehrs.
Das geht alles *auf Kosten* Ihrer Gesundheit.

*Aus Mangel an* Rohstoffen muß die Produktion gedrosselt werden. (→ *mangels*)
*Nach Maßgabe* der internationalen Entwicklung werden wir unsere Außenpolitik flexibel gestalten.
*Nach Meinung* des Aufsichtsrats sollte die Produktion ganz eingestellt werden.

Und alles geschah *im Namen* der Gerechtigkeit.

Die Einweihung des Museums fand *im Rahmen* eines Stadtfestes statt.
Diese Protestaktion war ziemlich *am Rande* der Legalität.
Die Qualität dieses Gerätes steht *in keiner Relation zum* Preis.
Die Unruhen entwickelten sich *in Richtung* eines (*auf* einen) Bürgerkrieg(s).

*Auf seiten* der Demonstration gab es mehrere Verletzte. (→ *seitens*)
Die kontroverse Diskussion über dieses Buch ist ganz *im Sinne* der Autoren.
*Vom Standpunkt* der Wissenschaft *aus* gesehen ist das natürlich Unsinn.

Hier befinden wir uns *in Übereinstimmung mit* der Regierung.
Wir können eine erfreuliche Umsatzsteigerung *im Umfang von* 15% verzeichnen.
*Im Unterschied zu* Ihnen bin ich da völlig skrupellos.

187

Die außerordentliche Sitzung wurde *auf Veranlassung* des Vorsitzenden einberufen.
*Im Vergleich zu* (*verglichen mit*) früher hast du schon mal besser argumentiert.
*Im Verhältnis zu* ihr hat er wenig Grips im Kopf.
*Im Verlauf* des Vieraugengesprächs wurden auch die heiklen Punkte angesprochen.
Nur *unter der Voraussetzung* einer geheimen Wahl bin ich zur Kandidatur bereit.

Die Bauarbeiten konnten erst *auf dem Wege* einer einstweiligen Verfügung durchgesetzt werden.
Nichts sollte *gegen den Willen* der Bevölkerung geschehen.
Er steht immer noch *unter der Wirkung* des Schocks.
*Mit/ohne Wissen* des zuständigen Dezernats wurde mit der Planung begonnen.
Unser Abgeordneter ist davon überzeugt, *zum Wohle* der Allgemeinheit zu handeln.
Wir senden dieses Lied *auf Wunsch von* Frau Emma Müller aus Paderborn.

*Im Zeitraum von* nur zwei Jahren hat die Einwohnerzahl um 10% zugenommen.
Der Überfall stand *im Zusammenhang mit* der Rauschgiftszene.
*Zum Zwecke* der Finanzierung des Bauvorhabens gab die Firma neue Aktien aus. (→ *zwecks*)

## Allgemeine Aufgaben

**16**
Bilder für
Präpositionen

**Aufgabe**
2/2–3

Finden Sie für die Verwendungsmöglichkeiten einzelner Präpositionen nach Möglichkeit kleine Zeichnungen oder Fingersymbole. Das geht am besten bei der räumlichen Verwendungsweise von Präpositionen (aber auch manchen anderen Präpositionen).
Achten Sie auch darauf, welche Präpositionen miteinander konkurrieren.
Übersetzen Sie die Präpositionen in Ihre Muttersprache. Gibt es dabei Probleme? Funktioniert die Präposition in Ihrer Sprache anders? Wo liegen die Unterschiede?

**17**
Lernkarten

**Aufgabe**
2–3

Übertragen Sie die Ausdrücke in A 12, die Sie lernen wollen, auf kleine Karteikarten (mit Präposition und Kasus). Auf die Kartenrückseite können Sie die Übersetzung oder einen Beispielsatz schreiben. Mit Karten zu lernen macht mehr Spaß als mit Listen.

**18**
Präpositionen
der Schrift-
sprache

**Aufgabe**
3

Nehmen Sie eine Tageszeitung (oder einen Fachtext aus den Bereichen Technik, Wirtschaft, Recht, Politik, Verwaltung. Durchsuchen Sie den Text systematisch (mit Markerstift) nach schriftsprachlichen Präpositionen und präpositionalen Ausdrücken.

Auch Heinz Erhardt hängt sehr an diesem Text:

### Anhänglichkeit

Das Kind hängt an der Mutter,
der Bauer an dem Land,
der Protestant an Luther,
das Ölbild an der Wand.
Der Weinberg hängt voll Reben,
der Hund an Herrchens Blick,
der eine hängt am Leben,
der andere am Strick . . .

*Heinz Erhardt*

# Kapitel 13

# KOMPLEXITÄT UND LEICHTIGKEIT
## Nominalisierung

# Lesepause (Teil I)

## Lebenslauf

| | | | | |
|---|---|---|---|---|
| Anfang | Fortschritt | Küsse | Posten | Untergang |
| Baby | Grundschule | Liebe | Qualität | Veralten |
| Creme | Hauptschule | Mann und Frau | Rastlosigkeit | Warten |
| Daumen | Irrwege | Neureich | Sommerhaus | X |
| Erfahrung | Jugendsünden | Ordnung | Traumreise | Y |
| | | | | Zentralfriedhof |

*Theo Weinobst*

## Ordnung auf dem Friedhof (irgendwo im süddeutschen Raum)

### FRIEDHOF-ORDNUNG

1. Der Besuch des Friedhofs ist auf die Tageszeit beschränkt. Besuchstage und -zeiten können jedoch besonderen Erfordernissen entsprechend festgesetzt werden.
2. Das Betragen muß ein anständiges und der Würde des Ortes angemessen sein.
   Den Anordnungen des Aufsichtspersonals (Totengräber) ist jederzeit Folge zu leisten.
   Kinder unter 10 Jahren dürfen den Friedhof nur in Begleitung von Erwachsenen unter deren Verantwortung betreten.
3. Das auf den Wegen zwischen den Grabhügeln wachsende Gras ist von den Angehörigen zu entfernen und die Begräbnisstätte in einem würdigen Zustande zu erhalten.
4. Für die Aufstellung eines Grabsteines oder Denkmals sowie für Grabeinfassungen ist die Genehmigung des Bürgermeisters einzuholen.
5. **ES IST VERBOTEN:**
a. Das Mitbringen von Tieren.
b. Das Befahren der Wege mit Fahrzeugen aller Art, soweit nicht besondere Genehmigung dazu erteilt ist.
c. Der Aufenthalt unbeteiligter Personen bei Beerdigungen.
d. Das Rauchen und Lärmen und jedes ungebührliche Verhalten.
e. Das Feilbieten von Waren, Blumen und Kränzen.
f. Das Beschädigen und Beschreiben der Denkmäler und Grabkreuze.
g. Das Betreten der Grabhügel und Anlagen, sowie das Wegnehmen von Pflanzen und Grabschmuck.
h. Das Ein- und Aussteigen über die Friedhofsmauer (Umzäunung).
i. Das Auswerfen von abgängigem Material über die Friedhofsmauer (Umzäunung), das Ablegen von solchem an nicht hierzu bestimmten Plätzen, sowie Verunreinigungen aller Art.

Zuwiderhandlungen werden polizeilich bestraft.
Schadenersatzforderung bleibt in jedem Falle vorbehalten.

*Der Bürgermeister*

## Nummer 36

Nummer 36 weiß von selbst, daß Ernst und Anstrengung notwendig sind, denn sie hat jeden Tag eine bestimmte Produktionszahl zu erreichen.

Damit der Arbeitstag reibungslos verläuft und Störungen im festen Getriebe des Arbeitstages auch wirklich vermieden werden, wurde die Betriebsordnung geschaffen, die den Betriebsfrieden erhalten soll. Diese Gebote, die vom Betriebsrat mit unterzeichnet sind, hängen auf einem schwarzen Brett im Betrieb.

Ihr Inhalt fordert: Sicherheit, Geheimhaltungspflicht, Fleiß, Ehrlichkeit, Sauberkeit, Nüchternheit, Wahrhaftigkeit, Opfersinn, Selbstdisziplin, Ausdauer, Pünktlichkeit, Bescheidenheit, Sparsamkeit, Zufriedenheit, Pflichtbewußtsein, Einsatzbereitschaft, Sorgfalt, Gewissenhaftigkeit, Ordnung, Ruhe, Treue, Geschicklichkeit, Zuverlässigkeit, Ergebenheit, Verzicht, Selbstaufgabe, Anhänglichkeit, Hingabe und Geduld.

Diese Bestimmungen sind zur Selbstverständlichkeit jedes redlichen Arbeiters geworden, trotzdem sie ihn in Wahrheit rechtlos machen. Nummer 36 wird Nummer 36 bleiben und als solche ungefragt hin und her geschoben werden.

Eine viertel Stunde Frühstück, eine halbe Stunde Mittag.

In den Pausen sich ständig wiederholende Gespräche über Sport, Kino, Fernsehen, Sex.

Sechzehn Uhr. Der Sirenenton kündigt den Feierabend an.

Peng! Nummer 36 bleibt in der Öffnung des Kartensteckers zurück. Er geht in den Ankleideraum, duscht sich und zieht sich um. Nun fühlt er sich wieder als Mensch, nicht mehr als Nummer.

*Harald Schmid*

## Lehrmeisterin Natur

Vom Efeu können wir viel lernen:
er ist sehr grün und läuft spitz aus.
Er rankt rasch, und er ist vom Haus,
an dem er wächst, schwer zu entfernen.

Was uns der Efeu lehrt? Ich will es so umschreiben:
Das Grünsein lehrt er uns. Das rasche Ranken.
Den spitzen Auslauf und, um den Gedanken
noch abzurunden: auch das Haftenbleiben.

*Robert Gernhardt*

## Deutung eines allegorischen Gemäldes

Fünf Männer seh ich inhaltsschwer –
wer sind die fünf? Wofür steht wer?

Des ersten Wams strahlt blutigrot –
das ist der Tod das ist der Tod

Der zweite hält die Geißel fest –
das ist die Pest das ist die Pest

Der dritte sitzt in grauem Kleid –
das ist das Leid das ist das Leid

Des vierten Schild trieft giftignaß –
das ist der Haß das ist der Haß

Der fünfte bringt stumm Wein herein –
das wird der Weinreinbringer sein.

*Robert Gernhardt*

# Grammatik im Kasten (Teil I)

## 1. Nominalisierung kann bedeuten

a) etwas zu einem Nomen machen:

| | | | |
|---|---|---|---|
| Verb: | verstehen | → | das Verständnis/das Verstehen |
| Adjektiv | leicht, einfach | → | die Leichtigkeit, die Einfachheit |
| Prädikat: | ...ist reich | → | der Reichtum |
| Satz: | Das Sein ist unerträglich leicht. | | |

      → Die unerträgliche Leichtigkeit des Seins
       (Titel des Romans von Milan Kundera)

b) das Nomen, das aus der Nominalisierung entstanden ist:
Verständnis, Leichtigkeit, Reichtum sind Nominalisierungen.
Dagegen sind Wörter wie Tisch, Stuhl, Bierflasche keine Nominalisierungen.

Das Kapitel ist in zwei Teile gegliedert:
Teil I (S. 190–205) zeigt, wie Verben und Adjektive nominalisiert werden,
Teil II (S. 206–211) zeigt, wie Sätze nominalisiert werden.

## 2. Nominale und verbale Form

Die Beziehung zwischen der verbalen und der nominalen Form kann man mit dem folgenden Schema zeigen:

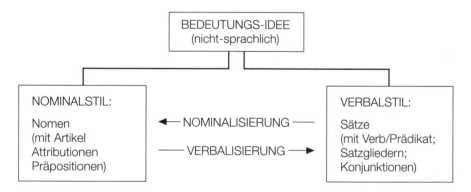

„Bedeutungs-Idee" bezeichnet den Gedanken, den ich ausdrücken will. Die Umsetzung in Sprache kann auf zwei Arten geschehen: durch eine nominale Struktur (Nominalisierung) oder durch eine verbale Struktur. Die sprachlichen Formen können sich lexikalisch gleichen, sie müssen es aber nicht:

| | | | |
|---|---|---|---|
| gleich: | anfangen | ↔ | der Anfang |
| ähnlich: | etwas ist falsch | ↔ | der Fehler |
| verschieden: | nicht genug haben | ↔ | der Mangel |

192

## 3. Übersicht: Die verschiedenen Nominalisierungstypen

### A. „deutsche" Nominalisierungen:

**A 1:** Infinitiv
das Sitzen, das Trinken, das Reden

**A 2:** -ung
die Regierung, die Umleitung

**A 3:** -heit/keit/igkeit
die Freiheit, die Sauberkeit, die Gerechtigkeit

**A 4:** -e
die Bitte, die Liebe

**A 5:** -t
Die Fahrt, die Kraft, die Sucht

**A 6:** Wortstamm:
der Sprung, der Fall, der Schlag

**A 7:** -er/ler
der Metzger, der Hamburger, der Schalter, der Abstinenzler

**A 8:** -schaft
die Freundschaft, die Partnerschaft

**A 9:** -tum
der Reichtum, das Wachstum, das Denunziantentum

**A 10:** -nis
das Ereignis, das Hindernis

**A 11:** -sal
das Schicksal, die Mühsal

**A 12:** -sel
das Rätsel, das Überbleibsel

**A 13:** -ling
der Lehrling, der Liebling

**A 14:** -ei
die Tyrannei, die Sauerei, die Metzgerei

**A 15:** Ge-
das Gerede, das Geräusch

**A 16:** dekliniertes Adjektiv
das Wahre, Schöne und Gute

### B. „fremde" Nominalisierungen:

**B 1:** -ion/ation
die Reaktion, die Demonstration

**B 2:** -ität
die Aktivität, die Qualität

**B 3:** -or/ator
der Direktor, der Diktator

**B 4:** -eur
der Konstrukteur, der Saboteur

**B 5:** -ant/ent
der Denunziant, der Dirigent

**B 6:** -anz/enz
die Ignoranz, die Tendenz

**B 7:** -ie
die Bürokratie, die Pedanterie

**B 8:** -ik/atik
die Lyrik, die Problematik

**B 9:** -ismus/asmus
der Dilettantismus, der Enthusiasmus

**B 10:** -ist
der Optimist, der Extremist

**B 11:** -ar/är
das Vokabular, das Militär

**B 12:** -at
das Sekretariat, das Antiquariat

**B 13:** -ment
das Parlament, das Arrangement

**B 14:** -age
die Reportage, die Blamage

**B 15:** -ing
das Marketing, das Camping

**B 16:** -esse
das Interesse, die Delikatesse

**B 17:** -ose
die Diagnose, die Neurose

**B 18:** -ur/üre
die Literatur, die Lektüre

**B 19:** -ade
die Hitparade, die Blockade

**B 20:** ohne Endung
das Problem, das System

# Übungen und Regeln (Teil I)

**1**

A 1: Infinitiv

**Aufgabe**

2–3 ☐☐

Infinitiv als Nomen: A 1

Auf diese Weise kann man alle Verben und verbale Ausdrücke nominalisieren; diese Nomen sind alle neutrum, sie werden groß geschrieben:

Efeu ist grün. → das *Grünsein* (des Efeus)
Efeu bleibt am Haus haften. → das *Haftenbleiben* (des Efeus am Haus)

Wie ein Verb können diese Nomen eine Tätigkeit, einen Prozeß, einen andauernden Zustand ausdrücken. Die meisten Nomen dieser Art findet man nicht im Wörterbuch, weil ihre Bedeutung mit dem Verb völlig übereinstimmt. Man kann komplexere Formen bilden:

das Hin-und-Her-Laufen, das morgendliche In-den-Spiegel-Sehen

Eine Reihe dieser Infinitiv-Nomen stehen im Wörterbuch:

das Rechnen, Schreiben, Singen, Turnen, Tanzen; Essen
Man kann sie nominal oder verbal interpretieren:
nominal: Schulfächer; Speise
verbal: die jeweiligen Tätigkeiten

Welche der folgenden Nomen können nominal, welche verbal interpretiert werden? Welche stehen im Wörterbuch? Finden Sie Synonyme.

das Essen – das Trinken – das Schreiben – das Tanzen – das Denken – das Nachdenken – das Verschwinden – das Lachen – das Sein – das Kochen – das Zurückbringen – das Andenken

**2**

A 2: *-ung*

**Aufgabe**

2–3 ☐☐

-ung: A 2

Mit -ung werden sehr viele Verben nominalisiert. Diese Nomen sind immer feminin. Sie bezeichnen einen Vorgang, können aber auch einen Zustand, ein Ergebnis oder ein Endprodukt bezeichnen:
schreiben: das Schreiben (Tätigkeit schreiben)
die Rechtschreibung (das System der Orthographie einer Sprache)
lesen: das Lesen (Tätigkeit lesen)
die Vorlesung (eine akademische Veranstaltung)

Verbalisieren Sie in Gruppe 1 die hervorgehobenen Nomen. Beachten Sie sich bei reflexiven Verben.
Nominalisieren Sie in Gruppe 2 die hervorgehobenen Verben.

Beispiel: *Unsere Entscheidung* steht fest. → sich entscheiden
Ich kann *mich* an nichts mehr *erinnern*. → die Erinnerung

## Gruppe 1

*Die Verwirrung* der Leute war sehr groß.
Ich werde Ihnen *eine rechtzeitige Benachrichtigung* zukommen lassen.
*Die Entstehung* des Plunders müßte mal untersucht werden.
Sie hat *eine gute Beurteilung* bekommen.
Ich möchte um *Entschuldigung* bitten.

## Gruppe 2

Bis morgen müssen Sie *sich entscheiden*.
Die jungen Leute haben schon viel *erfahren*.
Es war unmöglich, die Situation zu *verbessern*.
Ich muß noch etwas Wichtiges *anmerken*.
Wir haben nichts Besonderes *beobachtet*.

**Aufgabe**
| 3 | | |

Nominalisierungen kann man verschieden interpretieren: als Prozeß oder als Ergebnis des Prozesses. Wir zeigen das bei den Nominalisierungen auf -ung:

die Erinnerung: der Prozeß sich erinnern
das Ergebnis des Prozesses sich erinnern: z. B. Erlebnisse aus meiner Kindheit; „Bilder" in meinem Bewußtsein.

**3**

Interpretieren Sie die Nominalisierungen in den Satzpaaren.

Als der Weihnachtsmann eintrat, war die Überraschung groß.
Der Weihnachtsmann sagte: „Ich habe jedem Kind eine Überraschung mitgebracht."

Ich habe für die Übersetzung vier Stunden gebraucht.
Diese Übersetzung ist sehr gut geworden.

Ich werde mir bei Ihrer Beurteilung Mühe geben.
Wie konnten Sie nur zu so einer Beurteilung kommen?

Zur Verteidigung Ihrer Rechte sollten Sie eine Rechtsberatung in Anspruch nehmen.
In der zweiten Halbzeit sah die Verteidigung des FC Hoppel schlecht aus.

**Aufgabe**
| 2–3 | | |

mit -heit/-keit/-igkeit: A3
So können viele Adjektive, auch manche P II, nominalisiert werden. Die Nomen sind immer feminin. Sie drücken aus:
Eigenschaften von Menschen, Gegenständen, Situationen (Trockenheit)
abstrakte Ideen (Freiheit)
manchmal auch Gruppen oder Individuen (Obrigkeit)

**4**

A 3: -heit/-keit

Lesen Sie die Beispiele; bilden Sie aus den Nomen Adjektive und aus den Adjektiven Nomen.

| -keit: | -igkeit: | -heit: |
|---|---|---|
| (nach -bar, -ig, -lich, -sam; meist nach er/-el) | (nach -haft, -los und einigen normalen Adj.) | (nach den meisten Adj., nach P II) |
| Lösbarkeit | Wahrhaftigkeit | Freiheit |
| Richtigkeit | Lebhaftigkeit | Gleichheit |
| Endlichkeit | Gedankenlosigkeit | Schönheit |
| Enthaltsamkeit | Gerechtigkeit | Kompliziertheit |
| Sauberkeit | Helligkeit | Aufgeregtheit |

Der Tourist war erstaunt über die *Schnelligkeit* der Nilpferde.
Valentins *Sturheit* brachte die Verkäuferin fast zur Verzweiflung.
Wegen ihrer *Ausgelassenheit* tanzten die Rettungsbernhardiner einen Tango.
Du bist ziemlich *dumm.*
Ich bin davon überzeugt, daß das alles *richtig* ist.
Daß alles *sauber* ist, ist für manche Deutsche überaus wichtig.

**5**

A4: -e

**Aufgabe** | 2–3 | | |

mit -e: A4

Adjektive und Verben können so nominalisiert werden; sie sind meistens feminin (achten Sie auf kleine Änderungen):

bitten, tief → Bitte, Tiefe
hart, hoch → Härte, Höhe

Verben: | | Adjektive: | |
---|---|---|---
Bitte | Wende | Härte | Tiefe
Krankenpflege | Stellungnahme | Größe | Länge
Frage | Annahme | Breite | Stärke
Rache | Abgabe | Schwäche | Dicke

Bilden Sie Nomen bzw. Verben/Adjektive.

meine große *Liebe* zu dir
*Die Rückgabe* der Waren ist leider nicht möglich.
Ich *suche* nach der Wahrheit.
Er war ein *großer* Mensch.
Vor Verzweiflung stand dem Tapezierer die *Röte* im Gesicht.
Mit diesem Gerät kann man bestimmen, wie *hart* das Material ist.

**6**

A5: -t

**Aufgabe** | 2–3/3 | |

mit -t: A5

Die meisten dieser Nomen sind feminin.

Erklären Sie die Nomen. Bilden Sie Nomen bzw. Verben/Adjektive.

Auskunft – Vorsicht – Eifersucht – Sucht – Fahrt – Kraft – Pflicht – Vernunft – Ankunft – Sehnsucht – Unterkunft – Abschrift – Tierzucht – Schlacht – Schicht – Aussicht

Hier stehen die *Ankunftszeiten* der Züge, die *Abfahrts*zeiten stehen da drüben.
*Schreiben* Sie das bitte *ab.*
Warum bist du denn so *eifersüchtig?*
So, wie du *schreibst* – das kann keiner lesen.
Auf der *Flucht* traf er einen netten Polizisten.
Mensch, sei doch *vernünftig!*

**7**

A6: Wort-
stamm

**Aufgabe** | 2–3/3 | |

Wortstamm (ohne Endung): A6

Die (sehr zahlreichen) Nomen sind meistens maskulin.

Lesen Sie die Ausdrücke. Bilden Sie Nomen bzw. Verben.

Fall – Sprung – Kauf – das Spiel – Eingang – Knall – Zug (beim Schachspiel) – das Ausmaß – Griff – Schlaf – Beitrag – das Verbot – Riß – Zwang – Verzicht – die Rückkehr

Aber nicht alle Nomen, die so aussehen, sind Nominalisierungen:
das Abteil – der Türgriff – der Strich – der Zug (= Eisenbahn) – das Band – das Grab – der Stich (= Grafik)

der *Tanz* auf dem Vulkan
Das *klingt* alles sehr schief.
Sherlock Holmes *fiel* in einen Abgrund, erwachte aber viele Jahre später wieder zum Leben.
Ich *verzichte* auf eine Antwort.
der Wald*lauf*
der Richter*spruch*

**Aufgabe**
2–3/3

mit -er/-ler/-ner: A 7
Die Nomen sind maskulin. Sie bezeichnen:

**8**

A 7: -er

| 1. Berufe/Gruppen | Tätigkeiten | Charakterisierungen |
|---|---|---|
| Hausmeister | Auftraggeber | Nichtstuer |
| Metzger | Radfahrer | Wichtigtuer |
| Arbeitgeber | Überbringer | Klugscheißer |

Hierzu gehören auch Nomen mit der Endung -ner/-ler:

Wissenschaftler – Rentner

2. Herkunft einer Person

Düsseldorfer – Stuttgarter – Amerikaner
Die Nomen in 1. und 2. bilden feminine Formen mit -in:

die Pariserin – die Ansagerin – die Radfahrerin – die Wichtigtuerin

3. bestimmte Vorgänge
(Manchmal haben die Nomen andere Bedeutungen, als man zuerst vermuten könnte.)

Fehler – Abstecher – Treffer – Versager – Seufzer – Jodler – Rülpser – Versprecher – Sechser (im Lotto)

4. technische Geräte

Fernseher – Schalter – Staubsauger – Rasierer – Plattenspieler – Scheibenwischer – Anhänger (hinter einem Lastwagen)

Lösen sie die Aufgaben.

a) Was tun/können diese Personen?

ein Motorradfahrer – der Schreiner – der Holzfäller – der Lehrer – der Schüler

b) Charakterisieren Sie Tätigkeit und Person.

ein Täter – der Finder – ein Stubenhocker – ein Weltverbesserer – ein Radfahrer

c) Wie kann man diese Personen nennen?

Jemand macht Schuhe. – Jemand verkauft Wein. – Jemand unterrichtet in einer Schule. – Jemand tut nichts. – Jemand leitet ein Institut.

d) Wozu dienen diese Apparate?

Fernseher – Lichtschalter – Rasenmäher – Feuermelder – Verstärker – Kopierer – Zahnstocher

e) Die folgende Gruppe von Ausdrücken steckt voller Überraschungen! Statt „Herkunft einer Person" können sie etwas ganz anderes bedeuten.

Frankfurter – Hamburger – Berliner – Pariser – Römer – (die) Lyoner – Hannoveraner

f) Einige der folgenden Ausdrücke haben einen negativen Klang.
Diskutieren Sie die Ausdrücke mit Deutschen.

Wissenschaftler – Gewerkschaftler – Gewerkschafter – Spätaussiedler – Künstler – Völkerrechtler – Zuchthäusler – Umstürzler – Kriegsgewinner – Kriegsgewinnler – Bürgerrechtler – Pförtner – Partner – Nachzügler – Abweichler – Hinterwäldler

g) Bilden Sie überall, wo es sinnvoll ist, die femininen Formen.

**9**

A 8: *-schaft*

**Aufgabe**

2–3/3

mit -schaft: A 8
Die Nomen sind feminin. Sie bezeichnen:

| Personengruppen | Organisationen | Zustände |
|---|---|---|
| Beamtenschaft | Gewerkschaft | Mutterschaft |
| Mannschaft | Gesellschaft | Vaterschaft |

Interpretieren Sie die Ausdrücke in Gruppe 1 im Kontext der Sätze. Formulieren Sie in Gruppe 2 passende Ausdrücke.

Gruppe 1
fünfundzwanzigjährige *Mitgliedschaft* im Männergesangverein
Die Nationalsozialisten hatten innerhalb kurzer Zeit eine totale *Herrschaft* etabliert.
Die *Lehrerschaft* unserer Schule war schon immer konservativ.
Versuchen Sie mal, das deutsche Wort *Freundschaft* zu erklären!

Gruppe 2
Er wollte nicht anerkennen, daß er der *Vater* des Kindes war.
Ach, was waren wir damals doch gute *Kameraden*.
Erst als die Krise kam, sind alle, die *zum Betrieb gehören*, aufgewacht.
Mit DNA-Fingerprinting kann man feststellen, ob ein Verdächtiger als *Täter* in Frage kommt.

**10**

A 9: *-tum*

**Aufgabe**

2–3/3

mit -tum: A 9
Die Nomen sind neutrum oder maskulin; sie bezeichnen:
Religionen/Ideologien (Christentum, Heidentum, Luthertum)
gesellschaftliche Struktur und Ordnungen (Königtum, Sklaventum)
Charakterisierungen (Denunziantentum)
Situationen, Zustände (Irrtum, Reichtum)

Lesen Sie die Ausdrücke; bilden Sie Nomen bzw. Verben/Adjektive.

reich – deutsch – sich irren – Christentum – Sklaventum – Denunziantentum – Volkstum – Herzogtum – Besitztum – Eigentum – wachsen

**11**

A 10: *-nis*

**Aufgabe**

2–3/3

mit -nis: A 10
Die Nomen sind feminin oder neutrum. Mit ihnen bezeichnet man Situationen und Tätigkeiten.

Bilden Sie Nomen aus den Verben oder Adjektiven.

sich ärgern – finster – sich ereignen – wagen – sich sorgen – geheim – hindern – erkennen – verzeichnen – begraben

Erklären Sie die Bedeutung der Nomen.

Verständnis – Bedürfnis – Erlebnis – Versäumnis – Empfängnis – Verhängnis – Zerwürfnis – Gefängnis – Erlaubnis – Erzeugnis

**12**

A 11: *-sal*

**Aufgabe**

2–3/3

mit -sal: A 11
Erklären Sie die Bedeutungen der Ausdrücke dieser (kleinen) Wortgruppe.

das Schicksal – die Mühsal – die Trübsal – „Irrsal und Wirrsal"

**13**

A 12: *-sel*

**Aufgabe**

2–3/3

mit -sel: A 12
Erklären Sie die Bedeutungen der Ausdrücke dieser (kleinen) Wortgruppe.

das Rätsel – das Mitbringsel – das Überbleibsel – das Geschreibsel – das Blutgerinnsel – der Stöpsel

**Aufgabe**
2–3/3 | |

mit -ling: A 13

Die Nomen bezeichnen meist Charakterisierung/Tätigkeiten/Berufe. Sie sind maskulin. Manche dieser Nomen haben einen negativen Klang.

Lesen Sie die Nomen und entscheiden Sie, welche negativ klingen. Welche gehören nicht zu den Nominalisierungen?

**14**

A 13: *-ling*

Lehrling – Prüfling – Feigling – Primitivling – Schwächling – Brätling – Liebling – Eindringling – Pfifferling – Schützling – Günstling – Fiesling

**Aufgabe**
2–3/3 | |

mit -ei (-erei/-elei): A 14

Die Nomen sind feminin. Sie bezeichnen:
1. berufliche/gesellschaftliche Einrichtungen
2. technische Systeme
3. Eigenschaften/Situationen/Tätigkeiten mit negativer Bedeutung.

Lesen Sie die Ausdrücke. Ordnen Sie sie den Kategorien (1./2./3.) zu.

**15**

A 14: *-ei*

Metzgerei – Schweinerei – Sauerei – Bäckerei – Barbarei – Gärtnerei – Liebelei – Kartei – Eselei – Fresserei – Paukerei – Quertreiberei – Blödelei – Datei – Ferkelei – Quasselei – Heuchelei – Schlamperei

**Aufgabe**
2–3/3 | |

mit der Vorsilbe Ge-: A 15

Die Nomen sind meistens neutrum:
das Gefühl, das Geräusch, der Geruch
Manche haben einen negativen Klang:
das Gerede, das Getue, das Geschwätz, das Geschrei

Bilden Sie Nomen aus den hervorgehobenen Verben.
Wo können Ausdrücke mit negativem Klang wie in A 15 gebildet werden?

**16**

A 15: *Ge-*

Sie haben schön *gesungen*.
Hier *riecht* es übel.
Was *schreit* ihr denn so?
Die Leute *reden und reden*.
Hör auf, so dumm *daherzuschwätzen*.
Ich *fühle*, daß ich dich liebe.
Hören Sie auf, ständig zu *quatschen*.
Es hat doch keinen Zweck, stundenlang ziellos hier *herumzulaufen*.

**Aufgabe**
2–3/3 | |

dekliniertes Adjektiv: A 16

Vergleichbar mit der Nominalisierung des Infinitivs können Adjektive nominalisiert werden. Sie haben Adjektivendungen. Sie bezeichnen:
ein abstraktes Prinzip, eine Idee (immer neutrum)
das Wahre, das Böse, das Besondere
Sprachen (immer neutrum)
das Deutsche, das Lateinische
Charakterisierung von Personen durch bestimmte Eigenschaften
der/die Angestellte, Kranke, Reiche, Schwarze

**17**

A 16: Adjektiv

Bilden Sie in Gruppe 1 Nomen, in Gruppe 2 Adjektive. Bezeichnen Sie in Gruppe 3 die Personen mit einem Nomen. Klären Sie in Gruppe 4 die besonderen Bedeutungen der Ausdrücke.

## Gruppe 1

das, was schön, wahr und gut ist
das, was am allerwichtigsten ist
was ewig weiblich ist
was revolutionierend ist

## Gruppe 2

das Besondere einer echten Marseiller Bouillabaisse
das Verrückte an der ganzen Sache
Das ist das Dümmste, was ich je gehört habe.
Erklären Sie mal: „das Deutsche"!

## Gruppe 3

Seit zwei Monaten ist er krank.
Er ist bei der Stadtverwaltung angestellt.
Mit diesen Leuten bin ich verwandt.
In diesem Haus sind wohl alle verrückt.

## Gruppe 4

eine Rote – die Roten – die Grünen – die Schwarzen – die Braunen – eine Halbe – ein Viertel(e) – die Blau-Weißen

# Übungen mit „fremden" („internationalen") Nominalisierungen

Viele Nominalisierungstypen sind in ähnlicher Form auch in den anderen europäischen Sprachen vorhanden. Das liegt an der gemeinsamen lateinisch-griechischen Grundlage. Englisch als die führende internationale Sprache gibt diesen Ausdrücken einen internationalen Verkehrswert.
Achten Sie auf die Unterschiede zu Ihrer Sprache: Schreibweise, Aussprache; eventuell Bedeutung.

**18**

B 1: -ion

**Aufgabe** mit -ion/-ation: B 1

2–3

Die Nomen sind immer feminin.
Wie heißen die möglichen Verben? Bilden Sie Nomen im Kontext der Sätze.

Dokumentation – Deklaration – Produktion – Funktion – Variation – Konzeption – Explosion – Qualifikation – Infektion – Sozialisation – Kombination – Indiskretion – Demonstration – Konzentration – Dimension – Delegation

Versuche doch mal, bei diesem Spiel ein wenig zu *variieren.*
Die Stadt braucht neue Abwasser*kanäle.*
Immer wenn du in der Nähe bist, kann ich mich nicht richtig *konzentrieren.*
die *Deklaration* der Menschenrechte
Aber ich halte mich für diese Aufgabe für bestens *qualifiziert.*
Das war aber nicht sehr *diskret.*
Auf der *Demonstration* waren bestimmt mehr als tausend Leute.
Das ist ein Spiel, bei dem es darauf ankommt, schnell zu *kombinieren.*

**Aufgabe**
| 3 | | |

Wörter mit -ion können Varianten mit -ierung haben. Oft bezeichnet dann das Nomen mit -ion einen Endzustand, das Nomen mit -ierung einen Vorgang, der noch nicht abgeschlossen ist.
Manchmal kommt nur eine dieser Varianten vor.

Lesen Sie in Gruppe 1 die Wörter; bilden Sie, wo es möglich ist, Nomen mit -ierung; diskutieren Sie mögliche Unterschiede.
Diskutieren Sie die Bedeutungsunterschiede in den Satzpaaren der Gruppe 2 (wie in A3).

**19**
*-ion/-ierung*

Gruppe 1

Deklaration – Rehabilitation – Sozialisation – Reintegration – Qualifikation – Dokumentation – Kanalisation – Provokation – Konzeption

Gruppe 2

Die *Kanalisation* der Altstadt wird Jahre dauern.
Die ganze *Kanalisation* war veraltet.

Das ist eine ausgezeichnete *Spielkombination*.
Meine *Kombination* war sehr einfach: Sie ist die einzige Verdächtige, die kein Alibi vorzuweisen hat. Also ist sie höchstwahrscheinlich unschuldig.

Ich erkläre Ihnen jetzt die *Funktion* des Brötchentoasters.
x = f(y) (= *Funktion* von)

**Aufgabe**
| 2–3 | | |

mit -ität: B2
Die Nomen sind immer feminin; sie sind meistens von Adjektiven abgeleitet.
Erklären Sie die Ausdrücke.

**20**
B2: *ität*

Aggressivität – Aktivität – Universität – Brutalität – Humanität – Rationalität – Quantität – Qualität – Objektivität – Solidarität – Nationalität – Universalität – Passivität – Nervosität

Bilden Sie Nomen bzw. Adjektive.

Warum bist du heute so *aggressiv*?
Die Schlägertypen gingen mit großer *Brutalität* vor.
Wir müssen *solidarisch* sein.
Konnte man mir meine *Nervosität* ansehen?
*Irrational* zu sein, ist manchmal ganz spannend.
Er schwärmt von ihr, weil sie so *attraktiv* ist.
Ist die Wissenschaft *objektiv*?
Die Todesstrafe ist *inhuman*.

**Aufgabe**
| 2–3 | | |

mit -or/-ator: B3
Die Nomen bezeichnen Berufe, Tätigkeiten, Charakterisierungen und Geräte. Sie sind maskulin. Sie entsprechen Typ A7: -er.

Erklären Sie die Nomen; bilden Sie bei den Personenbezeichnungen weibliche Formen, wo es sinnvoll ist.

**21**
B3: *-or/-ator*

Diktator – Lektor – Reaktor – Rektor – Traktor – Transformator – Direktor – Doktor – Agitator – Faktor – Ventilator

## 22
B4: *-eur*

**Aufgabe** | 2–3 | | | mit -eur: B4

Die Nomen sind ähnlich wie Typ B3. Sie kommen aus dem Französischen und werden mehr oder weniger französisch ausgesprochen.

Erklären Sie die Nomen. Welche weiblichen Formen gibt es? Gibt es entsprechende Verben?

Deserteur – Konstrukteur – Ingenieur – Saboteur – Masseur – Frisör – Regisseur – Likör

## 23
B5: *-ent/-ant*

**Aufgabe** | 2–3/3 | | | mit -ant/ent: B5

Diese Nomen sind maskulin. Sie bezeichnen meistens Berufe, Tätigkeiten und Charakterisierungen von Personen.

Erklären Sie die Ausdrücke. Wie heißen die Verben? Bilden Sie die weiblichen Formen.

Patient – Straßenmusikant – Korrespondent – Kontinent – Intendant – Denunziant – Konsument – Konsonant – Dirigent – Querulant – Spekulant

## 24
B6: *-enz/-anz*

**Aufgabe** | 2–3/3 | | | mit -anz/-enz: B6

Die Nomen sind feminin. Oft kommen sie von Verben mit -ieren oder Adjektiven mit -ant/-ent.
Lesen Sie die Ausdrücke.

Konsistenz – Korrespondenz – Dissonanz – Repräsentanz – Konferenz – Militanz – Konkurrenz – Abstinenz – Existenz – Tendenz – Koexistenz

Benennen Sie mit einem Nomen, was in den Sätzen gemeint ist.
Die Konjunktur *tendiert* nach unten.
Es geht darum, Formen zu finden, um friedlich zu *koexistieren.*
Der Mensch *existiert*; es fragt sich nur, wie.
Werden Sie *abstinent*, sonst drohen Ihnen gesundheitliche Risiken.
Wir *korrespondieren* seit Jahren miteinander.
Wenn man genau hinschaut, sieht man, wie sie miteinander *konkurrieren.*

## 25
B7: *-ie*

**Aufgabe** | 2–3 | | | mit -ie: B7

Die Nomen sind immer feminin. Sie bezeichnen vor allem Verhaltensweisen, wissenschaftliche Bereiche, gesellschaftliche Nomen oder Gruppen.
Erklären Sie die Wörter.

| Verhaltensweisen | Wissenschaft | Normen | Gruppen |
|---|---|---|---|
| Pedanterie | Philosophie | Diplomatie | Aristokratie |
| Koketterie | Psychologie | Anarchie | Bourgeoisie |
| Perfidie | Ökonomie | Despotie | |

Nennen Sie Nomen im Kontext der Sätze.
Mir geht es auf die Nerven, daß du so *pedantisch* bist.
Das ist unglaublich *perfide* von dir.
War das wirklich eine *demokratische* Wahl?
Das ist eine rein *philosophische* Betrachtungsweise.
Hier sollte man ein bißchen *diplomatischer* sein.

**Aufgabe** | mit -ik/-atik: B 8

**2–3/3** | Die Nomen sind immer feminin. Mit ihnen kann man abstrakte Sachverhalte, häufig auch Methóden oder Wissenschaften bezeichnen.

Bilden Sie Bedeutungsgruppen. Finden Sie Adjektive oder Verben.

**26**

B8: *-ik/-atik*

Logik – Lyrik – Theatralik – Problematik – Thematik – Akrobatik – Romantik – Logistik – Physik – Musik – Gestik – Mimik – Romanik – Klassik – Mathematik – Gotik – Dramatik – Tragik

**Aufgabe** | mit -ismus/-asmus: B 9

**2–3** | Die Nomen bezeichnen: Lehren, Ideologien, Theorien, gesellschaftliche Kräfte, Verhaltensweisen, Kunstrichtungen. Sie sind immer maskulin. Die Pluralform -ismen betont den Ideologiecharakter.

Wie heißen dazugehörende Personen (→ A 28) und Adjektive?

**27**

B9: *-ismus/-asmus*

Militarismus – Marxismus – Kapitalismus – Katholizismus – Patriotismus – Kommunismus – Dogmatismus – Liberalismus – Sozialismus – Feminismus – Radikalismus – Pietismus – Terrorismus – Faschismus – Sexismus – Enthusiasmus – Orgasmus – Sarkasmus – und: „Paßt auf, nicht nur ein Druckfehler kann Rationalismus in Nationalismus verwandeln." (Stanislaw Jerzy Lec)

**Aufgabe** | mit -ist: B 10

**2–3** | Die Nomen können bezeichnen:
Berufe (besonders Musiker) und Tätigkeiten; Person, die einer Gruppe oder einem Prinzip (Typ B 9) angehört; charakterisierende Verhaltensweisen.

**28**

B10: *-ist*

| Berufe | Musiker | Anhänger | Verhaltensweisen |
|---|---|---|---|
| Journalist | Organist | Anarchist | Protagonist |
| Humorist | Gitarrist | Kommunist | Aktivist |
| Prokurist | Pianist | Extremist | Optimist |

**Aufgabe** | mit -ar/-är: B 11

**2–3/3** | Die Nomen sind maskulin oder neutrum. Sie können sehr verschiedene Bedeutungen haben.

Klären Sie die Bedeutung der Ausdrücke. Was gehört zusammen?

**29**

B11: *-ar, -är*

Funktionär – Revolutionär – Millionär – das Formular – das Mobiliar – das Vokabular – Bibliothekar – Notar – Kommentar

**Aufgabe** | mit -at: B 12

**2–3/3** | Die Nomen sind vor allem neutrum. Sie haben sehr verschiedene Bedeutungen.

Bilden Sie Bedeutungsgruppen.

**30**

B12: *-at*

Sekretariat – Antiquariat – Proletariat – Konsulat – Rektorat – Diktat – Kommissariat – Konzentrat – Traktat – Elaborat – Referat – Akrobat

**Aufgabe** | mit -ment: B 13

**2–3/3** | Die Nomen sind neutrum. Einige werden in Anlehnung an das Französische ausgesprochen.

Klären Sie die Bedeutungen.

**31**

B13: *-ment*

Parlament – Appartement – Engagement – Bombardement – Fundament – Arrangement – Abonnement

### 32
B 14: -age

**Aufgabe** mit -age: B 14

`2–3/3` Die Nomen sind immer feminin. Sie kommen meistens von Verben mit -ieren. Sie werden in Anlehnung an das Französische ausgesprochen.

Bilden Sie Nomen bzw. Verben.

Die Widerstandsbewegung hatte versucht, gegen die Rüstungsproduktion *Sabotage* zu betreiben.
Ihr Vortrag war eine einzige *Blamage*, Herr Müller!
Im Westen haben die Ostagenten *spioniert*, im Osten die Westagenten.
Mein lieber Herr Müller, Ihre *Reportage* war oberflächlich recherchiert.
Und jetzt bitte eine *Ganzkörpermassage*!

### 33
B 15: -ing

**Aufgabe** mit -ing: B 15

`2–3` Die Nomen sind aus dem Englischen übernommen und immer neutrum. Industrie und Werbung versuchen, solche Ausdrücke mehr und mehr zu popularisieren.

Erklären Sie die Ausdrücke. Wie sieht es mit dazugehörenden Verben aus?

Camping – Training – Shopping – Doping – Jogging – Marketing – Styling – Dressing

### 34
B 16: -esse

**Aufgabe** mit -esse: B 16

`2–3/3` Die Nomen sind meistens feminin, manchmal neutrum. Die meisten sind von Adjektiven abgeleitet.

Bilden Sie Nomen bzw. Verben/Adjektive.

Mein *Interesse* an diesen Dingen ist sehr groß.
Das schmeckt sehr *delikat*.
Das hast du wirklich *raffiniert* gemacht.
Ihr Wesen war von großer *Noblesse*.
Wir arbeiten außerordentlich *akkurat*.

### 35
B 17: -ose

**Aufgabe** mit -ose: B 17

`2–3/3` Die Nomen sind feminin. Es sind vor allem medizinische Fachausdrücke.

Klären Sie die Bedeutungen. Gibt es passende Verben?

Diagnose – Hypnose – Tuberkulose – Psychose – Neurose – Narkose – Kolchose – Dosis(!)

### 36
B 18: -ur/-üre

**Aufgabe** mit -ur/-üre: B 18

`2–3/3` Die Nomen sind feminin.

Klären Sie die Bedeutungen.
Zu welchen Nomen gibt es Verben?

Literatur – Reparatur – Diktatur – Lektüre – Allüre – Prozedur – Broschüre – Architektur – Karikatur – Muskulatur

### 37
B 19: -ade

**Aufgabe** mit -ade: B 19

`2–3/3` Die Nomen sind feminin.

Klären Sie die Bedeutungen. Gibt es passende Verben?

Sitzblockade – Hitparade – Olympiade – Marmelade – Dekade – Kohlroulade

**Aufgabe** 2–3/3 | | ohne Endung: B 20

Die Ausdrücke in dieser Aufgabe kommen aus dem Griechischen oder Lateinischen.

Klären Sie die Bedeutungen. Gibt es Verben oder Adjektive?

**38**

B 20: ohne Endung

Problem – System – Dialog – Katalog – Monolog – Dialekt – Prospekt – Defekt – Konflikt

**Aufgabe** 2–3/3 | | Wortfeldaufgabe: Machen Sie sich klar, zu welchem Nominalisierungstyp die Ausdrücke gehören.

**39**

Wortfelder

1. Benennen Sie Einzeldisziplinen der Leichtathletik (z. B. Weitsprung). Nennen Sie weitere Sportarten.
2. Nennen Sie die wichtigsten Schulfächer, die wichtigsten Bereiche einer Universität (z. B. Mathematik).
3. Nennen Sie Ausdrücke, mit denen man menschliche Verhaltensweisen, Charaktereigenschaften bezeichnen kann (z. B. Großzügigkeit).
4. Nennen Sie wichtige Religionen, Denksysteme, Ideologien (z. B. Christentum).
5. Nennen Sie – mit Nomen – die Abschnitte eines Lebens, z. B. Geburt. (Vergleichen Sie den Text „Lebenslauf" → Lesepause.)
6. Sie sind Personalchef/in. Auf welche Grundsätze (z. B. Fleiß) kommt es Ihnen in Ihrer Firma besonders an? (→ Lesepause „Nummer 36")
7. Beschreiben Sie – mit Nomen – die Stationen eines Tages, einer Reise (z. B. Aufstehen).
8. Mit nur wenig Phantasie kann man die „Friedhof-Ordnung" (→ Lesepause) noch erheblich erweitern.
9. Worauf kommt es an, will man harmonisch zusammenleben (→ das „Rezept" in der Lesepause zu Kap. 11)? Was sind die Voraussetzungen für eine friedliche Zukunft in der Welt?

Neulich im Copyshop

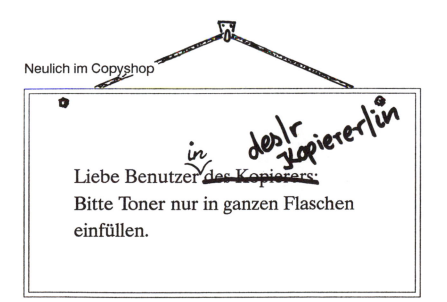

Liebe Benutzer in des/r Kopierers Kopierer/in:

Bitte Toner nur in ganzen Flaschen einfüllen.

# Lesepause (Teil II)

## Straßenverkehr

Einmal ging ich bei Rot über die Straße, vor einem Bus vorbei, der wegen einer Autoschlange nicht weiterfahren konnte. Der Bus machte einen Satz vorwärts, um mich zu erwischen, und der Busfahrer, hoch über mir, streckte seine geballte Faust aus dem Fenster und brüllte mit aller Kraft: „Totschlagen müßte man euch!"

Wen meinte er? Die, die bei Rot über die Straße gehen? Man kann es sich so vorstellen, daß das Übertreten des Rotlichts in ihm das ganze System von unterlassenen Übertretungen aufleuchten ließ. Und so ist es kein Spaß, wenn er demjenigen nach dem Leben trachtet, der durch eine winzige Übertretung dem ganzen System sinnloser Verzichte auf sein Leben einen Stoß versetzt.

*Peter Schneider*

## Rechtsstaat

Der Vater fährt mit seinem Töchterchen in die Stadt. Es passieren dem Vater folgende „Mißgeschicke": Überschreiten der Geschwindigkeitsbeschränkung, leichtes Überfahren einer Sicherheitslinie, rollender Halt an einer Stoppstraße, Erzwingen eines Rechtsvortritts. Die Tochter reagiert wohl kaum. Für den Vater sind dies ja alles Selbstverständlichkeiten. Jede einzelne dieser Übertretungen hätten zwar ein Menschenleben fordern können. Zu Hause liegt eine Meldung vor, das Mädchen sei beim Diebstahl eines Kaugummis erwischt worden. Wie reagiert wohl der Vater?

*Hans A. Pestalozzi*

## Das Stehen

Der Stolz des Stehenden ist, daß er frei ist und sich an nichts lehnt. Ob im Stehen eine Erinnerung an das erste Mal hineinfließt, da man als Kind allein stand; ob der Gedanke einer Überlegenheit über die Tiere mitspielt, von denen kaum eines auf zwei Beinen frei und natürlich steht: Es ist immer so, daß der Stehende sich selbständig fühlt. Wer sich erhoben hat, steht am Ende einer gewissen Anstrengung und ist so groß, wie er überhaupt werden kann. Wer aber lange schon steht, drückt eine gewisse Widerstandskraft aus; sei es, daß er sich von seinem Platze nicht verdrängen läßt wie ein Baum, sei es, daß er ganz gesehen werden kann, ohne sich zu fürchten oder zu verbergen. Je ruhiger er steht, je weniger er sich wendet und in verschiedene Richtungen auslugt, um so sicherer wirkt er. Nicht einmal einen Angriff im Rücken fürchtet er, wo er doch keine Augen hat.

*Elias Canetti*

## Plunder

Die Entstehungsgeschichte des Plunders könnte erscheinen, sein chemischer, physikalischer Werdegang, die Anlässe seiner Entstehung und seiner Herkunft, die Historie seines Erscheinens in Raum und Zeit. Es entstünde die Abart einer Menschengeschichte, ein Archiv der gemachten und wieder verscherbelten Dinge, die Legende ihres Gebrauchtseins und ihres Verschwindens: ein Unding aus Dilettantismus und gutem Willen? ein Trauerspiel der unfreiwilligen Komik? eine Philosophie des Zufalls und Überlebens? die Ästhetik der Spuren und des Zusammenhanglosen? eine Welt- und Wirkungsgeschichte privater Dinge? eine pluralistische Studie von furchtbarem Ausmaß?

*Christoph Meckel*

## Alphabetische Prozessionen

Einige deutsche Wörter sind so lang, daß sie eine Perspektive aufweisen. Man beachte folgende Beispiele:
    Freundschaftsbezeigungen
    Dilettantenaufdringlichkeiten
    Stadtverordnetenversammlungen
Diese Dinger sind keine Wörter, sie sind alphabetische Prozessionen. Und sie sind nicht selten; man kann jederzeit eine deutsche Zeitung aufschlagen und sie majestätisch quer über die Seite marschieren sehen — und wenn man nur einen Funken Phantasie besitzt, kann man auch die Banner sehen und die Musik hören. Sie verleihen dem sanftesten Thema einen kriegerischen Schmiß. Ich interessiere mich sehr für solche Kuriositäten. Wenn ich auf ein paar gute stoße, stopfe ich sie aus und stelle sie in mein Museum. Auf diese Weise habe ich eine recht wertvolle Sammlung geschaffen. Wenn ich Doubletten bekomme, tausche ich mit anderen Sammlern und mehre so die Vielseitigkeit meines Bestandes. Hier folgen einige Exemplare, die ich kürzlich bei der Versteigerung der Habe eines bankrotten Nippesjägers gekauft habe:
    Generalstaatsverordnetenversammlungen
    Altertumswissenschaften
    Kinderbewahrungsanstalten
    Unabhängigkeitserklärungen
    Wiederherstellungsbestrebungen
    Waffenstillstandsunterhandlungen
Wenn sich eine dieser großartigen Bergketten quer über die Druckseite zieht, schmückt und adelt sie natürlich die literarische Landschaft — aber gleichzeitig bereitet sie dem unerfahrenen Schüler großen Kummer, denn sie versperrt ihm den Weg; er kann nicht unter ihr durchkriechen oder über sie hinwegklettern oder sich einen Tunnel durch sie hindurchgraben. Also wendet er sich hilfesuchend an sein Wörterbuch; aber da findet er keine Hilfe. Irgendwo muß das Wörterbuch eine Grenze ziehen — und so läßt es diese Art von Wörtern aus. Und das ist richtig, denn diese langen Dinger sind kaum echte Wörter, sondern eher Wortkombinationen, und ihr Erfinder hätte umgebracht werden müssen.

*Mark Twain*

# Grammatik im Kasten (Teil II)

### Nominalstil und Verbalstil (→ Kap. 8 und 16)

Wir haben in Teil I die verschiedenen Typen der nominalen Wortbildung behandelt. Jetzt geht es darum, ganze Sätze und größere Satzteile zu nominalisieren. Hier ist ein Beispiel:

> Der Partner hilft (mir/uns).
> Die Heinzelmännchen helfen (mir/uns).

Wir nennen fünf Varianten der Nominalisierung; Sie finden diese grammatischen Strukturen im Katalog der Attributionen (→ Kap. 16, Gr. i. K. 1.).

1. Nominalisierung + Genitiv
   die Hilfe des Partners/der Heinzelmännchen

2. Nominalisierung + Ausdruck mit Präposition
   die Hilfe vom Partner/von den Heinzelmännchen
   die Hilfe durch unseren Partner/durch die Heinzelmännchen
   die Hilfe seitens unseres Partners/der Heinzelmännchen

3. Zusammengesetzte Nomen
   die Partnerhilfe/(Heinzelmännchenhilfe?)
   die Partnerschaftshilfe/(–)

4. Adjektiv + Nominalisierung
   die partnerschaftliche Hilfe/(–)

5. Attribution mit P II + Nominalisierung
   die von unserem Partner/den Heinzelmännchen geleistete Hilfe
   die durch den Partner/durch die Heinzelmännchen gewährte Hilfe

Diese grammatisch möglichen Formen sind aber nicht vollkommen synonym; auch stilistisch zeigen sie Unterschiede:
Die Formulierungen in 3. klingen in diesen Beispielen etwas künstlich (in anderen möglicherweise nicht); auch ist die Richtung der Hilfe mehrdeutig (Wer hilft wem?).
Die Formulierung in 4. könnte auch bedeuten: eine andere Person hat wie ein Partner geholfen (im Sinne von: hilfsbereit, fair, zuvorkommend).

Wenn in einem Text viele Nominalisierungen und nominale Strukturen stehen, sprechen wir von Nominalstil. Zeitungsartikel, wissenschaftliche Texte, Texte in den Bereichen Recht, Wirtschaft, Verwaltung etc. verwenden diese Stilformen. Dazu gehören auch gesprochene Texte, die auf Manuskripten beruhen: Reden, wissenschaftliche Vorträge und Diskussionen, die Sprache bei Gericht, im Rundfunk und im Fernsehen. In der Alltagssprache spielt der Nominalstil eine geringere Rolle.

# Übungen und Regeln (Teil II) —————————————————

**Aufgabe**  In dieser Aufgabe geht es um die Veränderung der Nominativ-Position (Subjekt, Agens). Nominalisieren Sie die Sätze. Formulieren Sie zunächst wie Variante 1 und 2; probieren Sie dann weitere Varianten aus. Achten Sie auf Bedeutungsunterschiede und auf Aspekte des Stils.

**1**

Nominalisierungs-Varianten: Nominativ

Das Rathaus brennt.
Die Kinder lachen.
Der Wald stirbt.
Die Bombe explodiert.
Die deutsche Sprache ist leicht, schwierig, ungenießbar, ästhetisch, abscheulich, schön, wie jeder weiß.

**Aufgabe** Hier geht es um die Akkusativ-Position.
Machen Sie es wie in Aufgabe 1.

**2**

Akkusativ

Jemand repariert die Wasserleitung.
Jemand verwirrt das Publikum.
Jemand zerstört meine Träume.
Jemand verliert den Geldbeutel.
Jemand schreibt ein Tagebuch.

**Aufgabe** Jetzt geht es um die Nominativ-Position und um die Akkusativ-Position. Der Satz
Ein Roboter produziert die Kaffeemaschine.
kann so nominalisiert werden:
→ die Produktion einer Kaffeemaschine durch einen Roboter
→ die Produktion einer Kaffeemaschine mit einem Roboter
→ die Produktion einer Kaffeemaschine mit Hilfe eines Roboters
→ die Kaffeemaschinenproduktion durch einen Roboter

**3**

Nominativ und Akkusativ

Anders als im Passiv muß das Agens mit der Präposition durch angeschlossen werden. Die Präposition von wäre nicht eindeutig genug. Der Satz
Das Fotografieren der Nilpferde *von* dem Touristen.
könnte bedeuten, daß der Tourist der Besitzer der Nilpferde ist und nicht, daß er die Nilpferde fotografiert (die handelnde Person, Agens). (→ Kap. 5, A 4)

Nominalisieren Sie die Sätze.

Der Tourist fotografierte die Nilpferde (nicht).
Die Bernhardiner haben eine Lawine ausgelöst.
Der Zwergstaat erklärt seine Unabhängigkeit.
Der autofahrende Vater hat verschiedene Verkehrsregeln übertreten.
Zigarettenverkürzung erhöht die Lebenslänge.

**4**

Dativ

**Aufgabe**
`3`

Hier geht es um die Dativ-Position im Satz.
Dativ kann nicht an ein Nomen angehängt werden. Man braucht dazu passende Präpositionen. Welche Präposition paßt, hängt vom Verb bzw. vom Inhalt des Satzes ab:

Die Bernhardiner halfen den Verletzten.
→ die Hilfe der Bernhardiner *für* die Verletzten
Mark Twain mißtraut der deutschen Sprache.
→ das Mißtrauen Mark Twains *gegen* die deutsche Sprache (*gegenüber der* deutschen Sprache)

Nominalisieren Sie die Sätze.

Die Katze begegnete *der Maus.*
Wir danken *dem Präsidenten* für die großzügige Unterstützung.
Julius Caesar vertraute *Brutus.*
Glücksspiele gefielen *ihm* immer mehr.
Die Organisation hat *mir* fest zugesagt, monatlich DM 1000,– zu schicken.

**5**

Präposition

**Aufgabe**
`3`

Bei Ausdrücken mit Präposition muß nichts verändert werden:
Bertold Brechts literarische Figur „Herr Keuner" *kämpft gegen* die Dummheit.
→ Herr Keuners *Kampf gegen* die Dummheit.

Nominalisieren Sie die Sätze.

Herr Keuner kämpft gegen die Gewalt.
Der Tourist interessierte sich für Nilpferde.
Der Tapezierer wartete auf eine logische Erklärung.
Valentin fragt nach einem neuen Hut.
Die Bernhardiner konzentrierten sich ganz auf den Rettungsrum.
Die Löwen konferierten mit den Gazellen.

**6**

Personal-
pronomen

**Aufgabe**
`3`

Personalpronomen werden bei der Nominalisierung zu Possessivpronomen:
Ich bin frei → *meine* Freiheit

Nominalisieren Sie die Sätze.

Du bist verrückt.
Wir laufen um die Wette.
Er interessierte sich für hellgelbe Hüte.
Sie arbeitet an einem neuen Roman.
Er versucht, eine Schwarzwälder Kirschtorte zu backen.

**7**

Adverbien

**Aufgabe**
`3`

Adverbien werden bei der Nominalisierung durch Adjektive ausgedrückt (→ Kap. 15, A 7–10). Manche können als Adverb angehängt werden:
Wir diskutierten gestern.
→ unsere *gestrige* Diskussion  (Adverb wird zu Adjektiv)
→ unsere Diskussion *gestern*  (Adverb wird nachgestellt)

Nominalisieren Sie die Sätze. Sind beide Varianten möglich?

Der Vortrag wurde *dauernd* unterbrochen.
Dieses Problem steht *im Zentrum.*
*Damals* waren wir glücklich.
*Heute* behandeln wir das folgende Thema:...
Sie hat mich *oft* besucht.

210

**Aufgabe**

| 3 | | |

Modalverben werden bei der Nominalisierung durch entsprechende Nomen ausgedrückt (→ Kap. 1, Gr. i. K. Tabelle 1):

**8**

Grundverben

wollen → Wunsch, Plan, Absicht
müssen → Verpflichtung, Zwang, Befehl
dürfen → Erlaubnis, Genehmigung

Nominalisieren Sie die Sätze.

Beispiel: Karl Valentin will einen neuen Hut kaufen.
→ Valentins Wunsch/Plan/Absicht, einen neuen Hut zu kaufen.

Der Tourist wollte die Nilpferde fotografieren.
Gazellen können keine Löwen fressen.
Die Sicherheitslinie darf nicht überfahren werden.
Valentin mag hellgelbe Hüte.
Mark Twain will einige der wortschöpferischsten Konstrukteure der deutschen Sprache umbringen.

Stanislaw Jerzy Lec zum Thema:

> Schließlich wird der Mensch weder durch
> Deduktion noch durch Induktion untersucht,
> sondern durch Obduktion.

# Kapitel 14

## ALLE MEINE ENTCHEN

### Artikelwörter

# Lesepause

## fünfter sein

| | | | | |
|---|---|---|---|---|
| tür auf | tür auf | tür auf | tür auf | tür auf |
| einer raus | einer raus | einer raus | einer raus | einer raus |
| einer rein | einer rein | einer rein | einer rein | einer rein |
| vierter sein | dritter sein | zweiter sein | erster sein | tagherrdoktor |

*Ernst Jandl*

## Der Untergang der Titanic

Am achten Mai, war das ein Ding
als die Titanic unterging.
Es war der Heizer, der hieß Shine,
er heizte den großen Kessel ein.
Er aß grad einen Teller Erbsen mit Speck,
da schwamm ihm auf einmal der Teller weg.

Käpten, sagte er, ich esse Erbsen mit Speck
und auf einmal schwimmt mir der Teller weg.
Der Käpten sagte: Du hast wohl Angst?
Bedenke, Shine, was du mir verdankst!
Shine, du setzt dich auf deinen schwarzen Arsch,
und ich setze meine Pumpen in Marsch.

*Hans Magnus Enzensberger*

## nänie (Totenklage) auf den apfel

hier lag der apfel
hier stand der tisch
das war das haus
das war die stadt
hier ruht das land.
dieser apfel dort
ist die erde
ein schönes gestirn
auf dem es äpfel gab
und esser von äpfeln.

*Hans-Magnus Enzensberger*

## Akademische Elegie

Auf der Autobahn nördlich Hannover
in einem Peugeot (Spitze 170 km/h)
ein Professor der Sozialwissenschaften aus Tübingen
mit einer seiner Studentinnen zur Rechten
an einem Wochenende mitten im Semester
fährt nur 110.

*Friedrich Christian Delius*

## unbestimmte zahlwörter

alle haben gewußt
viele haben gewußt
manche haben gewußt
einige haben gewußt
ein paar haben gewußt
wenige haben gewußt
keiner hat gewußt

*Rudolf Otto Wiemer*

## die hab ich satt

Der legendäre kleine Mann
Der immer litt und nie gewann
Der sich gewöhnt an jeden Dreck
Kriegt er nur seinen Schweinespeck
Und träumt im Bett vom Attentat
– d e n hab ich satt!

*Wolf Biermann*

## Koblenz

In Koblenz fließen Rhein und Mosel zusammen. Die Stelle heißt „Deutsches Eck" und wird von einem unglaublich häßlichen Bunker dominiert, auf dem die Worte stehen „Nimmer wird das Reich zerstöret, wenn ihr einig seid und treu". Auf dem Bunker stand vormals eine Reiterstatue, die aber inzwischen zerstört wurde.

*Franz Hohler*

## Der Mailänder Dom

Oder wie Herr Glauser den Mailänder Dom, den er nur von Plänen und Ansichtskarten kennt, maßstäblich genau mit zusammengeleimten Streichhölzern rekonstruierte. In fünfzig Jahren eine kleine Notiz im Lokalblatt. Wie viele Arbeitsstunden, wie viele Jahre, wieviel Streichhölzer, Bäume, Sorgfalt, Ausdauer. Fügte man die Hölzer in einer Reihe zusammen, reichten sie von da bis da oder umkreisten die Erde oder gar mehrmals. In einer Geschichte stirbt er nach Vollendung des Domes, oder der Dom geht in Flammen auf. Glauser macht eine Reise nach Mailand, erblaßt vor dem Original und kommt sich ganz klein vor unter den Türmen. Oder das Original stürzt ein. Oder fünfzig Jahre lang jeden Frühling den Föhn ertragen. Herr Glauser lebt in der Waschküche und klebt. Es ist noch schlimmer, als einen richtigen Mailänder Dom bauen. Die Zeitungsmeldung endet mit dem Hinweis, daß man von Streichholzfabrikanten Hölzchen ohne Schwefelkopf beziehen kann.

*Peter Bichsel*

## Der Wunsch zu sterben

Ein erstes Zeichen beginnender Erkenntnis ist der Wunsch zu sterben. Dieses Leben scheint unerträglich, ein anderes unerreichbar. Man schämt sich nicht mehr, sterben zu wollen; man bittet, aus der alten Zelle, die man haßt, in eine neue gebracht zu werden, die man erst hassen lernen wird. Ein Rest von Glauben wirkt dabei mit, während des Transports werde zufällig der Herr durch den Gang kommen, den Gefangenen ansehen und sagen: „Diesen sollt ihr nicht wieder einsperren. Er kommt zu mir."

*Franz Kafka*

# Grammatik im Kasten

## 1. Liste der Artikelwörter

| Maskulin | Feminin | Neutrum | Plural | Bemerkung |
|---|---|---|---|---|
| | | | | Adjektivschema 1 (→ Kap. 15) |
| der | ..... | ..... | ..... | bestimmter Artikel |
| derjenige | ..... | ..... | ..... | derjenige, der/welcher |
| derselbe | ..... | ..... | dieselben | |
| dieser | ..... | ..... | ..... | Demonstrativpronomen |
| jener | ..... | ..... | ..... | selten |
| welcher | ..... | ..... | ..... | |
| mancher | ..... | ..... | ..... | im Singular selten |
| jeder | ..... | ..... | (–) | im Plural: alle |
| (aller) | (alle) | alles | alle | im Singular m/f selten |
| | | | | Adjektivschema 2 (→ Kap. 15) |
| ein | ..... | ..... | (–) | unbestimmter Artikel |
| kein | ..... | ..... | ..... | negativer unbestimmter Artikel |
| was für ein | ..... | ..... | (–) | |
| welch/manch ein | ..... | ..... | (–) | |
| irgendein | ..... | ..... | irgendwelche | |
| so ein/solch ein | ..... | ..... | (–) | |
| mein/unser/ihr/dein etc. | ..... | ..... | ..... | Possessivartikel |
| | | | | Adjektivschema 3 (→ Kap. 15) |
| Nullartikel | Nullartikel | Nullartikel | Nullartikel | kein Artikel |
| | | | Zahlen | |
| (lauter) | (lauter) | (lauter) | lauter | im Singular für Mengenwörter |
| (einiger) | (einige) | (einiges) | einige | (Geld, Verstand) |
| (viel) | (viel) | (viel) | viele | |
| (wenig) | (wenig) | (wenig) | wenige | |
| (was für) | (was für) | (was für) | was für | |
| (–) | (–) | (–) | mehrere | |
| (–) | (–) | (–) | einzelne | |
| (–) | (–) | (–) | beide | umgangssprachlich: Adjektivschema 1 |
| (–) | (–) | nichts | (–) | |
| etwas/ ein bißchen | etwas/ ein bißchen | etwas/ ein bißchen | (–) | |

216

| Aufgabe | Füllen Sie die Lücken in der Liste der Artikelwörter aus. | **1** |
|---|---|---|
| 2 | Üben Sie die Formen, wenn Sie unsicher sind. Stellen Sie sich beim Durchlesen kleine Kontexte (Nomen, Adjektiv, kleine Sätze) vor; manche Formen lassen sich nur mit sinnvollen Kontexten verstehen und üben. Was ist gleich in Ihrer Sprache, welche Unterschiede gibt es? | Liste der Artikelwörter |

## 2. Erklärungen zu der Liste der Artikelwörter

1. Sie kennen den Begriff Artikel: der/die/das, ein/eine etc.; wir sprechen von Artikelwörtern.

2. Artikelwörter stehen vor Nomen.
Zwischen Artikelwort und Nomen können Attribute (Adjektive, Attribute mit Partizipien etc.) stehen.
Artikelwort + Adjektiv/Attribut + Nomen bilden die Nominalgruppe:
*eine kleine Nachtmusik – der legendäre kleine Mann*

3. Achten Sie auf die verschiedenen Endungen der Artikelwörter und der anderen Teile der Nominalgruppe:
*mit einer kleinen Nachtmusik – die legendären kleinen Leute*

4. Artikelwörter bestimmen die Endungen der Adjektive (→ Kap. 15, Gr. i. K. 5.): Adjektive haben unterschiedliche Endungen, je nachdem, ob man den bestimmten Artikel (1), den unbestimmten Artikel (2) oder den Nullartikel (3) verwendet (diese Zahlen stehen in der 5. Spalte der Liste).

5. Nullartikel kommen im Singular und im Plural vor:
Ø *Rotwein muß man etwas temperiert trinken.*
Ø *Weißweine können kühl getrunken werden.*
Die Negation des Nullartikels ist kein/keine:
*Ich vertrage keinen Rotwein.*
*Und plötzlich hatte der Heizer keine Erbsen mehr.*

6. Einige Artikelwörter werden in der Gegenwartssprache nicht mehr oft verwendet:
jener/jene; Formen mit manch und solch.
Dieser/diese wird in der Umgangssprache oft mit einem stark betonten der/die oder der/die ... da (dort) ersetzt (→ Kap. 20, A 14):
*Den* (Gefangenen) *da sollt ihr nicht wieder einsperren.*
*Den legendären kleinen Mann ... den hab ich satt!*
*Schau mal die* (Frau) *da drüben am Tisch!*
Jeglicher/etliche sollte man nicht mehr verwenden.

7. Hier sind einige Grundregeln zum Gebrauch der Artikelwörter:

Was als Indivium existiert, wird meist mit dem bestimmten Artikel ausgedrückt:
*die Titanic*

Was in einem Kontext schon bekannt ist, wird mit dem bestimmten Artikel ausgedrückt:
*Und dann sagte der Heizer: ...*

Was in einem Kontext zum ersten Mal als Individuum auftaucht, wird meistens mit dem unbestimmten Artikel ausgedrückt:
Das Deutsche Eck wird von *einem* häßlichen Bunker dominiert.

Generalisierungen kann man auf verschiedene Weise ausdrücken:
*Die* Streichhölzer haben einen Schwefelkopf.
*Das* Streichholz hat einen Schwefelkopf.
∅ Streichhölzer haben einen Schwefelkopf.
*Ein* Streichholz hat einen Schwefelkopf.
*Jedes* Streichholz hat einen Schwefelkopf.
*Alle* Streichhölzer haben einen Schwefelkopf.

# Übungen und Regeln

## Artikelwörter und Namen

**2**
Länder
Regionen

**Aufgabe** 2

Länder (Nationen und Kontinente, Regionen) haben meistens den Nullartikel. Der bestimmte Artikel steht bei einer Reihe von Ländern, Regionen und Landschaften:
mit Plural (die Niederlande),
mit Republik, Union, Staat etc. (die USA, die BRD, die ehemalige UdSSR),
bei den meisten, die auf -ei, -ie, -e, -a enden (die Türkei, die Normandie),
bei wenigen anderen (die Schweiz, der Libanon).

Beantworten Sie die Fragen nach der Herkunft.

Ich komme aus . . . . .
Amerika, Rußland, Tschechischen Republik, Slowakischen Republik, USA, Schwaben, Polen, Ungarn, Griechenland, Türkei, Spanien, Libanon, Iran, Persien, Schweiz, Österreich, Deutschland, Bundesrepublik Deutschland, Niedersachsen, Thüringen

**3**
geographische
Namen

**Aufgabe** 2

Die meisten geographischen Namen (Landschaften, Inseln, Gebirge, Flüsse, Seen und Meere etc.) haben den bestimmten Artikel.

Beantworten Sie die Fragen nach dem letzten Ferienaufenthalt (mit den Präpositionen in, an, auf).

Ich war in den Ferien . . . . .
Elsaß, Bretagne, Pfalz, Peleponnes, Schwarzwald, Alpen, Krim, Norden, Nordsee, Bodensee, Meer, Mallorca, Sizilien, Bosporus, Rhein, Mount Everest

**Aufgabe** 2 | |      Besorgen Sie sich eine geographische Landkarte von Mitteleuropa; geben Sie an, an welchen Flüssen die folgenden Städte liegen.

**4**

Flüsse

..... liegt (an der/am) .....

Hamburg, Berlin, München, Köln, Frankfurt, Saarbrücken, Tübingen, Paris, Prag, Wien, Avignon, Bremen, Moskau, Innsbruck, Trier, Orleans, Florenz, Rom, Turin

Wenn mehrere Flüsse zusammen genannt werden, kann der Nullartikel stehen:
Fulda und Werra bilden ab Hannoverschmünden die Weser.
Neckar, Main, Mosel und Ruhr sind Nebenflüsse des Rheins.

**Aufgabe** 2 | |      Ortsnamen (Städte, Dörfer) haben den Nullartikel.

Setzen Sie die Ortsnamen ein. Ergänzen Sie die Übung durch Orte, die für Sie wichtig sind.

**5**

Städte

Ich wohne in ...../Ich fahre nach ...../Ich komme aus .....
Prag, Peking, New York, Tübingen, Hamburg, Paris, Moskau, Hintertupfingen

**Aufgabe** 2 | |      Wird ein Ortsname besonders charakterisiert, steht der bestimmte Artikel.

Setzen Sie ein Artikelwort ein, wo es paßt.

**6**

Beispiel:     Der Roman spielt *im* Berlin *der* 20er Jahre.

Schöne Grüße aus ..... „Golden... Prag"!
Schöne Grüße aus ..... Prag.
Er war der größte Gangsterboß ..... wild... Chicago.
Sie war berühmt geworden ..... Paris ..... Nachtclubs.

**Aufgabe** 2 | |      Bei Straßennamen wird in Sätzen normalerweise der bestimmte Artikel verwendet, bei Adressenangaben auf Briefen der Nullartikel. Wenn unklar ist, ob eine bestimmte Straße existiert, verwendet man den unbestimmten Artikel.

Setzen Sie in den Sätzen die passenden Artikelwörter ein.

**7**

Straßen

Ich wohne in ...../Ich wohne an .....
Gartenstraße, Parkallee, Moselufer, Neckargasse, 5th Avenue, Platz der Republik, Champs Elysées, Sunset Boulevard

Adresse: Hamburg, .....
Gibt es in Hamburg ..... Hafenstraße? Oh ja, ..... Hafenstraße ist sehr berühmt.
In Tübingen gibt es ..... Neckargasse und ..... Neckarhalde, aber ..... Neckarstraße wie in Stuttgart.
In jeder Stadt gibt es ..... Bahnhofstraße.
Nein, nein, ganz bestimmt nicht, ..... Adolf-Hitler-Straße hat es hier bei uns nie gegeben.

**Aufgabe** 2–3 | |      Wie sieht es mit den Personennamen aus?

In hochdeutscher Sprechweise steht der Nullartikel bei Vornamen, Familiennamen, bei Namen mit Titeln oder bei der Anrede:
Max und Moritz haben Hühner gestohlen.
Max Hahn wurde später Eierproduzent.
Direktor Moritz Huhn wurde Wirtschaftsminister.
Ich möchte gern mit Herrn Hahn sprechen.

**8**

Personen-
namen

In der Umgangssprache, in der Kindersprache, bei freundschaftlicher oder aggressiver Redeweise (und: in den süddeutschen Dialekten, in der Schweiz) wird dagegen der bestimmte Artikel verwendet:

Frag doch den Moritz, der war beim Hühnerklauen auch dabei!
Nein, der Herr Huhn ist heute nicht im Büro.
Der Direktor Huhn war früher mit dem Max Hahn befreundet.
Der Moritz war's, der hat die Hühner geklaut.

Wenn mit dem Namen eine typische Klassifizierung gemeint ist, kann man den unbestimmten Artikel verwenden:

Ein Max Hahn versteht etwas von Eiern. (= ein Mensch/Fachmann wie Max Hahn)
Mit einem Moritz Huhn möchte ich keine Geschäfte machen.

Der unbestimmte Artikel steht auch, wenn eine Person nicht genau identifiziert ist:

Kennen Sie einen (gewissen) Moritz Huhn, der soll hier irgendwo wohnen?
Ja, mit einem Max Hahn hatte ich früher einmal zu tun, aber das ist lange her.

Setzen Sie die passenden Artikelwörter ein. Diskutieren Sie darüber, wenn es mehrere Möglichkeiten gibt.

Ich heiße . . . . . (Fritz Müller).
Mama, . . . . . Fritz ist ganz böse zu mir gewesen.
. . . . . Fritz Müller ist natürlich damals auch in der Hitlerjugend gewesen.
. . . . . Fritz Müller ist für das Amt des Bundespräsidenten nicht geeignet.
Wir sehen jetzt den Film „Der Aufstieg und Fall . . . . . Fritz Müller".
Mit . . . . . Fritz Müller im Tor werden wir das Spiel sicher verlieren.
Was wollte der Autor . . . . . Fritz Müller mit diesem Gedicht aussagen?
Wir spielen nun die 9. Symphonie . . . . . Fritz Müller.
Kennst du schon den neuesten Witz . . . . . alt . . . Fritz Müller?

## 9 Aufgabe

Berufe
Titel

2–3

Bei Berufsbezeichnungen und Titeln ist es ähnlich wie bei A8.

Setzen Sie die passenden Artikelwörter ein. Diskutieren Sie verschiedene Möglichkeiten mit Deutschen.

Darf ich Sie mit . . . . . Doktor Müller bekanntmachen?
Da gehen Sie am besten . . . . . Doktor Müller, der ist . . . . . gut . . . Arzt. (Alltagsgespräch)
. . . . . Schriftsteller Fritz Müller erhält den diesjährigen Nobelpreis für Literatur.
Das Wort hat . . . . . Abgeordnete Fritz Müller.
. . . . . Außenminister Müller gab folgende Erklärung ab: . . .
Fritz Müller möchte gern . . . . . Präsident werden.
Am Ende seiner Karriere wurde er auch noch . . . . . Präsident unserer Universität.
Fritz Müller, . . . . . Präsident unserer Universität, hat keinen Doktortitel, aber das hat ihm nicht geschadet.

## 10 Aufgabe

Buchtitel
Rollen
Kunstwerke

2–3

In dieser Aufgabe geht es um Artikelwörter bei Buchtiteln, Schauspielerrollen und Kunstwerken.

Wenn etwas identifiziert wird, Tendenz zum bestimmten Artikel:

Den neuen Eco habe ich nicht verstanden.

Wenn etwas klassifiziert wird, Tendenz zum unbestimmten Artikel:

Ein Van Gogh ist heute kaum noch zu bezahlen.

Wenn ein Name gemeint ist, Tendenz zum Nullartikel:

Don Giovanni hatte in Spanien 1003 Liebesabenteuer.

Setzen Sie die passenden Artikelwörter ein.

Und ..... Hamlet sprach: „Sein oder Nicht-sein, ...".
Er spielte ..... Hamlet gestern abend ganz hervorragend.
Aber vorgestern spielte er ..... hundsmiserabl... Hamlet.
Ich habe mich in ..... Venus von Botticelli verliebt.
Als ..... Leporello (in) ..... „Don Giovanni" hatte er seinen größten Erfolg.
Kann man ..... Hölderlin auf Schwäbisch rezitieren!
Ich habe zwei Theaterkarten für ..... „Faust".
Der Kunstsammler kaufte für 2 Millionen Mark ..... Picasso.

**Aufgabe**
2–3

Es geht um Markennamen, also Namen für Produkte, Lebensmittel, Autos etc.
Wenn etwas identifiziert wird, steht der bestimmte Artikel:

Der Mercedes fuhr mit über 190 km/h in die Unfallstelle hinein und sah danach etwas anders aus.

Wenn etwas Neues auftaucht, steht der unbestimmte Artikel:

Plötzlich tauchte aus dem Nebel ein Mercedes auf.

Wenn der Typ, die Gesamtklasse gemeint ist, steht der bestimmte oder unbestimmte Artikel:

Der Mercedes ist eine Klasse für sich.
Lieber Gott, kauf' mir doch bitte einen Mercedes-Benz!

Wenn der Name gemeint ist, Nullartikel:

Nehmen Sie Moritz-Frischei-Nudeln, dann schmeckt's!

Setzen Sie die passenden Artikelwörter ein.

**11**

Markennamen

Ich glaube, ich kaufe mir nie wieder ..... VW.
Was, seit wann rauchst du denn ..... Gauloises?
..... Mercedes ist mit ..... Porsche frontal zusammengestoßen.
Mit ..... neu... BMW bin ich sehr zufrieden. (Auto)
Mit ..... neu... BMW bin ich sehr zufrieden. (Motorrad)
Nehmen Sie ..... „Rheingold", das ist ..... IC um 15.10 ab Stuttgart.

**Aufgabe**
2–3

Zeitungen und Zeitschriften haben meistens den bestimmten Artikel:
DER SPIEGEL/im Spiegel; DIE ZEIT/in der Zeit; Schwäbisches Tagblatt/im Schwäbischen Tagblatt.
Bei ausländischen Zeitungen ist es unterschiedlich:
in LE MONDE statt „im MONDE", aber: in der TIMES.

Setzen Sie die passenden Artikelwörter ein.

**12**

Zeitungen

In ..... FAZ stand etwas anderes als in ..... FR.
Ich habe das ..... DER SPIEGEL gelesen.
Wie ..... DIE ZEIT berichtet, ...
Wenn man früher in der DDR ..... NEUES DEUTSCHLAND las, kam es vor allem darauf an, was nicht darin stand.
..... TAZ und ..... BILD sind zwei sehr unterschiedliche Zeitungen.
Nach einer Meldung ..... LE MONDE gibt es in Frankreich 367 Käsesorten.
Laut einer Meldung ..... NEW YORK TIMES kann es in der Vielmillionenstadt jederzeit wieder ein Blackout in der Stromversorgung geben.

## Artikelwörter in anderen Bereichen

**13**
Datum
Zeit

**Aufgabe**
2–3

Bei Zeitangaben verwendet man den bestimmten Artikel; achten Sie auf Kasus und die beteiligten Präpositionen:

Es war der 9. November 1918.
Er ist am 9. November 1938 geboren.
Berlin, 9. (neunter) November 1989
Heute haben wir den 9. November.

Setzen Sie die Artikelwörter ein. Nennen Sie Ihre wichtigen Feiertage und Geburtstage.

Heute ist . . . . . 18. 3.
Früher hatten wir . . . . . 17. 6., jetzt haben wir . . . . . 3. 10.
. . . . . vergangen . . . Jahr habe ich zum zweiten Mal geheiratet.
Besuchen Sie mich doch . . . . . nächst . . . Woche. (2 Möglichkeiten)
Ich habe . . . . . ganz . . . Nacht nicht geschlafen.
Du denkst zu viel an . . . . . (gestern) und tust zu wenig für . . . . . (morgen).
. . . . . (Montag) wird oft schlampig gearbeitet, das ist dann die Montagsarbeit.
Das war . . . . . Montag . . . . . vergangen . . . Woche. (mehrere Möglichkeiten)

**14**
Materialien

**Aufgabe**
2–3

Bei Stoffangaben verwendet man
den Nullartikel, wenn die Beschaffenheit angegeben wird:
Er hat Muskeln aus Stahl, aber einen Kopf aus Beton.
den bestimmten Artikel, wenn ein Stoff identifiziert wird oder die Gesamtmenge gemeint ist:
Das Wasser hier ist sehr kalkhaltig.
Leute, das Wasser wird knapp.
den unbestimmten Artikel, wenn eine Klasse, ein Typ gemeint ist:
Das ist ein Wein der Superklasse.

Setzen Sie Artikelwörter ein, wo es möglich ist.

Zum Leben braucht man mehr als . . . . . Luft und . . . . . Liebe.
Der Mensch lebt nicht . . . . . Brot allein.
. . . . . Papier, das wir bestellt haben, ist naß geworden.
Ich brauche unbedingt . . . . . neu . . . Briefpapier.
Auch der menschliche Kopf besteht aus . . . . . Knochen, . . . . . Fett und . . . . . Wasser.
Darf ich noch ein Stückchen . . . . . Apfelkuchen haben?
In unserem Lande gibt es . . . . . Autobahnen, . . . . . Versicherungen und . . . . . Gartenzwerge.

**15**
abstrakte
Begriffe

**Aufgabe**
2–3

Bei abstrakten Begriffen steht normalerweise der Nullartikel:
Ich habe sehr viel Geduld.
Tut mir leid, aber es gibt noch Arbeit.
Bei Generalisierung oder Individualisierung steht der bestimmte Artikel:
Die Liebe macht den Menschen frei.
Tut mir leid, ich bin mit der Geduld (mit meiner Geduld) am Ende.
Wird ein abstrakter Begriff näher charakterisiert, kann der unbestimmte Artikel stehen:
Ich habe eine Mordswut.

Setzen Sie Artikelwörter ein, wo es möglich ist.

Beim Deutschlernen soll man ..... lang... Atem haben.
Langsam verläßt mich ..... Energie.
Ich habe ..... Riesenhunger.
..... Hunger wurde immer unerträglicher.
Wir sollten mit mehr Entschiedenheit ..... Hunger in der Welt bekämpfen.
Er hat in seinem Leben mehrmals ..... Hunger kennengelernt.
..... Intelligenz und ..... Urteilsfähigkeit kennzeichnen ihren Charakter.
Er besitzt ..... Intelligenz eines Esels und ..... Urteilsfähigkeit einer Ziege.
Mit ..... groß... Geschicklichkeit jonglierte er mit mehreren Bällen.
Ich habe mit dir wirklich ..... groß... Geduld gehabt.
Ich habe mit dir wirklich ..... allergrößt... Geduld gehabt.
Sie hat ..... dumm... Ideen im Kopf.
Aber er hat ..... allerdümmst... Ideen im Kopf.
Wir haben uns ..... größt... Mühe gegeben.

**Aufgabe** 2–3  Bei Waren oder anderen Quantitäten kann man mit pro, je oder mit dem bestimmten Artikel formulieren: **16** Mengen

Er leert zwei Flaschen Wein pro Abend.
Das macht acht Mark die/je/pro Flasche.

Setzen Sie Artikelwörter ein.

Die Zwiebeln kosten 2 Mark ..... Kilo.
Die Haushaltshilfe kommt zweimal ..... Woche.
Was kosten die Blumen? 12 Mark ..... Strauß.
Bio-Milch kostet mindestens 2,40 DM ..... Liter.

**Aufgabe** 2–3  Schulfächer und Studienfächer als Institution können den Nullartikel haben. Wenn die Tätigkeit gemeint ist, bei nominalisiertem Infinitiv (Fächer, Sportarten etc.) und bei Wissenschaften steht der bestimmte Artikel: **17** Schulfächer Wissenschaft

In Mathematik war ich leider nie sehr gut.
Heute haben wir Rechnen und Singen gehabt. (Schulfächer)
In der Mathematik habe ich nichts Großes geleistet. (Wissenschaft)
Das Rechnen fällt ihm etwas schwer; beim Fußballspielen hat er weniger Probleme.
Bei besonderen Charakterisierungen ist der unbestimmte Artikel möglich:
Wir brauchen eine neue Ethik der Naturwissenschaften.

Setzen Sie Artikelwörter ein, wo es möglich ist.

In der Schule habe ich in ..... Physik immer eine schlechte Note gehabt.
In ..... Physik hat er sich große Verdienste erworben.
Er ist ein As in ..... theoretisch... Physik. (2 Möglichkeiten)
..... Fußballspielen war ich immer eine Null.
Die Positivisten betrachten ..... Physik als eine wertfreie Wissenschaft.
Wir haben hier einen Hinweis auf ..... Physik, die die Grenzen zu Gebieten wie ..... Theologie und .....
Ethik überschritten hat.

**18**

Berufe
Gruppen

**Aufgabe**

2-3

Bei Beruf, bei Religion oder gesellschaftlicher Zugehörigkeit steht der Nullartikel; bei genauerer Erläuterung durch Attribute kann der unbestimmte Artikel stehen.

Erklären Sie den unterschiedlichen Gebrauch der Artikelwörter.

Sie ist Lehrerin, ich bin Kfz-Mechaniker.
Sie ist eine Mitarbeiterin von Professor Müller.
Er ist Katholik.
Er ist (ein) überzeugter Christ.
Sie ist Professorin am Institut für Empirische Kulturwissenschaft.
Er ist ein Professor der alten Schule.
Draußen ist ein langer dürrer Ritter auf einem Pferd und ein kleiner dicker Begleiter auf einem Esel.

## Vermischte Übungen

**19**

Artikelwörter
einsetzen

**Aufgabe**

2-3

Setzen Sie die passenden Artikelwörter ein.

..... Fahrrad ist das Verkehrsmittel der Zukunft.
..... Fahrrad ist natürlich auch ein Verkehrsmittel.
..... Fahrrad ist ein Ding mit zwei Rädern und einer Lenkstange.
Lesen Sie MONICA, die Zeitschrift für ..... modern... Frau.
Er muß nicht schön sein, aber er muß ..... Mann sein.
Nun sei endlich ..... Mann und tue etwas!
..... Mensch ist angeblich ein intelligenzbegabtes Wesen.
..... Mensch braucht Liebe, wenn er ..... Mensch sein will.
..... Menschen in Deutschland sehen manchmal etwas unzufrieden aus.
Tausende ..... Menschen waren auf dem Platz zusammengekommen.

**20**

**Aufgabe**

2-3

Setzen Sie die passenden Artikelwörter ein.

Die Tanne ist ..... Nadelbaum, aber immer weniger.
..... Nadelbäume sterben an unserer Bequemlichkeit.
Der Professor sagte, er sei ..... Heizer an der Universität.
Du spinnst wohl! Ich bin doch ..... Putzfrau! Putz' deine Sachen selber!
..... Fleisch ist ein Stück Lebenskraft. (Werbespruch der deutschen Fleischindustrie)
..... Fleisch ist garantiert nur mit den feinsten Hormonen, chemischen Farbstoffen und CKW-Verbindungen behandelt.
Essen Sie doch ..... Fleisch aus deutschen Landen!
Ihre Argumente sind nicht ..... Fisch noch ..... Fleisch! (Was bedeutet das?)
..... Fleisch ist willig, aber ..... Geist ist schwach. (Oder ist hier etwas verkehrt?)

**21**

*haben*
+ Nomen

**Aufgabe**

2-3

Verändern Sie die folgenden Sätze, indem Sie haben + Nomen verwenden.

Beispiel:     Ich bin durstig.
              → Ich habe Durst.

Ich war an dem Unfall nicht schuld.
Er war sehr mutig.
Ich war als Kind immer sehr ängstlich.
Ich bin überzeugt, daß Sie mir helfen können.
Ich habe nicht geahnt, daß alles so schnell gehen würde.

**Aufgabe**

| 3 | | |

Die Artikelwörter solch, welch, etliche klingen sehr literarisch, hochsprachlich, oft antiquiert.

Geben Sie den Sätzen eine umgangssprachlichere Form.

**22**

schrift-
sprachliche
Artikelwörter

Solch eine Unverschämtheit hätte ich nicht erwartet.
Etliche Menschen sind von Grund auf schlecht.
Welch ein Unsinn!

**Aufgabe**

| 2–3 | | |

Was ist hier falsch (ein Satz ist richtig)? Woher kommen die Fehler? Sind das manchmal auch Ihre Fehler? Korrigieren Sie die Sätze.

**23**

falsche Sätze

Ich habe alle die Fehler korrigiert.
Ich habe alles das Geschirr gespült.
Wir haben mit allen den Studenten gesprochen.
Willst du meines kleines Kind sehen?
Alle die Studenten, die ihre 5 Mark noch nicht bezahlt haben, sollen sich bei mir melden.

**Aufgabe**

| 3/3–4 | | |

Lesen Sie noch einmal die Texte der Lesepause und beobachten Sie die Verwendung der Artikelwörter und ihre Wirkungen.
Hier sind einige Fragen und Hinweise:

**24**

Aufgaben zu
den Texten

1. Wie wirkt der Nullartikel bei tür auf und tagherrdoktor in dem Gedicht von Ernst Jandl. Welchen Klang haben die unbestimmten Artikel bei einer raus einer rein und der Nullartikel bei vierter, dritter ...?

2. Erklären Sie die Artikelwörter in dem Gedicht von Enzensberger: ... war das ein Ding, als die Titanic unterging/es war der Heizer/ich esse Erbsen/er aß grad einen Teller Erbsen/da schwamm ihm auf einmal der Teller weg.

3. Erklären Sie die Artikelwörter in der zweiten Strophe des Apfel-Lieds von Enzensberger: ... dieser Apfel dort, ein schönes Gestirn.

4. Wer hat was gewußt – im Gedicht von Rudolf Otto Wiemer?

5. Wer ist *der* kleine Mann, *den* Biermann satt hat? Was ist *das* Attentat?

6. Warum stehen in dem Text von Franz Hohler die Flüsse Rhein und Mosel, warum Deutsches Eck ohne Artikelwort; was ist *das* Reich? Warum steht anfangs von einem Bunker, im letzten Satz auf dem Bunker? Wissen Sie, um was für eine Reiterstatue es sich gehandelt hat, und warum sie da aufgestellt wurde? Fragen Sie doch nach, wie die Sache in der Zwischenzeit weitergegangen ist.

7. Was sollen die unbestimmten Artikel in der Akademischen Elegie bewirken (ein Peugeot, ein Professor, eine seiner Studentinnen, an einem Wochenende)? Warum dagegen auf der Autobahn?

8. Im Text vom Streichholz-Dom stehen bestimmte Artikel bei den Nomen der Mailänder Dom, das Original, das Lokalblatt, der Föhn, die Waschküche; Nullartikel stehen bei den Nomen Pläne, Ansichtskarten, Arbeitsstunden, Jahre, Streichhölzer, Hölzchen ohne Schwefelkopf. Geben Sie einige Erklärungen dazu.

225

9. Erklären Sie in dem Text von Franz Kafka die Artikelwörter: dieses Leben – ein anderes; die alte Zelle – eine neue; ein Rest von Glauben – der Herr – der Gefangene; diesen sollt ihr nicht mehr einsperren.

10. Tausende von Menschen haben im Herbst 1989 auf den Leipziger Straßen demonstriert. Wie haben die Parolen geklungen; welche Entwicklung gab es zwischen *das* und *ein* Volk?

Deutsche Parolen

Leipzig, 1989     # Wir sind das Volk!    Oktober

# Wir sind **ein** Volk!    Dezember

Die Kabarettisten, das Wiedervereinigungs-Chaos im Visier, haben noch eins draufgesetzt:

# **Wir** sind ein Volk!

# DIE KLEINEN UNTERSCHIEDE

## Adjektive und Adverbien

# Lesepause _____

## Sollen Hunde fernsehen?

Es häufen sich die Fälle, in denen Hunde nach mehrstündigem abendlichem Fernsehen schlecht einschlafen, schwer träumen oder tagelang stottern. Hier liegen zweifellos ernst zu nehmende seelische Störungen vor, an denen man nicht länger achtlos vorübergehen darf.

Die Programme der Fernsehanstalten sind in der Regel besser geeignet für mittelgroße, langhaarige Hunde als für kleine, kurzhaarige. Dicke Hunde wiederum neigen erfahrungsgemäß zu politischen und allgemeinbildenden Beiträgen, während dünne sich mehr von Unterhaltungssendungen angesprochen fühlen. Das heißt jedoch nicht, daß nicht auch gelegentlich große dicke, kurzhaarige oder kleine dicke, langhaarige Hunde Freude an Sendungen für kleine lange, kurzhaarige und kurze dicke, langhaarige haben können.

Leider sind in den Programmzeitschriften die Sendungen hinsichtlich ihrer Eignung für unsere vierbeinigen Freunde noch nicht deutlich genug gekennzeichnet. Es muß also vorerst noch dem Gutdünken des Hundehalters überlassen bleiben, ob er dem Drängen des Tieres zu täglichem Fernsehgenuß nachgibt oder nicht.

Grundsätzlich ist jedoch zu warnen vor Filmen brutaler oder anstößiger Art. Robuste Hunde reagieren mit Kopfschmerzen, zartere mit Schwerhörigkeit und hartem Stuhl.

Abzuraten ist ferner von der Anschaffung eines Zweitgerätes für den Hundeplatz. Das Tier vereinsamt und spricht im Schlaf. Auch politische Sendungen sind oft ungeeignet. Ein Düsseldorfer Bernhardiner litt nach der Übertragung einer Bundestagssitzung zwei Wochen unter Schwindel und Schluckauf.

Zusammenfassend kann gesagt werden: Kleine dicke oder große lange Hunde und kleine dünne, langhaarige oder dicke, kurzhaarige sollten nicht nach 21 Uhr, langohrige dicke, kurzohrige, dünne und Hunde zwischen zwei und acht Jahren nur unter ärztlicher Aufsicht fernsehen.

*Loriot*

## Die Begegnung des Scheinriesen Herr Tur Tur mit Lukas dem Lokomotivführer, Jim Knopf und der Lokomotive Emma

Der Riese kam Schritt für Schritt näher, und bei jedem Schritt wurde er ein Stückchen kleiner. Als er etwa noch hundert Meter entfernt war, schien er nicht mehr viel größer zu sein als ein hoher Kirchturm. Nach weiteren fünfzig Metern hatte er nur noch die Höhe eines Hauses. Und als er schließlich bei Emma anlangte, war er genauso groß wie Lukas der Lokomotivführer. Er war sogar fast einen halben Kopf kleiner. Vor den beiden staunenden Freunden stand ein magerer alter Mann mit einem feinen und gütigen Gesicht. „Guten Tag!" sagte er und nahm seinen Strohhut ab.

*Michael Ende*

## Der Aufschub

Bei dem berühmten Ausbruch des Helgafell, eines Vulkans auf der Insel Heimaey, live übertragen von einem Dutzend hustender Fernsehteams, sah ich, unter dem Schwefelregen, einen älteren Mann in Hosenträgern, der, achselzuckend und ohne sich weiter zu kümmern um Sturmwind, Hitze, Kameraleute, Asche, Zuschauer (unter ihnen auch ich vor dem bläulichen Bildschirm auf meinem Teppich), mit einem Gartenschlauch, dünn aber deutlich sichtbar, gegen die Lava vorging, bis endlich Nachbarn, Soldaten, Schulkinder, ja sogar Feuerwehrleute mit Schläuchen, immer mehr Schläuchen, gegen die heiße, unaufhaltsam vorrückende Lava eine Mauer aus naß erstarrter kalter Lava höher und höher türmten, und so, zwar aschgrau und nicht für immer, doch einstweilen, den Untergang des Abendlandes aufschoben, dergestalt, daß, falls sie nicht gestorben sind, auf Heimaey, einer Insel unweit von Island, heute noch diese Leute in ihren kleinen bunten Holzhäusern morgens erwachen und nachmittags, unbeachtet von Kameras, den Salat in ihren Gärten, lavagedüngt und riesenköpfig, sprengen, vorläufig nur, natürlich, doch ohne Panik.

*Hans Magnus Enzensberger*

## Was bleibt mir übrig?

Bei mir ist es stiller geworden. Ich bin traurig, daß folgende Blödheit meinerseits von niemandem beobachtet worden ist: Mein Arbeitszimmer befindet sich im ehemaligen Speicher des Hauses. Beim Versuch zu arbeiten, entdecke ich, daß das Weinglas leer ist, nehme das Glas, gehe die Treppe (Wendel) hinunter, hole die Flasche, stelle oben fest, daß ich das Glas unten gelassen habe, gehe mit der Flasche hinunter, hole das Glas herauf und vergesse unten die Flasche. Habe dann Glas und Flasche oben beieinander und entdecke, daß ich beim Holen der Flasche den Korkenzieher unten vergessen habe.
Wer mich kennt, weiß, daß es möglich ist.
Allein lacht es sich schwerer. Aber ich versuch's. Was bleibt mir übrig?

*Dieter Hildebrandt*

# Grammatik im Kasten

## 1. Wo können Adjektive stehen?

Adjektive können vor einem Nomen stehen. Dann haben sie eine Endung:
kleine dicke Hunde
nach mehrstündigem abendlichem Fernsehen
die politischen Sendungen

Adjektive können Teil eines Prädikats sein. Dann stehen sie am Satzende und haben keine Endung:
Der Hund *war* nicht besonders *klein.*
Nach politischen Programmen *verhalten sich* langohrige Hunde *merkwürdig.*
Politische Sendungen *sind* für diese Hunde *ungeeignet.*

## 2. Wie fragt man nach Adjektiven?

Es gibt die zwei Fragewörter welch- und was für ein-:
Valentin will einen Hut kaufen. Die Verkäuferin fragt ihn: „*Was* soll das *für ein* Hut sein?"
Loriot gibt Antwort auf die Frage: *Welche* Programme sind für Hunde geeignet?

In vielen Situationen können beide Fragewörter synonym verwendet werden. In bestimmten Situationen gibt es einen Unterschied:
Mit was für ein fragt man allgemein. Mit welch- fragt man nach etwas Bestimmtem aus einer Gruppe.
Im Hutladen fragt die Verkäuferin zuerst: Was für einen Hut möchten Sie denn?
Die Verkäuferin möchte sich allgemein nach dem Wunsch des Herrn erkundigen. Später, nachdem sie ihm mehrere Hüte zur Auswahl auf den Tisch gelegt hat, fragt sie: Welchen Hut möchten Sie denn? (von diesen Hüten)

## 3. Die Steigerung der Adjektive (→ Kap. 6, A6–8)

| | Grundform | Komparativ (-er) | Superlativ (-(e)st) |
|---|---|---|---|
| normale Steigerung | dick | dicker | dickst |
| Vokaländerung | groß | größer | größt |
| Vokalabschleifung | teuer | teurer | teuerst |
| Konsonantenwechsel | hoch | höher | höchst |
| andere Wörter | gut | *besser* | *best* |

Wenn Superlativ Teil des Prädikats ist, steht am davor:
Welcher Hut gefällt Ihnen *am besten*, Herr Valentin?
Politische Sendungen sind für alle Hunde *am ungeeignetsten.*

Beachten Sie, daß im Deutschen Komparativ in aller Regel nicht mit mehr gebildet wird, und Superlativ nicht mit meist/am meisten.

## 4. Adverbien und Adjektive

Aus vielen Adverbien kann man Adjektive bilden. Adverbien haben keine Endungen, die daraus abgeleiteten Adjektive haben Endungen.
Häufig können Adjektive mit der Endung -ig gebildet werden:

| | | | |
|---|---|---|---|
| dort | → dortig | anders | → andersartig, verschieden |
| heute | → heutig | abends | → abendlich |
| hier | → hiesig | | |

Bei vielen Adverbien hilft man sich mit einem passenden Verb und bildet P I:

| | | | |
|---|---|---|---|
| weg | → etwas fehlt | → fehlend | |
| daneben | → etwas steht daneben | → (da)nebenstehend | |
| genug | → etwas genügt/reicht aus | → genügend/ausreichend | |

## 5. Die Endungen der Adjektive

Wir unterscheiden 3 Schemata für die Endungen der Adjektive: Jedes Schema orientiert sich an der Art der Artikelwörter (→ Kap. 14, Gr. i. K. 1.); die Zahlen 1, 2, 3 in der dortigen Liste entsprechen den drei Schemata.

### Schema 1: (Kennwort: bestimmter Artikel)

| | Feminin | Maskulin | Neutrum | Plural |
|---|---|---|---|---|
| N | die *große* Liebe | der schwere Koffer | das lustige Lied | die en Hunde |
| A | die *große* Liebe | den schweren Koffer | das lustige Lied | die langohrigen Hunde |
| D | der *großen* Liebe | dem schweren Koffer | dem lustigen Lied | den en Hunden |
| G | der *großen* Liebe | des schweren Koffers | des lustigen Liedes | der en Hunde |

Dieses Schema wird nach folgenden Artikelwörtern angewendet:
dem bestimmten Artikel: der, die, das
den Demonstrativpronomen: dieser, diese, dieses; jener…
jeder und alle
derjenige und derselbe (auch: diejenige, dasselbe etc.)
mancher und welcher

### Schema 2: (Kennwort: unbestimmter Artikel)

| | Feminin | Maskulin | Neutrum | Plural |
|---|---|---|---|---|
| N | eine *gute* Idee | ein dicker Hund | ein neues Fahrrad | keine en Hunde |
| A | eine *gute* Idee | einen dicken Hund | ein neues Fahrrad | keine kurzhaarig en Hunde |
| D | einer *guten* Idee | einem dicken Hund | einem neuen Fahrrad | keinen en Hunden |
| G | einer *guten* Idee | eines dicken Hundes | eines neuen Fahrrades | keiner en Hunde |

Dieses Schema wird nach folgenden Artikelwörtern angewendet:
dem unbestimmten Artikel: ein, kein
den Pronomen, die mit dem unbestimmten Artikel zusammengesetzt sind: so ein, solch ein, irgendein, manch ein, was für ein
den Possessivartikeln: mein, dein, sein, ihr etc.

---

### Schema 3:  (Kennwort: Nullartikel = kein Artikel)

| | Feminin | Maskulin | Neutrum | Plural |
|---|---|---|---|---|
| N (–) | große Anstrengung | grober Unfug | abendliches Fernsehen | politische Sendungen |
| A (ohne) | große Anstrengung | groben Unfug | abendliches Fernsehen | politische Sendungen |
| D (mit) | großer Anstrengung | grobem Unfug | abendlichem Fernsehen | politischen Sendungen |
| G (trotz) | großer Anstrengung | groben Unfugs | abendlichen Fernsehens | politischer Sendungen |

Die Endungen orientieren sich an den Endungen des bestimmten Artikels; aber mit zwei Ausnahmen: Genitiv maskulin und Genitiv neutrum (Singular) haben -en (statt: -es). Diese Genitiv-Formen werden eher selten verwendet, auch in der Schriftsprache.

Dieses Schema wird nach den folgenden Artikelwörtern angewendet:
dem Nullartikel (wenn kein Artikel da ist)
den Zahlen
den Plural-Artikelwörtern: lauter, einige, viele, wenige, was für, mehrere, einzelne, beide, nichts, etwas, ein bißchen.

## Übungen und Regeln

### Übungen mit den Endungen der Adjektive

**1**
Adjektiv-schemata

**Aufgabe** 2
Vergleichen Sie die drei Schemata in Gr. i. K. 5.
Lernen Sie die Endungen der Adjektive. Welche Formen haben die Endungen -en; -e; -er; -es; -em?

**2**

**Aufgabe** 2
Schreiben Sie sich die drei Schemata gut lesbar auf drei Karteikarten. Hängen Sie die Karten in Ihrem Zimmer so auf, daß Sie sie jeden Tag immer wieder ansehen können. Das hilft beim Lernen.

**3**
Mark Twain als Deutsch-lehrer

**Aufgabe** 2–3
Mark Twain hat eine sachkundige Abhandlung über die Formen der deutschen Adjektive geschrieben. Hier ist sein Text, Sie können selbst mittexten:

Man betrachte nun das Adjektiv. Hier lag ein Fall vor, wo Einfachheit ein Vorteil gewesen wäre; deshalb und aus keinem anderen Grunde hat der Erfinder dieser Sprache es so sehr kompliziert, wie er nur konnte. Wenn wir in unserer erleuchteten Sprache von „our good friend or friends" sprechen wollen, halten wir uns an diese eine Form und haben keinen Kummer oder Ärger damit; aber bei der deutschen Sprache ist es anders. Wenn ein Deutscher ein Adjektiv in die Hände kriegt, dekliniert er es und dekliniert es immer weiter, bis der gesunde Menschenverstand ganz und gar herausdekliniert ist. Es ist genauso schlimm wie Latein. Er sagt zum Beispiel:
Nominativ: mein guter Freund...

(Und nun machen Sie selbst weiter: Akkusativ, Dativ, Genitiv, im Singular und im Plural, und bitte auch jeweils mit der englischen Übersetzung!)

Nun lasse man den Irrenhauskandidaten versuchen, diese Variationen auswendig zu lernen, und sehe zu, wie bald er aufgenommen wird. Man möchte in Deutschland lieber ohne Freunde auskommen, als sich ihretwegen all diese Mühe zu machen. Ich habe gezeigt, was es für eine Plage ist, einen guten (männlichen)

Freund zu deklinieren; na, das ist nur ein Drittel der Arbeit, denn man muß eine Vielzahl neuer Verdrehungen und Adjektive lernen, wenn das Objekt weiblich ist, und noch eine weitere Vielzahl, wenn das Objekt sächlich ist...

(Wenn Sie wollen, können Sie sich weibliche und sächliche Beispiele herbeideklinieren.)

Nun gibt es in dieser Sprache mehr Adjektive als schwarze Katzen in der Schweiz, und sie müssen alle sehr sorgfältig dekliniert werden wie die oben angedeuteten Beispiele. Schwierig? – mühsam? – diese Worte können es gar nicht beschreiben. Ich habe einen kalifornischen Studenten in Heidelberg in seiner gelassensten Laune sagen hören, er würde lieber zwei Schnäpse ablehnen als ein deutsches Adjektiv deklinieren.

**Aufgabe** 2–3 □ □ 　Üben Sie die Endungen der Adjektive mit den angegebenen Beispielen im Singular und im Plural, oder finden Sie eigene Beispiele, die Ihnen besser gefallen. **4**

Schema 1:

der kurzbeinige Hund – die ungeeignete Fernsehsendung – das hochinteressante Programm

Schema 2: (Üben Sie den Plural mit kein)

eine langweilige Bundestagssitzung – ein fernsehgestörter Bernhardiner – ein interessiertes Hundepublikum

Schema 3: (nur Singular)

langanhaltender Applaus – wachsendes Interesse – stundenlange TV-Unterhaltung

Schema 3: (Plural)

geeignete TV-Programme für Hunde

**Aufgabe** 2 □ □ 　Machen Sie sich klar, daß die Endungen der Artikelwörter (z. B. ein/kein/mein) anders funktionieren als die Endungen der Adjektive. Lesen Sie – schnell – die Sätze in dieser Aufgabe. **5** Artikelwörter und Adjektive

Er besaß ein... langhaarig... Bernhardiner.
Ach, da ist ja mein... allerliebst... Hündchen!
Ich habe noch mit kein... fernsehbegeistert... Hund gesprochen.
Unser Hund ist noch bei kein... mehrstündig... Diskussionssendung eingeschlafen.
Bei ein... spannend... Tennis-Übertragung ist unser... klein... Dackel immer dabei.
Unser... kurzbeinig... Dackel interessiert sich besonders für ein... samstäglich... Quizsendung.

**Aufgabe** 2 □ □ 　Die Endungen der Adjektive kann man besonders gut mit Ordnungszahlen üben. Ordnungszahlen haben folgende Formen: **6** Zahlen Datum

1–19:　Zahl + -t + Adjektivendung (der zwölf-t-e)
ab 20:　Zahl + -st + Adjektivendung (der vierundzwanzig-st-e)
Aber:　　der/die erste; dritte; siebte; achte

Lesen Sie die Datumsangaben; im Deutschen formuliert man oft die Monate als Ordnungszahlen: am 2. 10. → am Zwei*ten* Zehn*ten*

Heute ist der　　　　　1. 1. – 7. 6. – 3. 8. – 21. 10. – 24. 12.
Heute haben wir den　　3. 7. – 1. 9. – 17. 6. – 3. 10. – 9. 11.
Ich habe Geburtstag am　10. 2. – 12. 6. – 3. 9. – ... (und Ihr Geburtstag?)
Was es sonst noch zu feiern gibt: 100. Geburtstag – 21. Jahrhundert – der 500. Jahrestag –
1 000 000. Besucher

Noch etwas für genaue Rechner:

An welchem Tag genau beginnt das 21. Jahrhundert bzw. das 3. Jahrtausend?

## Adverbien und Adjektive

Aus Adverbien können Adjektive gebildet werden; die meisten dieser Adjektive werden nur schriftsprachlich verwendet:

| | |
|---|---|
| Wir treffen uns *morgen*. | → unser *morgiges* Treffen |
| Die Menschen *hier* | → die *hiesige* Bevölkerung |
| Das geht *anders*. | → die *andere* Möglichkeit |

Bei einigen Adverbien muß man nach den passenden Wörtern suchen; manchmal findet man keine:

| | |
|---|---|
| Er fragte mich *oft*. | → seine *häufigen/wiederholten/wiederkehrenden* Fragen |
| *Ab und zu* bekam er Geld. | → *gelegentliche* Geldsendungen |
| die Sätze *unten* | → die *folgenden/nachfolgenden/untenstehenden* Sätze |
| Der Mensch irrt sich *immer*. | → seine *ständigen* Irrtümer |
| Ich irre mich *niemals*. | → die (?) Irrtümer |

**7** **Aufgabe**    Hier sind Adverbien, mit denen man „Ort" ausdrücken kann, und ihre Adjektiv-
Ort    `3`    Entsprechungen.

Lesen Sie in Gruppe 1 die Beispiele; klären Sie die Bedeutungen; achten Sie darauf, daß die Adverbien oft ganz verschiedene Bedeutungen haben; dann sind auch verschiedene Adjektive möglich.

Suchen Sie in Gruppe 2 für die Adverbien die entsprechenden Adjektive. Lösen Sie die Aufgabe am besten mit Deutschen.

### Gruppe 1

| | |
|---|---|
| hier: | die hiesige Bevölkerung (Einwohnerschaft; Zeitung; Polizei; Feuerwehr) |
| | die deutschen Dialekte; die nationalen Interessen |
| | die europäischen Völker; die westlichen Lebensverhältnisse |
| | die globale Entwicklung; die irdischen Vergnügungen |
| da/dort: | die nebenstehende Zeichnung; die gegenüberliegende Straßenseite |
| | die dortige Wirtschaftskrise (z. B. in einer anderen Region, einem anderen Land) |
| in der Mitte: | der zentrale Punkt (Wohnlage; Problem) |
| | die mittlere Position |
| | die genau in der Mitte liegende Stadt |
| innen: | die inneren Organe (Seite; Kreis; Region) |
| | die internen Schwierigkeiten der Firma (Maßnahmen; Sitzung) |
| vorn: | die vordere Haustür |
| | die führende Position |

### Gruppe 2

hinten (Zimmer) – rechts/links (Ufer) – oben (Stockwerk/Textpassage) – unten (Etage) – in aller Welt (Verkehr/Umweltprobleme) – daneben (Zahlen am Rand) – zu Hause (Feier/Bevölkerung) – am Rande (Probleme) – außen (Stadtmauer) – fort/weg (ein Teilnehmer im Kurs/Geld)

**8** **Aufgabe**    Hier sind Adverbien, mit denen man „Zeit" ausdrücken kann, und ihre Adjektiv-
Zeit    `3`    Entsprechungen.

Lösen Sie die Aufgabe wie A 7.

## Gruppe 1

| | |
|---|---|
| jetzt: | die momentane Situation (Entwicklung, Krise) |
| | die jetzige Lage (Entscheidung) |
| | die heutige Entscheidung (Gespräch, Stimmung, Stil, Jugend) |
| | die derzeitige Stimmung (Lage, Krise) |
| | die gegenwärtige (Lage, Krise, Stil, Mode, Umweltzerstörung, Ära) |
| bald: | ein baldiges Treffen (Entscheidung, Wiedersehen) |
| gestern: | unser gestriges Gespräch (Zeitung) |
| jedes Jahr: | das jährliche Veteranentreffen (Bilanz, Betriebsausflug) |
| nachts: | die nächtliche Ruhestörung (Spuk, Überfall, Stunde) |

## Gruppe 2 (Finden Sie selbst geeignete Nomen.)

oft – immer – manchmal – selten – jede(n) Stunde/Tag/Monat – ab und zu – morgen – morgens – abends – früher – spät – anfangs – plötzlich – vor langer Zeit – sofort – dann – demnächst – zuletzt – in der Zukunft – allmählich – meistens – nie

---

**Aufgabe**

Hier sind eine Reihe weiterer Adverbien und ihre Adjektive.

Lösen Sie die Aufgabe wie A 7.

**9**

andere Bedeutungen

## Gruppe 1

| | |
|---|---|
| vergebens/umsonst: | vergebliche Bemühungen (Warten, Hoffnungen) |
| viel/sehr: | viele Bemühungen (Fragen) |
| | teure Anschaffungen |
| | massenhafte Entlassungen |
| | schwierige Verhandlungen |
| besonders: | besonderes Lob (Geschmack) |
| wenig: | das wenige Geld (Ahnung, Ideen) |
| | ein geringes Interesse (Einkommen, Widerstand) |
| höchstens: | die maximale Geschwindigkeit (Forderungen, Leistung) |
| leider: | ein bedauerliches Mißgeschick (Entwicklung, Mißverständnis) |

## Gruppe 2:

gern (Beschäftigung) – so (heiß) – anders (Entwicklung) – genug (finanzielle Mittel) – fast/beinahe (Katastrophe) – vielleicht (Verschiebung eines Termins)

---

**Aufgabe**

Geben Sie den umgangssprachlich formulierten Ausdrücken und Sätzen in Gruppe 1 eine schriftsprachliche Form (wie A 7–9), in Gruppe 2 umgekehrt.

**10**

## Gruppe 1

die Jugend von heute
Hier sind die Menschen ein wenig sparsam.
Die Bankräuber sind hinten raus verschwunden.
Sie hat mich manchmal besucht.
Sie hat mich oft besucht.
Er hat immer über Schmerzen im Knie geklagt.
Auf Wiedersehen, bis bald!
Bitte antworten Sie mir sofort.
Jeden Monat zahlen Sie 420 Mark für den Wagen.
was ich jeden Tag esse
Mein Kater geht nachts spazieren.
Er hat sich sehr verspätet.

## Gruppe 2

ein bedauerliches Mißverständnis
globale Krise
ein alljährliches Veteranentreffen
die abnehmende Teilnehmerzahl
steigender Konsum
mein damaliger Chef
die bevorzugte Methode
die obenstehenden Ausdrücke
gelegentliche Schlafstörungen
maximale Forderung: 1000 DM
ein momentaner Versorgungsengpaß
der totale Verlust des Gedächtnisses

**11**

graduierende
Adverbien

**Aufgabe**
`3` `` `` ``

Adverbien können bei der Graduierung von Adjektiven helfen (→ Beispiele in Kap. 6, A8):

eine schöne Märchenfee → eine *überaus* schöne Märchenfee
ein junger Märchenprinz → ein *noch* jüngerer Märchenprinz

Graduieren Sie die Adjektive mit Hilfe passender Adverbien:

sehr – weitaus – höchst – erheblich – absolut – äußerst – bei weitem – überaus – besonders – ganz – unglaublich – stark – eminent

ein langweiliger Fernsehabend
ein geschwätziger Moderator
ein liebenswürdiges Publikum
das beste Ergebnis
eine durchsetzungsfähige Chefin
ein scharfsinniger Literaturkritiker
eine erfreuliche Entwicklung

**12**

graduierende
Vorsilben

**Aufgabe**
`3` `` `` ``

Adjektive können zur Graduierung mit Vorsilben und bildhaften Ausdrücken verbunden werden. Sie machen die Sprache lebendiger, dramatischer; sie können aber auch übertrieben wirken.

Klären Sie die Wortbedeutungen. Versuchen Sie, solche Ausdrücke in der lebendigen Sprache „aufzupicken". Fragen Sie Deutsche nach weiteren Ausdrücken dieser Art.

hoch-        hochmodern, hochexplosiv, hochinteressant
super-       superelastisch, superleicht, superreich
hyper-       hypermodern, hyperkorrekt, hypersensibel
über-        überglücklich, überkorrekt, übernervös
aller-       allerneust, allerliebst, allerbest

ebenso:

bildschön – federleicht – grundfalsch – mucksmäuschenstill – nagelneu – todsicher – todschick – steinreich – stockreaktionär – hundeelend – schokoladenbraun – feuerrot – himmelblau – hauchdünn – stinknormal – scheißfreundlich

**13**

Adjektive mit
persönlichem
Dativ

**Aufgabe**
`2–3` `` `` ``

Adjektive können wie Verben Ergänzungen mit Dativ haben. Damit wird gezeigt, wie eine Person zu einem Thema steht, welche Gefühle, Interessen etc. mitspielen:

Diese Frage *ist (mir) wichtig.*
Es *ist (mir) recht,* wenn Sie ein wenig früher kommen.

Bilden Sie Sätze mit Ergänzungen im Dativ.

ähnlich – angenehm/unangenehm – bekannt – böse – dankbar – gleich/gleichgültig/egal – klar/unklar – lästig – möglich/unmöglich – lieb – nützlich/unnütz – peinlich – recht – unbegreiflich – unbequem – unerklärlich – unverständlich – wichtig

**Aufgabe**
3 | |

In großer Zahl werden Adjektive gebildet, indem Sätze und Attributionen zu einem Wort zusammengezogen werden.

Diese Adjektive tragen stark zur inhaltlichen Komplexität der Sprache bei (vor allem der Schriftsprache). Häufig werden sie mit Hilfe von P I oder P II gebildet. Die Wörter klingen manchmal bildhaft und ausdrucksstark, manchmal künstlich:

Chemikalien, die *schädlich* für die *Umwelt* sind. → *umweltschädliche* Chemikalien
Seife, die *die Haut schont*. → *hautschonende* Seife
Jemand ist sehr an seiner *Karriere orientiert*. → ein *karriereorientierter* Mensch

**14**

komplexe Adjektive

Erklären Sie in Gruppe 1 die Adjektive mit Hilfe der Wortelemente. Bilden Sie in Gruppe 2 aus den hervorgehobenen Wörtern Adjektive.

### Gruppe 1

sonnengebräunt (Haut) – schneebedeckt (Boden) – arbeitsfördernd (Atmosphäre) – gewinnorientiert (Wirtschaft) – energiesparend (Glühbirne) – kinderfreundlich (Hotel) – drogengefährdet (Jugendliche) – giftverseucht (Boden) – emotionsgeladen (Debatte) – vielversprechend (Entwicklung)

### Gruppe 2

Jemand ist *bereit* zu *helfen*.
Jemand hat einen *starken Willen*.
Ein Safe ist *sicher* vor *Einbrüchen*.
Diese Videos *gefährden* die *Jugend*.
Das Gebiet ist durch *Lawinen gefährdet*.
Viele Erwachsene sind *süchtig* nach *Alkohol*.
Der Wagen ist *bereit* zum *Start*.
Unsere Produkte sind mit der *Umwelt* vollkommen *verträglich*.
Früher war ich mehr vom *Sport begeistert* als heute.
Der Mensch ist ein Wesen, das mit/zur *Vernunft begabt* ist.

**Aufgabe**
3 | |

Viele Adjektive drücken abstrakte Beziehungen aus. Die Endung -mäßig wird besonders oft benutzt. Andere Endungen sind -gemäß, -haltig, -artig. Die Ausdrücke haben oft einen künstlichen, „geschäftsmäßigen" Klang. Schauen Sie sich dazu auch den Wortschatz in Kap. 1, A 29 an.

**15**

Erklären Sie die Ausdrücke in den Sätzen.

Sie ärgerte sich über sein *schülermäßiges* Verhalten.
Mich störte an ihm sein *geschäftsmäßiger* Tonfall.
*Einrichtungsmäßig* können wir mit unserer Wohnung zufrieden sein.
Mit seiner *leistungsmäßigen* Einstellung bin ich nicht zufrieden.
Ich lege großen Wert auf meine *verfassungsmäßigen* Rechte.
Wir sind davon überzeugt, daß das Gesetz nicht *verfassungsgemäß* ist.
Sie sind verpflichtet, absolut *wahrheitsgemäß* zu antworten.
Im Sommer ist im Stadtzentrum die Luft so *ozonhaltig*, daß die Leute Atembeschwerden bekommen.
Im Saloon von Dodge City war die Atmosphäre ziemlich *bleihaltig*.
*Fluchtartig* verließen alle die Spieltische.
Das sind ja ganz *neuartige* Methoden, die wir hier erleben!

**16**
Richtungs-
adverbien

**Aufgabe**
2–3

Adverbien mit räumlicher Bedeutung erhalten bei Richtungsverben (gehen, kom-men, fahren, werfen, zielen, bringen, stellen etc.) eine Richtungsmarkierung:
Ich bin unten, sie ist oben; sie ruft: „Komm bitte *nach oben/herauf/rauf*!"
Das ist in vielen Alltagssituationen wichtig. Man muß diese Richtungsadverbien aktiv beherrschen (→ Kap. 20, A 9). Bitten Sie darum, daß man Sie bei solchen Fehlern immer wieder korrigiert.

Verändern Sie in den Sätzen die hervorgehobenen Ausdrücke, indem Sie pas-sende Richtungsadverbien verwenden:
nach oben/unten – hinauf/herauf/rauf – hinunter/herunter/runter – nach draußen – hinaus/heraus/raus – nach drinnen – hinein/herein/rein – nach links/rechts/vorn/hinten – hinüber/herüber/rüber – hierher/hierhin/dahin/dorthin – hin – her – (n)irgendwohin/-her.

Bringen Sie das Paket bitte *in den ersten Stock*.
Komm doch *vors Haus*, die Sonne scheint so schön.
Kommen Sie bitte *ins Zimmer*.
Geh bitte mal *in den Keller* und hole zwei Flaschen Wein.
Sehen Sie mal genau *an diese Stelle*, hier stimmt doch etwas nicht.
Kommt alle *an diesen Platz*, hier kann man sich gut hinsetzen.
Den Tisch kannst du ein wenig mehr *auf die linke/rechte Seite* schieben.
Kommen Sie alle langsam und mit erhobenen Händen *aus dem Haus*, jeder Widerstand ist zwecklos!

**17**
zweiteilige
Adverbien

**Aufgabe**
2–3

Im Deutschen werden gern Adverbien gebraucht, die aus zwei ähnlich klingen-den Teilen bestehen, die oft mit dem gleichen Buchstaben beginnen, sich oft reimen und einen bestimmten Sprechrhythmus bewirken:
Bei der Vorstandssitzung ging es mal wieder *drunter und drüber*.
*Ab und zu* mache selbst ich noch einen Fehler.

Hier ist eine kleine Auswahl solcher Doppel-Adverbien:
ab und zu (an) – dann und wann – drunter und drüber – hin und wieder – hin und her – hier und da – landauf, landab – tagein, tagaus – rauf und runter – rein und raus – grün und blau – kreuz und quer – durch und durch.

Ersetzen Sie die hervorgehobenen Ausdrücke durch Doppel-Adverbien. Fragen Sie Deutsche, ob sie weitere Adverbien dieser Art verwenden.

*Manchmal* trinke ich abends ein paar Bierchen.
Im Kinderzimmer herrscht *ein großes Chaos*.
*Jeden Tag* verrichteten die sieben Zwerge ihre schwere Bergarbeit.
*An ein paar Stellen* gab es kleine Fehler.
Wir haben alles *sehr gründlich* geübt.
Am Ende haben sich alle *schrecklich* geärgert.
Hänsel und Gretel liefen *ohne Orientierung* durch den Wald.
*Überall* wurde bekannt, daß der Prinz Dornröschen wachgeküßt hatte.

# Kapitel 16

## GENAUER GESAGT

### Attribution

# Lesepause

## Im Hutladen

VERKÄUFERIN  Guten Tag, Sie wünschen?
VALENTIN  Einen Hut.
VERKÄUFERIN  Was soll das für ein Hut sein?
VALENTIN  Einer zum Aufsetzen!
VERKÄUFERIN  Ja, anziehen können Sie niemals einen Hut, den muß man immer aufsetzen.
VALENTIN  Nein, immer nicht – in der Kirche zum Beispiel kann ich den Hut nicht aufsetzen.
VERKÄUFERIN  In der Kirche nicht – aber Sie gehen doch nicht immer in die Kirche.
VALENTIN  Nein, nur da und hie.
VERKÄUFERIN  Sie meinen nur hie und da!
VALENTIN  Ja, ich will einen Hut zum Auf- und Absetzen.
VERKÄUFERIN  Jeden Hut können Sie auf- und absetzen! Wollen Sie einen weichen oder einen steifen Hut?
VALENTIN  Nein – einen grauen.
VERKÄUFERIN  Ich meine, was für eine Fasson?
VALENTIN  Eine farblose Fasson.
VERKÄUFERIN  Sie meinen, eine schicke Fasson – wir haben allerlei schicke Fassonen in allen Farben.
VALENTIN  In allen Farben? – Dann hellgelb!
VERKÄUFERIN  Aber hellgelbe Hüte gibt es nur im Karneval – einen hellgelben Herrenhut können Sie doch nicht tragen.
VALENTIN  Ich will ihn ja nicht tragen, sondern aufsetzen.
VERKÄUFERIN  Mit einem hellgelben Hut werden Sie ja ausgelacht.
VALENTIN  Aber Strohhüte sind doch hellgelb.
VERKÄUFERIN  Ach, Sie wollen einen Strohhut?
VALENTIN  Nein, ein Strohhut ist mir zu feuergefährlich!
VERKÄUFERIN  Asbesthüte gibt es leider noch nicht! – Schöne weiche Filzhüte hätten wir.
VALENTIN  Die weichen Filzhüte haben den Nachteil, daß man sie nicht hört, wenn sie einem vom Kopf auf den Boden fallen.
VERKÄUFERIN  Na, dann müssen Sie sich eben einen Stahlhelm kaufen, den hört man fallen.
VALENTIN  Als Zivilist darf ich keinen Stahlhelm tragen.
VERKÄUFERIN  Nun müssen sie sich aber bald entschließen, was Sie für einen Hut wollen.
VALENTIN  Einen neuen Hut!
VERKÄUFERIN  Ja, wir haben nur neue.
VALENTIN  Ich will ja einen neuen.
VERKÄUFERIN  Ja, aber was für einen?
VALENTIN  Einen Herrenhut!
VERKÄUFERIN  Damenhüte führen wir nicht!
VALENTIN  Ich will auch keinen Damenhut!
VERKÄUFERIN  Sie sind sehr schwer zu bedienen, ich zeige Ihnen einmal mehrere Hüte!
VALENTIN  Was heißt mehrere, ich will doch nur einen. Ich habe ja auch nur einen Kopf.

*Karl Valentin*

## Mutmaßungen über die Höhlenforschung

Sogenannte Höhlenforscher sind, wie hierzulande jedermann weiß, Menschen, die es sich zur Lebensaufgabe gemacht haben, die heimatlichen Höhlen zu erforschen, die bisher völlig unerforscht gewesen sind. Es könnte aber auch einmal vorkommen, so wie es vor einiger Zeit bei der Erforschung der Höhle zwischen Taxenbach und Schwarzach im Salzburger Land vorgekommen ist, daß eine Höhlenforschermannschaft Ende August und bei idealen Wetterverhältnissen zwar in die Höhle eingedrungen ist, in der festen Absicht, gegen Mitte September wieder aus der Höhle herauszukommen, aber bis Ende September noch nicht aus der Höhle zurückgewesen war. Dann wird meistens eine Rettungsmannschaft formiert, die man als sogenannte Höhlenforscherrettungsmannschaft bezeichnen kann, um den zuerst in die Höhle eingedrungenen Höhlenforschern zu Hilfe zu kommen. Wenn aber auch diese Höhlenforscherrettungsmannschaft zum Beispiel bis Mitte Oktober nicht mehr aus der Höhle zurückkehrt, dann kann sich das für die Höhlenforschung zuständige Amt der Landesregierung veranlaßt sehen, eine zweite, aus den kräftigsten und mutigsten Männern des Landes zusammengesetzte und mit den modernsten sogenannten Höhlenrettungsapparaturen ausgerüstete Höhlenforscherrettungsmannschaft in die Höhle zu schicken. Es könnte aber passieren, daß auch diese zweite Höhlenforscherrettungsmannschaft genauso wie die erste, zwar planmäßig in die Höhle eindringt, aber selbst Anfang Dezember nicht mehr aus der Höhle zurückkehrt. Wenn es aber, was einige im Land hartnäckig immer wieder behaupten, so gewesen wäre, daß die in den Berg eingedrungenen Höhlenforscher und genauso auch die später zu ihnen vorgestoßenen Höhlenforscherrettungsmannschaften, fasziniert von den sich ihnen bietenden unterirdischen Eindrücken und aus freien Stücken, beschlossen hätten, gar nicht mehr ans Tageslicht zurückzukehren, dann wären ihnen auch die Maßnahmen der Salzburgischen Behörden, die Höhle zwischen Taxenbach und Schwarzach endgültig für unerforschbar zu erklären und den Höhleneingang zumauern zu lassen, vermutlich vollkommen wurscht.

*nicht ganz frei nach Thomas Bernhard*

## Der Forscher und die Schlange

*Der Schlangenforscher liebt die langen,*
*bisher noch unerforschten Schlangen.*
*Den Schlangen kommen dahingegen*
*die dicken Forscher sehr gelegen.*

*Robert Gernhardt*

## In der Ferne

Wehe dem Fliehenden, Welt hinaus ziehenden! –
Fremde durchmessenden, Heimat vergessenden,
Mutterhaus hassenden, Freunde verlassenden,
Folget kein Segen, ach! Auf ihren Wegen nach!

Herze, das sehnende, Auge, das tränende,
Sehnsucht, nie endende, heimwärts sich wendende,
Busen, der wallende, Klage, verhallende,
Abendstern, blinkender, hoffnungslos sinkender!

Lüfte, ihr säuselnden, Wellen sanft kräuselnden,
Sonnenstrahl, eilender, nirgend verweilender:
Die mir mit Schmerze, ach! Dies treue Herze brach –
Grüßt von dem Fliehenden, Welt hinaus ziehenden!

*aus Franz Schuberts „Schwanengesang"*
*(Text: Ludwig Rellstab)*

241

## ehe

die ehe ist
*du bist min ich bin din*
die durch sitte und gesetz
*des solt du gewis sin*
anerkannte vereinigung
*bist beslozzen*
von mann und frau
*in minem herzen*
zur dauernden gemeinschaft
*verlorn ist das sluzzelin*
aller lebensverhältnisse
*du muost immer drinne sin.*

*D. P. Meier-Lenz*

## Alemannische Fastnacht

Mein Anwalt, mit dem ich, was in meiner Branche keineswegs unüblich ist, regen, sich allein deshalb bisweilen über die Kanzlei hinaus fortsetzenden Umgang pflege, mein Anwalt, ein Mann von juristischer Ratio, fintenbegabt und unerschrocken, blond, groß, geradeaus, und mit beiden Füßen, soweit sich derlei mit Sicherheit sagen läßt, fest auf dem Boden, mein Anwalt spricht im Wirtshaus davon, sich eine Nase umzubinden.

*Jochen Kelter*

## Ein kurzes Leben (über Rosa Luxemburg)

Ein kurzes Leben; reich an Verfolgung – ständig bespitzelt, immer wieder in der Illegalität, inhaftiert, auf freien Fuß gesetzt, eingesperrt, am Rande der Gesellschaft lebend: um der Einbürgerung in Deutschland willen eine Scheinehe führend, und zum Schluß in genauer Kenntnis des Kommenden, gezeichnet vom Martyrium. Die „auf ihrem Posten" sterben wollte, in offenem Kampf, fiel, ohne daß sie einer aus den eigenen Reihen hätte begleiten können, uniformierten Meuchelmördern zum Opfer.

*Walter Jens*

## Grammatik im Kasten

### 1. Achtmal Attribution

Attribution ist ein Mittel zur Genauigkeit. Durch Attribution wird etwas genauer beschrieben, z. B. ein Gegenstand: nicht mehr irgendein unbestimmter, sondern ein besonderer Gegenstand.

Hier sind acht verschiedene Möglichkeiten der Attribution (sie werden merken: die Erklärungen sind gleichzeitig Beispielsätze):

1. durch *verschiedene* Adjektive:
   Valentin will einen *neuen* Hut kaufen.
   Er ist ein *schwieriger* Kunde.
   der *in seiner modischen Form einzigartige* Filzhut

2. durch *mit Adjektivendungen versehene und meist mit zusätzlichen Informationen erweiterte* Partizipien (P I/P II):
   der *die Verkäuferin ein wenig irritierende* Herr Valentin
   die *von Valentins Wünschen völlig überforderte* Verkäuferin

3. durch Relativsätze, *die sich nach einem Komma an das Nomen anschließen:*
   Valentin, *der die Verkäuferin etwas verwirrt/verwirrte/verwirrt hat,* ...
   Die Verkäuferin, *die von Valentins Wünschen überfordert ist/war/wurde/wird,* ...
   Der Filzhut, *der in seiner modischen Form einmalig war,* ...

4. durch verkürzte Sätze, *nach einem Komma hinter dem Nomen stehend.*
   Valentin, *die Verkäuferin ein wenig irritierend,* ...
   Die Verkäuferin, *von Valentins Wünschen völlig überfordert,* ...
   Der Filzhut, *einzigartig in seiner modischen Form,* ...

5. durch Attribution *hinter dem Nomen* (Genitiv, Ausdruck mit Präposition, Adverb):
   ein Hut *zum Auf- und Absetzen*
   Die Verkäuferin hat Hüte *in allen Farben.*
   die nicht sehr klaren Vorstellungen *Valentins*
   Nehmen Sie doch diesen Hut *hier.*

6. durch *Wortzusammensetzungen:*

   | | | |
   |---|---|---|
   | ein *Herren*hut | (Hut für Herren) | die Höhlenforscherrettungsmannschaft (?) |
   | ein *Filz*hut | (Hut aus Filz) | ein Auf-und-Absetz-Hut (??) |
   | die *Kopf*weite | (der Umfang des Kopfes) | |

7. durch *Begriffe;* sie enthalten bereits eine Reihe von Attributionen zur genaueren Bestimmung „in sich":

   Hut:     ein Gegenstand, mit dem man den Kopf bedecken kann; der den Kopf vor Regen schützt; der unterschiedliche Formen haben kann, etc.
   Kunde:   ein Mensch, der in einem Laden etwas kaufen will (z.B. einen Hut)

8. Wir sagen: *Alle Sätze sind eine Art Attribution.* Über ein Thema wird etwas Genaueres gesagt.

   | | | | |
   |---|---|---|---|
   | Valentin | *ist ein schwieriger Kunde.* | In diesem Laden | *werden Hüte verkauft.* |
   | Die Verkäuferin | *scheint verzweifelt.* | In diesem Laden | *verkauft man Filzhüte.* |
   | Ein Strohhut | *ist zu feuergefährlich.* | | |

**Aufgabe**
2–3

Es ist nicht immer möglich, einen bestimmten Inhalt in allen acht Varianten zu formulieren. Und: verschiedene Varianten sind nicht immer unbedingt bedeutungsgleich. Wir zeigen das an zwei Beispielen:

**1** acht Varianten der Attribution

| | | |
|---|---|---|
| (8) | Dieser Hut ist für Herren. | Dieser Hut ist hellgelb. |
| (1) | — | ein hellgelber Hut |
| (2) | ein für Herren gemachter Hut | ein hellgelb gefärbter Hut |
| (3) | ein Hut, der für Herren ist, | ein Hut, der hellgelb gefärbt ist, |
| (4) | ein Hut, für Herren gemacht, | ein Hut, hellgelb gefärbt, |
| (5) | ein Hut für Herren | ein Hut von hellgelber Farbe |
| (6) | ein Herrenhut | ein Strohhut |
| (7) | (?) ein Helm, ein Zylinder | (?) ein Sombrero |

Kommentar: ein herrener Hut (1) ist nicht möglich;
ein hellgelber Hut und ein Strohhut sind nicht unbedingt synonym;
Helm, Zylinder und Sombrero sind ziemlich verschiedene Hüte.

Einige Attributionen stehen vor dem Nomen, einige Attributionen stehen hinter dem Nomen.
Übersetzen Sie die Beispiele in Ihre Sprache, beachten Sie die Unterschiede.

## 2. Stilbemerkungen

Einige der acht Varianten werden im gesprochenen Deutsch verwendet, einige vor allem im geschriebenen Deutsch:

Die Attributionen (2) und (4) sind besondere Stilmittel der Schriftsprache. Mit (2) kann eine große Menge von Informationen konzentriert werden; dadurch können die Aussagen einerseits komplexer werden, andererseits schwerer verständlich, denn alle Informationen stehen vor dem Nomen:
ein besonders für den modebewußten Herrn von heute angefertigter Hut

(4) kann verwendet werden, um eine rhetorische Wirkung zu erzielen:
die Höhle bei Taxenbach, ein Naturwunder von ganz besonderer Schönheit, ...
ein kurzes Leben, reich an Verfolgung, ...

Adjektiv (1) und Relativsatz (3) haben eine beschreibende Wirkung; sie kommen häufig in Prosatexten, in technischen Beschreibungen vor.

Wortzusammensetzung (6) ist eine besonders produktive Attributionsform der deutschen Sprache. Praktisch alles kann auf diese Weise in Wörter gefaßt werden. Besonders Naturwissenschaftler, Techniker, Juristen, Beamte und Journalisten produzieren unermüdlich neue Wörter, aber auch die Spaßmacher: Höhlenforscherrettungsmannschaft. Vergleichen Sie die bedeutsamen Bemerkungen von Mark Twain zu diesem Thema (→ Lesepause, Kap. 13, Teil II).

## 3. Form der Relativsätze

Der Hut, den Valentin will, ist kaum zu finden. (Valentin will einen Hut.)

Numerus    Kasus
Genus

Relativsätze stehen direkt oder nicht allzuweit hinter dem Wort, das erkärt werden soll:
Valentin, der einen Hut kaufen will, geht in ein Hutgeschäft.
Valentin will einen Hut kaufen, der Kopfweite 60 hat, den man beim Herunterfallen hört und der nicht brennbar ist.
Im zweiten Satz sollte das Verb kaufen vor den langen Relativsatz gezogen werden, weil es sonst „verlorengehen" kann.

Der Relativsatz steht zwischen zwei Kommas.
Er beginnt mit dem Relativpronomen.
Das Verb steht am Ende des Relativsatzes.
Das Wort, das erklärt werden soll, bestimmt Numerus und Genus des Relativpronomens.
Das Verb im Relativsatz bestimmt den Kasus des Relativpronomens.

# Übungen und Regeln _____

(In den Übungen bezeichnen die Zahlen in Klammern die Attributionsvarianten in Gr. i. K. 1.)

**Aufgabe**
| 2–3 | | |

Hier sind Sätze, in denen Aussagen über eine Person oder einen Gegenstand gemacht werden. Formulieren Sie für diese Sätze passende Varianten der Attribution. Diskutieren Sie die stilistischen und die inhaltlichen Besonderheiten, die sich ergeben.

**2**
Varianten der Attribution

Beispiel:

(8) Die Frau hat zwei Kinder.
(3) die Frau, die zwei Kinder hat,
(5) die Frau mit zwei Kindern
(7) die Mutter (aber sie kann weniger oder mehr als zwei Kinder haben)
(2) nicht akzeptabel (→ A 17): die zwei Kinder habende Frau
    möglich: die für zwei Kinder sorgende Frau
(4) etwas gezwungen:
    die Frau, mit ihren beiden Kindern rund um die Uhr beschäftigt,
(6) sehr eigentümlich: die Zwei-Kinder-Frau

Die Männer erforschen die Höhle von Taxenbach.
Valentins Verkäuferin befindet sich in einer Krise.
Unsere Gäste kommen aus dem Ausland.
Diese Maschine produziert Mikroprozessoren.
Die Partei ist nicht an der Regierung.

**Aufgabe**
| 2–3 | | |

Formulieren Sie aus den Begriffen (7) Relativsätze (3), die die besondere Bedeutung des Ausdrucks erklären.

**3**
Spezialbegriffe Relativsätze

Beispiel:

ein Zylinder
→ ein schwarzer Hut, den die Männer früher zu feierlichen Anlässen trugen, z. B. bei Beerdigungen oder Festversammlungen

ein Kunde – ein Zivilist – ein Helm – ein Sombrero – eine Höhle – eine Illustrierte

**Aufgabe**
| 2–3 | | |

Bilden Sie Relativsätze. Achten Sie auf die Form des Relativpronomens und auf die Kommas.

**4**
Relativpronomen

Beispiel:

Valentin (er will einen Hut kaufen) betritt den Hutladen.
→ Valentin, der einen Hut kaufen will, betritt den Hutladen.

Die Männer (sie erforschen Höhlen) heißen Höhlenforscher.
Ein Hut (er besteht ganz aus Metall) ist nicht sehr bequem.
Das Essen (es gibt dieses Essen in der Kantine) könnte besser sein.
Der Regen (er enthält viele Schadstoffe) macht den schönen Schwarzwald kaputt.
Die Mannschaft (sie ist im August in die Höhle eingedrungen) war bis Ende September nicht wieder aufgetaucht.

**5**  **Aufgabe** Bilden Sie Relativsätze. Achten Sie auf die Präpositionen: das Relativpronomen
2–3    steht hinter der Präposition. Es entstehen keine da(r)-Formen wie in Kap. 8, A9
und Kap. 9, A8.

Beispiel:  Die Höhle (wir sprechen *von der* Höhle) liegt zwischen Taxenbach und Schwarzach.
→ Die Höhle, *von der* wir sprechen, liegt zwischen Taxenbach und Schwarzach.
aber nicht: Die Höhle, davon wir sprechen...

Die Höhle (drei Mannschaften sind in der Höhle verschwunden) wurde später zugemauert.
Ein Hut (Herr Valentin war mit dem Hut zufrieden) war nicht zu finden.
Das Essen (wir werden damit in unserer Kantine vollgestopft) könnte besser sein.
Der saure Regen (es wird viel darüber gesprochen) macht den schönen Schwarzwald kaputt.

**6**  **Aufgabe** Verbessern Sie bitte die Fehler in den nächsten Sätzen (auch die kleinen Fehler).
Sätze mit  2–3    Kommen Ihnen einige dieser Fehler bekannt vor? Übersetzen Sie die korrigierten
Fehlern      Sätze in Ihre Muttersprache, und vergleichen Sie die Unterschiede zwischen
Ihrer Sprache und dem Deutschen.

Der Text das wir haben gelesen war sehr schwer.
Der Hut Valentin hat gesehen hat ihm nicht sehr gefallen.
Ich habe noch nie von einem Buch heißt „Ulysses" gehört.
Die Lieder die wir gestern gesungen haben, haben uns viel Spaß gemacht.
Die Schreibmaschine, damit ich habe geschrieben, ist schon alt und klappert.

**7**  **Aufgabe** Bilden Sie noch einmal Relativsätze.
*dessen*   3    Das Relativpronomen steht im Genitiv:
*deren*        dessen: Relativpronomen maskulin und neutrum Singular
deren:  Relativpronomen feminin Singular und der ganze Plural
Diese Formen werden fast nur in der geschriebenen Sprache verwendet.

Beispiel:  Das ist Karl Valentin. Seine Kopfweite beträgt 55 oder noch mehr.
→ Das ist Karl Valentin, dessen Kopfweite 55 oder noch mehr beträgt.

In München gab es einen großartigen Sprachkomiker. Jeder kennt seinen Namen.
Bei Taxenbach gibt es eine Höhle. Ihr Eingang wurde allerdings vor einigen Jahren zugemauert.
Das sind die beiden Rettungsbernhardiner. Ihre Geburtstagsfeier hat fast eine Lawine ausgelöst.
Das ist der Tourist. Seine Nilpferdbilder wurden nichts, weil sich die Nilpferde versteckten.

**8**  **Aufgabe** Relativsätze, die eine lokale, temporale oder modale Bedeutung haben, können
Relativwörter  2–3    durch entsprechende Relativwörter eingeleitet werden:
lokal:       wo, wohin, woher, von wo...
temporal:   wenn, als, während, nachdem, bevor...
modal:      wie...

Formen Sie die Sätze um. Vergleichen Sie die Ähnlichkeit mit „Nebensatz mit
Fragewort", Kap. 8, Gr. i. K. 3. und im Disney-Text „Spottgesang der Nebelkrähen" in der Lesepause, Kap. 7.

Beispiel:   Ich zeigte Valentin das Gebäude, in dem man Hüte bekommt.
              → Ich zeigte Valentin das Gebäude, wo man Hüte bekommt.

Sie zeigte mir das Gebäude, in dem sie jahrelang gearbeitet hat.
Valentin erzählt von einem Hutladen. Dort hat er aber keinen Hut gekauft.
Wir stehen vor der Taxenbacher Höhle. Dort sind vor Jahren einige Höhlenforscher verschollen.
Er zeigte mir auf der Landkarte den Ort. Von dort war er gekommen.
Wir haben uns im vorletzten Winter kennengelernt, in dem es wirklich sehr kalt war.
Mein Nachbar hat ein neues Auto. So eins will ich auch haben.
Die Kinder verhielten sich in der Art und Weise, die sie im Fernsehen gesehen haben.

**Aufgabe**
2–3 ☐ ☐

Hier ist noch nicht bestimmt, an welche Person die Äußerung gerichtet ist. Der Relativsatz nennt die genauere Bestimmung.
Zwei Formen stehen zur Verfügung:
wer (immer Singular; maskulin, feminin und neutrum)
derjenige, der/derjenige, welcher (diese Form klingt ein bißchen umständlich)

Formulieren Sie die Sätze der Gruppe 1 wie in 2 und umgekehrt.

**9**

*wer*
*derjenige, der*

Gruppe 1
Wer einen Höhlenforscher findet, soll sich am Höhlenausgang melden!
Wer das geschrieben hat, hat keine Ahnung von der Höhlenforschung.
Wer als erster und wer als zweiter fertig ist, bekommt einen Preis.
Wer viel hat, dem wird noch mehr gegeben.

Gruppe 2
Diejenigen, die nur Englisch reden, machen keine Fortschritte im Deutschen.
Denjenigen, der meinen Geldbeutel gefunden hat, bitte ich um Rückgabe.
Derjenige, der den Abfall produziert hat, soll auch für seine Entsorgung sorgen.
Derjenige, der heute einen Zylinder trägt, macht sich lächerlich.

**Aufgabe**
3 ☐ ☐

Bilden Sie Relativsätze; es gibt zwei Möglichkeiten.

**10**

*wo(r)* + Präp.

Beispiel:   Es gibt an dir etwas. Ich ärgere mich darüber.
              → Es gibt an dir etwas, *über das* ich mich ärgere.
              → Es gibt an dir etwas, *worüber* ich mich ärgere.

Es sind oft die kleinen Dinge. Man freut sich am meisten darüber.
Es gibt an dir etwas. Ich habe Schwierigkeiten damit.
Du darfst ihm nichts schreiben. Er könnte sich darüber ärgern.
Ich kann mich noch genau an das Thema erinnern. Wir haben darüber gesprochen.
Und jetzt zeige ich Ihnen eine Höhle. Ich könnte sehr viele Geschichten darüber erzählen.

**Aufgabe**
2–3 ☐ ☐

Bilden Sie Relativsätze mit dem Relativpronomen welch-. Es wird weniger häufig verwendet als der, die, das, meistens in gehobener, literarischer Sprache.

**11**

*welch-*

Beispiel:   Valentin wollte einen hellgelben und nicht drückenden Hut haben.
              → Valentin wollte einen Hut haben, welcher hellgelb ist und nicht drückt.

Es werden für die Rettungsaktion sehr kräftige und mutige Männer gesucht.
Valentin hat heutzutage nicht mehr sehr moderne Hüte ausprobiert.
Ich erzähle Ihnen etwas über die zwischen Taxenbach und Schwarzach liegende Höhle.
Es geht um Höhlenforscher; das sind besonders an Höhlen interessierte Menschen.

**12**

Relativsatz/PI

**Aufgabe**
2–3

Bilden Sie aus Relativsätzen Attributionen mit PI (Attributionsvariante 2).

Beispiel: Über die Bernhardiner, die den Berg herunterkugelten, mußten die Kinder sehr lachen.
→ Über die den Berg herunterkugelnden Bernhardiner mußten die Kinder sehr lachen.

Die Enten, die im Fluß schwimmen, haben mich zu einem Entengedicht inspiriert.
Der Augenblick, der alles entschieden hat, kam kurz vor Mitternacht.
Ein Mensch, der Höhlen erforscht, heißt Höhlenforscher.
Ein Mensch, der an allen Hüten herummäkelt, ist ein schwieriger Kunde.
Das Schubert-Lied handelt von einem jungen Mann, der seine Heimat, seine Familie, seine Freunde und seine Liebste verläßt.

**13**

Relativsatz/
PII

**Aufgabe**
2–3

Wie Aufgabe 12, jetzt mit PII.

Beispiel: Die Hüte, die von der Verkäuferin präsentiert wurden, gefielen Valentin nicht.
→ Die von der Verkäuferin präsentierten Hüte gefielen Valentin nicht.

Die Mannschaft, die zur Rettung der Höhlenforscher zusammengestellt wurde, ist auch nicht zurückgekehrt.
Ein Brief, der anonym geschrieben wurde, wird nicht veröffentlicht.
Die Zeitung, die in Deutschland von den meisten Menschen gelesen wird, hat riesige Buchstaben und wenig Text auf der Titelseite.
Die Frau, die von dem jungen Mann verlassen worden ist, wird in dem Lied kaum erwähnt.
Die Frau, die ständig verfolgt, oft inhaftiert und am Ende ermordet worden war, ist Rosa Luxemburg.

**14**

**Aufgabe**
2–3

Bilden Sie auch hier Attributionen mit PII; Sie müssen umformulieren: Relativsätze in Passivsätze.

Beispiel: Die Hüte, *die die Verkäuferin präsentiert*, gefallen Valentin nicht.
→ Die Hüte, *die von der Verkäuferin präsentiert werden*, gefallen Valentin nicht.
→ Die *von der Verkäuferin präsentierten* Hüte gefallen Valentin nicht.

Die Diätmethode, die wir anwenden, heißt FdH-Methode (= „Friß-die-Hälfte"-Methode).
Die Hüte, die Valentin anprobiert hat, sind heute nicht sehr modern.
Die Flüsse, die die mitteleuropäische Industrie stark verschmutzt, fließen alle in Nordsee und Ostsee.

**15**

Relativsatz/
*zu* + PI

**Aufgabe**
3

Bilden Sie Attributionen mit PI. Auch hier muß man umformulieren: Formen mit sein... zu (→ Kap. 5, A12).

Beispiel: Die Höhle, *die in der Zukunft noch erforscht werden muß*, liegt bei Taxenbach.
→ Die Höhle, *die in der Zukunft noch zu erforschen ist*, liegt bei Taxenbach.
→ Die *in der Zukunft noch zu erforschende* Höhle liegt bei Taxenbach.

Mit den Texten, die ich noch redigieren muß, bin ich bis Freitag fertig.
Die wirtschaftlichen Probleme, die man in Osteuropa zu bewältigen hat, sind riesengroß.
Das Thema, das in Europa zu diskutieren ist, ist der Nord-Süd-Konflikt.
Die Höhle, die erforscht werden sollte, ist unerforscht geblieben.

| **Aufgabe** | Formulieren Sie Attributionen vor dem Nomen. Achten Sie darauf, ob man P I | **16** |
| 3 | oder P II verwenden muß. | PI oder PII? |

Die Leute, die ich interviewt habe, wußten alle nicht sehr viel.

Die Höhlenforscher, die man seit September in der Höhle vermißt, stammen aus der Großstadt.

Die Politik, die die neue Regierung vertritt, unterscheidet sich nicht von der Politik, die die alte Regierung vertreten hat.

Der Jüngling, der die Heimat und die Liebste verläßt, war ein Topos der Romantik.

Er redete einen Unsinn, den man nicht verstehen konnte.

Manchmal schaue ich mir die Briefmarken an, die ich früher gesammelt habe.

# Übungen mit Stil

| **Aufgabe** | Die meisten der folgenden Sätze klingen eigenartig, umständlich oder sind falsch. | **17** |
| 3 | Korrigieren Sie die schlecht formulierten Ausdrücke; nennen Sie Stilregeln. | schlecht formulierte Attributionen |

Beispiel:  die verwirrt seiende Verkäuferin
→ die verwirrte Verkäuferin/die Verkäuferin, die verwirrt ist/die Verkäuferin ist verwirrt.

die krank seienden Kinder

die krank gewordenen Kinder

die Hunger gehabt habenden Kinder

die im letzten Monat krank gewesen seienden Arbeiter

das benutzt wordene Werkzeug

das benutzt gewordene Werkzeug

die sich verändert habende Situation

| **Aufgabe** | Lesen Sie den Polizeibericht über einen Verkehrsunfall in Süddeutschland. | **18** |
| 3 | a) Machen Sie sich eine Liste aller Attributionsformen im Text. | Amtssprache |
| | b) Unterstreichen Sie die drei Attributionen mit P I/P II. | |
| | c) Wie wirkt auf Sie der Stil dieses Berichts? | |
| | (Stellen Sie sich den Polizisten vor, der diesen Bericht in die Schreibmaschine getippt hat.) | |

Verkehrsunfall (Aus dem Polizeibericht einer süddeutschen Lokalzeitung)

Ein aus der Eyachtalstraße die Bundesstraße überquerender Fahrer eines Personenwagens übersah bei der Überquerung der Ortsdurchfahrt ein aus der Ortsmitte kommendes Fahrzeug. Vier von fünf Personen, die in dem von der Vorfahrtsverletzung betroffenen Auto saßen, konnten nach ambulanter Behandlung im Kreiskrankenhaus wieder entlassen werden.

| **Aufgabe** | Der Text „In der Ferne" aus Schuberts Schwanengesang wirkt mit seinen vielen | **19** |
| 3 | P I-Formen möglicherweise eigenartig auf Sie. Besorgen Sie sich einmal die | PI mit Musik |
| | Musik dazu. Sprachliche Form und musikalische Gestaltung harmonieren miteinander (natürlich in romantischer Gestalt). Wie wirken die P I-Formen mit der Musik? | |

| **Aufgabe** | Der Text von Walter Jens über Rosa Luxemburg bringt eine Kette von Attributionen der Variante 4. Lesen Sie diese Aussagen hintereinander. Was erfahren Sie | **20** |
| 3 | in jeder Aussage über das Leben der Rosa Luxemburg? Wie wirkt diese Stilform auf Sie? Wie empfinden Sie den Text? | Aufgabe zum Text |

# Kapitel 17

# BITTE ZUR KENNTNIS NEHMEN

## Nomen-Verb-Verbindungen

# Lesepause _____

### Spielregeln auf höchster Ebene

was tut man mit Überlegungen: man stellt sie an
was tut man mit Feststellungen: man trifft sie
was tut man mit Entschlüssen: man faßt sie
was tut man mit Abmachungen: man trifft sie
was tut man mit Verpflichtungen: man geht sie ein
was tut man mit Risiken: man geht sie auch ein
was tut man mit Fragen: man wirft sie auf
was tut man mit Problemen: man packt sie an
was tut man mit Antworten: man sucht und gibt sie
was tut man mit Lösungen: man sucht und findet sie
was tut man mit Widersprüchen: man löst sie auf
was tut man mit Rückschlägen: man begegnet ihnen
was tut man mit Fehlschlägen: man nimmt sie in Kauf

also Überlegungen anstellen
also Feststellungen treffen
also Entschlüsse fassen
also Abmachungen treffen
also Verpflichtungen eingehen und einlösen
also auch Risiken eingehn
also Fragen aufwerfen und stellen
also Probleme anpacken
also Antworten suchen und geben
also Lösungen suchen und finden
also Widersprüche auflösen
also Rückschlägen rechtzeitig begegnen
also Fehlschläge in Kauf nehmen
oder Überlegungen anstellen und in den Wind schlagen
oder Feststellungen treffen und in den Wind schlagen
oder Entschlüsse fassen und vermeiden
oder Abmachungen treffen und sich nicht daran halten
oder Verpflichtungen eingehn und nicht einlösen
oder Risiken eingehn und umgehn
oder keine Fragen stellen und sich selbst unwissend
oder Probleme nicht anpacken und sie bagatellisieren
oder Antworten suchen und nicht finden und ablehnen
oder Lösungen für unmöglich erklären
oder Widersprüche ignorieren
oder Rückschläge für unmöglich halten
oder Fehlschläge nicht einkalkulieren

was tut man also mit Überlegungen: man schlägt sie in den Wind

was tut man also mit Feststellungen: man treibt Schindluder damit

was tut man also mit Entschlüssen: man verschiebt sie auf morgen

was tut man also mit Abmachungen: man hält sich nicht daran

was tut man also mit Verpflichtungen: man geht sie gar nicht erst ein

was tut man also mit Risiken: man flieht sie

was tut man also mit Fragen: man stellt sie erst gar nicht

was tut man also mit Problemen: man geht ihnen aus dem Weg

was tut man also mit Antworten: man weiß keine

was tut man also mit Lösungen: man weiß keine

was tut man also mit Widersprüchen: man verschweigt sie

was tut man also mit Rückschlägen: man erkennt sie nicht

was tut man also mit Fehlschlägen: man übergeht sie mit Stillschweigen

*Helmut Heißenbüttel*

# Grammatik im Kasten

## 1. Wie Nomen-Verb-Verbindungen (N-V-Verbindungen) gebildet werden und was sie bedeuten

| Bildung von N-V-Verbindungen | | | | |
|---|---|---|---|---|
| Präposition | Artikelwort | Nomen | Funktionsverb | entsprechendes „einfaches" Verb |
| (–) | die/eine | Erlaubnis | erteilen | erlauben |
| (–) | (–) | Kritik | üben | kritisieren |
| in | (–) | Zweifel | ziehen | bezweifeln |
| zur | (der) | Anwendung | kommen | anwenden |
| im | (dem) | Recht | sein | recht haben |

N-V-Verbindungen (andere sagen „Funktionsverbgefüge") haben die Bedeutung eines Verbs:
Kritik üben ↔ kritisieren; zur Anwendung kommen ↔ angewendet werden.
Sie bestehen aus Nomen (Kritik/Anwendung) und Verb (üben/kommen); Präpositionen und Artikelwörter können hinzukommen.
Das Nomen ist meist von dem Verb abgeleitet (Nominalisierung, → Kap. 13), das der Bedeutung des gesamten Funktionsverbgefüges entspricht:
Kritik/kritisieren; Anwendung/anwenden.

Das Verb behält eine grammatische „Funktion" (deshalb: Funktionsverb): es bewirkt die verbale Struktur des ganzen Ausdrucks. Ansonsten hat es nur noch eine „Restbedeutung": üben → etwas aktiv tun; kommen → etwas geschieht.
Wir führen hier vier wichtige Restbedeutungen auf:

1. aktivische Bedeutung: bringen (und viele andere)

   Und wer *bringt* meinen Hut wieder *in Form?*
   Josef und Adolf *übten den Beruf* des Rettungsbernhardiners *aus.*
   Nur die Kinder haben versucht, die beiden lustigen Hunde *in Schutz* zu *nehmen.*

2. passivische Bedeutung: kommen (und viele andere)

   Heute *kommt* der Fall „Max Hahn gegen Moritz Huhn" *zur Verhandlung.*
   Der Fall hat in der Öffentlichkeit große *Beachtung gefunden.*
   Moritz Huhn *steht unter Anklage,* künstliches Hähnchenfleisch hergestellt zu haben.

3. Übergang in einen anderen Zustand (geraten und andere)

   Herr Böse und Herr Streit sind miteinander *in* einen bösen *Streit geraten.*
   Erst später sind sie *zu der Einsicht gelangt,* daß sich ihr Streit nicht gelohnt hat.
   Ihre Versöhnung hat alle Nachbarn *in Erstaunen versetzt.*

4. Zeitdauer: liegen (und viele andere)

   Herr Streit und Herr Böse *liegen* schon jahrelang miteinander *im Streit.*
   Herr Böse meinte, er *sei im Recht,* aber Herr Streit *sei im Unrecht.*
   Schließlich müssen wir bemüht sein, unseren Rettungsdienst *in Ordnung* zu *halten.*

N-V-Verbindungen kommen in großer Zahl vor allem in der Schriftsprache vor, besonders in der Sprache der Bürokratie, der Justiz, bei Politikern, bei den Akademikern an der Universität (Kennen Sie den Ausdruck „Soziologen-Chinesisch"?). Man kann sie auch in Festtagsreden hören. Nur ein kleinerer Teil der Ausdrücke wird umgangssprachlich verwendet – pardon: „findet in der Umgangssprache Verwendung".

## 2. N-V-Verbindungen mit spezielleren Bedeutungen

Manche N-V-Verbindungen haben nicht genau die gleiche Bedeutung wie das Verb, von denen das Nomen abgeleitet ist:
Die Kinder wollen, daß auf sie mehr Rücksicht genommen wird.
Gegen diesen Beschluß werden wir Widerspruch einlegen.
Berücksichtigen im ersten Satz drückt weniger aus als Rücksicht nehmen.
Im zweiten Satz bezieht sich Widerspruch einlegen auf ein formales Rechtsverfahren (Brief, Termin, Rechtsanwalt, Gericht), während widersprechen ein Ausdruck der Alltagskommunikation ist.

Es gibt viele Ausdrücke, die sich nicht direkt mit dem Verb ausdrücken lassen, von dem die Nominalisierung abgeleitet ist.
Heute *komme* ich nicht richtig *in Gang.* (Ich bin noch zu müde, ohne Ideen, ohne Kraft.)
Jetzt müssen geeignete *Maßnahmen durchgeführt werden.* (Es muß getan werden, was nötig ist/was geeignet ist/was richtig ist.)
Max Hahn *führt* heute *den Vorsitz.* (Er ist der Vorsitzende, er leitet die Sitzung.)

# Übungen und Regeln

**Aufgabe**
2–3/3

Hier ist eine Liste mit N-V-Verbindungen. Links stehen die zugrundeliegenden Verben (A//P: aktivische//passivische Bedeutung), rechts stehen die N-V-Verbindungen; hinter einem einfachen Strich (/) stehen Formulierungsvarianten; hinter einem Doppelstrich (//) steht das Äquivalent für die Passivform.
Lesen Sie die Liste und markieren Sie die Ausdrücke, die für Sie wichtig sind.

**1**

Liste 1

| | |
|---|---|
| abgelehnt werden | auf Ablehnung stoßen |
| abhängig sein | sich in Abhängigkeit befinden |
| abmachen | eine Abmachung treffen |
| abschließen (A//P) | zum Abschluß bringen/führen//kommen |
| anerkannt werden | Anerkennung finden |
| anfangen | einen/den Anfang machen |
| anklagen | Anklage erheben |
| angeklagt sein | unter Anklage stehen |
| anordnen | eine Anordnung treffen |
| anstrengen (sich) | Anstrengungen unternehmen |
| antworten | eine Antwort geben/erteilen |
| anwenden (A//P) | zur Anwendung bringen//kommen |
| angewendet werden | Anwendung finden |
| arm werden | in Armut (Not) geraten |
| aufregen | in Aufregung versetzen |
| aufregen (sich) | in Aufregung geraten |
| ausdrücken (A//P) | zum Ausdruck bringen//kommen |
| ausführen (= erklären) | Ausführungen machen |
| ausführen (= tun) (A//P) | zur Ausführung bringen//kommen |
| (aus)wählen können | zur (Aus)wahl stehen |
| | |
| beachtet werden | Beachtung finden |
| beanspruchen | in Anspruch nehmen/Anspruch erheben auf |
| beantragen | einen Antrag stellen |
| beauftragen | einen Auftrag geben/in Auftrag geben |
| beeiden | einen Eid leisten |
| beeindrucken | Eindruck machen (auf) |
| beeinflussen | Einfluß ausüben auf/Einfluß nehmen auf |
| beeinflußt werden | unter (dem) Einfluß stehen |
| beenden (A//P) | zu Ende bringen/führen//kommen |
| beitragen | einen Beitrag leisten |
| benachrichtigen (A//P) | eine Nachricht bringen//erhalten |
| beobachten | Beobachtungen anstellen/machen |
| beobachtet werden | unter Beobachtung stehen |
| berechnen (wie teuer) | in Rechnung stellen |
| berechnen (Mathematik) | Berechnungen anstellen |
| berücksichtigen | Rücksicht nehmen auf |
| berücksichtigt werden | Berücksichtigung finden |
| bewegen (sich) | in Bewegung kommen/geraten |
| bewegen (A//P) | in Bewegung setzen/versetzen//geraten |
| beweisen | einen Beweis führen /unter Beweis stellen |
| beziehen auf (sich) | Bezug nehmen auf |
| bezweifeln | in Zweifel ziehen |
| (nicht) bezweifelt werden | außer Zweifel stehen |

| | |
|---|---|
| debattieren (A//P) | zur Debatte stellen//stehen |
| diskutieren (A//P) | zur Diskussion stellen//stehen |
| durchführen (A//P) | zur Durchführung bringen//kommen/gelangen |
| | |
| einsehen (Erkenntnis) | zur Einsicht gelangen |
| einsehen (Dokument) | Einsicht nehmen |
| einwilligen | die Einwilligung geben |
| empfangen | in Empfang nehmen |
| entgegenstehen | im Gegensatz stehen zu |
| entscheiden (sich) (A//P) | zur/zu der Entscheidung gelangen/bringen//kommen |
| entschließen (sich) | einen/den Entschluß fassen |
| erfüllt werden | in Erfüllung gehen |
| erlauben | Erlaubnis erteilen/geben |
| erstaunen (A//P) | in Erstaunen versetzen//geraten |
| erwägen | in Erwägung ziehen |
| | |
| fähig sein | die Fähigkeit besitzen/haben |
| folgen | zur Folge haben |
| fordern | eine Forderung stellen/erheben |
| fördern (A//P) | eine Förderung zukommen lassen//erfahren/erhalten |
| fotografieren | ein Foto machen |
| fragen | eine Frage stellen |
| | |
| gebaut werden | im Bau sein/sich im Bau befinden |
| gebrauchen (A//P) | in Gebrauch nehmen//sein |
| gefährden | in Gefahr bringen |
| gefährdet sein | in Gefahr schweben/sein; sich in Gefahr befinden |
| gehorchen | Gehorsam leisten; Folge leisten |
| | |
| helfen | Hilfe leisten/bringen |
| herstellen (A//P) | zur Herstellung/Produktion bringen//kommen |
| herrschen | Herrschaft ausüben |
| hineinblicken | Einblick haben/nehmen |
| hoffen | die Hoffnung haben/sich Hoffnungen machen |
| | |
| irren (sich) | im Irrtum sein/sich im Irrtum befinden |
| | |
| korrigieren | eine Korrektur vornehmen |
| kritisieren | Kritk üben |
| kürzen | eine Kürzung vornehmen |
| | |
| ordnen | in Ordnung bringen |
| | |
| protestieren | Protest erheben |
| protokollieren | Protokoll führen |
| | |
| raten | den/einen Rat erteilen/geben |
| recht haben | im Recht sein |
| reden | eine Rede halten |
| respektiert werden | Respekt genießen |
| (be)schützen (A//P) | in Schutz nehmen//unter dem Schutz stehen |
| | |
| sprechen | ein Gespräch führen |
| sterben | im Sterben liegen |
| streiken | in Streik treten/sich im Streik befinden |
| streiten (sich) | im Streit liegen/sich im Streit befinden |
| | |
| übereinstimmen | sich in Übereinstimmung befinden |
| überlegen | Überlegungen anstellen |

| | |
|---|---|
| unterrichten | Unterricht erteilen/geben |
| unterscheiden | einen Unterschied machen/eine Unterscheidung treffen |
| unterstützt werden | Unterstützung genießen/finden |
| untersuchen | Untersuchungen anstellen/durchführen |
| | |
| verabreden (sich/etwas) | eine Verabredung treffen |
| verabschieden (sich) | Abschied nehmen |
| verbessern | eine Verbesserung vornehmen/Verbesserungen durchführen |
| verdächtigen (A//P) | Verdacht schöpfen//in Verdacht geraten/ unter (in) Verdacht stehen |
| | |
| verfügbar sein | Zur Verfügung haben/stehen |
| vergessen werden | in Vergessenheit geraten |
| verhaften | in Haft nehmen |
| verhandeln (A//P) | in Verhandlungen treten/in Verhandlungen stehen// zur Verhandlung kommen |
| | |
| verlegen machen//werden | in Verlegenheit bringen//kommen/geraten |
| versprechen | das Versprechen geben |
| versteigern (A//P) | zur Versteigerung bringen//kommen |
| versuchen | den/einen Versuch unternehmen/machen |
| verwirren | in Verwirrung bringen/versetzen |
| verzichten | Verzicht leisten |
| vorbereiten | Vorbereitungen treffen |
| vorsorgen | die Vorsorge treffen |
| vorwerfen | einen Vorwurf machen/erheben |
| vorziehen | den Vorzug geben |
| | |
| wählen | eine Wahl treffen |
| widersprechen | Widerspruch erheben |
| widersprechen (x widerspricht y) | in (im) Widerspruch stehen zu |
| (be)wirken | eine Wirkung haben/ausüben |
| wütend werden | in Wut geraten |
| | |
| zusammenhängen | in Zusammenhang stehen mit |
| zusichern | die/eine Zusicherung geben |

**Aufgabe**

2–3/3

**2**

Liste 2

Die Liste enthält:

1. N-V-Verbindungen, bei denen zwischen dem Nomen und dem zugrundeliegenden Verb zwar eine Beziehung besteht, aber auch ein spürbarer Unterschied in der Bedeutung:
   Widerspruch einlegen ist ein juristischer Begriff, widersprechen nicht.
   Schritt halten bedeutet schnell genug sein, mitkommen und hat kaum noch Beziehung zu schreiten.

2. N-V-Verbindungen, bei denen sich die Bedeutung vom zugrundeliegenden Verb gelöst hat:
   in Gang kommen = fit werden, munter werden (≠ gehen)

3. N-V-Verbindungen, deren Bedeutung ganz idiomatisiert ist:
   aufs Spiel setzen = riskieren (≠ spielen)
   zur Neige gehen = langsam aufgebraucht sein (≠ sich neigen).

Links stehen die N-V-Verbindungen, rechts die jeweilige Bedeutung.

| | |
|---|---|
| den/seinen Abschied/Hut nehmen | ein hohes Amt verlassen |
| Abstand nehmen | sich distanzieren |
| sich in acht nehmen | aufpassen, vorsichtig sein |

| | |
|---|---|
| in Aktion treten | aktiv werden |
| zu Ansehen gelangen | berühmt werden, Karriere machen |
| zu der Ansicht/Anschauung/Auffassung gelangen | sich eine Meinung bilden |
| Anstoß nehmen | sich empören |
| Anteil nehmen | mitfühlen |
| außer Atem sein | erschöpft sein |
| im Auge haben | planen; beobachten |
| in Aussicht stehen | möglich sein |
| in Aussicht stellen | etwas als möglich ankündigen |
| zur Auswahl stehen | verschiedene Möglichkeiten können gewählt werden |
| | |
| in Bedrängnis geraten | in eine schwierige Situation kommen |
| im Begriff sein | mit dem Gedanken spielen; anfangen, etwas zu tun |
| Beschwerde erheben/einlegen gegen | vor einer Behörde, vor Gericht klagen |
| in Besitz nehmen | erobern, in Anspruch nehmen |
| in Betracht ziehen | erwägen, überlegen |
| in Betrieb setzen/nehmen | eine Maschine/eine technische Anlage (erstmals) starten |
| | |
| unter Druck setzen | Einfluß ausüben, bedrängen |
| unter Druck stehen | im Streß sein |
| | |
| im Einsatz sein | in Aktion sein |
| | |
| in Fahrt/Schwung kommen | aktiv/lebendig werden |
| auf die Folter spannen | jemanden sehr gespannt machen auf eine Mitteilung/ein Geschenk |
| | |
| außer Frage stehen | es gibt keinen Zweifel darüber |
| in Frage kommen | was relevant ist |
| | |
| im Gange sein | geschehen, passieren |
| in Gang kommen/setzen/bringen | starten, beginnen |
| in Gang halten | etwas am Laufen halten/arbeiten lassen |
| in Haft setzen | inhaftieren, einsperren |
| | |
| in Kauf nehmen | hinnehmen, akzeptieren müssen |
| zur Kenntnis bringen/in Kenntnis setzen | informieren |
| zur Kenntnis nehmen | wahrnehmen, einsehen |
| sich im klaren sein | sich bewußt sein |
| einen Kompromiß schließen | sich durch Verhandlung einigen |
| in Kraft treten | ein Gesetz wird gültig |
| in/außer Kraft setzen | anordnen, daß etwas (ein Gesetz) gültig/ungültig wird |
| einen Kuß geben | sich (freundschaftlich, flüchtig) küssen |
| | |
| auf dem laufenden sein | aktuell informiert sein |
| ins Leben rufen | gründen |
| | |
| Maßnahmen durchführen | handeln (Institutionen) |
| in Mode sein | modisch/modern/aktuell sein |
| | |
| in Ordnung halten | etwas sauber/ordentlich halten |
| | |
| Platz nehmen | sich setzen |
| | |
| zu Rate ziehen | Rat und Hilfe beanspruchen |
| zur Rechenschaft ziehen | jemanden verantwortlich machen |
| zur Rede stellen | jemanden ansprechen/auffordern, Stellung zu nehmen |
| Rücksicht nehmen auf | die Interessen anderer berücksichtigen |

| | |
|---|---|
| in Sicht sein | etwas wird erwartet |
| zur Stelle sein | da sein, bereit sein |
| zur Sprache bringen | ansprechen, zur Diskussion stellen |
| Stellung nehmen | die eigene Position zu einem Thema darlegen |
| unter Strafe stehen | verboten sein |
| | |
| zur Tat schreiten | nach einer Phase von Überlegung oder Unschlüssigkeit handeln |
| | |
| zur Überzeugung gelangen | sich eine eigene Meinung gebildet haben |
| | |
| in Verbindung treten/stehen | Kontakt aufnehmen/in Kontakt sein |
| zur Verfügung stellen/stehen | etwas für andere bereitstellen, bereitstehen |
| in Verruf geraten | einen negativen Ruf bekommen |
| ins Vertrauen ziehen | jemandem ein Geheimnis offenbaren, sich mit jemandem vertraulich beraten |
| | |
| zur Verzweiflung bringen | jemanden extrem aufregen, entnerven |
| zum Vorschein kommen | auftauchen, gefunden werden |
| den Vorsitz führen | die Funktion eines Vorsitzenden haben |
| | |
| zum Wahnsinn treiben/bringen | jemanden „wahnsinnig" machen, entnerven |
| in Wettbewerb stehen mit | konkurrieren |
| Widerspruch einlegen | ein juristisches Widerspruchsverfahren einleiten |
| sich zu Wort melden | sich melden, um etwas zu sagen |
| | |
| sich ins Zeug legen | sich engagieren, intensiv arbeiten |

**Aufgabe**

| 3 | | |
|---|---|---|

Erweitern Sie die Ausdrücke durch passende Verben (manchmal sind mehrere möglich). In Gruppe 1 ergeben sich vor allem Ausdrücke der Umgangssprache. Die Ausdrücke der Gruppe 2 kommen eher in der Schriftsprache vor, im beruflichen und öffentlichen Leben. Bilden Sie Beispielsätze; spielen Sie auch mit den Artikelwörtern.

**3**

Funktionsverben ergänzen

### Gruppe 1

| | | | |
|---|---|---|---|
| Abschied | die Wahl | die Fähigkeit | ein Versprechen |
| eine Antwort | eine Frage | einen Kuß | einen Vorwurf |
| einen Antrag | im Recht | im Irrtum | in Not |
| in Schutz | in Erfüllung | Kritik | Platz |
| Rücksicht | sich in acht | zu Ende | zur Verfügung |
| Eindruck | einen Rat | Forderungen | Hilfe |

### Gruppe 2

| | | | |
|---|---|---|---|
| zur Folge | zur Diskussion | Anklage | Bezug |
| die Erlaubnis | ein Gespräch | Einfluß | in Kraft |
| in Zweifel | in Anspruch | in Vergessenheit | unter Strafe |
| zum Ausdruck | zur Sprache | zur Kenntnis | zur Debatte |

**4**
*bringen/
kommen*

**Aufgabe**
`2–3`

Viele N-V-Verbindungen haben eine aktivische bringen- und eine passivische kommen-Variante:

Die Staatsanwaltschaft bringt die Untersuchungen nächste Woche zum Abschluß.
↔ Die Untersuchungen kommen nächste Woche zum Abschluß.

Lesen Sie die Sätze der Gruppe 1 in Form von Gruppe 2 und umgekehrt.

Gruppe 1: bringen
Wir bringen nun den Antrag des Abgeordneten Moritz Huhn zur Abstimmung.
Wir bringen nur umweltfreundliche Materialien zur Anwendung.
Die Wirtschaftspleite in dieser Region hat viele Menschen in Schwierigkeiten gebracht.
Ich möchte meine Bedenken zum Ausdruck bringen.
Es ist fast unmöglich, dich zur Einsicht zu bringen.
Herr Böse und Herr Streit bringen ihre persönliche Friedensverhandlung heute noch zu Ende.

Gruppe 2: kommen
Unser Projekt kommt langsam in Gang.
Durch den Unsinn der Rettungshunde ist aber niemand in Gefahr gekommen.
Mit dieser postmodernen Krawatte kommt Ihre Persönlichkeit erst richtig zur Geltung.
Durch die Veröffentlichungen der Zeitung ist der Ministerpräsident ins Gerede gekommen.
Das muß nach Meinung der Opposition auf der nächsten Parlamentsdebatte zur Sprache kommen.
Die Angelegenheit muß bald in Ordnung kommen.

**5**
*geraten/
kommen*

**Aufgabe**
`3`

Das Funktionsverb geraten konkurriert oft mit kommen. Es betont, daß etwas gegen den eigenen Willen verlaufen ist. Lesen Sie die Sätze und formulieren Sie einfacher.

Beispiel:  Der Nobelpreisträger Moritz Huhn ist nach und nach *in Vergessenheit geraten*.
→ Er ist im Laufe der Zeit völlig *vergessen worden*.

Wegen der Nilpferde ist der Tourist in einen gewissen Streß geraten.
Ich bin in eine merkwürdige Sache hineingeraten.
Fast wäre ich dabei in Panik geraten.
Die chemische Substanz $H_2O$ geriet in Verdacht, umweltschädlich zu sein.
Es ist noch ungewiß, ob der Kölner Dom durch das Ozonloch in Gefahr gerät.
Die Lawinenhund-Affäre geriet ins Rollen.

**6**
*gelangen*

**Aufgabe**
`3`

Auch das Funktionsverb gelangen hat passivische Bedeutung. Es drückt aus, daß – mehr oder weniger von selbst – ein positives Ziel erreicht wird:
Ich bin während der Weihnachtsfeiertage zu der Überzeugung gelangt, daß ich mich mit Ihnen wieder vertragen sollte, Herr Streit.

Übertragen Sie die Sätze in eine gehobene Stilform, indem Sie N-V-Verbindungen mit gelangen oder kommen bilden.

Nach langem Hin und Her hat sich Herr Valentin entschlossen, keinen Hut zu kaufen.
Im Staatstheater ist das Stück „Der Taschendieb" aufgeführt worden.
Nach der Lektüre des Textes „Höhlenforscher" habe ich erkannt, daß die Höhlenforschung eine lebensgefährliche Wissenschaft ist.

**Aufgabe**

| 3 | | |
|---|---|---|

Das Funktionsverb stehen drückt Zeitdauer und Passivität aus, stellen drückt Beginn und Aktivität aus. Als Alternative zu stehen kann man manchmal bleiben verwenden: unter Anklage/Kontrolle bleiben.

**7**

*stehen/stellen*

Lesen Sie die Sätze der Gruppe 1 mit stehen, die Sätze der Gruppe 2 mit stellen.

Beispiel:  Die Intelligenz der Nilpferde steht außer Frage.
↔ Auch der Tourist kann die Intelligenz der Nilpferde nicht in Frage stellen.

Gruppe 1

Ich stelle nun die Vorschläge von Moritz Huhn zur Diskussion.
Wir freuen uns, wenn Sie uns eine Gehaltserhöhung in Aussicht stellen.
Die Verkäuferin stellte Herrn Valentin mehrere Hüte zur Auswahl.
Herr Huhn, ich stelle Sie unter Anklage.
Es ist in Ihr Ermessen gestellt, wie Sie sich entscheiden.
Diese Pflanzen sind unter Naturschutz gestellt.

Gruppe 2

Auch das Nachmachen der neuen Banknoten steht unter Strafe.
Der Abgeordnete Moritz Huhn steht nicht mehr zur Wahl.
Eine Änderung des Grundgesetzes stand nie ernsthaft zur Debatte.
Selbstverständlich steht Ihnen ein Wagen mit Chauffeur zur Verfügung.
Unser Export steht doch unter der ständigen Kontrolle der Leute aus dem Ministerium.

**Aufgabe**

| 3 | | |
|---|---|---|

Bei der Nominalisierung von N-V-Verbindungen verschwindet das Funktionsverb:
Der Präsident hält eine Rede.
→ die Rede des Präsidenten (nicht: das Halten einer Rede durch den Präsidenten)
Die Nominalisierung führt hier zu einer Vereinfachung.

**8**

Nominalisierung

Nominalisieren Sie die Sätze.

Die schwierige Situation hat ihren Anfang genommen.
Die Eignung der Bernhardiner als Rettungshunde wurde in Zweifel gezogen.
Mein sehnlichster Wunsch ging in Erfüllung.
Alle außer den Kindern haben am Benehmen der Rettungsbernhardiner Kritik geübt.
Ich möchte das Verhalten von Moritz Huhn zur Diskussion stellen.
Dieses Grammatik-Kapitel wird bald zu Ende gebracht.

**Aufgabe**

| 3 | | |
|---|---|---|

Legen Sie sich nach und nach eine eigene Funktionsverb-Kartei an. Sammeln Sie die Ausdrücke, die Sie für Studium oder Beruf brauchen. Sie können dabei dieses Muster verwenden:

**9**

Kartei der N-V-Verbindungen

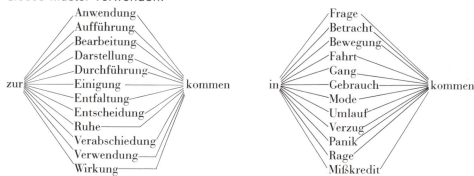

Benutzen Sie mittelgroße Karteikarten, eine Karte für jedes Muster. Sie finden im Wörterbuch unter den häufigen Funktionsverben weitere interessante N-V-Verbindungen. Ergänzen Sie, wenn nötig, Präposition, Artikelwort und Kasus.

| | | | | | | | | |
|---|---|---|---|---|---|---|---|---|
| in | .... | bleiben | zu | .... | gelangen | in | .... | sein |
| zu | .... | bringen | in | .... | geraten | zu | .... | setzen |
| in | .... | bringen | – | .... | haben | in | .... | setzen |
| – | .... | erfahren | zu | .... | haben | zu | .... | stehen |
| – | .... | erteilen | in | .... | halten | in | .... | stehen |
| in | .... | fallen | zu | .... | kommen | zu | .... | stellen |
| – | .... | finden | in | .... | lassen | – | .... | treffen |
| zu | .... | führen | – | .... | leisten | in | .... | ziehen |
| – | .... | führen | in | .... | liegen | zu | .... | ziehen |
| – | .... | geben | in | .... | nehmen | | | |
| in | .... | geben | – | .... | nehmen | | | |

**10**

„ausgefallene"
N-V-Verbin-
dungen

**Aufgabe**

3–4

Hier ist noch ein bunter (Papierblüten-)Strauß mit ausgefalleneren N-V-Verbindungen:

*Legen* Sie *sich* mal *ins Zeug*, um mit diesen Ausdrücken *Eindruck* zu *schinden*. Ihre deutschen Partner werden Sie *zum Wahnsinn treiben*, wenn Sie ihnen damit ständig *auf den Zahn fühlen*.

Setzen Sie die passenden Verben ein.

Im Salzburger Land wurde ein neuer Höhlenrettungsverband ins Leben ..............

Wir werden alle notwendigen Maßnahmen .............., um die bisher verschwundenen Höhlenrettungsmannschaften zu bergen.

Der alte Vorsitzende des Höhlenrettungsverbands ist in tiefe Depressionen ..............

Er .............. sogar eine Zeitlang in der Gefahr, sich das Leben zu nehmen.

Der neue Höhlenrettungsverband will auch moderne, unkonventionelle Mittel ins Auge ..............

Aber damit ist er bei älteren Mitgliedern auf großes Unverständnis ..............

Einige Mitglieder .............. sich mit dem Gedanken, den Verband zu verlassen.

Das hat dem Vorstand einen gehörigen Schrecken ..............

Man hat keine Mühen .............., die Zweifler von der Richtigkeit des neuen Weges zu überzeugen.

Wir hoffen jedenfalls, daß unser Höhlenrettungsverband wieder an Bedeutung .............. wird.

**11**

Aufgabe zum
Text

**Aufgabe**

4

Lesen Sie noch einmal den Text von Helmut Heißenbüttel (geschrieben 1965). Der Text ist mehr als eine Auflistung von N-V-Verbindungen. Er durchläuft vier Stufen:

1. Die *Was-tut-man-mit*-Sätze stellen die N-V-Verbindungen als „normale", positiv erscheinende Lebenssituation vor.

2. In den *Also*-Sätzen wird diese Normalität durch die Infinitiv-Form noch verstärkt: gültige Normen des gesellschaftlichen Lebens und des politischen Handelns.

3. Dann aber werden in den *Oder*-Sätzen Gegenteile zur Normalität dazugestellt, und zwar so, daß sie die zuerst genannten „Normalitäten" verdrängen.

4. Zuletzt folgen in den *Was-tut-man-also-mit*-Sätzen lauter negative Verhaltensweisen: als gültige Normen des gesellschaftlichen Lebens und politischen Handelns.

Versuchen Sie, die gesellschaftlich-politische Atmosphäre zu beschreiben, die hier (satirisch) kommentiert wird: die real existierende Bundesrepublik Deutschland in den frühen 60er Jahren. Sprechen Sie mit Deutschen darüber.

# Kapitel 18

## PUNKT PUNKT KOMMA STRICH

### Wie man schreibt, wie man spricht,
### wie man Zeichen setzt

# Lesepause

## Mondgesicht

Punkt Punkt Komma Strich
Fertig ist das Mondgesicht

*Kinderreim*

## Mondgedicht

. . , —

Fertig ist das Mondgedicht

*Robert Gernhardt*

## Das o und alle drei e

Das o und alle drei e
gingen auf Urlaubsreise –
da knurrte das Dnnrwttr
nur noch merkwürdig leise

*Josef Guggenmos*

## Freie Wahl mit guten Vorsätzen am Beispiel üste

Die üste hat die freie Wahl:
Wenn sie ein W wählt bleibt sie kahl
Wenn sie ein K wählt wird sie naß –
Die freie Wahl macht keinen Spaß

*Erich Fried*

## Kommt Komma Kinder

Kommt Komma Kinder Komma
dort im Wald
schreit einer Komma
kommt Komma bald
sehn wir den Komma
der dort gar nicht weit
kuckuck Komma kuckuck Komma
kuckuck schreit
Ausrufezeichen
(Ein Glück, daß wir die
Satzzeichen nicht aussprechen müssen!)

*Josef Guggenmos*

## Rechtschreibung

Delfine schwimmen schnell und leis.
(man schreibt sie mit „ph" – ich weiß;
doch schreibt man ja auch Tele„f"on,
und das bereits seit langem schon.) –
sie schwimmen (wie gesagt, mit „f") –
sie schwimmen – vorn ihr alter Scheff
(wir schreiben schließlich auch „Schofför") –
sie schwimmen also durch das Meer.

Was heißt durchs „Meer"?
Sogar durch „Meere"!
Und manche altgediente Mähre,
wie überhaupt so manches Ferd
(mit „V" wär es total verkehrt)
glaubt, es sei schnell wie ein Delphien!
(Das zweite „e" ist schlecht für ihn.)

Orthogravieh – das sieht man hier
– ist nicht ganz leicht für Mensch und Tier!

*Heinz Erhardt*

## Kurze Rede eines vaterlandslosen Gesellen 1989/90

Als ich kurz vor Weihnachten, von Göttingen kommend, auf dem Hamburger Hauptbahnhof nach Lübeck umsteigen wollte, kam ein junger Mann auf mich zu, stellte mich regelrecht, nannte mich einen Vaterlandsverräter, ließ mich mit diesem nachhallenden Wort stehen, kam, nachdem ich mir einigermaßen gelassen eine Zeitung gekauft hatte, abermals auf mich zu, um nicht etwa leise drohend, vielmehr freiheraus anzukündigen, daß es nun Zeit sei, mit meinesgleichen aufzuräumen. Nach erstem Ärger, den ich noch auf dem Bahnsteig abzuschütteln verstand, fuhr ich nachdenklich nach Lübeck. „Vaterlandsverräter!" Ein Wort, das, gepaart mit den „vaterlandslosen Gesellen", zum Sprachgebrauch deutscher Geschichte gehört. Hatte der junge Mann nicht recht, als aus ihm kalte Wut sprach? Kann mir jenes Vaterland, zu dessen Gunsten mit meinesgleichen aufgeräumt werden soll, nicht gestohlen bleiben?
Es ist so: ich fürchte mich nicht nur vor dem aus zwei Staaten zu einem Staat vereinfachten Deutschland, ich lehne den Einheitsstaat ab und wäre erleichtert, wenn er – sei es durch deutsche Einsicht, sei es durch Einspruch der Nachbarn – nicht zustande käme. Natürlich ist mir bewußt, daß mein Standpunkt gegenwärtig Widerspruch auslöst, mehr noch, geeignet ist, Aggressionen von der Kette zu lassen, wobei ich nicht nur an den jungen Mann vom Hamburger Hauptbahnhof denke.

*Günter Grass*


## Privatsache

Im Sommer 1822 wurde bei Tisch von den vielen Kniffen und Verschmitztheiten der deutschen Rechtschreibung gesprochen.
„Ich halte sie mir nach Möglichkeit vom Halse", erklärte Goethe, „und mache, wenn man streng sein will, in jedem Brief Schreibfehler. Und keine Komma."
Einen Augenblick herrschte widerspruchsvolles Schweigen, aber schnell fuhr Goethe fort:
„Dabei beruhige ich mein Gewissen mit der Meinung des verehrten Wieland, der behauptet hat: Religion und Interpunktion sind Privatsachen."

*Dieter Lattmann*


## Aus einer publizistischen Diskussion über eine Rechtschreibereform (1973)

Die deutsche Sprache ist – anders als die romanische und angelsächsische – zweideutig. Sie ist ein schwer zu handhabendes Instrument: Das ist ihre Schwäche und ihre Schönheit. In einer vortrefflichen Abhandlung zitiert der Philologe Professor Digeser: „An einer Schönen Brust zu ruhn, das ist ein Trost" – um eine Schöne handelt es sich, nicht um eine schöne Brust ...

*Hans Habe, „Welt am Sonntag"*


Und fast alle, die an gross geschriebenen hauptwörtern festhalten wollen, klammern sich auch an einen busen. Das sekundäre geschlechtsmerkmal dient den konservativen als beweisstück: Ob jemand trost an einer Schönen Brust oder an einer schönen Brust suche, sei ein unterschied, der dem leser nur mittels grossschreibung aufgehe. Die neuerer hingegen empfehlen einem derart geschwollenen stil kalte umschläge. Eine aussage, die man nur mit grossbuchstaben geschrieben verstehe, sei ohnehin schlechtes deutsch ...

*Der Spiegel*

# Grammatik im Kasten

Nicht nur Menschen, die Deutsch als Fremdsprache lernen wollen, sondern auch deutsche Schüler und Erwachsene haben Probleme mit der Orthographie, Groß- und Kleinschreibung, Zusammen- und Getrenntschreibung und Zeichensetzung. Viele Deutsche warten – bisher vergeblich – auf eine Schreibreform. Manches ist einfach, manches läßt sich in verständliche Regeln fassen. Aber vieles bleibt unlogisch und erscheint willkürlich. Für das Deutsche gibt es aber so etwas wie eine oberste Sprachinstanz: den DUDEN. Dort findet man Hilfe für (fast) alle Probleme (besonders Band 1: *Die Rechtschreibung*; Band 9: *Richtiges und gutes Deutsch*).

## 1. Groß- und Kleinschreibung

Der erste Buchstabe am Satzanfang wird groß geschrieben:
*Vor* dem Gesetz steht ein Türhüter.

Nomen (auch Nominalisierungen) werden groß geschrieben; sie haben (meistens) ein Artikelwort:
Vor dem *Gesetz* steht ein Türhüter.

Wird ein Wort nicht als Nomen verstanden, sondern als Adverb, dann besteht die Tendenz zur Kleinschreibung; aber es gibt viele unsichere Beispiele:
Damit Sie Ihr *Recht* bekommen.
Sie haben *recht*, wenn Sie gegen das *Unrecht* kämpfen.

Bei den Präpositionen und präpositionalen Ausdrücken gibt es viele Beispiele, die mit einem Nomen gebildet werden (→ Kap. 12, A 13–15).
Eine ganze Reihe wird in einem Wort (und klein) geschrieben (→ Kap. 12, A 13), die große Masse der Ausdrücke wird getrennt und groß geschrieben (→ Kap. 12, A 15). Nur wenige werden getrennt und klein geschrieben:
alles nur dir *zuliebe*
*im Hinblick* auf unsere finanzielle Lage
*in bezug* auf seine Karriere; *auf seiten* der Polizei

Verben werden groß geschrieben, wenn sie als Nomen, als Begriff verstanden werden (Nominalisierung mit das; → Kap. 13, A 1):
Das *Ein-* und *Aussteigen* über die Friedhofsmauer ist verboten.
Das *In-der-Nase-Bohren* ist unhygienisch, aber nicht gesundheitsschädlich.

Adjektive werden groß geschrieben, wenn sie als Nomen, als Begriff verstanden werden (Nominalisierung als Person, Idee, → Kap. 13, A 17). Wenn Sie als Adverb verstanden werden, schreibt man sie klein.
Es bleiben viele Unklarheiten:
der *Alte* (ein alter Mann, eine Krimi-Serie im Fernsehen)
Er war ein Snob, er schwärmte für das *Junge*, das *Unverbrauchte*.
Sie gingen miteinander durch *dick* und *dünn*.
Über *kurz* oder *lang* werden wir eine Krise haben.
Ich sage es dir im *guten:* bringe die Sache so schnell wie möglich ins *reine*!

Auch andere Wortklassen werden groß geschrieben, wenn sie eine nominale Bedeutung haben:

*Tausende* Zuschauer; ein *Viertel* Rotwein;
die Philosophie des *Trotzdem* im *Hier* und *Jetzt*

Die höfliche Anredeform Sie, in Briefen auch die anderen Anredeformen (Du, Dein, Dich, Ihr, Euer etc.) schreibt man groß.

*Du*, ich liebe *Dich*. *Deine* Ulrike

Alles, was als Eigenname, Titel, Thema verstanden wird, schreibt man groß.
Das gilt auch für Adjektive; Adjektive von Städten schreibt man immer groß:

*Heideggers „Sein* und *Zeit"* und *Sartres „Sein* und *Nichts"*
*Wiener* Schnitzel, *Kölner* Dom, *Frankfurter Allgemeine Zeitung*
*Frankfurter* Würstchen, der *Deutsche* Bundestag
*Wiener* Walzer aber: eine typisch *wienerische* Aussprache

## 2. Zusammen- und Getrenntschreibung

Hier geht es verwirrend zu. Es gibt keine allgemeingültigen Regeln. Als Regel kann gelten: entsteht aus zwei Wörtern ein neues Wort mit eigener Bedeutung, dann schreibt man zusammen (und betont den ersten Teil). Behalten die Wörter ihre jeweilige Bedeutung, schreibt man getrennt (und betont auch getrennt).

### Trennung der Wörter

Die Verben in der linken Spalte haben getrennte Bedeutungen;
die in der rechten Spalte haben eine neue Gesamtbedeutung:

| | |
|---|---|
| Er mußte völlig neu gehen lernen. | Ich werde ihn demnächst kennenlernen (= treffen). |
| Das Kleid werde ich blau färben. | Morgen will ich blaumachen (= nicht zur Arbeit gehen). |
| Mach mal die Krawatte etwas lockerer. | Du solltest etwas Geld lockermachen (= geben). |
| Wollen wir miteinander spielen? | Wieder sind sie aneinandergeraten (= streiten). |

Viele Ausdrücke sind neben der Groß- und Kleinschreibung auch in der Zusammen- und Getrenntschreibung problematisch (getrennt, vorne groß – zusammen, klein). Dabei ist nicht viel Logik zu erkennen, es gibt keine eindeutigen Regeln:

Auto fahren – radfahren; Eis essen – eislaufen.
Die Zahl der Ausdrücke, die man heute zusammenschreiben kann, wird größer:
maschineschreiben, bergsteigen, staubsaugen, probefahren, kopfstehen, notlanden etc.

### Silbentrennung am Ende einer Zeile

Auch hier gibt es keine große Klarheit. Wir empfehlen:

Man soll die „gesprochene" Silbentrennung im Schriftbild imitieren, aber: Der letzte Konsonant wird abgetrennt: Kat-ze, Bäcke-rei, kom-men, Küs-se.

Die Schreibweisen ch, ph, rh, sch, sh, th werden nicht getrennt: la-chen, tau-schen, ka-tholisch.

ck → k-k: Zuk-ker

st wird nicht getrennt: Wü-ste, Wür-ste.

Alleinstehende Vokale werden nicht getrennt: Abend, Ameise, Österreich.

Zusammengesetzte Wörter trennt man in ihre Einzelwörter.
In manchen zusammengesetzten Wörtern müßte es drei gleiche Konsonanten hintereinander geben: Bett + Tuch; Schiff + Fahrt.
Zusammen schreibt man diese Wörter Bettuch, Schiffahrt;
getrennt schreibt man: Bett-tuch, Schiff-fahrt.

Der Sinn der zusammengesetzten Wörter soll erkennbar bleiben; man trennt also entweder Auto-rennen oder gar nicht; jedenfalls nicht so:
Autoren-nen; Spargel-der; Verse-hen; bein-halten; Inge-nieur; Anal-phabeten.
Wenn ein irritierendes Schriftbild entsteht, soll man die Trennung vermeiden.

## Wortfugen

Zwischen zusammengesetzten Wörtern können die Fugenelemente -s-, -e-, -en-, -ens-, -er- stehen: Freiheitsdrang, Reibekuchen, Scheunentor, Herzenslust, Kindergarten.
Diese Fugenelemente sind manchmal grammatisch begründet (Herzenslust = Lust des Herzens; Kindergarten = Garten für Kinder), manchmal nicht (Regierungskommission).

## Bindestrich

Bindestrich konkurriert mit Zusammenschreibung; man hat gewisse Freiheiten.
Bindestriche setzt man, um

Wortelemente hervorzuheben: Ichsucht; aber: Ego-Prinzip

Wörter lesbarer zu machen: Untersuchungsausschuß; aber: Verfassungsreform-Ausschuß

ein Wortelement einzusparen: Hin- und Rückfahrt; Sonn- und Feiertage

drei zusammenstoßende Vokale zu trennen: Tee-Ei; Kaffee-Ernte

Abkürzungen, Formeln, Namen, Buchstaben und Zahlen zu verbinden: X-Beine; CDU-Präsidium; AIDS-Virus; US-Regierung; 3-Zimmer-Wohnung

Wortelemente aneinanderzureihen: Nord-Süd-Konflikt; Sankt-Nimmerleins-Tag

## 3. Orthographie und Aussprache

Wir sprechen anders als wir schreiben: Phonetik und Alphabet stimmen nur zum Teil überein. In einigen Sprachen sind Aussprache und Buchstaben näher zusammen als im Deutschen (z. B. Italienisch), in anderen Sprachen weiter auseinander (z. B. Englisch). Es ist oft darüber geredet worden, die deutsche Rechtschreibung der Aussprache anzugleichen; aber die Chancen sind gering, daß etwas geschehen wird.
Die Tabelle zeigt:
links die deutschen Laute („Phoneme") in der üblichen phonetischen Schreibweise;
in der Mitte alle Schreibweisen, die möglich sind; fremdsprachige Aussprache und Schreibweisen wurden vernachlässigt (Ingenieur, Chance);
rechts Wortbeispiele für die verschiedenen Schreibweisen.

Die unterschiedliche Aussprache des Buchstaben r wird gesondert behandelt.

## kurze Vokale (z. T. mit Wirkung auf nachfolgenden Konsonanten)

| | | | |
|---|---|---|---|
| [a] | a | hat; hatte | |
| [ə] | e | hatte; Liebe; haben | (kurz, unbetont, gerundet) |
| [ɛ] | e; ä | wenn; hätte | (kurz, offen, gespannt) |
| [ɪ] | i | Mitte; bis | |
| [œ] | ö | können | |
| [ɔ] | o | hoffen; ob | |

(die kurzen Vokale ö/o sind deutlich offener als die langen Vokale)

| | | |
|---|---|---|
| [Y] | ü | küssen |
| [ʊ] | u | und |

## lange Vokale

| | | |
|---|---|---|
| [ɑ:] | a; ah; aa | Wagen; Sahne; Saal |
| [ɛ:] | ä; äh | Mädchen; wählen |
| [e:] | e; ee; eh | leben; Schnee; Sehnsucht |
| [i:] | i; ie; ieh; ih | Sabine; Biene; du siehst; ihr |
| [ø:] | ö, öh | schön; Söhne |
| [o:] | o, oh; oo | oben; wohnen; Boot |
| [y:] | ü; üh; y | müde; wühlen; Physik |
| [u:] | u; uh | zu; Schuh |

## Doppelvokale („Diphthonge")

| | | |
|---|---|---|
| [ae] | ei; ey; ai; ay; aj | Freiheit; Saite; Meier; Meyer; Maier; Mayer; Majer |
| [aʊ] | au | Bauer |
| [ɔʊ] | eu; oi; oy; äu | heute; Loipe; Woyzeck; Bäume |

## Konsonanten

| | | |
|---|---|---|
| ['] | (–) | („Glottis, Knacklaut") be'obachten; Guten 'Abend! |
| [b] | b; bb | Bär; Ebbe |
| [d̦] | d; dd | der; Kuddelmuddel |
| [f] | f; ff; v; ph | Ofen; offen; vor; Philosophie |
| [g] | g; gg | gegen; Egge |
| [h] | h | haben; nahe |
| [j] | j; i; y | Januar; Ionen; Yacht |
| [k] | k; ck; g | Kalauer; Zucker; weggehen |
| [l] | l; ll | leben; voll |
| [m] | m; mm; (n) | Mann; Hammer; haben (umgangssprachlich: habm → Kap. 20, A5) |
| [n] | n; nn | den; denn |
| [ŋ] | ng; n | Tübingen; gegen (gesprochen: gegŋ → Kap. 20, A5) |
| [p] | p; pp; b | Paul; Puppe; abfahren |
| [t] | t; tt; th; d | bunt; hatte; Theologie; und |
| [v] | w; v; ww | Wasser; Veranda; Struwwelpeter |
| [z] | s (stimmhaft) | Hase; sieben |
| [s] | s; ss; ß (stimmlos) | das; Wasser; daß |
| [ç] | ch | ich; nichts; Mädchen |
| [x] | ch | ach; lachen |
| [ʃ] | sch | schön; waschen |

**Aussprache des Buchstaben r:**

| | |
|---|---|
| vokalisches r [ɐ]: (Schreibweise: r) | In der überwiegenden Zahl der Fälle wird r vokalisch gesprochen, ähnlich wie ein abgeschwächtes, kurzes a (Übungen dazu in Kap. 20, A1). <br>a) nach langen Vokalen am Silbenende, auch wenn noch ein Konsonant folgt nur, für, er, wir, mir, her-; führst, hört); <br>b) nach Vokal in kurzen (unbetonten) Vorsilben oder Endungen (er-, ver-, zer-; wandern. flüsterst, knattert); |
| konsonantisches r [r] (Schreibweisen: r, rr, rh, rrh) | Reibe-r; es wird mit dem Luftstrom am Gaumen gebildet (die Varianten – das r hinten im Rachen oder vorn mit der Zungenspitze zu „rollen" – sind regionale oder individuelle Eigentümlichkeiten): <br>a) nach Vokal in kurzen (betonten) Silben oder Wörtern (Ort, dort, hart, scharf, Herr) wird r bei pointierter Sprechweise konsonantisch, bei schneller Sprechweise vokalisch gesprochen (z. B. Herr, unser Herrscher, wie herrlich ist dein Name! – Herr Böse, Sie sind ein Narr.) <br>b) am Anfang einer Silbe, auch wenn andere Konsonanten davorstehen (raus, rüber, rufen; bringen, draußen, schreiben) <br>c) in Kombination mit den harten Konsonanten p/t/k kann das Reibe-r ebenfalls hart, kratzend gesprochen werden (treten, sprechen, prächtig, kratzen, krachen): in Richtung auf [x]. <br>d) in Fremdwörtern mit rh/rrh (Rhythmus, Katarrh). |

## 4. Zeichensetzung

**Hier sind die Satzzeichen, die es im Deutschen gibt:**

.   Punkt
,   Komma
;   Strichpunkt (Semikolon)
!   Ausrufezeichen (Ausrufungszeichen)
?   Fragezeichen
:   Doppelpunkt
"   Anführungszeichen (Gänsefüßchen unten/oben)
–   Bindestrich, Gedankenstrich, Spiegelstrich (unterschiedliche Funktionen!)
()   Klammer(n)

**Grundregeln zum Komma**

Satzzeichen sind wie Straßenschilder: sie helfen, den richtigen Weg durch einen Text zu finden. Im Deutschen sind die Kommaregeln meistens festgelegt; es gibt aber gewisse Möglichkeiten, Kommas stilistisch einzusetzen.
Hier sind die wichtigsten Kommaregeln:

1. Hauptsätze, wenn sie vollständig sind, werden immer durch ein Satzzeichen getrennt. Das Komma kann mit Punkt und Strichpunkt konkurrieren.
Ein Punkt trennt zwei Sätze stärker, ein Komma weniger stark, der Strichpunkt liegt dazwischen:
Die Suppe schmeckt mir, deshalb nehme ich mir nochmal einen Teller.
Die Suppe schmeckt mir wirklich gut; deshalb nehme ich mir nochmal einen Teller.
Die Suppe schmeckt mir ganz ausgezeichnet. Deshalb nehme ich mir nochmal einen Teller.

2. Zwischen Hauptsatz und Nebensatz (Relativsatz, Satz mit Konjunktionen, indirekter Frage-satz) steht normalerweise ein Komma:

Ich weiß gar nicht mehr, wie viele Teller Suppe ich schon gegessen habe.

Du darfst es mir ruhig glauben, wenn ich dir das sage.

3. Man trennt Infinitive mit zu durch Komma ab, wenn zum Infinitiv noch mindestens ein Satzglied gehört:

Du warst gar nicht leicht zu finden.

Es war gar nicht leicht, dich zu finden.

4. Bei Verben, die einen obligatorischen Infinitiv haben, wird kein Komma gesetzt:

Bei dir scheint eine Schraube locker zu sein.

Jeden Sonntag um 12 Uhr pflegt der Snob im Club zu speisen.

5. Nebensätze, unvollständige Sätze, Satzteile oder Wörter trennt man durch Komma, wenn sie nicht durch Konjunktionen wie und, oder, beziehungsweise verbunden sind:

Er läuft und läuft und läuft. (Werbung für den VW-Käfer)

Er ging in seine Stammkneipe und trank sechs Gläser Bier.

(aber: Er läuft, und er läuft, und er läuft.

Er ging in seine Stammkneipe, und dort trank er sechs Gläser Bier.)

Punkt, Punkt, Komma, Strich (aber: Punkt, Punkt, Komma und Strich)

Er wußte, daß der Mond um die Erde kreist und daß der Mond kein Gesicht hat.

6. Ausrufe, rhetorisch verkürzte Sätze und namentliche Anreden werden durch Komma getrennt:

Hallo, kommen Sie doch mal herüber!

Bitte, wo geht's denn hier zum Bahnhof?

Wahrscheinlich, daß er gar nicht mehr kommt!

Mensch, Fritz, daß wir uns hier wieder begegnen!

7. Mit Komma trennt man nachgestellte Informationen ab (z. B. auch beim Datum):

Herr Streit, ein Gartenfreund, streitet sich mit Herrn Böse, seinem Nachbarn.

Heute ist Freitag, der 13. Dezember.

Informationen zur Zeichensetzung finden Sie auch in Kap. 10 (Doppelpunkt, Anführungszei-chen, Satzzeichen in direkter Rede), Kap. 8 (Komma, Strichpunkt, Punkt) und Kap. 16 (Komma bei Attributionen).

# Übungen und Regeln

## Groß- und Kleinschreibung

**1**

Nomen

**Aufgabe**

`2–3` ☐ ☐

Entscheiden Sie, welche Wörter groß geschrieben werden.

das schreiben und das lesen ist nie mein fall gewesen.
pippin der kleine war der vater von karl dem großen.
ich wünsche ihnen alles gute, ihr max müller
über dem hauptportal der universität steht der spruch: dem wahren, guten und schönen.
als snob kaufe ich nur das beste vom besten.
cdu heißt „christlich demokratische union", spd heißt „sozialdemokratische partei deutschlands"

**2**

Nomen/
Adverbien

**Aufgabe**

`3` ☐ ☐

In vielen Ausdrücken hat das Nomen seine „Selbständigkeit" verloren und wird klein geschrieben.

Lesen Sie die Beispiele links, und erklären Sie den Unterschied zu den Sätzen rechts.

| | |
|---|---|
| etwas/jemanden *ernst* nehmen | Es ist mein voller *Ernst.* |
| *recht* behalten | Sie sollen Ihr *Recht* bekommen. |
| sich im *klaren* sein | Jetzt trinken wir noch einen *Klaren.* |
| Mir ist *angst* und *bange.* | Mach' mir keine *Angst!* Hast du denn keine *Bange?* |
| *schuld* sein an | Wer ohne *Schuld* ist, werfe den ersten Stein! |
| *imstande* sein | Aus dem *Stand* könnte ich das nicht sagen. |
| *groß* und *klein*, *arm* und *reich* | Die *Reichen* leben auf Kosten der *Armen.* |

**3**

**Aufgabe**

`3` ☐ ☐

Klären Sie mit Hilfe von Deutschen die Schreibweise der Ausdrücke; schauen Sie im DUDEN nach. Wir haben die problematischen Stellen in Klammern, getrennt und klein geschrieben. Wundern Sie sich nicht, wenn nicht immer Klarheit entsteht.

So etwas kommt überhaupt nicht (in frage).
Viele sind (in bezug auf) die Groß- und Kleinschreibung sehr unsicher.
Es gab (auf seiten) der Bevölkerung viele Klagen.
Schließlich wurde (auf grund) dieser Stimmungslage ein Hilfsprogramm beschlossen.
Wir könnten (mit hilfe) einer Rechtschreibreform die Schreibweise vereinfachen.
Warum kommen Sie denn (an stelle) Ihrer Frau?

**4**

**Aufgabe**

`2–3` ☐ ☐

Klären Sie die Schreibweise der Wörter in Klammern; auch die Frage „zusammen/getrennt" spielt mit.

Bei uns sind die Geschäfte (donnerstags) länger geöffnet.
Guten (abend), Herr Meier.
Sprechen Sie bitte (deutsch), aber in korrektem (deutsch); gestern habe ich zum erstenmal (auf deutsch) geträumt; wir reden hier alle (auf deutsch); (im deutschen) ist alles etwas schwieriger als in den anderen Sprachen.
Nur (ein einziges mal) habe ich diesen Fehler gemacht, (zwei mal) mache ich ihn bestimmt nicht.
Du hast schon (wieder mal) die Kaffeemaschine nicht ausgeschaltet.
(Eines abends) habe ich eine Märchenfee getroffen, aber (morgens) war sie wieder weg.
(In der nacht) sind alle Katzen grau, aber (eines nachts) waren sie grünlich.

**Aufgabe** Diskutieren Sie die Schreibweisen der Wörter in Klammern. **5**

| 2–3 | | |

geographische
Adjektive

der (Kölner) Dom – die (französische) Küche – die (deutsche) Bank – das (Pariser) Nachtleben –
der (amerikanische) Kontinent – das (europäische) Parlament in Straßburg – das (russische) Roulette –
der (badische) Wein – das (deutsch-französische) Verhältnis – das (Wiener) Schnitzel

**Aufgabe** Der folgende Brief ist gleichzeitig an eine Mutter und ihren Sohn gerichtet; der **6**

| 2–3 | | | Mutter gilt die höfliche Sie-Anrede, dem Sohn die briefliche Du-Form. Korrigieren
Sie die Schreibweise der Anredewörter.

Anrede

Liebe Frau Müller, ich schreibe ihnen, weil ich ihnen meine Liebe zu ihrem Sohn Franz gestehen möchte.
Und auch du, lieber Franz, sollst den Brief lesen, und du sollst wissen, wie sehr ich dich liebe. Meine
Gedanken sind bei euch, während ich an euch schreibe. Ich hoffe, ihr werdet gut von mir denken. Franz, dir
habe ich für dein Auto ein Autokissen gehäkelt, und ihnen, Frau Meier, habe ich einen Schal für den Winter
gestrickt. Ich grüße sie herzlich, ich küsse dich von Herzen, ihre/deine Maria

# Zusammen- oder Getrenntschreibung

**Aufgabe** Lösen Sie die Aufgabe in mehreren Schritten: **7**

| 3 | | | a) Lesen Sie die Wörter und Ausdrücke.
b) Entscheiden Sie dann an der markierten Stelle (/), ob man sie zusammen-
oder getrennt schreibt.
c) Diskutieren Sie Ihr Ergebnis mit Deutschen.
d) Schlagen Sie im DUDEN nach.
e) Begründen Sie die Schreibweise.

Zusammen/
getrennt

sich krank/lachen – krank/feiern (= mit der Begründung einer Krankheit von der Arbeit fernbleiben) –
krank/sein – jemanden tot/schießen – sich bereit/erklären – schwarz/färben – sich schwarz/ärgern –
schwarz/arbeiten – still/sitzen – still/halten (= sich nicht bewegen)

**Aufgabe** Wie A 7, jetzt mit Sätzen. **8**

| 3 | | |

Ich glaube, das wird uns vorwärts/bringen.
Wir müssen vorwärts/gehen und nicht rückwärts.
Ich kann weiter/spucken als du.
Bitte weiter/fahren und nicht stehen/bleiben.
Hör auf, hin/ und her/zu/laufen.
Der Versuch ist total daneben/gegangen.
Es ist ein bißchen Rotwein daneben/gegangen.
Mein ganzes Geld ist drauf/gegangen.

**Aufgabe** Wie A 7 und A 8. **9**

| 3 | | |

Wir waren sofort ineinander/verliebt.
Jetzt fühlen wir uns aneinander/gebunden.
Warum hast du denn die Schuhe aneinander/gebunden?
Meine Gefühle sind völlig durcheinander/geraten.
Wir sind nicht gut miteinander/ausgekommen.
Wir wollen niemals auseinander/gehen.

**10**  **Aufgabe**  Wie A 7 und A 8 (und vergleichen Sie A 3).

☐3☐☐

Es war dringend von/nöten, die Firma zu reorganisieren. Wir befinden uns der/zeit in/mitten einer grundlegenden Neuorientierung; in/folge dieser besonderen Situation sind wir natürlich nicht im/stande, viel zu/gunsten der Produktentwicklung zu unternehmen; aber wir werden in/kürze die Innovationen im Planungsbereich zu/stande/gebracht haben. Wir können für die weitere Entwicklung im/grunde eine optimistische Prognose zu/grunde legen.

**11**

Fremdwörter trennen

**Aufgabe**  Versuchen Sie, die folgenden „Fremdwörter" zu trennen; vergleichen Sie Ihr

☐3☐☐  Ergebnis mit dem, was im DUDEN steht. Nicht immer werden Sie einen plausiblen Grund erkennen. Sie können die Übung auch Deutschen als Test vorlegen.

Publikum – flexibel – Diplom – zyklisch – Februar – Hydraulik – Neutralität – Magnetismus – industriell – Katastrophe

**12**

Fugen -s-

**Aufgabe**  Klären Sie, ob zwischen den Wortelementen -s- („Fugen-s") steht.

☐3☐☐

| | | | |
|---|---|---|---|
| Eigentum/verhältnisse | Lehrling/werkstatt | Freiheit/drang | Volk/schule |
| Gerechtigkeit/sinn | Freundschaft/dienst | Demonstration/zug | Nominalisierung/regel |
| Schönheit/wettbewerb | Beobachtung/punkt | Erbschaft/prozeß | Bischof/konferenz |
| Friedhof/mauer | Schulhof/aufsicht | Antrieb/kraft | unterschrift/reif |
| Hilf/sheriff | Geschicht/schreibung | Auftrag/geber | Auftrag/arbeit |

## Orthographie und Aussprache

**13**

Vokale/ Konsonanten: kurz oder lang?

**Aufgabe**  Machen Sie sich an den hervorgehobenen Stellen den Zusammenhang von

☐2–3☐☐  Vokallänge (Dehnung – Kürzung) und der Schreibweise der Vokale und nachfolgenden Konsonanten klar. Sprechen Sie gedehnte Vokale besonders lang (z. B. Liiiiebe); betonen Sie bei kurzen Vokalen die Konsonanten besonders scharf und deutlich (z. B. schnattttern).

S*ie* schon w*ie*der?
Auch die l*ie*ben s*ie*ben Schw*a*ben f*a*hren gern nach B*a*den-B*a*den, um zu sp*ie*len, um zu b*a*den.
Und h*u*rre h*u*rre, h*o*pp h*o*pp h*o*pp, ging's fort im sausenden Gal*o*pp. (aus einer Ballade von Bürger)
Es kn*a*ttern und fl*a*ttern die F*a*hnen im Wind.
W*e*h m*i*r, ich bin verloren.
Eia, popeia, was r*a*schelt im Str*o*h?

**Aufgabe**
`2–3`

Ziemlich überflüssig ist der Buchstabe ß, zumal es ihn nur in klein geschriebener Form gibt. Aber die Schreibregeln sind klar:
Man muß die Wörter kennen, die ein „stimmloses" also „scharf" klingendes /s/ haben, aber nur mit einem s geschrieben werden:

**14**

*s/ss/ß*

Gras, Glas, das, was, aus, Apfelmus, Maus

ss steht zwischen zwei Vokalen, wenn der vordere Vokal kurz ist:

Wasser, küssen, müssen, Flüsse, hassen, Kasse, Bassist

ß steht in allen übrigen Positionen:
– nach langem Vokal und Doppelvokal: Füße, draußen, heißen, schließen
– am Wort- oder Silbenende: muß, weiß, Kuß, Gruß, Biß, bißchen, Küßchen
– vor -t: mußt, küßt, grüßt, heißt

Wie heißen in Gruppe 1 die Pluralformen?
Wie heißen in Gruppe 2 die Formen 1. Person Sg Präsens, Präteritum, P II?

Gruppe 1
Fuß – Fluß – Gruß – Bus – Kuß – Genuß – Biß – Riß – Nuß – Preis

Gruppe 2
heißen – beißen – reißen – reisen – fassen – lassen – küssen – veranlassen – genießen – messen

**Aufgabe**
`2–3`

Nehmen Sie ein Fremdwörterbuch zur Hand und beobachten Sie die Schreibweise und Aussprache im Deutschen ein wenig genauer. Vergleichen Sie die Orthographie und Aussprache der Ausdrücke mit Ihrer Sprache.

**15**

Fremdwörter

Orthographie – Rhythmus – Rhetorik – Theorie – Physikalische Chemie – Psychiatrie – Engagement – Appartement – Ingenieur – Frisör – Fassade – Blamage – Fotograf – Fotokopie – Zentrum – Literatur – Genre – Atmosphäre – Interieur – Kalorie – Theater – Computer – Phänomenologie – Regie

## Zeichensetzung

**Aufgabe**
`3`

Entscheiden Sie, ob Sie die Sätze mit Komma, Punkt oder Strichpunkt (→ A21) verbinden können. Gibt es Unterschiede im Stil, in der Sprechweise, in der Wirkung?

**16**

Komma/
Strichpunkt/
Punkt

Ich würde dir gerne schreiben / doch ich ich weiß nicht was.
Ich habe fast nichts verstanden / es war trotzdem sehr interessant.
Alle reden vom Wetter / wir nicht.
Auch wenn die Kasse leer ist / sieht die Zukunft nicht so schlecht aus.
Die Konkurrenz schläft nicht / aber wir schlafen.

**Aufgabe**
`2–3`

Setzen Sie das Komma an die richtige Stelle.

**17**

Ich weiß doch daß ich recht habe.
Ich bin doch nur gekommen weil ich dir helfen wollte.
Es ist richtig diese Mißstände öffentlich zu diskutieren.
Es kann doch nicht so schwierig sein das zu verstehen.
Ich hoffe dich nie mehr wiederzusehen.
Ihr könnt euch das was wir erlebt haben bestimmt nicht vorstellen.
Kennst du das Land wo die Zitronen blüh'n?

**18**

**Aufgabe**

2–3

Im Hauptsatz steht das Verb an der zweiten Stelle; davor steht ein anderes Satzglied (→ Kap. 7, Gr. i. K. 4.). Zwischen der ersten und der zweiten Stelle steht
– kein Komma, wenn das erste Glied nominal ist;
– ein Komma, wenn das erste Satzglied verbal (d. h. ein Satz) ist.

Lesen Sie die Sätze; setzen Sie die Kommas ein; machen Sie sich die Regel klar. Möglicherweise ist es in Ihrer Sprache anders.

Weil die Bernhardinerhunde zu viel getrunken hatten rollten sie den Berg hinunter.
Wegen übermäßigen Alkoholkonsums im Dienst kam es zu einem Bernhardiner-Unfall.
Nachdem der endlos lange Vortrag zu Ende war gab es auch noch eine zweistündige Diskussion.
Nach der Beendigung des Marathon-Vortrags kam es zu einer zweistündigen Diskussion.
Obwohl sie mehrfach gewarnt wurden wollten sie die Höhle erforschen.
Trotz heftiger Warnungen brachen sie zu einer Höhlenexpedition auf.

**19**

Parenthesen

**Aufgabe**

2–3

Teile, die in einen Satz eingeschoben sind („Parenthese"), die also das normale Satzmuster durchbrechen, können durch Komma, Klammer oder „Gedankenstrich" abgetrennt werden:
Max Huhn, früher Eierdieb, ist heute Eierfabrikant.
Max Huhn (früher Eierdieb) ist heute Eierfabrikant.
Max Huhn – früher Eierdieb – ist heute Eierfabrikant.

Lesen Sie die Sätze, und setzen Sie passende Satzzeichen ein.

Moritz Hahn / auf seinem Gebiet ein anerkannter Spezialist / hielt einen Vortrag über die Nudelkrise in der Europäischen Gemeinschaft.
Meine Damen und Herren, ich freue mich / und ich hoffe, die Freude ist auch auf Ihrer Seite / heute abend zu Ihnen sprechen zu können.
Hintertupfingen / ein kleines bayerisches Nest / hat den diesjährigen Wettbewerb „Unser Dorf soll schöner werden" gewonnen.

**20**

Satzwörter

**Aufgabe**

2–3

Satzwörter („Interjektionen"), z.B. bitte, ja, nein, ach, nun, autsch, was, schade kann man durch Komma, oft auch durch Ausrufezeichen, vom Satz trennen.

Lesen Sie die Sätze und achten Sie auf das Komma.

Gibst du mir mal das Messer, bitte?
Was, warum willst du es denn haben?
Herrgott, ich kriege diese blöde Milchtüte nicht auf.
Autsch, jetzt habe ich mich geschnitten!
Oje! Das sieht aber schlimm aus!

**21**

Komma/
Strichpunkt

**Aufgabe**

2–3

Der Strichpunkt trennt Sätze stärker als das Komma, weniger stark als der Punkt. Bei den Konjunktionen denn, doch, darum, daher, allein, aber, deswegen, deshalb, trotzdem stehen oft Strichpunkt oder Punkt.
Setzen Sie passende Konjunktionen ein. Spielen Sie ein wenig mit Komma, Strichpunkt oder Punkt. Sehen Sie Unterschiede?

Herr Valentin wollte einen Hut kaufen; er betrat ein Hutgeschäft.
Der Text macht mich nervös; es gibt zu viele Kommas.
Kommas gibt es viele; allein, wir müssen sie nicht aussprechen.
Langohrige Hunde sollten nicht fernsehen; deswegen ist vor einem Zweitgerät für den Hundeplatz abzuraten.

**Aufgabe**
2–3 ☐ ☐

**22**

Doppelpunkt/
Spiegelstrich

Mit Doppelpunkt und Spiegelstrich gliedert man Texte. Der Doppelpunkt kann Aufzählungen und Erläuterungen einleiten; Spiegelstriche markieren eine Folge von Unterpunkten zu einem Thema:

Achten Sie auf das folgende:
– der Doppelpunkt kann Aufzählungen und Erläuterungen einleiten,
– Spiegelstriche markieren eine Folge von Unterpunkten zu einem Thema.

Schlagen Sie in diesem Buch irgendeine Seite mit grammatischen Erklärungen (Grammatik im Kasten) auf. Beobachten Sie, wo und wie (und wie frei) Doppelpunkt und Spiegelstrich verwendet werden.

**Aufgabe**
3–4 ☐ ☐

**23**

Satzzeichen im
Text

Setzen Sie in die beiden Texte die Satzeichen ein. Der Test von Kleist ist eine Herausforderung; um zu sehen, wie Kleist seine Sätze baut, lesen Sie in der Lesepause von Kap. 8 den anderen „sonderbaren Fall" aus England.
Vergleichen Sie Ihren Vorschlag mit den Originaltexten im Lösungsteil.

Ein Mann der Herrn K. lange nicht gesehen hatte begrüßte ihn mit den Worten Sie haben sich gar nicht verändert
Oh sagte Herr K. und erbleichte   (Bertolt Brecht)

Zwei berühmte englische Boxer der eine aus Portsmouth gebürtig der andere aus Plymouth die seit vielen Jahren voneinander gehört hatten ohne sich zu sehen beschlossen da sie in London zusammentrafen zur Entscheidung der Frage wem von ihnen der Siegerruhm gebühre einen öffentlichen Wettkampf zu halten. Demnach stellten sich beide im Angesicht des Volks mit geballten Fäusten im Garten einer Kneipe gegeneinander und als der Plymouther den Portsmouther in wenig Augenblicken dergestalt auf die Brust traf daß er Blut spie rief dieser indem er sich den Mund abwischte Brav! – Als aber bald darauf da sie sich wieder gestellt hatten der Portsmouther den Plymouther mit der Faust der geballten Rechten dergestalt auf den Leib traf daß dieser indem er die Augen verkehrte umfiel rief der letztere Das ist auch nicht übel! Worauf das Volk das im Kreise herumstand laut aufjauchzte und während der Plymouther der an den Gedärmen verletzt worden war tot weggetragen ward dem Portsmouther den Siegesruhm zuerkannte. Der Portsmouther soll aber auch tags darauf am Blutsturz gestorben sein.   (Heinrich von Kleist)

**Aufgabe**
3–4 ☐ ☐

**24**

„alle" Regeln

Machen Sie eine Expedition in den Dschungel der deutschen Rechtschreibung. Der DUDEN, Band 1, bietet über 200 „Richtlinien zur Rechtschreibung, Zeichensetzung und Formenlehre in alphabetischer Reihenfolge", von „**A**bkürzungen" bis „**Z**usammen- und Getrenntschreibung".
Fragen Sie, wenn Sie unsicher sind, immer wieder bei Deutschen nach. Und: Orientieren Sie sich an dem, was Ihnen logisch, plausibel und vernünftig erscheint; verteidigen Sie sich ein kleines Stück Freiheit beim Schreiben, so wie Goethe (im Lattmann-Text in der „Lesepause").

# Aus dem Kasten gefallen _____

**25**
Orthographie-
Spiel

**Aufgabe**
| 4 | | |

Wir stellen Ihnen hier eine ganz besondere Orthographiereform vor: unsere eigene. Sie hat das Ziel, mit den Buchstaben des deutschen Alphabets möglichst nahe an die Aussprache heranzukommen. Es ist nur ein Spiel, es folgt festen Regeln, ist aber keineswegs ernst gemeint. Wenn Sie mitspielen, kann es Sie vielleicht für die Probleme der herrschenden Rechtschreibung sensibilisieren. Wir gehen, mit Blick auf die Tabelle Gr. i. K. 3., in vier Schritten vor:

### Erster Schritt (Vokale)

Wir gleichen die Vokale der Aussprache an:

Lange Vokale werden doppelt geschrieben: diese Tat → diise Taat

bei den Diphthongen gilt ei → ai;  eu → oi:
Abscheulichkeit, Freiheit → Abschoilichkait, Fraihait

Den Buchstaben e verwenden wir für das kurze, unbetonte /ə/ (in: Liebe, gefallen).
Den Buchstaben ä verwenden wir für das kurze, offene /ɛ/ (in: wenn, hätte, entgegen):
wenn die Liebe gefällt → wänn dii Liibe gefällt.

y ist je nach Aussprache ü, i oder j: lynchen, Party, Yacht → lünchen, Parti, Jacht

### Zweiter Schritt (Konsonanten)

Es gibt nur noch einfache Konsonanten: hätte, Nummer → häte, Numer

Verschiedene Schreibweise bei gleicher Aussprache wird vereinheitlicht,
ph, f, ff, v → f; w, v → w:
Versuch, viel, Philosophie → Färsuch, fiil, Filosofii; Wasser, Vase → Waser, Waase

qu → kw: Quelle, quälen → kwäle, kwäälen
Dadurch ist der Buchstabe q frei, den wir für das nasale ng verwenden:
fangen, Bingo, winken → faqen, Biqgo, wiqken (besser wäre ein neuer Buchstabe: ŋ)

### Dritter Schritt (Konsonanten)

Wir versuchen, Ordnung in die deutschen „Zisch-Laute" zu bringen; wir haben für fünf Laute fünf Buchstaben übrig:
– stimmhaftes s in sieben; sauber; wir verwenden dafür z: ziiben, zauber
– stimmloses s in das, daß, Wasser; wir verwenden dafür s: das, das, Waser
– ch in ich, wichtig, leicht; wir verwenden dafür c: ic, wictig, laict
– ch in Bauch, doch, lachen, Versuch; wir verwenden dafür x: Baux, dox, laxen, Färzuux
– sch in schreiben, waschen; wir verwenden dafür ß: ßraiben, waßen

Die vorhandenen Schreibformen x, chs, ks und z, tz, zz werden als Doppelkonsonanten verstanden:
– Sex, sechs, Keks → Säks, säks, Keeks
– zehn, Katze, Razzia → tseen, Katse, Ratsiaa

**Vierter Schritt**

Wir schreiben Nomen klein: Nur Eigennamen (Geographie, Personen, Titel) und der Satzanfang werden groß geschrieben.

**Ergebnis**

Nach diesen Schritten haben wir uns mit den vorhandenen Buchstaben des deutschen Alphabets an die deutsche Aussprache ziemlich weit angenähert, auch wenn das Schriftbild ein bißchen ungewohnt aussieht; nur drei „neue" Buchstaben für die Laute ɐ, ʒ und ŋ würden das Schriftbild wesentlich verbessern.

Es bleiben aber einige Probleme ungelöst:
r nach Vokalen am Silbenende (ɐ, → Kap. 20, A 1) klingt wie ein abgeschwächtes a: Wecker, er, vorher, wir schreiben: Wäker, är, foorheer

Wir vernachlässigen die Veränderungen, die durch bestimmte Lautkombinationen entstehen (→ Kap. 20, A 5): haben, wegen. Wir schreiben nicht: haabm, weegq, sondern: haaben, weegen

Wir vernachlässigen die Verhärtung weicher Konsonanten am Silbenende: weggehen, abfahren, und. Wir schreiben nicht: k, p, t

Wir vernachlässigen die Tatsache, daß lange Vokale in bestimmten Positionen verkürzt gesprochen werden: vier – viertens; sieben – siebtens; zu – zuleide

Wir vernachlässigen weitere Abschleifungen in der gesprochenen Sprache (→ Kap. 20, A 6–10). Beispiel: Dagegen kannst du nichts sagen. Wir schreiben nicht: kanste niks.

Laute, die bei „Fremdwörtern" aus der Fremdsprache übernommen werden, die aber nicht zum Bestand der deutschen Phonetik gehören: Ingenieur, Journalist, Chance, Appartement, Bowling

Bei der Schreibweise von Fremdwörtern und Eigennamen werden Probleme übrigbleiben.

## Hier ist unser Spieltext

Hohes Gericht!

Sie werfen meinem Mandanten eine Tat vor, die an Abscheulichkeit ihresgleichen suchen müßte, hätte er sie begangen. Aber mein Mandant war nicht jener entmenschte Übeltäter, welchen die Wasserschutzpolizei bei dem Versuch gesehen haben will, das Nichtschwimmerbecken des städtischen Freibads anzuzünden. Er kann es nicht gewesen sein, und ich kann diese Behauptung beweisen. Mein Mandant hat nämlich für den fraglichen Tag ein lückenloses Alibi.
Erstens schlief er an diesem Tage bis in die Puppen. Beweisstück Nummer eins: diese Puppen.
Weil zweitens draußen ein Wetter herrschte, bei dem man keinen Hund hätte vor die Tür jagen mögen. Beweisstück Nummer zwei: dieser Hund.
Drittens kehrte mein Mandant auf dem Weg in sein Büro für zwei Stunden in seiner Stammkneipe ein, wo er sich sechs Biere hinter die Binde goß. Beweisstück Nummer drei: diese Binde.
Viertens verbrachte er danach drei Stunden an seinem Arbeitsplatz, wo er seinen Kollegen wie üblich auf den Wecker fiel. Beweisstück Nummer vier: dieser Wecker.
Fünftens begab er sich nach seinem Rausschmiß aus dem Büro unverzüglich wieder in seine Stammkneipe, wo er schon bald blau wie ein Veilchen war. Beweisstück Nummer fünf: dieses Veilchen.
Sechstens steht doch wohl fest, daß mein Mandant in diesem Zustand nicht einmal einer Fliege etwas zuleide tun konnte. Beweisstück Nummer sechs: diese Fliege.
Siebtens ergibt sich aus all diesen Beweisen, daß die Anklage haltlos, mein Mandant unschuldig ist und der ganze Prozeß im Eimer ist. Beweisstück Nummer sieben: dieser Eimer.

*„Otto" Waalkes*


Nach den vier Schritten sieht der Text so aus:

Hoohes Gerict!

Zii wärfen mainem mandanten aine taat foor, dii an abßoilickait iiresglaicen zuuxen müste, häte är zii begaqen. Aaber main mandant waar nict jeener äntmänßte üübeltäter, wälcen dii waserßutspolitsai bai deem färzuux gezeehen haaben wil, das nictßwimerbäken des ßtätißen fraibaads antsuutsünden. Är kan es nict geweezen zain, und ic kan diize behauptuq bewaizen. Main mandant hat näämlic füür deen fraaglicen taag ain lükenloozes aalibii.
Ärstens ßliif är an diizem taage bis in dii pupen. Bewaißtük numer ains: diize pupen.
Wail tswaitens drausen ain wäter härßte, bai deem man kainen hund häte foor dii tüür jaagen möögen. Bewaißtük numer tswai: diizer hund.
Dritens keerte main mandant auf deem weg in zain büroo füür tswai ßtunden in zainer ßtamknaipe ain, woo är zic säks biire hinter dii binde gos. Bewaißtük numer drai: diize binde.
Fiirtens färbraxte är danaax drai ßtunden an zainem arbaitsplats, woo är zainen koleegen wii üüblic auf deen wäker fiil. Bewaißtük numer fiir: diizer wäker.
Fünftens begaab är zic naax zainem rausßmis aus deem büroo unvertsüüglic wiider in zaine ßtamknaipe, woo är ßon bald blau wii ain failcen waar. Bewaißtük numer fünf: diizes failcen.
Säkstens ßteet dox wool fest, das main mandant in diizem tsuußtand nict ainmal ainer fliige ätwas tsuulaide tuun konte. Bewaißtük numer säks: diize fliige.
Ziibtens ärgibt zic aus al diizen bewaizen, das dii anklaage haltloos, main mandant unßuldig ist und där gantse prootses im aimer ist. Bewaißtük numer ziiben: diizer aimer.



Dieter Hildebrandt zum Thema:
*Wo ein Komma richtig sitzt, weiß auch nur mein Lektor.*

# Kapitel 19

## WIESO DENN EIGENTLICH?
### Redepartikel

# Lesepause

## Szenen einer Ehe – Feierabend

*Bürgerliches Wohnzimmer. Der Hausherr sitzt im Sessel, hat das Jackett ausgezogen, trägt Hausschuhe und döst vor sich hin. Hinter ihm ist die Tür zur Küche einen Spalt breit geöffnet. Dort geht die Hausfrau emsiger Hausarbeit nach. Ihre Absätze verursachen ein lebhaftes Geräusch auf dem Fliesenboden.*

SIE: Hermann...
ER: Ja...
SIE: Was machst du da?
ER: Nichts...
SIE: Nichts? Wieso nichts?
ER: Ich mache nichts...
SIE: Gar nichts?
ER: Nein...
*(Pause)*
SIE: Überhaupt nichts?
ER: Nein... ich *sitze* hier...
SIE: Du *sitzt* da?
ER: Ja...
SIE: Aber irgendwas *machst* du doch?
ER: Nein...
*(Pause)*
SIE: *Denkst* du irgendwas?
ER: Nichts Besonderes...
SIE: Es könnte ja nicht schaden, wenn du mal etwas spazierengingest...
ER: Nein-nein...
SIE: Ich bringe dir deinen Mantel...
ER: Nein, danke...
SIE: Aber es ist zu kalt ohne Mantel...
ER: Ich gehe ja nicht spazieren...
SIE: Aber eben wolltest du doch noch...
ER: Nein, *du* wolltest, daß ich spazierengehe...
SIE: Ich? *Mir* ist es doch völlig egal, ob *du* spazierengehst...
ER: Gut...
SIE: Ich meine nur, es könnte dir nicht schaden, wenn du mal spazierengehen würdest...
ER: Nein, *schaden* könnte es nicht...
SIE: Also was willst du denn nun?
ER: Ich möchte hier sitzen...
SIE: Du kannst einen ja wahnsinnig machen!
ER: Ach...

SIE: Erst willst du spazierengehen... dann wieder nicht... dann soll ich deinen Mantel holen... dann wieder nicht... was denn nun?
ER: Ich möchte hier sitzen...
SIE: Und jetzt möchtest du plötzlich da sitzen...
ER: Gar nicht plötzlich... ich wollte immer nur hier sitzen... und mich entspannen...
SIE: Wenn du dich wirklich *entspannen* wolltest, würdest du nicht dauernd auf mich *einreden*...
ER: Ich sag ja nichts mehr...
*(Pause)*
SIE: Jetzt hättest du doch mal Zeit, irgendwas zu tun, was dir Spaß macht...
ER: Ja...
SIE: Liest du was?
ER: Im Moment nicht...
SIE: Dann lies doch mal was...
ER: Nachher, nachher vielleicht...
SIE: Hol dir doch die Illustrierten...
ER: Ich möchte erst noch etwas hier sitzen...
SIE: Soll ich sie dir holen?
ER: Nein-nein, vielen Dank...
SIE: Will der Herr sich auch noch bedienen lassen, was?
ER: Nein, wirklich nicht...
SIE: Ich renne den *ganzen* Tag hin und her... Du könntest doch wohl *einmal* aufstehen und dir die Illustrierten holen...
ER: Ich möchte jetzt nicht lesen...
SIE: Dann quengle doch nicht so rum...
ER: *(schweigt)*
SIE: Hermann!
ER: *(schweigt)*
SIE: Bist du taub?
ER: Nein-nein...
SIE: Du tust eben *nicht*, was dir Spaß macht... statt dessen *sitzt* du da!
ER: Ich sitze hier, *weil* es mir Spaß macht...
SIE: Sei doch nicht gleich so aggressiv!
ER: Ich bin doch nicht aggressiv...
SIE: Warum schreist du mich dann so an?
ER: *(schreit)*... Ich schreie dich nicht an!

*Loriot*

# Grammatik im Kasten

Redepartikel (manche sagen: Modalpartikel oder Modalpartikeln) sind Elemente der gesprochenen Sprache. Sie schaffen eine lebendige, persönliche, emotionale Wirkung. Wir verwenden sie beim Sprechen ständig, beim Briefeschreiben seltener, beim Verfassen sachbezogener und offizieller Texte kaum.
Redepartikel sind nicht die einzigen Kennzeichen eines umgangssprachlichen Stils (→ Kap. 20).

Wir behandeln die Wörter und Wörtchen

aber – allerdings – auch – bloß/nur – denn – doch – eben/halt – eigentlich – einfach – endlich – etwa – gleich – immerhin – ja – jedenfalls – mal – nun mal – ruhig – schließlich – schon – sowieso – übrigens – überhaupt – vielleicht – wohl

Hier sind einige Aussagen zu ihrer Beschreibung:

1. Sie haben keine eigene Bedeutung, aber sie bewirken, daß eine Äußerung in bestimmter Weise verstanden wird: freundlich, unhöflich, interessiert, etc. Sie zeigen die Gefühle, den Standpunkt, das Interesse, die Intention des Sprechers: was er in der Gesprächssituation erreichen will. Sie sind deshalb wichtige Signale für den Hörer.

2. Die meisten Wörter, die als Redepartikel verwendet werden, haben mehr als eine Wirkung. Doch in den Sätzen Komm *doch* mal wieder vorbei! und Hör *doch* endlich mit dem Blödsinn auf! hat ganz verschiedene Wirkungen. In der 1. Spalte der Liste in Aufgabe 1 sind diese verschiedenen Verwendungen aufgeführt und in der 2. Spalte erklärt.

3. Fast alle Wörtchen haben außer der Verwendung als Redepartikel noch andere Verwendungen. In der Liste in Aufgabe 1 stehen sie in der 3. Spalte.

4. In einem Satz sind mehrere Redepartikel hintereinander möglich:
   Sie können es *ja ruhig mal* probieren!

5. Die Betonung der Redepartikel spielt eine wichtige Rolle (bei der Lektüre des Textes von Loriot in der Lesepause wird dies klar). Die meisten Redepartikel sind unbetont, d. h., der Hauptton des Satzes liegt dahinter oder davor:
   dahinter:     Was ist denn *hier* los?
   davor:        Das hab' *ich* doch nicht gewußt.
   Einige Redepartikel sind betont; sie tragen den Hauptton des Satzes:
   Hör' *bloß* auf mit diesem Quatsch!

6. Die einzelnen Redepartikel passen in ganz bestimmte Satzformen:
   Aussagesatz:   Du hast *eigentlich* recht.
   Fragesatz:     Was hast du dir dabei *eigentlich* gedacht?
   Imperativ:     Lies *doch mal* was!
   Wunschsatz:    Wenn dieser Mann *doch endlich mal* was tun würde!

7. Man hat oft Schwierigkeiten, Redepartikel direkt in eine andere Sprache zu übersetzen. Denn die verschiedenen Sprachen haben ganz unterschiedliche Möglichkeiten, etwas umgangssprachlich, lebendig auszudrücken.

# Übungen und Regeln

**1**

Liste der
Redepartikel

**Aufgabe**
2–3/3

Spalte 1 bringt für jedes Wort die verschiedenen Wirkungen als Redepartikel einige typische Sprechsituationen, Spalte 2 gibt Sprechsituation und kommunikative Absicht, Spalte 3 zeigt die anderen Funktionen der Wörtchen im Deutschen. Benutzen Sie die Liste als Nachschlagewerk und als Lernmaterial.

| Beispiel | Bedeutung/Sprechabsicht | andere Verwendung |
|---|---|---|
| **aber** | | |
| 1. Du bist aber groß geworden!<br>Das war aber knapp! | 1. Überraschung: Die Erwartungen sind anders als die Realität. | Konjunktion:<br>Dieses Land ist schön, aber arm. |
| 2. Da hast du dich aber geirrt.<br>Das hast du aber toll hingekriegt.<br>Das ist aber nett von dir.<br>Das tut mir aber leid. | 2. je nach Betonung: ironische Bemerkung, Lob, Verstärkung | |
| **allerdings** | | |
| Da hast du allerdings recht. | Zustimmung | Konjunktion:<br>Ich kann mich allerdings nicht an gestern abend erinnern.<br>(= aber, jedoch) |
| **auch** | | |
| Hast du auch deine Aufgaben schon gemacht?<br>Seid ihr auch alle da?<br>Bist du auch sicher? | Man erwartet eine positive Antwort. Es kann ein Zweifel spürbar sein. | Adverb:<br>Ich habe auch ein bißchen Wein getrunken.<br>Konjunktion:<br>Es ist eine schöne Gegend; auch sind die Leute freundlich. |
| **bloß/nur** | | |
| 1. Wenn ich doch bloß/nur meinen Schlüssel finden könnte!<br>Wenn es doch nur nicht regnen würde! | 1. irrealer Wunschsatz<br>(→ Kap. 2, A 11 und 12) | Konjunktion:<br>Ich würde das gerne tun, nur habe ich leider keine Zeit.<br>ausschließlich:<br>Ich habe nur zwei Leute gesehen.<br>Adjektiv/Adverb:<br>(veraltet: nackt und bloß) |
| 2. (betont)<br>Paß' bloß auf!<br>Laß' dich hier nur nicht mehr blicken!<br>Schau dir bloß diesen blöden Film nicht an. | 2. Drohung, Warnung<br>(wie ja 6.) | |

3. Wie konnte ich bloß so blöd sein!
   Wo bleiben sie denn nur?
   Was soll ich bloß tun?

3. Ratlosigkeit,
   Verwunderung

## denn

1. Sind wir denn schon da?
   Ist es denn schon so spät?
   Kannst du denn überhaupt noch stehen?

1. Zweifel, Überraschung:
   Man kommentiert eine
   Situation, über die man
   eine Vorahnung hat.

Konjunktion:
Hier steht kein Bei-
spielsatz, denn es ist
uns keiner eingefal-
len.

2. Was machst du denn da?
   Wo kommst du denn her?
   Was ist denn hier los?

2. Überraschung;
   Stellungnahme,
   oft: rhetorische Frage

3. Bin ich denn deine Putzfrau?
   Sind Sie denn völlig verrückt geworden?

3. starker Vorwurf in Form
   einer rhetorischen Frage

4. Wann fährt denn der Zug ab?
   Was würdest du mir denn raten?
   Wie heißt du denn?

4. Interessierte, freundliche
   Frage

5. Wie heißt du denn? (betont)
   Wer war es denn? (betont)

5. Man wiederholt eine
   Frage, auf die man noch
   keine Antwort bekommen
   hat.

## doch

1. Komm' mal heute abend vorbei; du weißt
   doch, wir haben eine kleine Party.
   Herr Nachbar, haben Sie mal ein bißchen
   Zeit? Wir wollten uns doch schon lange mal
   darüber unterhalten, ob wir den Gartenzaun
   reparieren.

1. freundliche Erinnerung an
   etwas Bekanntes, an
   etwas, was vorher
   besprochen worden ist

Insistieren:
Und sie (die Erde)
bewegt sich doch!
Antwort auf eine
negative Frage:
Hast du keine Lust
mehr? – Doch!
Konjunktion:
(= aber)
Doch als er den
Wunsch verspürte,
fehlte ihm der Mut.

2. Das hättest du doch wissen müssen!
   Ich hab' dir doch gesagt, daß ich keine Zeit
   habe.
   Das ist mir doch egal!
   Kann ich doch nichts dafür!

2. Vorwurf, oft sehr aggres-
   sive Kommentierung
   einer Situation; Rechtfertigungsversuch

3. Wir haben doch noch ein wenig Zeit, oder?
   Das habe ich doch toll gemacht!
   Das ist doch prima, gell?

3. Man erwartet eine positive
   Antwort.

4. Du hilfst mir doch, oder?
   Das darf doch nicht wahr sein!
   Sie kommen doch noch, oder?

4. Man erwartet eine positive, befürchtet aber eine
   negative Antwort.

5. Komm' doch mal wieder vorbei!
   Nehmen Sie doch bitte Platz.
   Fragen Sie doch mal beim Fremdenver-
   kehrsverein.

5. freundliche Aufforderung;
   Ermunterung

| Beispiel | Bedeutung/Sprechabsicht | andere Verwendung |
|---|---|---|
| 6. Hör' doch jetzt endlich mit dem Blödsinn auf! Fahr doch nicht immer so schnell! Sei doch endlich still! | 6. unfreundliche, aggressive, arrogante Aufforderung | |
| 7. Hätte ich doch aufgepaßt! Hätte ich ihn doch nur nach seinem Namen gefragt! Wenn du doch endlich mal den Mund halten würdest! | 7. Irrealer Wunschsatz; oft Vorwurf oder Selbstvorwurf | |
| 8. Das macht doch nichts. Ist doch egal! Das ist doch nicht so schlimm. | 8. Trost, Beschwichtigung; eine negative Situation soll weniger schlimm erscheinen | |

## eben/halt

| Beispiel | Bedeutung/Sprechabsicht | andere Verwendung |
|---|---|---|
| 1. So ist das eben hier. Der kann halt nicht mehr. Wenn das Fahrrad kaputt ist, gehe ich eben zu Fuß. | 1. gleichgültige, resignative oder zynische Feststellung; man „zuckt mit den Achseln" | Zeitadverb: Gerade eben ist der Bus abgefahren. (= vor kurzer Zeit) Ich gehe mal eben zum Bäcker. (= für kurze Zeit) |
| 2. Dann komme ich eben eine halbe Stunde später. Dann müssen wir halt wieder von vorne anfangen. Dann warte ich eben ein paar Minuten. | 2. Kompromißvorschlag; Versuch, eine Übereinstimmung zu finden. | Adjektiv: Die Landschaft war eben wie eine Tischplatte. Verstärkung: |
| 3. Dann lass' ich es eben sein. Dann gehe ich halt. Wenn Sie so wenig kompromißbereit sind, brechen wir die Verhandlungen eben ab. | 3. Verärgerung; man ist sauer, schlecht gelaunt. | Eben das wollte ich sagen. (= Exakt das...) |

## eigentlich

| Beispiel | Bedeutung/Sprechabsicht | andere Verwendung |
|---|---|---|
| 1. Eigentlich habe ich ja keinen Hunger mehr, aber ich nehme gerne noch ein Stückchen Schwarzwälder Kirschtorte. Eigentlich wollte ich dir schon lange schreiben, aber ich bin nicht dazu gekommen. | 1. Eine Absicht wird zurückgenommen und durch etwas anderes ersetzt. | Adjektiv: wirklich, zentral Sein eigentlicher Name war Müller. Jetzt kommen wir zum eigentlichen Problem. |
| 2. Wie alt bist du eigentlich? Was kostet so etwas eigentlich? Wie lange dauert so eine Reise eigentlich? | 2. interessierte Frage; oft „en passant", nebenbei gestellt. Das Interesse kann gespielt sein. | |
| 3. Was wollen Sie eigentlich von mir? Was fällt Ihnen eigentlich ein, so mit mir zu reden? Wer gibt dir eigentlich das Recht, mich in dieser Weise zu kritisieren? | 3. Heftiger Vorwurf, aggressive Geste | |

4. Das müßten Sie aber eigentlich wissen.
Das hättest du dir eigentlich denken kön-
nen!
Hier sieht's aus! Wer ist eigentlich diese
Woche mit Geschirrspülen an der Reihe?

5. Eigentlich können wir jetzt aufhören.
Wir könnten eigentlich mal wieder essen
gehen.
Eigentlich mag ich gar keine Trauben, sagte
der Fuchs.

4. Kritik; Aufforderung,
etwas zu tun

5. Vorschlag; abschließen-
der, oft rechtfertigender
Kommentar (auch wenn
es nicht stimmt)

## einfach

1. Laß mich doch einfach in Ruhe!
Ich kann einfach nicht mehr.
Ich weiß einfach nicht mehr, wie es weiterge-
hen soll!

2. Da hast du einfach recht!
Da muß man doch einfach dabeisein!
Einfach Klasse, deine neue Frisur!

1. Resignation oder unge-
duldige Aufforderung

2. Begeisterung für etwas

Adjektiv:
Du bist manchmal
nicht ganz einfach.

## endlich

Hör doch endlich mit dem Geschrei auf!
Steh endlich auf!
Mach endlich, daß du fertig wirst!

ungeduldige, unfreundliche
Aufforderung; sehr oft in Verbindung mit doch

Adverb:
Endlich, nach so vie-
len Jahren, war ich
am Ziel meiner
Wünsche.

## etwa

Hast du etwa die Blumen nicht gegossen?
Finden Sie das etwa richtig?
Habe ich mich etwa geirrt?

Man vermutet eine negative
Antwort.

Adverb:
Ich bin in etwa
(ca./ungefähr) einer
Stunde zurück.

## gleich

Wie war das doch gleich?
Wie hieß sie doch gleich?

Man versucht, sich zu erinnern.

Zeitadverb:
Ich komme gleich.
(in wenigen Minuten/
Sekunden)
Adjektiv:
gleiche Chancen

## immerhin

Immerhin regnet es nicht mehr.
Immerhin hatten die Bernhardiner einen schönen Tag.

Eine Erwartung wurde nicht
erfüllt, aber es gibt auch eine
positive Seite.

| Beispiel | Bedeutung/Sprechabsicht | andere Verwendung |
|---|---|---|
| **ja** | | Antwort: |
| 1. Das Experiment mußte ja schiefgehen. Wir sind ja schließlich alle Menschen! Das war ja viel zu schwer für uns. | 1. Man gibt sich sehr überzeugt, erwartet allgemeine Zustimmung; die Sätze enthalten eine Begründung. | Schreibst du mir mal? – Ja. Idiomatische Modelle (→ Kap. 20, A 27–A 29): |
| 2. Die lügt ja sowieso immer. Das ist ja nur ein Ausländer. Der hat ja sowieso keine Ahnung. | 2. arrogante Position des Sprechers mit negativem Kommentar | Jaja, mach du nur so weiter! Ja was, Herr Müller, sind Sie schon wieder da? |
| 3. Huch, es regnet ja! Das ist ja toll! Du hast ja 'ne neue Frisur! | 3. Überraschung | |
| 4. Ich konnte das ja nicht wissen! Ich kann jetzt nicht kommen, ich muß ja noch die Kinder ins Bett bringen. Das konnte er nicht wissen, er war ja nicht da. | 4. Begründung, Entschuldigung, Rechtfertigung | |
| 5. Ich wollte dir ja helfen. (aber es ging nicht) Ich hab's ja versucht. (aber ohne Erfolg) | 5. starke Rechtfertigung und Entschuldigung | |
| 6. (betont) Mach das ja nicht noch mal! Erzähl dem Vater ja nichts davon! Hör ja auf damit! | 6. Warnung, Drohung; wie bloß/nur | |
| 7. Du kannst mich ja mal besuchen. Du kannst es ja mal probieren. | 7. freundliche Aufforderung (manchmal mit einem unfreundlichen Hintergedanken) | |
| **jedenfalls** | | |
| 1. Vielleicht sind die Bernhardinerhunde nette Kerle; sie haben jedenfalls ihre Pflichten grob verletzt. Jedenfalls hat es keine Lawine gegeben! | 1. Man konzentriert sich auf das Wesentliche, den „harten Kern" eines Arguments. | |
| 2. Wir fangen um acht an. Ruf jedenfalls an, wenn du nicht kommst. Das Wetter sieht ja nicht so besonders gut aus; bringt jedenfalls was für den Regen mit. | 2. Man rechnet mit veränderten Bedingungen, ähnlich wie auf alle Fälle. | |

## mal (einmal)

1. Kommen Sie mal bitte her!
   Kannst du mir mal helfen?
   Du sollst mal zum Chef kommen!

2. Das sollten wir auch mal versuchen.
   Komm einfach mal!
   Schreib mal wieder! (Werbung der Post)

1. Aufforderung
   (weniger streng)

2. suggeriert Zwanglosigkeit

unbestimmtes Zeit-
adverb (irgend-
wann):
Einmal werde ich
reich sein.
Ich gehe sicher mal
weg von hier.

## nun mal

Ich hab nun mal keine Lust, also laß mich in
Ruhe!
Ich mag nun mal kein Zitroneneis!
Es ist nun mal passiert!

Man will keine weitere Diskussion (meistens über ein
negatives Thema).

## ruhig

1. Kommen Sie ruhig rein.
   Das kannst du ruhig machen, ich habe nichts
   dagegen.
   Sie können ruhig „du" zu mir sagen.

2. Mach ruhig weiter so (dann passiert etwas
   Schlimmes).
   Rauchen Sie ruhig weiter. (bis zum nächsten
   Herzinfarkt)

1. freundliche Aufforderung

2. Ironische Umkehrung von
   1.: kann auch sarkasti-
   sche Warnung, Drohung
   sein; wie: bloß/nur

Adjektiv:
Draußen war alles
ruhig.

## schließlich

Der Tourist, der auf der Foto-Safari keine Nil-
pferdfotos machen konnte: „Was soll's! Nilpferde kann ich schließlich auch im Zoo fotografieren."
Ein alter Mann ist schließlich kein Intercity.

Man begründet etwas auf-
grund eigener/allgemeiner
Erfahrung (dient oft als
Rechtfertigung).

Adverb:
Schließlich (am En-
de) bemerkte auch
der letzte, daß das
Fest vorüber war.

## schon

1. Nun komm schon endlich!
   Jetzt fang schon an!
   Nun mach schon!

2. Du kannst sicher sein: wir schaffen das
   schon.
   Laß' mal, ich mach das schon.
   Sei ruhig! Du kriegst schon noch dein Eis!

3. Wer verzichtet schon freiwillig auf sein
   Auto?
   Wer gesteht sich schon gern seine Fehler ein?
   Wer wird hier schon leben wollen?

1. Ermunterung oder unge-
   duldige Aufforderung
   (letztere mit nun, jetzt,
   endlich verstärkt)

2. Man will Sicherheit, Beru-
   higung vermitteln; kann
   auch überheblich klingen.

3. rhetorische Frage. Die
   Antwort heißt „Niemand".

Adverb:
Ich habe den Film
schon gesehen.

289

| Beispiel | Bedeutung/Sprechabsicht | andere Verwendung |
|---|---|---|
| 4. (betont)<br>Das mag schon so sein, aber ich glaube dir trotzdem nicht.<br>Das ist schon wichtig, aber ich habe jetzt andere Dinge zu tun. | 4. Man folgt ein Stück weit einem Argument, beharrt aber auf seiner Meinung (. . ., aber). | |
| **sowieso**<br><br>Du kannst dir ruhig Zeit lassen, den Zug kriegen wir sowieso nicht mehr.<br>Es ist sowieso alles egal!<br>Ich finde Nilpferde sowieso doof! | Man akzeptiert resigniert eine Realität, legt sich dafür aber eine eigene Begründung zurecht;<br>gehobene Variante: ohnehin<br>süddeutsche Variante: eh. | |
| **übrigens**<br><br>1. Ich muß dir übrigens noch was gestehen: . . .<br>Übrigens, ich habe da noch eine Frage: . . .<br>Sie hatten übrigens recht.<br><br>Weitere Verwendungen:<br>wie eigentlich 2./3. | Man akzeptiert resigniert eine Realität, legt sich dafür aber eine eigene Begründung zurecht;<br>gehobene Variante: ohnehin<br>süddeutsche Variante: eh. | |
| **überhaupt**<br><br>1. Hast du überhaupt einen Führerschein?<br>Kannst du denn überhaupt schwimmen?<br>Wollen Sie denn überhaupt ein Kind?<br><br>2. Wo hast du überhaupt die ganze Zeit gesteckt?<br>Wo waren Sie überhaupt zum Zeitpunkt des Mordes?<br>Was haben Sie überhaupt hier verloren? | 1. Man stellt etwas grundsätzlich in Frage.<br>Variante: eigentlich<br><br>2. Man fragt vordergründig, will aber etwas Wichtiges thematisieren; kann vorwerfend, beleidigend wirken.<br>Varianten:<br>eigentlich, übrigens | Steigerungsadverb:<br>Ich habe doch überhaupt nichts gesagt.<br>(wie: gar) |
| **vielleicht**<br><br>1. Du bist vielleicht ein blöder Typ!<br>Die ist vielleicht arrogant!<br>Das ist vielleicht ein Mistwetter heute!<br><br>2. Kannst du mir vielleicht mal helfen?!<br>Hast du das vielleicht absichtlich gemacht?<br>Soll man in dieser Situation vielleicht ruhig bleiben? | 1. Verärgerung<br><br>2. rhetorische, manchmal gereizte Frage; man erwartet eine positive Antwort. | Adverb:<br>Vielleicht schreibe ich dir, aber vielleicht auch nicht. |

| | | |
|---|---|---|
| 3. Dürfte ich vielleicht noch ein Stückchen Torte haben?<br>Hättest du vielleicht Lust, mit mir spazieren zu gehen? | 3. höfliche Bitte; kann manchmal übertrieben wirken. | |

**wohl**

| | | |
|---|---|---|
| 1. Könnt ihr mir wohl sagen, wieso die ganze Schokolade verschwunden ist?<br>Dürfte ich wohl jetzt gehen? | 1. höfliche Frage oder Bitte, kann gespielt sein. | Adverb:<br>Heute fühle ich mich nicht wohl. |
| 2. Das kann wohl nicht ganz stimmen.<br>Du hast wohl wieder mal alles vergessen, was du dir vorgenommen hast. | 2. Vermutung, oft ironischer Kommentar | |

In den folgenden Aufgaben geht es darum, durch Einsetzung passender Redepartikel die Wirkung, Tonart, Farbe der Sätze zu verändern.

**Aufgabe**

Hier geht es um freundlich interessierte Fragen.
Auswahl: denn – eigentlich – überhaupt – übrigens

Lesen Sie die Fragen, setzen Sie passende Redepartikel ein und geben Sie Ihren Fragen einen interessierten, freundlichen Tonfall. Erfinden Sie Dialoge oder „Mini-Dramen". Üben Sie Betonung und Klangfarbe der Beispiele ein, am besten zusammen mit Deutschen (das gilt auch für alle folgenden Aufgaben).

**2**
freundliche Fragen

Um wieviel Uhr kommst du?
Wie kann ich Ihnen helfen?
Wie soll ich das machen?
Haben Sie den Bericht schon fertig?
Hast du das gewußt?

**Aufgabe**
3

Geben Sie Ihren Fragen einen stark überraschten, unhöflichen, überheblichen, vorwurfsvollen Tonfall.
Auswahl: denn – eigentlich – übrigens – überhaupt – etwa
Erfinden Sie die dazu passenden Sprechsituationen.

**3**
unhöfliche Fragen

Seid ihr verrückt geworden?
Was wollen Sie hier?
Wie kommen Sie auf die Idee?
Was haben Sie sich dabei gedacht?
Wo haben Sie das Geld her?

**Aufgabe**
3

Hier geht es um rhetorische Fragen. Man erwartet eine Antwort, die den eigenen Standpunkt bestätigt.
Auswahl: etwa – denn – schon – vielleicht

**4**
rhetorische Fragen

Würdest du so einen Job gerne machen?
Bin ich für alles verantwortlich?
Wer steht gern morgens um 4 Uhr auf?
Hätten Sie das gewußt?
Muß ich alles selbst machen?

**5**

Warnung/
Drohung

**Aufgabe** Hier geht es um Warnungen und Drohungen.
| 3 | | | Auswahl: ja – bloß – nur – ruhig

Geben Sie den Sätzen einen dramatischen, stark akzentuierten Tonfall.

Paß auf, sonst passiert was!
Räum deine Klamotten auf!
Seid ruhig!
Mach so weiter, dann wirst du schon sehen, was passiert.
Hau ab und laß dich nie wieder sehen!

**6**

Überraschung

**Aufgabe** Hier geht es um Überraschung, aber auch um spontanen Ärger:
| 3 | | | Auswahl: aber – denn – ja

Finden Sie den richtigen Tonfall, beschreiben Sie die jeweilige Situation.

Wie spät ist es?
Das ging knapp an einem Unfall vorbei.
Schau mal, es regnet!
Das ist schön, daß ihr vorbeikommt.
Schau mal, da sind Nilpferde!

**7**

Ärger/
Aggression/
Ironie

**Aufgabe** Ärger und Aggression, aber auch spitze Ironie werden hier geäußert.
| 3 | | | Auswahl: doch – aber – eben/halt – endlich – schon – vielleicht

Auch hier „macht der Ton die Musik"; wie „böse" sind die einzelnen Sätze gemeint?

Hör auf mit dem Blödsinn!
Du bist ein Experte!
Mach deinen Kram alleine!
Das hat du toll hingekriegt! (wenn es völlig mißlungen ist)
Jetzt beweg dich!

**8**

freundliche
Bitten

**Aufgabe** Jetzt geht es um freundliches Bitten und Auffordern.
| 3 | | | Auswahl: doch – mal – eben mal – einfach – ruhig – schon

Auch hier muß eine entsprechend freundliche Mimik und Gestik hinzukommen.

Hilf mir!
Hast du mir eine Mark?
Probier's, es ist nicht schwer!
Geh zu ihm hin und frag ihn!
Nimm dir noch was, wenn's dir schmeckt!

**9**

unfreundliche
Bitten

**Aufgabe** Hier klingen die Bitten und Aufforderungen unhöflich, ungeduldig und aggressiv.
| 3 | | | Setzen Sie Redepartikel ein, auch mehrere kombiniert. Prüfen Sie, ob dadurch die Sätze freundlicher werden oder nicht.
Auswahl: doch – eben – endlich – halt – schon

Hilf mir, du siehst, daß es nicht klappt!
Komm!
Wenn du unbedingt dabei sein mußt, dann komm!
Fahr los, sonst kommen wir völlig zu spät!

**Aufgabe**

| 3 | | |

Es geht um Bewertung, Vermutung, Einschätzung einer Situation.
Auswahl: wohl – ja wohl – doch wohl – schon
Der Sprecher ist sich ziemlich sicher, aber nicht hundertprozentig.

Finden Sie passende Kontexte und geben Sie den Sätzen den treffenden Tonfall
(→ Kap. 1, Gr. i. K. Tabelle 2 und A 24).

**10**

Bewertung/
Vermutung

Er wird noch kommen.
Du hast zu viel getrunken.
Sie werden nicht behaupten wollen, daß ich daran schuld bin!
Du kannst ganz beruhigt sein. Wir werden das schaffen!
Jetzt ist es zu spät.

**Aufgabe**

| 3 | | |

Hier sind Äußerungen des Ärgers und der Resignation, zum Teil mit allgemeiner
Begründung.
Auswahl: auch – ja – doch – eben/halt – nun mal – einfach – sowieso

**11**

Resignation

Es ist alles umsonst.
Es ist ganz klar, daß es so nicht weitergeht.
So sind die Leute.

Für einen Schaden muß man bezahlen.
Es ist zu dumm, daß ich daran nicht gedacht habe.

**Aufgabe**

| 3 | | |

Was bedeutet eigentlich eigentlich? Eigentlich verwendet man im Deutschen sehr
oft.
Machen Sie sich die Verwendungen in der Liste (A 1) noch einmal klar. Lesen Sie
dann die Sätze laut und interpretieren Sie sie.

**12**

*eigentlich*

Papa, wo ist eigentlich die ganze Schokolade hin?
Ich habe eigentlich gedacht, daß du das Essen bezahlst.
Wer ist hier eigentlich der Chef, Sie oder ich?
Ich mag eigentlich gar keine Nilpferde.
Wir wollten eigentlich gar nicht hingehen, aber dann waren wir die letzten, die gegangen sind.

**Aufgabe**

| 3 | | |

Mini-Fragen sind in Dialogen oft rhetorisch gemeint.
Auswahl: denn – wohl – schon – auch

Verändern Sie bei B die rhetorischen Kurzfragen; finden Sie den richtigen Tonfall
dafür.

**13**

kurze Fragen

A: Warum kommst du denn zu Fuß?
A: Wo ist denn mein Autoschlüssel?
A: Warum hast du denn nichts eingekauft?
A: Das war ja ein schrecklicher Vortrag.
A: Du machst also nicht mehr mit?

B: (Was glaubst du) Warum?
B: Wo? (Wo er immer ist.)
B: Ja, wann? (Es war doch viel zu wenig Zeit.)
B: Wieso? (Ich bin ganz anderer Meinung.)
B: Warum? (Es gibt für mich keine Gründe mehr.)

**Aufgabe**

| 2–3 | | |

Mini-Antworten. Auf Fragen kann man nicht nur mit ja, nein, doch, aha, hmm etc.
antworten, sondern auch mit einigen Redepartikeln.

Lesen Sie die Mini-Dramen laut, und erklären Sie die Funktion der Redepartikel.

**14**

kurze
Antworten

A: Heute ist wieder ein Mistwetter!
A: Willst du noch ein Stückchen Sahnetorte?
A: Ich habe erst zwei Seiten geschrieben!
A: Das ist aber viel Arbeit!
A: Du wolltest doch auch mitkommen!

B: Allerdings!
B: Bloß nicht! (Ja nicht!)
B: Immerhin.
B: Eben!
B: Gerade nicht!

**15**
irreale
Wünsche

**Aufgabe**
`3`
Irreale Wünsche (Wünsche, die leider nur selten wahr werden) kann man mit nur, bloß, doch deutlich machen.

Lesen Sie die Sätze in Kap. 2, A 11.

**16**
Rechtfertigung

**Aufgabe**
`3`
Mit den Redepartikeln jedenfalls – überhaupt – sowieso – eh – ohnehin – schließlich bezieht man sich auf andere Gründe, auf persönliche oder allgemeine „Wahrheiten", oft zur Rechtfertigung.

Erweitern Sie die Sätze, erklären Sie die Situation und die Wirkung der Redepartikel.

Ich hätte dich besucht.
Du kannst sagen, was du willst. Mir gefällt er.
Ich mag keine Nilpferde.
Er kann sich das leisten. Er ist der reichste Mann in der ganzen Stadt.
Er ist ein unfreundlicher Mensch.

**17**
denn

**Aufgabe**
`3`
Interpretieren Sie die Bedeutung von denn.
Welches denn ist jeweils gemeint?

1. Du wachst an einem normalen Arbeitstag bei hellem Sonnenschein auf, reibst dir die Augen und sagst zu deiner Frau/deinem Mann, die/der noch gar nicht richtig wach ist: „Du, wieviel Uhr ist es denn?"
2. Im Klassenraum einer Schule herrscht großes Durcheinander. Plötzlich geht die Türe auf, der Lehrer kommt herein und schreit: „Was ist denn hier los?"
3. „Was gab's denn heute zum Mittagessen, Fritz?"
4. Fritz kommt nach der Mittagspause aus der Betriebskantine mit bleichem Gesicht an seinen Arbeitsplatz zurück. Sein Kollege sieht ihn und fragt: „Was gab's denn heute wieder zum Mittagessen?"
5. Erwachsener zu einem Kind: „Na, wie heißt du denn?"
6. Das Kind antwortet nicht. Der Erwachsene: „Heißt du Monika?" – „Nein!" – „Heißt du Petra?" – „Nein!" – „Wie heißt du denn?"
7. Beim Fußballspiel: Große Aufregung im Strafraum vor dem Tor. Der Mittelstürmer schießt aus fünf Metern Entfernung am Tor vorbei. Der Trainer schreit: „Wie ist denn so was möglich!"
8. Im Auto: „Paß auf! Siehst du denn nicht, daß Kinder an der Straße spielen?"
9. Die Mutter zu Rotkäppchen: „Bleib immer brav auf dem Weg, denn sonst kommt der Wolf."
10. Nichtraucher zu ehemaligem Nichtraucher: „Bist du denn jetzt unter die Raucher gegangen?"

**18**
Redepartikel
in Situationen

**Aufgabe**
`3`
Diskutieren Sie die Unterschiede der folgenden Satzpaare; identifizieren Sie die Partikelverwendung in der Liste.

1. Wie heißen Sie?
   Wie heißen Sie eigentlich?
2. Du bist verrückt!
   Du bist ja verrückt!
3. Das ist richtig.
   Das ist doch richtig!?
4. Weißt du, wieviel Uhr es ist?
   Weißt du eigentlich, wieviel Uhr es ist?
5. Ich kann nichts dafür.
   Ich kann doch nichts dafür.
6. Ich gehe nicht hin.
   Ich gehe jedenfalls nicht hin.

**19**

**Aufgabe**
`3`
Welcher Satz (a/b) paßt zu welcher Interpretation?

1. (a) Wo bist du gewesen?   (b) Wo bist du denn gewesen?
   ein interessierter Vater – ein uninteressierter Vater – ein Vater, der eine Strafe androht

2. (a) Ist das verboten?   (b) Ist das vielleicht verboten?
   interessierte Frage – Frage mit leicht beleidigtem, beleidigendem Klang

3. (a) Hast du den Brief nicht eingeworfen?     (b) Hast du den Brief etwa nicht eingeworfen?
interessierte Frage – drohende Frage: Der Sprecher vermutet, daß der Brief nicht weg ist.

4. (a) Ich gehe nach draußen.     (b) Ich gehe mal nach draußen.
Der Sprecher macht eine eher beiläufige Bemerkung. – deutliche Äußerung

5. (a) Ich will nichts von dir!     (b) Ich will doch nichts von dir!
deutliche Mitteilung – Sprecher wehrt sich gegen einen möglichen Vorwurf.

**Aufgabe**

Welche Redepartikel sind in den Sätzen möglich? Das läßt sich nur entscheiden, wenn man sich passende Redesituationen vorstellt. Machen Sie die Übung am besten zusammen mit Deutschen.     **20**

Ich habe
Kannst du mir
Haben Sie das
Ich kann mir das
Komm
Können Sie das

> eben – halt – etwa – denn – doch –
> ja – eigentlich – überhaupt – übrigens

kein Geld.
helfen?
gewußt?
nicht vorstellen.
bei mir vorbei!
vorlesen?

**Aufgabe**
3–4
Interpretieren Sie die Sätze. Achten Sie auf die richtige Betonung. Wie beeinflußt die jeweilige Redepartikel die Wirkung der einzelnen Äußerung?     **21**

Könntest du *mal* dein Zimmer aufräumen?
Du könntest *mal* dein Zimmer aufräumen!
Du könntest *eigentlich* dein Zimmer aufräumen!
Du könntest *endlich* dein Zimmer aufräumen!
Du könntest *ja* dein Zimmer aufräumen!
Du könntest dein Zimmer *ja* aufräumen!
Räum *ja* dein Zimmer auf!
Räum *halt* dein Zimmer auf!
Räum *jedenfalls* dein Zimmer auf!
Du könntest *übrigens* dein Zimmer aufräumen!

**Aufgabe**
3–4
Was könnte man in den Situationen 1 und 2 sagen? Diskutieren Sie verschiedene Möglichkeiten.     **22**

1.

In einem Büro mit einem unangenehmen Vorgesetzten ist es zu einem Konflikt gekommen. Ein Mitarbeiter ist plötzlich „explodiert" und hat dem Vorgesetzten gründlich seine Meinung gesagt. Der Vorgesetzte ist aus dem Raum gerannt und hat die Tür hinter sich zugeschlagen. Die Kollegen sprechen über diesen Vorfall. Einige loben den Mitarbeiter wegen seines Mutes, andere glauben, daß er sich damit geschadet hat. Der Mitarbeiter, immer noch aufgeregt, rechtfertigt sich:
– Ich lasse mir nichts gefallen!
– Soll man sich denn alles gefallen lassen?
– Wir können uns doch nicht alles gefallen lassen.
– Wir können uns ja nicht alles gefallen lassen.

2.

A sitzt in einem Café, als sein Freund B eintritt und fröhlich auf ihn zugeht. B hat Farbe (von einem Filzstift oder Füller) im Gesicht. A schaut ihn mit einem Grinsen an und sagt: ...

Überlegen Sie verschiedene treffende Sätze.

**23** **Aufgabe** Welches ist für den Dialog 1 die richtige Interpretation?
Wie ist im Dialog 2 die soziale und emotionale Beziehung zwischen den Personen? Wie ist die letzte Äußerung von B zu verstehen?

1. A: Ich hätte gern Menü drei!
   B: Tut mir leid, die Küche ist schon geschlossen.
   A: So ein mieser Laden!
   B: Da hätten Sie halt früher kommen müssen!

   a) Der Kellner erklärt dem Gast freundlich, warum er kein Essen mehr bekommen kann.
   b) Der Kellner, anfangs freundlich, reagiert auf die Aggression des Gastes schließlich abweisend.
   c) Der Kellner entschuldigt sich mit einer Erklärung dafür, daß der Gast kein Essen mehr bekommen kann.

2. A: Guten Morgen!
   B: (keine Antwort)
   A: Entschuldigen Sie, daß ich mich verspätet habe.
   B: Das ist jetzt schon das dritte Mal in dieser Woche.
   A: Es tut mir leid, aber bei diesem Verkehr kommt man manchmal einfach nicht durch!
   B: Ja, ja – machen sie ruhig weiter so!

**24** Welcher Redepartikel? **Aufgabe** Lesen Sie die Sätze der linken Spalte laut vor, am besten zusammen mit Deutschen. Fügen Sie spontan passende Redepartikel ein.
Orientieren Sie sich dann an den Vorgaben in der rechten Spalte.

1. Sind Sie anderer Meinung? — Man befürchtet eine bejahende Antwort.
2. Was haben Sie mit dieser Anspielung gemeint? — besorgte Frage zu einem unverständlichen Verhalten
3. Haben Sie Geschwister? — beiläufige Frage
4. Laß die Finger weg von diesen Dingen! — Warnung
5. War das falsch? — Man befürchtet ein „Ja", hofft auf ein „Nein".
6. Was wollen Sie hier? — arrogant und aggressiv klingende Frage, fast eine Drohung, ein Rausschmiß
7. Was machst du in den Ferien? — interessierte, freundliche Frage
8. Was machst du in den Ferien? — noch stärker interessierte Frage
9. Gib dem Onkel die Hand! — ermunternde Aufforderung an ein Kind
10. Gib dem Onkel die Hand! — ungeduldige, drohende Aufforderung
11. Hör auf! — ärgerliche Aufforderung
12. Reichen Sie Ihre Arbeit rechtzeitig ein! — dringende Empfehlung
13. Wie siehst du aus? — erstaunt, überrascht klingender Kommentar
14. Komm her! — freundliche Aufforderung
15. Komm her! — ungeduldige Aufforderung
16. Wenn du hier bist, besprechen wir gleich die wichtigsten Punkte — Sprecher hat nicht erwartet, daß der andere hier ist, und ist dann damit einverstanden.
17. Das ist alles falsch. — Überraschung
18. Der ist von auswärts. — Bestätigung einer als bekannt vorausgesetzten Annahme
19. Ich habe mir Mühe gegeben, aber die Zeit war zu kurz. — Resignation, Entschuldigung, Rechtfertigungsversuch
20. Das ist schrecklich. — stark hervorhebender Ausruf
21. Sie sind nicht von hier? — Man erwartet die negative Bestätigung der Vorannahme.
22. Wo haben Sie Deutsch gelernt? — interessierte, freundliche Frage
23. Wo haben Sie Deutsch gelernt? — Ironische Frage an einen, der einen deutschen Text mit sehr vielen Fehlern abgegeben hat.
24. Liebst du mich? — beiläufig gestellte, trotzdem zentrale Frage

# Kapitel 20

# IS AUCH WAS HÄNGENGEBLIEBM?

## Gesprochene Umgangssprache

# Lesepause _____

## Ein alter Leipziger Suppenspruch

Hitze hat se sagt se hätt se
Kühlung sagt se braucht se möcht se
verbrenn dir nicht die Zung
und brich sie nicht mein Jung
denn Hitze hätt se sagt se hat se
Kühlung möcht se braucht se sagt se

*Walther Petri*

## Macki Messer

Und der Haifisch, der hat Zähne
und die trägt er im Gesicht
und Macheath, der hat ein Messer,
doch das Messer sieht man nicht.

*Bertolt Brecht*

## Die polyglotte Katze

Die Katze sitzt vorm Mauseloch
in das die Maus vor kurzem kroch,
und denkt: „Da wart nicht lang ich,
die Maus, die fang ich!"
Die Maus jedoch spricht in dem Bau:
„Ich bin zwar klein, doch bin ich schlau!
ich rühr mich nicht von hinnen,
ich bleibe drinnen!"
Da plötzlich hört sie – statt „miau" –
ein laut vernehmliches „wau-wau"
und lacht: „Die arme Katze,
der Hund, der hatse!

Jetzt muß sie aber schleunigst flitzen,
anstatt vor meinem Loch zu sitzen!"
Doch leider – nun, man ahnt's bereits –
war das ein Irrtum ihrerseits,
denn als die Maus vors Loch hintritt –
es war nur ein ganz kleiner Schritt –
wird sie durch Katzenpfotenkraft
hinweggerafft! – – –
Danach wäscht sich die Katz die Pfote
und spricht mit der ihr eignen Note:
„Wie nützlich ist es dann und wann,
wenn man 'ne fremde Sprache kann...!"

*Heinz Erhardt*

## Barbara F., Grafikerin, erzählt

Schrank habe ich keinen, ich hab ja keine Kleider. Der braune Samtrock ist schön, nicht? Hab ich von Oma, nur enger gemacht, man fühlt sich wohl darin, nichts darunter. Und mit den Jesuslatschen und barfuß, solange es geht. Man muß merken, auf welchem Boden man läuft und wie beweglich man ist. Das ist schön. Sachen anziehen, die nicht schnüren, sich gerne auszieh'n, nackt herumlaufen.

*Maxie Wander*

## Christl Sch., Verkäuferin, erzählt

Nachher, Schule war keine im Dorf, hat sich nicht gelohnt, da sind wir mit dem Schulbus in die Stadt gefahren. Und wenn wir eher aus hatten, haben wir die Kippfahrer angehalten. War schön, war überhaupt die schönste Zeit dort oben. Dann ist der Schacht aufgelöst worden, und mein Vater ist nach W. gekommen. Ist lang durch den Wald gefahren, mit dem Motorrad. Und der viele Schnee! An einer Stelle hat er sich 'ne Schippe versteckt, da hat er sich immer freischaufeln müssen. Dann sind wir ihm nachgezogen, haben AWG (Arbeiterwohnungsbaugenossenschaft) gebaut in W. Und Mutti hat sich Sorgen gemacht, wie sollen wir das alles bezahlen? Und Vater hat gesagt, ist ganz einfach, wir zahlen in Raten. War erst mal ein Ziel vor Augen. Mutti hat in drei Schichten gearbeitet als Spulerin. Sie hat ja immer von ihrer Spulerei geträumt. Ach, sie hat gemeint, die Nacht hab ich wieder gespult, war das schön. Bis sie dann krank geworden ist.

*Maxie Wander*

## Von Wohngemeinschaft zu Wohngemeinschaft

Ein Geschlecht von Riesen werdet ihr ja nicht gerade zeugen, sagt Mama. Sie umarmt Ilona und zieht sie in die Küche. Peter hat im Wohnzimmer Getriebeteile auf dem Tisch ausgebreitet.
Grüß dich, sagt er gelassen und blickt kaum auf. Lange nicht gesehen, Briederchen. Was machsten so? –
Ziehen von Wohngemeinschaft zu Wohngemeinschaft und lieben uns, sagt Jörg. Und du? –
Bin in ner alternativen Autoreparaturwerkstatt gelandet, sagt Peter. Für jeden zwölf Mark netto die Stunde. Überschüsse für Rote Hilfe und, er verzieht die Mundwinkel, antiimperialistische Projekte und so. – Oho, sagt Jörg. Gefällts dir? – Sehr, sagt Peter. Ich glaub, ich bleib dort. Is was anderes, als in nem Laden mit Chefs und so. Aber Mama hat noch was vor. Sie will weg. – Was will sie? – Weg. Mit dem Pastor, weißt du. Nach Fuerteventura. – Was? Ist das ihr Ernst? – Ja, sagt Peter. Niko kriegt die Bude hier. Ich bin in ne WG in der Admiralstraße gezogen. Alle von der Werkstatt, weißt du. – Und ich? fragt Jörg.

*Peter-Paul Zahl*

## Ich hab was gegen öffentliche Selbstkritik

Leute! ich hätt mir doch lieber sonstwas abgebissen, als irgendwas zu sülzen von: Ich sehe ein ... Ich werde in Zukunft ..., verpflichte mich hiermit ... und so weiter! Ich hatte was gegen Selbstkritik, ich meine: gegen öffentliche. Das ist irgendwie entwürdigend. Ich weiß nicht, ob mich einer versteht. Ich finde, man muß dem Menschen seinen Stolz lassen. Genauso mit diesem Vorbild. Alle forzlang kommt doch einer und will hören, ob man ein Vorbild hat und welches, oder man muß in der Woche drei Aufsätze darüber schreiben. Kann schon sein, ich hab eins, aber ich stell mich doch nicht auf den Markt damit.

*Ulrich Plenzdorf*

## Beispielsweise das mit den Miniröcken

Beispielsweise das mit den Miniröcken. Die Weiber, ich meine: die Mädchen aus unserer Klasse, sie konnten es nicht bleibenlassen, in diesen Miniröcken in der Werkstatt aufzukreuzen, zur Arbeit. Um den Ausbildern was zu zeigen. X-mal hatten sie das schon verboten. Das stank uns dann so an, daß wir mal, alle Jungs, eines Morgens in Miniröcken zur Arbeit antraten Das war eine ziemliche Superschau ... Leider hatte ich nichts gegen kurze Röcke. Man kommt morgens völlig vertrieft aus dem ollen Bett, sieht die erste Frau am Fenster, schon lebt man etwas. Ansonsten kann sich von mir aus jeder anziehen, wie er will. Trotzdem war die Sache ein echter Jux. Hätte von mir sein können, die Idee.

*Ulrich Plenzdorf*

# Grammatik im Kasten

## 1. Einige Aussagen über die „Gesprochene Sprache" (GS)

„Sprache" kommt von „sprechen". Grammatiken (auch diese hier) und Wörterbücher beschreiben vor allem die „Geschriebene Sprache" („Schriftsprache").
Die „Gesprochene Sprache" (oder „Umgangssprache") wird nur am Rande behandelt. Wir haben aber in vielen Kapiteln auf Regeln und Stilformen der GS hingewiesen (→ Tabelle S. 301).

Die Deutschen haben beim Sprechen und Verstehen, beim Schreiben und Lesen ein ziemlich sicheres Gefühl für die Unterschiede zwischen beiden Stilformen (man sagt auch „Register"). Beide Register sind Varianten der deutschen Standardsprache. Wir wollen deutlich machen, daß GS keinesfalls „schlechteres Deutsch" ist.

Die Register haben über die stilistische Bedeutung hinaus vor allem soziale Funktionen: Wir verwenden GS im alltäglichen Leben. Sie ist „volksnäher" als die Sprache von manchen Akademikern oder Verwaltungsleuten. Sie soll „von allen" verstanden werden, will das Thema und den Zuhörer treffen.

Auch andere Bedingungen sind bedeutsam: In Norddeutschland spricht man näher an der Schriftsprache als in Süddeutschland, ebenso akademisch gebildete Sprecher (oft ohne es zu merken). Wer langsam oder betont spricht, benutzt weniger „Abschleifungen" (→ A 1–A 10); wer mit dem Chef oder vor einem Publikum spricht, benutzt eher die schriftsprachliche Tonlage.

Auch die Dialekte (z. B. Schwäbisch, Sächsisch, Plattdeutsch) gehören zur GS, ebenso bestimmte Gruppensprachen (z. B. die Sprache von Schülern und Jugendlichen). Wir beschreiben hier aber nur solche Sprachformen, die als gesprochene Standardsprache verstanden werden.

Bisher gibt es nur wenige hilfreiche Beschreibungen und Arbeitsmittel für die GS. Man kann aber die GS in den Bereichen Phonetik/Aussprache, Syntax, Lexik, Idiomatik, Rhetorik und Stil beschreiben und Hilfen zum Lernen geben. Entsprechend ist dieses Kapitel im Teil „Übungen und Regeln" gegliedert.

## 2. Allgemeine Regeln und Tendenzen der GS

In der GS wird in kürzeren Sätzen gesprochen. Man verzichtet so weit wie möglich auf den „Nominalstil": weniger nominalisierte Verben (Kap. 13), weniger Attributionen (Kap. 16), weniger komplexe Präpositionen (Kap. 12), weniger Nomen-Verb-Verbindungen (Kap. 17) etc.

In der GS kommen auch weniger Nebensätze vor (Sätze mit Konjunktionen, Kap. 8 und Relativsätze, Kap. 16). Stattdessen werden die Aussagen deutlicher hintereinander gesetzt („parataktischer Stil").

Die Tabelle auf S. 301 zeigt, welche Regeln und Tendenzen es in der GS gibt.

| Grammatische Strukturen | Kapitel | Tendenzen in der gesprochenen Sprache |
|---|---|---|
| Grundverben | Kap. 1 | Modalverben statt komplexer Ausdrücke mit gleicher Bedeutung:<br>Das Pferd *ist* nicht *fähig*, ein Zimmer zu tapezieren.<br>→ Das Pferd *kann* kein Zimmer tapezieren. |
| K II | Kap. 2 | Variante B (würde + Inf.) statt Variante A (sagte, gäbe):<br>Ich *nähme* das nicht so tragisch.<br>→ Ich *würde* das nicht so tragisch *nehmen*. |
| Tempus | Kap. 4 | Perfekt statt Präteritum:<br>Und dann *zogen* wir noch durch verschiedene Altstadtkneipen.<br>→ Und dann *sind* wir noch durch verschiedene Altstadtkneipen *gezogen*.<br>Präsens statt Futur:<br>Ich *werde* Sie wahrscheinlich nicht mehr *wiedersehen*.<br>→ Ich *sehe* Sie wahrscheinlich nicht mehr wieder. |
| Aktiv/Passiv | Kap. 5 | Aktiv statt Passiv; Personalpronomen statt man:<br>Unser Geschäft *wird* wochentags um 18 Uhr *geschlossen*.<br>→ *Wir schließen* wochentags um 6 Uhr abends. |
| Satzbaupläne | Kap. 7 | Antworten mit einzelnen Satzteilen oder Teilsätzen statt mit ganzen Sätzen:<br>Wer ist Philipp Marlowe? – Ein Privatdetektiv. |
| Konjunktionen | Kap. 8 | Verbaler Stil mit Konjunktionen statt Nominalstil mit Präpositionen:<br>*Wegen meiner Wochenendmigräne* bin ich nicht aus dem Bett herausgekommen.<br>→ Ich bin nicht aus dem Bett herausgekommen, *weil ich mal wieder meine Wochenendmigräne hatte.*<br>Auf schriftsprachliche Konjunktionen (→ Kap. 8, A 35) wird verzichtet.<br>Der Tourist war sauer, *obzwar* die Nilpferde einen vergnügten Nachmittag erlebten.<br>→ Der Tourist war sauer, *aber* die Nilpferde hatten einen vergnügten Nachmittag erlebt. |
| Indirekte Rede | Kap. 10 | kein K I, sondern Indikativ oder K II:<br>Sie sagte, das *komme* nicht in Frage.<br>→ Sie sagte, das *kommt (käme)* nicht in Frage. |
| Präpositionen | Kap. 12 | Verzicht auf schriftsprachliche Präpositionen (→ Kap. 12, A 13–15):<br>Wir sammeln *zugunsten* der Höhlenforschung.<br>→ Wir sammeln *für* die Höhlenforschung. |

| Grammatische Strukturen | Kapitel | Tendenzen in der gesprochenen Sprache |
|---|---|---|
| Nominalisierung | Kap. 13 | weniger Nominalisierungen; weniger zusammengesetzte Nomen; nicht viele komplexe Nominalphrasen; kaum Genitiv: Die Möglichkeit der Konzentrierung von Informationen und Argumenten durch Umformung einzelner Teilsätze zu nominalisierten Satzteilen in der grammatischen Form erweiterter Nominalphrasen ... → Informationen und Argumente kann man dadurch konzentrieren, daß man einzelne Teilsätze nominalisiert; es entstehen dann erweiterte Nominalphrasen. Waffenstillstandsverhandlungen; Arbeiterwohnungsbaugenossenschaft → Verhandlungen, um den Krieg zu beenden; AWG |
| Artikelwörter | Kap. 14 | Verzicht auf bestimmte Artikelwörter: *Diejenigen, die* das nicht verstehen, sind selber schuld. → *Wer* das nicht versteht, ist selber schuld. |
| Adjektive/Adverbien | Kap. 15 | Verzicht auf spezielle Adjektive und Adverbien: Unsere Büroluft ist nicht mehr *sauerstoffhaltig*. → *Wir brauchen* mal wieder *frische Luft* in unserem Büro. |
| Attributionen | Kap. 16 | Verzicht auf die meisten Attributionen (Adjektive; P I/P II; Relativsätze; nachgestellte Kurzsätze; Genitiv-Attribut): Die *Ende August in die Höhle eingedrungene* Höhlenrettungsmannschaft blieb verschwunden. → Die Höhlenrettungsmannschaft *ist Ende August in die Höhle eingedrungen*, aber sie ist seitdem nicht mehr herausgekommen. |
| Nomen-Verb-Verbindungen | Kap. 17 | Weitgehender Verzicht auf Nomen-Verb-Verbindungen: Auch das Fälschen der neuen Banknoten *steht unter Strafe*. → Auch das Fälschen der neuen Geldscheine *ist verboten*. |

## 3. In diesem Kapitel werden behandelt:

- Phonetische und morphologische Abschleifungen
- Regeldurchbrechungen im Bereich der Syntax
- Ausdrücke der kommunikativen Strategie
- idiomatische Modelle
- ein umgangssprachliches Lexikon
- Metaphern in der Umgangssprache
- Schimpfmetaphorik
- idiomatische Kommentare

# Übungen und Regeln

## Phonetische und morphologische Abschleifungen

„Abschleifen" bedeutet, Material (Steine, Holz, Metall) glatt und griffig zu machen. Beim Sprechen werden bestimmte Buchstabenkombinationen geglättet und verkürzt. Abschleifungen machen die Aussprache flüssiger.

In jeder Aufgabe behandeln wir immer nur ein einzelnes Phänomen: in der GS wirken sie alle zusammen. Bedenken Sie: wir beschreiben Tendenzen, die beim schnellen, flüssigen Sprechen mehr, beim langsamen, pointierten, „korrekten" Sprechen immer weniger in Erscheinung treten.

**Aufgabe**   **1**
`2–3` □ □    *r* (am Ende/ vor *t*)

In Kapitel 18, Gr. i. K. 3. finden Sie genau erklärt, wie es sich mit der „vokalischen" Aussprache des Buchstabens -r verhält; der Laut klingt wie ein kurzes, abgeschwächtes a.

Lesen Sie sorgfältig die Wörter und die Sätze. Lassen Sie Deutsche zuhören. Üben Sie die deutsche Klangfarbe besonders intensiv, wenn es zu Ihrer Sprache starke Kontraste gibt.

de*r* – m*ir* – w*ir* – we*r* – *ver*gessen – wiede*r* – Compute*r* – abe*r* – he*r*gelaufen – e*r*leben

Im übernächsten J*ahr* w*ir*d de*r* Somm*er* wiede*r* kält*er* und de*r* Wint*er* wiede*r* wärm*er*.
Abe*r* leide*r* hatten w*ir* imm*er* wiede*r* Ärg*er* in der Fi*r*ma.
Die Feue*r*wehr fäh*r*t schneller als die Bundesweh*r*. Aber uns*er* Trakt*or* fäh*r*t noch schneller.
He*rr* Müller, so ein Ärg*er*, de*r* Möd*er* ist *for*tgelaufen.

**Aufgabe**   **2**
`2–3` □ □    *e* (unbetont)

Man spricht -e am Ende einer Silbe und in unbetonten Silben ganz kurz, offen und ohne jede Spannung.

Lesen Sie die Wörter und die Sätze, und achten Sie auf die offene, lockere Aussprache der hervorgehobenen -e-Laute.

hab*e* – Blum*e* – Lieb*e* – beid*e* – läch*e*ln – schreib*e*n

Ich lieb*e* schön*e* Blum*e*n.
Ich denk*e* an dich jed*e* Minut*e*.
Die sieben Schwaben wollten einen Hasen fangen, hatten aber große Angst.

**Aufgabe**   **3**
`2–3` □ □    *e* (am Wortende)

-e am Ende von bestimmten Verbformen wird manchmal „abgeschliffen", d. h. verkürzt bis zum völligen Verschwinden (klären Sie selbst oder mit Deutschen, welche Verbformen das sind), ebenso bei Dativ-Singular-Formen des Nomens und bei bestimmten Adverbien.

Lesen Sie die Sätze und achten Sie auf umgangssprachliche Aussprache.

Ich komm*e* gern*e* zu dir.
Das würd*e* ich mir gut überlegen.
Ich habe Ärger zu Haus*e*.

**4**

*e* (in der Mitte)

**Aufgabe** | 2–3 | |

-e- in unbetonter Zwischensilbe kann abgeschliffen oder ganz ausgelassen werden (und das wird auch oft so geschrieben):

unsere – euere – teuerer – bessere – klettere – schüttele – bettele

Lesen Sie die Sätze in umgangssprachlicher Form.

Zum *besseren* Kennenlernen *unserer* Weine gebe ich Ihnen *unseren* Prospekt mit.
Der hintere Wagen ist *teuerer* als *unserer* hier.

**5**

*en* (am Wort-ende)

**Aufgabe** | 2–3 | |

Bei Endungen mit -en verändern sich Lautqualität und Silbenqualität; die Pfeile zeigen die Richtung an, wie sich die Aussprache verändert. Auch wenn die Abschleifung, z. B. beim schnellen Sprechen, sehr weit geht, kann man immer noch hören, daß es eine eigene Silbe ist.

Lesen Sie die Wörter und die Sätze; achten Sie an den hervorgehobenen Stellen sorgfältig auf umgangssprachliche Aussprache. Bitten Sie Deutsche, aus verschiedenen Regionen, die Beispiele flüssig vorzusprechen.

| b/p + en → bm/pm | g/k + en → gŋ/kŋ | d/t + en → dn/tn | ch/s/z + en → chn/sn/zn | n/m + en → n'n/m'm | l/r + en → ln/rn |
|---|---|---|---|---|---|
| haben | wegen | hatten | krachen | denen | fallen |
| Abend | Gegend | Baden-Baden | Sachsen | Bremen | bellen |
| sieben | wecken | Garten | sprechen | nehmen | fahren |
| schleppen | hängen | reden | kratzen | rennen | waren |

Die beiden haben einen schönen Abend zusammen verbracht.
In dem Graben sitzen Knaben, die sich an den Schaben laben.
Kennst du die sieben Schwaben, die Angst vor einem Hasen haben.
Wir werden Musikanten in Bremen und wollen dich mitnehmen.
Wegen meinem Leben bin ich ganz daneben.

**6**

Präposition + Artikel

**Aufgabe** | 2–3 | |

Unbetonte Artikelwörter können mit vorangehenden Wörtern, vor allem Präpositionen, zusammengezogen werden. Bei einigen Präpositionen kann man diese Verbindungen auch schreiben (im, ins, am, ans). Wichtig ist, daß die Artikelform genau verstanden wird.

Lesen Sie sorgfältig die Formen und die Sätze.

mita (mit der), mitm (mit dem), mitner (mit einer), mitnem (mit einem) – fürn (für den), fürne (für eine), fürnen (für einen), fürs (für das) – im (in dem), innem (in einem), innen (in einen), ins (in das) – beim (bei dem), beier (bei der), beinem (bei einem) – son (so ein), sone (so eine) – annen (an einen, an den), annem (an einem, an dem)

Wir haben *in einem* Keller gesessen und uns *mit dem* besten Wein betrunken.
Er hat *mit der* Liese *auf der* Wiese *in dem* Klee gelegen.
Ich nehme Sie *auf der* Stelle *bei dem* Wort.
*So eine* dumme Sache, und das wegen *so einem* Mann.
*Für einen* Apfel *und ein* Ei tut er fast alles.
Da sind *solche* (!!) komischen Leute gekommen.

**7**

Verb + Personalpronomen

**Aufgabe** | 2–3 | |

Personalpronomen (du, er, sie/Sie, es, wir, ihr), die hinter dem Verb stehen und unbetont sind, verändern ihre Lautqualität und werden verkürzt gesprochen. Auch ihn/ihm können abgeschliffen werden.

Lesen Sie die Formen und Sätze, wie man's spricht.

hatse (hat sie), gehnse (gehen sie), isse (ist sie) – hatta (hat er), machta (macht er), kommta (kommt er) – hats (hat es), machts (macht es), wills (will es) – haste (hast du), biste (bist du), machste (machst du) – hamwa (haben wir), gehnwa (gehen wir), machnwa (machen wir) – habta (habt ihr), gehta (geht ihr), kommta (kommt ihr)

Und da *hat er* uns gesagt, *daß er* später kommt.
Dann *hat sie* ihm einen Kuß gegeben.
Was *hast du* darauf geantwortet?
Und was *hast du ihm* darauf geantwortet?
Du *hast ihm* doch hoffentlich kein Geld gegeben?
Ja, *gehen Sie* nur und *kommen Sie* nie wieder!

**Aufgabe**
2–3 | |

et- bei etwas und ein- bei einmal werden abgeschliffen, aber nicht, wenn etwas = ein wenig und einmal = 1 ×/ein einziges Mal bedeutet.

**8**
*etwas/einmal*

Lesen Sie die Sätze und achten Sie auf die Abschleifungen!

Hast du etwas gegen mich?
So etwas Schönes habe ich noch nie erlebt.
Kommen Sie mich bitte einmal besuchen!
Er hat mir einmal gesagt: „Einmal ist Keinmal".
Ich habe etwas gesehen, was die ganze Sache etwas positiver erscheinen läßt.

**Aufgabe**
2–3 | |

Der Unterschied von her-/hin- entfällt in der GS, es wird einfach r- vor die Wörter gesetzt (→ Kap. 15, A 16).

**9**
*hin/her*

Lesen Sie die Wörter und die Sätze in vereinfachter Form.

herunter – hinunter – herüber – hinüber – hinaus – heraus – hinausgehen – herumlaufen

Komme bitte herunter und gehe einmal hinüber zum Milchgeschäft.
Kommen Sie bitte herein!
Gehen Sie bitte hinein!
Jetzt habe ich herausgefunden, wie man's richtig ausspricht.

**Aufgabe**
2–3 | |

Zuletzt noch ein bunter Rest von Abschleifungsregeln:

**10**
andere Abschleifungen

Bei ganz bestimmten Wörtern in unbetonter, schnell gesprochener Position können -d/t, -n und -l am Ende ein Stück weit oder ganz abgeschliffen werden: ma(l), is(t), un(d), nich(t), sin(d), we(nn), ma(n), ka(nn).

In bestimmten Kontaktpositionen wird die Verkleinerungssilbe -chen am Anfang mit j (statt ch) gesprochen.

Besonders populär ist die Abschleifungsform nichts → nix.

Lesen Sie die Beispielsätze in umgangssprachlicher Form. Achten Sie auf diese Abschleifungen, wenn Sie Deutschen zuhören.

Bisher *ist es* ganz gut gegangen, *es ist* glücklicherweise *nichts* Schlimmes passiert.
Komme *mal* her und gib dem Opa *mal* ein *Küßchen*.
Da *kann man mal* sehen, daß gar *nichts* funktioniert, *wenn man mal nicht* da *ist*.
Die *sind* alle *ein bißchen* verrückt geworden.
Das Kindchen hat sein *Fläschchen ein bißchen* auf sein Bettchen gekleckert.

## Durchbrechungen und Varianten der Regeln im Bereich der Syntax

**11**
Hauptsatz/
Nebensatz

**Aufgabe** 2–3 ☐ ☐ Nach weil und obwohl (in nachgestellten Sätzen) wird gern mit Hauptsatz-Wortstellung gesprochen. Fast hört und spürt man dabei eine kleine Denkpause nach der Konjunktion:

Das verstehe ich nicht, *weil du sprichst* so abstrakt.
Okay, ich komme mit, *obwohl ich hab* gar keine Lust.

Verbinden Sie die Sätze mit umgangssprachlicher Wortstellung.

Ich habe nichts gemacht. Die Aufgaben waren mir einfach zu schwer.
Komm, ich lad' dich zu einem Bier ein. Ich hab' gar kein Geld dabei.
Ich kann da wenig helfen. Ich verstehe nichts vom Computer.
Bei mir darfst du dich nicht beschweren. Ich hatte von der ganzen Sache keine Ahnung.

**12**
Satzanfang

**Aufgabe** 2–3 ☐ ☐ Der Satzanfang dient oft dazu, bestimmte Aussagen zu betonen oder besonders zu thematisieren. Auch ausgefallene Satzteile können am Satzanfang stehen („Frontierung"):

Geküßt hat sie mich aber doch.
Weggelaufen bin ich überhaupt nicht.
Gewollt hab' ich gar nicht, aber schön war's.

Dramatisieren Sie die Sätze durch Frontierung mit lauter Stimme.

Ich habe von dem Unfall überhaupt nichts gemerkt.
Das habe ich ganz blöd gefunden.
Ich habe nichts mehr von dem ganzen Geld gesehen.

**13**
Satzanfang
+ *da*

**Aufgabe** 2–3 ☐ ☐ Die „Frontierung" kann dadurch verstärkt werden, daß der nachfolgende Satz (nach einem Komma) mit da eingeleitet wird:

*In Berlin, da* sind die Leute nicht auf den Mund gefallen.
*Gestern abend, da* habe ich ein bißchen zu viel getrunken.
*Mit euch, da* habe ich meine Schwierigkeiten.

Verändern Sie die Sätze nach diesem Muster.

In Süddeutschland kann man die Leute manchmal kaum verstehen.
In Deutschland sind die Leute halt etwas kalt.
Bei so einem Wetter kann man doch keinen Ausflug machen.
Heute nacht habe ich überhaupt nicht geschlafen.

**14**
Betonung mit
*da*

**Aufgabe** 2–3 ☐ ☐ Das Wörtchen da wird auch als demonstratives Element hinter einen Ausdruck gesetzt:

*Den Kerl da* kann ich überhaupt nicht leiden.
*Dieses Auto da* ist eine Katastrophe.
*Diese Leute da* sind einfach zu stur.
Ich möchte mit *den Leuten da* überhaupt nichts mehr zu tun haben.

Verändern Sie die Sätze nach diesem Muster.

Den Text kapiere ich einfach nicht.
Der Kerl ist völlig unzuverlässig.
Diesem Herrn werden wir mal die Meinung sagen.
Gib mir mal die Zeitung.
Mit dem Ding würde ich keinen Schritt weit fahren.

**Aufgabe**

2–3 □ □

Statt Adjektiv-Attribute und Relativsätze werden in der GS häufig nachgestellte Hauptsätze gebildet:

**15**

Hauptsatz (betont)

Es gibt total bescheuerte (= dumm, blöd) Leute.
→ Es gibt Leute, die total bescheuert sind.
→ Es gibt Leute, die sind total bescheuert.
Das war ein Typ, (= Mann, Kerl), der alle niedergeredet hat.
→ Das war ein Typ, der hat alle niedergeredet.

Verändern Sie die Sätze nach diesem Muster.

Ich habe neulich einen Mann getroffen, der bauchreden konnte.
Da gibt es Weine, wie du sie noch nie getrunken hast.
Es gibt Sachen, die es gar nicht gibt. (einer von den vielen Alltagssprüchen)
Der Typ, mit dem ich früher zusammen studiert habe, kommt mich jetzt besuchen.
Das war eine unvergeßliche Erfahrung.

**Aufgabe**

2–3 □ □

Man kann frontierte Nomen noch stärker betonen, indem der nachfolgende Satz mit einem demonstrativ gemeinten Artikel eingeleitet wird:

**16**

Betonung vorn

Die Leute sind völlig verrückt.
→ *Die Leute, die* sind völlig verrückt.
Den Typ kenne ich doch.
→ *Den Typ, den* kenne ich doch.

Lesen Sie (besser: Singen Sie) den Mackie-Messer-Text von Bertolt Brecht in der Lesepause. Verändern Sie die Sätze nach diesem Muster.

Den Kerl werde ich schon noch kriegen.
Diese Maschine taugt überhaupt nichts.
Das Auto macht mich noch völlig verrückt.
Den Urlaub kannst du diesmal vergessen.
Das Geld kriege ich zurück!

**Aufgabe**

2–3 □ □

Mischen Sie nun die Muster aus den Aufgaben 14 und 16:

**17**

Der Lärm macht mich noch wahnsinnig.
→ (14) Der Lärm da macht mich noch wahnsinnig.
→ (16) Der Lärm, der macht mich noch wahnsinnig.
→ (14/16) *Der Lärm da, der* macht mich noch wahnsinnig.

Verwenden Sie die Sätze aus den Aufgaben 14 und 16.

**Aufgabe**

2–3 □ □

Auch das Satzende kann zur Betonung genutzt werden:

**18**

Betonung hinten

(Die) hätte von mir sein können, die Idee.
Den kenn ich, den Typ.
Schwierigkeiten haben wir gehabt mit dem!

Formulieren Sie nach diesen Mustern.

Der junge Mann hatte große Schwierigkeiten.
Das Buch ist gut.
Wegen dir habe ich Ärger gehabt.
Dein Freund ist wirklich nett.

307

**19** **Aufgabe** Vergleiche und Infinitive werden oft ans Satzende gestellt (→ Kap. 7, A8):

2–3

Der hat geredet wie ein Buch.
Ich habe völlig vergessen zu tanken.
Er hat geschrien wie am Spieß.

Formulieren Sie Sätze nach diesem Muster.

Du hast dich angestellt. (Anfänger)
Wir haben geschuftet. (Pferde)
Du hast dich verhalten. (Chauvi)
Es hat aufgehört. (regnen)

**20** **Aufgabe** An der ersten Stelle des Satzes können Artikelwörter und Pronomen (das, es, der,
Kurzsätze die, ich, er, sie etc.) wegfallen; der gesprochene Satz beginnt also mit dem Verb.

2–3

Es entsteht eine knappe, schnelle Erzähl- oder Dialogfolge:

Das mache ich nicht. → Nein, mache ich nicht.
Ich komme gleich. → Komme gleich!
Es/das wird erledigt. → Wird erledigt!

Verkürzen Sie die Antworten oder Sätze nach diesem Muster.

Wann gibt's denn den Nachtisch? – Der kommt noch.
Darf ich mitfahren? – Das kommt überhaupt nicht in Frage.
Wie heißt du denn? – Das sage ich nicht!
Fritz, komm doch mal. – Ich bin schon da.
Und dann: Sie geht einfach weg und läßt mich stehen.
Du, die kommen bestimmt noch heute abend. – Das glaube ich nicht!

**21** **Aufgabe** Beim Erzählen, im Dialog, bei Frage und Antwort wird oft und gern darauf

2–3

verzichtet, vollständige Sätze zu bilden. Einzelne Satzteile oder Teilsätze reichen
aus, um flüssig und verständlich zu kommunizieren.

Lesen Sie den Text „Wer ist Philipp Marlowe" in Kapitel 7 (→ Lesepause) und die
Texte „Barbara F., Grafikerin, erzählt" und „Christl Sch., Verkäuferin, erzählt" in
diesem Kapitel (→ Lesepause). Achten sie auf die vielen Satzverkürzungen.
Versuchen Sie probeweise, „ganze Sätze" zu bilden.

**22** **Aufgabe** Die Präpositionen wegen, statt, trotz, während haben Dativ statt Genitiv. Die
Dativ/Genitiv meisten anderen Präpositionen und präpositionalen Ausdrücke mit Genitiv

2–3

(→ Kap. 12, A13–15) spielen hier keine Rolle, weil sie selten oder nie gesprochen werden; manchmal hilft man sich, indem man von + D hinzufügt:

Wegen dem Europacup-Spiel war kein Mensch auf der Straße.
Während dem Gottesdienst haben sie draußen Blasmusik gemacht.
Innerhalb von einem Jahr hat sich die Stimmung im Land gewandelt.

Erweitern Sie die Sätze nach diesem Muster.

Wir sind mal wieder zu spät gekommen. (wegen – der Blödmann)
Kein Mensch hat was gesprochen. (während – das Essen)
Er hat mit dem Unfug weitergemacht. (trotz – alles gute Zureden)

## Ausdrücke der kommunikativen Strategie

Viele Wörter und Ausdrücke sind nicht immer wörtlich gemeint. Sie haben mehr eine strategische Funktion. Sie dienen z. B. der Übertreibung, der Versicherung, der Generalisierung. Andere Ausdrücke dienen dazu, etwas pauschal zu bewerten, etwas negativ zu charakterisieren. Oder man möchte seine Emotionen ungehindert zum Ausdruck bringen.
Hören Sie genau hin, wie und in welchen Situationen diese Ausdrücke in der GS verwendet werden. Diese Ausdrücke gehören in Ihren aktiven Wortschatz.

**Aufgabe**
2–3

Hier sind Ausdrücke, die in der GS verwendet werden, um zu übertreiben, zu intensivieren, zu generalisieren:

**23**

Generalisierung/Übertreibung

Das ist *alles absoluter* Quatsch.
Das ist aber *furchtbar* nett von Ihnen, daß Sie an mich gedacht haben.
Du machst *immer alles ganz* falsch.

Lesen Sie die Ausdrücke. Intensivieren Sie die Sätze, indem Sie verschiedene Ausdrücke, mit dramatischer Betonung, einsetzen.

| | | | | | |
|---|---|---|---|---|---|
| absolut | brutal | echt | entsetzlich | fürchterlich | furchtbar |
| ganz | immer | irre | schrecklich | sehr, sehr | toll |
| total | ungeheuer | unheimlich | völlig | vollkommen | wahnsinnig |

Wir haben uns gefreut.
Das hat mir gut gefallen.
Ich bin heute daneben.
Es tut mir leid, aber ich habe mich geirrt.
Das hat weh getan.
Das hat uns geärgert.
Es hat geregnet.
Du bist verrückt geworden.

**Aufgabe**
3

Es gibt auch ausgesprochen schriftsprachliche Ausdrücke der Verstärkung oder Übertreibung:

**24**

Er machte einen *äußerst* verwirrten Eindruck.
Wir waren *überaus* glücklich über Ihren Besuch.
Das fanden wir *ausgesprochen* interessant.

Lesen Sie die Ausdrücke; vergleichen Sie sie mit Formulierungen in Ihrer Sprache.

| | | | |
|---|---|---|---|
| äußerst | überaus | traumhaft | leidenschaftlich |
| großartig | hoch- | ausgesprochen | phantastisch |

Verändern Sie die Sätze. Sie können zusätzlich auch Ausdrücke aus A 23 verwenden.

Es war ein traumhaftes Wetter.
Heute haben Sie phantastisch gespielt.
Das hat mir ausgesprochen weh getan.
Das war eine äußerst gelungene Veranstaltung.

309

**25**
Versiche-
rungen

**Aufgabe**
2–3

Manche Ausdrücke sollen die Wahrheit oder Wahrscheinlichkeit des Gesagten versichern. Ob dadurch die Zweifel wirklich kleiner werden, ist eine andere Frage:
Er kommt *ganz bestimmt* noch.

Lesen Sie die kleine Auswahl von Ausdrücken und vergleichen Sie sie mit Ihrer Sprache. Lesen Sie dann die Sätze mit diesen Ausdrücken mit lauter Stimme.

(ganz) bestimmt – ehrlich – mit Sicherheit – sicher – sicherlich – wirklich

Ich habe das nicht gewußt.
Ich habe nichts dafür gekonnt.
Er hat alles getan, was er konnte, um die Firma zu retten.
Die werden nicht kommen.

**26**
Joker-Wörter

**Aufgabe**
3

Viele Ausdrücke haben in der GS die Aufgabe, etwas Bestimmtes mit einem allgemeinen Wort, in pauschaler Weise zu bezeichnen. Wie der Joker im Karten-spiel für eine bestimmte andere Karte steht, so repräsentieren solche „Joker-Wörter" das, was gemeint ist. Mit einigen Ausdrücken ist immer, mit anderen nur manchmal ein negativer Klang verbunden:
Nimm mal das ganze *Zeug* da weg.
Nimm deine *Sachen* und hau ab.
Was wollen denn die ganzen *Leute* da?

Lesen Sie die Sätze aufmerksam durch, und kommentieren Sie die Joker-Wörter, am besten mit Deutschen. Machen Sie sich klar, ob eine wirklich negative Charakterisierung gemeint ist oder nicht.

Ich kann den *Kerl* einfach nicht leiden.
Gib mir das *Ding* mal herüber.
Über solche *Dinge* spricht man nicht in diesem Ton.
Nimm die ganzen *Dinger* und mach, daß du fortkommst.
Er hat mir stundenlang seine ganzen *Geschichten* erzählt.
Pack mal den *Mist* da weg.
Was sollen wir denn mit dem ganzen *Kram*?
Nimm mal die *Klamotten* vom Stuhl.
Bis die ganzen *Leutchen* im Bus sind, das dauert eine Ewigkeit.
Rück mal *den Scheiß* da etwas zur Seite.
Das sind natürlich alles höchst interessante *Fragen*.
Kümmern Sie sich um Ihre eigenen *Angelegenheiten*.
Da war so'n *Typ* und hat nach dir gefragt.
Komm, nimm deinen *Krempel* jetzt gleich mit.

## „Idiomatische Modelle" in der GS

„Idiomatische Modelle" (IM) sind Ausdrücke, die die Kommunikationssituation beeinflussen, lenken, kommentieren sollen. Die deutsche Sprache ist voll davon; sie sind ein Stück unserer Alltagskultur, und ebenso bunt und (nicht immer) lustig.

IM sind lexikalisch, grammatisch und in der Intonation weitgehend oder vollkommen festgelegt. Man kann sie wenig oder gar nicht verändern (deshalb: „Modell").

IM gibt es auch in der Schriftsprache:

Man könnte hingegen einwenden, daß...

Wie dem auch sei,...

Diese Ausdrücke wollen wir vernachlässigen, obwohl sie in schriftlichen Texten und in der Akademikersprache (Vorlesung, politische Rede, Diskussion im Seminar und in der Öffentlichkeit) häufig vorkommen. Manche Ausdrücke dieser Art erscheinen geschraubt, emotionslos, überflüssig.

Die Beispiele in A 27 und 28 sind eine kleine, zufällige, ungeordnete Auswahl. Am besten ist, man macht sich ans Sammeln, Verstehen, Nachmachen. Aber Vorsicht! Wie fast überall in der GS: Wenn die Ausdrücke nicht genau stimmen, kann es komisch werden.

**Aufgabe** 3/3–4  In dieser Aufgabe finden sich IM mit einem passenden „Mini-Drama". Geben Sie eine möglichst genaue Erklärung der Bedeutung/Wirkung des IMs; sprechen Sie (wegen der Intonation) das IM lebendig nach. Wie würden Sie es in Ihrer Sprache ausdrücken?

**27**
idiomatische Modelle

Beispiel: Paß ma(l) auf,... (Passen se ma(l) auf,...)

„Mini-Drama":

A: Was mach ich denn jetzt? Der letzte Bus ist weg.

B: Paß mal auf, du übernachtest am besten bei mir auf der Couch.

Erklärung:

Redeeröffnung, wenn man etwas Wichtiges sagen will; oft nur, um Aufmerksamkeit zu erreichen; oft ritualisiert; häufig beim engagierten Diskutieren (manchmal etwas impertinent).

aha (1)  A: Ich bin damals natürlich auch in der Partei gewesen.

B: Aha.

aha (2)  A: Du, bitte entschuldige, ich hab gestern abend die Flasche Wein aus dem Kühlschrank genommen.

B: Aha, jetzt wird mir alles klar.

wenn du (de) meinst  A: Ich glaube, jetzt können wir gehen, es regnet nicht mehr so stark.

B: Wenn de meinst.

na also!  A: Wieviel ist 17 × 7?

B: Ich glaub 127, nein, 107, ach nein, ganz falsch; 17 × 7 ist 119.

A: Na also, warum nicht gleich.

na ja  A: Ich habe wirklich so stark gebremst, wie ich konnte.

B: Na ja, du hättest aber auch langsamer fahren können.

ach so!  A: Ich muß jetzt weg, ich hab' noch was vor.

B: Ach so, ich wußt' ja gar nicht, daß es bei dir noch so was wie ein Privatleben gibt.

ach was! (ach Quatsch!)  A: Du blutest ja; warte, ich hol dir ein Pflaster.

B: Ach was, das macht doch gar nichts.

Mensch,...  A: (tritt seinem Nebenmann in der Straßenbahn kräftig auf die Zehen).

B: Mensch, passen Sie doch besser auf, wo Sie hintreten!

also nein (also neee)  (Es klingelt; A macht die Tür auf. Vor der Tür steht ein ehemaliger Schulfreund, den A schon seit Jahren nicht mehr gesehen hat.) A: Also nein (neee), das ist aber eine Überraschung!

von wegen!  A: Krieg' ich noch ein Stück Schokolade?

B: Von wegen! Du hast schon fast die ganze Tafel weggeputzt.

**28** **Aufgabe**
3/3–4 ☐ ☐

Hier geben wir Erklärungen der IM vor. Erfinden Sie dazu passende, pointierte „Mini-Dramen".

| | |
|---|---|
| siehst du!<br>(siehste!<br>sehnse!) | Man zeigt dem anderen, daß man recht gehabt hat, daß man etwas vorgesehen hat; klingt oft ziemlich impertinent, rechthaberisch; ist oft ein Vorwurf, daß der andere schuld am Unglück ist; steht allein, oder es folgt ein Hauptsatz. |
| meinetwegen<br>(von mir aus) | Kann ein Adverb sein oder alleinstehendes IM; man drückt aus, daß man mit etwas wirklich einverstanden ist (Toleranz, Einverständnis); oder man willigt eher widerwillig in einen Vorschlag des anderen ein. Der Ausdruck kann sogar voller Aggression stecken. |
| waaas??? | Staunend, völlig ungläubig fragend; klingt sehr dramatisch, jemand hat etwas völlig Unerwartetes berichtet. Es folgt eine Gegenargumentation. |
| na endlich! | Ähnlich wie „na also", in Situationen, die vom ungeduldigen Warten bestimmt sind; oft „von oben herab", deklassierend. |
| na gut!<br>(also gut!)<br>(na schön!) | Jemand willigt in einen Kompromiß ein; oft ist es kein wirkliches Einverständnis, sondern nur eine unwillige, aggressive Kapitulation. |
| 'was soll's! | Abschließender Kommentar; man kann nichts mehr ändern, man muß sich damit abfinden (aber: klingt immer noch sauer, polemisch, frustriert). |
| das wär's<br>(also/für heute) | Abschließender Kommentar, oft mit einem Seufzer der Erleichterung, der Resignation; man kann keinen Einfluß mehr nehmen. |
| sehen Sie, | es folgt ein Hauptsatz; man will eindringlich argumentieren, man redet ruhig, aber bestimmt auf jemanden ein, man will das Verständnis des anderen erreichen; manchmal etwas impertinent im Klang. Nicht zu verwechseln mit „siehste/sehnse!" |
| laß mal! | Man fordert einen anderen diskret, freundlich, aber bestimmt auf, in seiner Aktion (z. B. Kritik, unpassende Äußerung) nicht weiterzumachen. Man wehrt damit auch unangenehme Entschuldigungen ab; man verweigert ein Stück weit die weitere Kommunikation. |
| (hey) komm! | a) auffordernd, daß der andere endlich etwas munterer agiert<br>b) bremsend, wenn man merkt, daß der andere zu weit geht, zu polemisch wird etc., sich im Ton vergreift. |

**29** **Aufgabe**
3/3–4 ☐ ☐

Sammeln Sie weitere Beispiele. Verfolgen Sie deutsche Gesprächs- und Kommunikationssituationen z. B. bei TV-Talk-Shows, Kino-Dialogen, spontanen Alltagsgesprächen. Bitten Sie Deutsche, ihre Lieblingsausdrücke zu nennen. Okay!?

## Lexikon und Idiomatik der GS

Wir sagten, daß GS das Thema (oder den Kommunikationspartner) „treffen" will. „Treffen" kann Genauigkeit bedeuten, aber auch Witz und Aggression. Aus solchen Gründen hat sich ein zweiter Wortschatz herausgebildet. Wir zeigen auch hier nur eine ganz kleine Auswahl. Es gibt ein sehr gutes Hilfsmittel: Heinz Küpper: „Wörterbuch der deutschen Umgangssprache". Und: Jede/r Deutsche ist ein lebendiges Lexikon.

**Aufgabe**
3/3–4

Lesen Sie aufmerksam die folgenden Sätze. Erklären Sie, was jeweils gemeint ist. Sprechen Sie mit Deutschen, ob sie diese Ausdrücke verwenden, wie wichtig sie ihnen sind.

**30**
Wörterbuch
der Umgangs-
sprache

*Hauen* Sie *ab*, hier *haben* Sie *nichts verloren*.
Mensch, hör auf, mich *anzumachen*.
Sie können nicht einfach so *daherreden*.
Ich bin und bin nicht *draufgekommen*.
Hör auf, *drumherumzureden*.
Leute, das *haut* nicht *hin*.
Kommt her und *macht* einfach *mit*.
Ich weiß nicht, ob ich das jemals *rauskriege*.
Ost-West-Deutschland im Sommer 1989: *Rübermachen* war *angesagt*.
Ich kann das nicht so einfach *runterschlucken*.

**Aufgabe**
3/3–4

Hier folgt eine kleine Auswahl von Verben. Klären Sie die Bedeutungen und bilden Sie geeignete Beispielsätze. Auch hier: Sprechen Sie mit Deutschen über diese Ausdrücke; legen Sie sich Ihre eigene Sammlung an.

**31**

| | | | | |
|---|---|---|---|---|
| sich ranmachen | los sein | voll da(bei) | verarschen | reinlegen |
| rüberbringen | anhauen | ankommen | nachplappern | rumkriegen |
| rüberkommen | abgetakelt | krepieren | rumlabern | sich verdrücken |
| reinfallen | dahergelaufen | kapieren | sich anöden | verduften |
| sich raushalten | aussteigen | was los haben | durchblicken | draufmachen |

**Aufgabe**
3/3–4

Ähnlich ist es bei den Nomen. Auch hier gibt es einen zweiten Wortschatz. Klären Sie, am besten im Gespräch mit Deutschen, die Bedeutung der Ausdrücke in der folgenden kleinen Auswahlliste.

**32**

| | | | | | |
|---|---|---|---|---|---|
| Kies, Kohle | Macker | Zoff | Knete | Schuppen | Schwein |
| Klunker | Flasche | Maloche | Strich | Stuß | Krach |
| Karre(n) | Knatsch | alte Schachtel | Knacker | Klamotten | Stoff |
| Mieze | Tussi | Kiste | Bulle | Krawall | Kaff |

**Aufgabe**
3/3–4

Die deutsche Sprache ist reich an bildhaften Ausdrücken (Metaphern). Die Sprache gewinnt dadurch an Kraft und Plastizität. Viele finden nur in der GS Verwendung, viele gehören ebenso zur geschriebenen Sprache.
Auch hier geben wir nur einige Beispiele. Als Hilfsmittel steht zur Verfügung: Wolf Friederich: „Moderne deutsche Idiomatik".

**33**
Metaphern

Lesen Sie die Sätze, klären Sie die Bedeutung, nennen Sie Synonyme.

Er fuhr mit einem *Affenzahn* in die Kurve.
Willst du mich etwa *auf den Arm nehmen*?
Ich habe sie dann leider *aus den Augen verloren*.
Ihr seid wohl alle *auf dem einen Auge blind*?!
Den sollten wir nicht *aus den Augen lassen*.
Leute, wir sollten in dieser Sache unbedingt *am Ball bleiben*.
Die haben uns *das Blaue vom Himmel herunter* gelogen.
Hört doch auf, wie die *Katze um den heißen Brei herum* zu reden.
In der nächsten Zeit werden wir ganz *kleine Brötchen backen* müssen.
Ich muß hier raus, sonst *fällt mir die Decke auf den Kopf*.

**34** **Aufgabe**

3/3–4

Hier ist eine weitere kleine Auswahl von metaphorischen Ausdrücken. Klären Sie die Bedeutung, finden Sie treffende Beispielsätze, nennen Sie passende Synonyme. Stellen Sie sich nach und nach Ihr eigenes Metaphernlexikon zusammen.

die Daumen drücken
im Dunkeln tappen
an die Decke gehen
jemanden wie (einen) Dreck
   behandeln
Feuer und Flamme sein

mit dem Feuer spielen
die Finger im Spiel haben
sich die Finger verbrennen
keinen Finger krumm machen
die Finger davon lassen
Fünf gerade sein lassen

auf großem Fuß leben
kalte Füße bekommen
ein Gedächtnis wie ein Sieb
auf den Geist gehen
ein langes Gesicht machen
ins Gras beißen

**35** **Aufgabe**

Tiermetaphern

3/3–4

GS will drastisch sein und „treffen". Dazu gehören alle Ausdrücke, die Aggression transportieren (seltener positive Emotionen): also Schimpf- (oder Kose-) wörter. Besonders reich ist die deutsche GS an Ausdrücken aus dem sexuellen und analen, aber auch aus dem religiösen Bereich. Wir zeigen Beispiele aus der ebenso unerschöpflichen Gruppe der Tiermetaphern.

Klären Sie – am besten mit Deutschen – die Charakteristik, die in den Beispielsätzen ausgedrückt wird.
Finden Sie weniger drastische Beschreibungen des gleichen Charakters. Vergleichen Sie die Ausdrücke mit Ihrer Sprache.

Das ist *hunds*gemein.
Du bist vielleicht ein *Esel*!
Ich *blöde Kuh* bin auch noch drauf reingefallen.
Ach, diese *dumme Gans* hat mir gerade noch gefehlt.
Du bist ein *ganz feiger Hund*.
Paß auf, die hat *Krallen*.
Die glauben, hier bei uns gibt es einen *Maulwurf*.
Diese kleine miese fette *Kröte*.
Mensch, ihr mit eurem *Spatzenhirn*.

**36** **Aufgabe**

idiomatische
Kommentare

3/3–4

Hier geht es um Ausdrücke, die wir „Idiomatische Kommentare" nennen. Es sind Alltagsweisheiten, Redewendungen, Sprichwörter; manche sind Zitate aus der Literatur oder aus Märchen. Sie werden geäußert, um eine erlebte Situation ironisch oder sarkastisch zu kommentieren; meist ohne jeden weiteren Kontext. Oft sind sie ein wenig hämisch, besserwisserisch, „altklug":

Jemand ist Abteilungsleiter in einer Firma; er beklagt sich bei seinem Freund darüber, daß die Mitarbeiter ihm gegenüber mißtrauisch und distanziert sind. Der Freund spricht ihn auf seine meist unfreundliche Art an, die Mitarbeiter zu behandeln. Er fügt hinzu: „Der Ton macht die Musik." Er hätte auch sagen können: „Wie man in den Wald hineinruft, so schallt es heraus."

Hier ist eine kleine Auswahl. Beschreiben Sie Situationen, in denen man so reden kann. Sprechen Sie mit Deutschen darüber. Erweitern Sie nach und nach Ihre Sammlung, aber nur mit solchen Kommentaren, die von Deutschen spontan und aktuell verwendet werden.

Aller Anfang ist schwer.
Kleinvieh macht auch Mist.
Wie man sich bettet, so liegt man.
Übung macht den Meister.
Wo ein Wille ist, ist auch ein Weg.

Eine Schwalbe macht noch keinen Sommer.
Das ist ein Tropfen auf den heißen Stein.
Kommt Zeit, kommt Rat.
Ende gut, alles gut.
Wer zuletzt lacht, lacht am besten.

**Aufgabe**
3–4/4 ☐☐

Vermischte Aufgaben

1. Lesen Sie noch einmal den Text 2 in Kap. 5, A 18. Erzählen Sie in lebendiger Sprache nach, was da passiert ist.

2. Ebenso: Bericht über einen Verkehrsunfall (Kap. 16, A 18)

3. Stellen Sie sich vor, Sie erzählen einem Kind die Geschichten:
   - „Nilpferde" und „Lawinenspiel" (Kap. 4, Lesepause)
   - „Herr Böse und Herr Streit" und „Im Zoo" (Kap. 8, Lesepause)
   - „Getarnte Soldaten" (Kap. 12, Lesepause)
   - „Mutmaßungen über die Höhlenforschung" (Kap. 16, Lesepause)
   - „Was bleibt mir übrig?" (Kap. 15, Lesepause).

   Sie können Deutsche darum bitten, die Geschichten mündlich auf Kassette nachzuerzählen.

4. Schreiben Sie Ihren Lebenslauf, beispielsweise für eine berufliche Bewerbung. Erzählen Sie dann den gleichen Inhalt einer Person, die Sie gerade kennengelernt haben. Vergleichen Sie beide Textformen.

5. Lesen Sie den Text „Straßenverkehr" von Peter Schneider (Kap. 13/II, Lesepause). Erzählen Sie den Text in mündlicher Form nach. Sie werden merken: relativ geringe Unterschiede in der Textform im vorderen Teil des Textes, große Unterschiede im hinteren Teil, wo das Verhalten des Busfahrers interpretiert wird.

6. Geben Sie mündliche Erklärungen der folgenden Begriffe. Stellen Sie sich vor, Sie sollen diese Begriffe einem Kind oder einem Jugendlichen erklären.

   Toleranz – Konkurrenzdruck – Zölibat – Dritte Welt – Menschenrechte – Abstinenz – Rassismus – Lustprinzip – Beziehungsprobleme

   Schwangerschaftsverhütung – freie Meinungsäußerung – allgemeine Wehrpflicht – Untertanenmentalität

   Verhältnis von Angebot und Nachfrage – hohe Risikobereitschaft und verminderte Zurechnungsfähigkeit alkoholisierter Autofahrer – stockender Verkehr mit zeitweiligem Stillstand

# Index

Wie man was findet, ein Beispiel:

Hauptsatz
Wortstellung **7**:*S102f*;**8**:*S114,* A1ff

Zur Wortstellung im Hauptsatz finden Sie Angaben in Kapitel 7 (Seite 102 und 103) und in Kapitel 8 (Seite 114 und ab Aufgabe 1).

# Quellennachweis

*Dieses Quellenverzeichnis ist alphabetisch geordnet. Somit ist ein schneller Überblick über die vertretenen Autoren möglich. Hinter den Texten steht, in welchem Grammatikkapitel man den Text findet.*

Askenazy, Ludwig: *Das Lawinenspiel* (Kap. 4)
    aus: *Du bist einmalig.* (c) Gertraud Middelhauve Verlag, Köln und Zürich 1985

Bichsel, Peter: *Zweite Paradiesgeschichte (Löwen und Gazellen)* (Kap. 5); *Der Mailänder Dom* (Kap. 14)
    aus: *Geschichten zur falschen Zeit.* (c) Luchterhand Literaturverlag, Hamburg und Zürich 1979
    *Das wußte er* (Kap. 8)
    aus: *Kindergeschichten.* (c) Luchterhand Literaturverlag, Hamburg und Zürich 1969
    *Die Beamten* (Kap. 12)
    aus: *Eigentlich möchte Frau Blum den Milchmann kennenlernen.* (c) Walter-Verlag, Olten 1964

Biermann, Wolf: *Der legendäre Kleine Mann* (Kap. 14)
    aus: *Nachlaß 1.* (c) Verlag Kiepenheuer & Witsch, Köln 1977

Bloch, Ernst: *Von früh auf will man zu sich* (Kap. 1)
    aus: *Das Prinzip Hoffnung Band 3.* (c) Suhrkamp Verlag, Frankfurt am Main 1959

Bloch, Karola: *Worte zum 45. Jahrestag der Zerstörung der Tübinger Synagoge* (Kap. 5)
    aus: *Die Sehnsucht des Menschen, ein wirklicher Mensch zu werden, Reden und Schriften aus ihrer Tübinger Zeit. Band 1.* Talheimer Verlag, Mössingen-Talheim 1991

Böll, Heinrich: *Katharina Blum gab an, daß sie Angst habe* (Kap. 10)
    aus: *Die verlorene Ehre der Katharina Blum.* (c) Verlag Kiepenheuer & Witsch, Köln 1974

Book, Peter Jürgen: *Wie der Apfel sich einen Wurm fing* (Kap. 8)
    aus: *Vogelfrei – Gedichte.* Lamuv Verlag, Bornheim-Merten 1986

Bosch, Manfred: *Monopoly* (Kap. 11)
    aus: Hans-Joachim Gelberg (Hrsg.): *Menschengeschichten. Drittes Jahrbuch der Kinderliteratur.* Beltz Verlag, Weinheim und Basel 1975 (Programm Beltz und Gelberg, Weinheim)

Brecht, Bertolt: *Maßnahmen gegen die Gewalt* (Kap. 6); *Die Rolle der Gefühle* (Kap. 10, A16); *In Erwägung unsrer Schwäche machtet* (Kap. 12); *Ein Mann, der Herrn K. lange nicht gesehen hatte. . .* (Kap. 18, A23); *Und der Haifisch, der hat Zähne* (Kap. 20)
    aus: *Gesammelte Werke.* (c) Suhrkamp Verlag, Frankfurt am Main 1967

Buselmeier, Michael: *Keiner wird mir helfen* (Kap. 4)
    aus: *Der Untergang von Heidelberg.* (c) Suhrkamp Verlag, Frankfurt am Main 1981

Canetti, Elias: *Von Menschen, die ich gut kenne. . .* (Kap. 10); *Das Stehen* (Kap. 13, Teil II)
    aus: *Masse und Macht.* (c) Claassen Verlag GmbH, Hildesheim 1992 (Claassen Verlag GmbH, Hamburg 1960)

Delius, Friedrich Christian: *Akademische Elegie* (Kap. 14)
    aus: *Ein Bankier auf der Flucht. Gedichte und Reisebilder.* Rotbuch Verlag, Berlin 1975

Dorst, Tankred: *Letzte Paradiesgeschichte: Der erloschene Zwerg-planet* (Kap. 5)
aus: *Merlin.* (c) Suhrkamp Verlag, Frankfurt am Main 1981

Ende, Michael: *Die Begegnung des Scheinriesen Herr Tur Tur mit Lukas dem Lokomotivführer* (Kap. 15)
aus: *Jim Knopf und Lukas der Lokomotivführer.* (c) K. Thiene-manns Verlag, Stuttgart-Wien

Enzensberger, Hans Magnus: *nänie auf den apfel* (Kap. 14)
aus: *Gedichte 1950–1985.* (c) Suhrkamp Verlag, Frankfurt am Main 1986
*Der Heizer* (Kap. 14); *Der Aufschub* (Kap. 15)
aus: *Der Untergang der Titanic.* (c) Suhrkamp Verlag, Frankfurt am Main 1978

Erhardt, Heinz: *Anhänglichkeit* (Kap. 12); *Rechtschreibung* (Kap. 18); *Die polyglotte Katze* (Kap. 20)
aus: *Das große Heinz-Erhardt-Buch.* (c) Fackelträger-Verlag, Hannover 1970

Fleischmann, Lea: *Für mein zweites Staatsexamen...* (Kap. 1)
aus: *Dies ist nicht mein Land.* Hoffmann und Campe, Hamburg 1980

Fried, Erich: *Was weh tut* (Kap. 6); *Zuflucht* (Kap. 12); *Freie Wahl mit guten Vorsätzen* (Kap. 18)
aus: *Liebesgedichte.* Wagenbach Verlag, Berlin 1979

Garbe, Burckhard: *für sorge* (Kap. 9)
aus: Rudolf Otto Wiemer (Hrsg.): *Bundesdeutsch.* Peter Ham-mer Verlag, Wuppertal 1974

Gernhardt, Robert: *Alltag* (Kap. 9); *Deutung eines allegorischen Gemäldes* (Kap. 13, Teil I); *Der Forscher und die Schlange* (Kap. 16); *Mondgedicht* (Kap. 18)
aus: *Wörtersee.* Zweitausendeins, Frankfurt 1981
*Manches ist getan* (Kap. 1); *Lehrmeisterin Natur* (Kap. 13, Teil I)
aus: *Die drei.* Zweitausendeins, Frankfurt 1987
*Geheimagent* (Kap. 2)
aus: *Hier spricht der Dichter.* Haffmans TB, Zürich 1985

Grass, Günter: *Rede eines vaterlandslosen Gesellen 1989/90* (Kap. 18)
aus: *Gegen die verstreichende Zeit. Reden, Aufsätze und Gespräche 1989–1991.* (c) Luchterhand Literaturverlag, Ham-burg und Zürich 1991

Guggenmos, Josef: *Kommt Komma Kinder* (Kap. 18); *Das o und alle drei e* (Kap. 18)
aus: *Oh, Verzeihung, sagte die Ameise.* Beltz Verlag, Weinheim und Basel 1990 (Programm Beltz & Gelberg, Weinheim)
*Briefschluß* (Kap. 11)
aus: *Ich will dir was verraten.* Beltz Verlag, Weinheim und Basel 1992 (Programm Beltz & Gelberg, Weinheim)

Habe, Hans: *Rechtschreibereform* (Kap. 18)
aus: Wilhelm W. Hiestand (Hrsg.): *Rechtschreibung – Müssen wir neu schreiben lernen?* Beltz, Weinheim und Basel 1974

Hannover, Heinrich: *Herr Böse und Herr Streit* (Kap. 8)
aus: *Der vergeßliche Cowboy.* rotfuchs 236, (c) Rowohlt Taschenbuch Verlag GmbH, Reinbek 1980

Harig, Ludwig: *Frei von Zuckerbrot und Peitsche* (Kap. 12)
aus: Dieter Stöpfgeshoff (Hrsg.): *Kontakt mit der Zeit. Texte mit deutschen Wörtern.* Max Hueber Verlag, München 1981

Härtling, Peter: *Im Zoo* (Kap. 8)
aus: *Sofie macht Geschichten.* Beltz Verlag, Weinheim und Basel 1980 (Programm Beltz & Gelberg, Weinheim)

Heine, Helme: *Erste Paradiesgeschichte* (Kap. 5)
aus: *Samstag im Paradies.* (c) Gertraud Middelhauve Verlag, Köln und Zürich 1985

Heißenbüttel, Helmut: *Spielregeln auf höchster Ebene* (Kap. 17)
aus: *Kursbuch 5,* Frankfurt

Henningsen, Jürgen: *Bedingungsformen* (Kap. 2)
aus: Rudolf Otto Wiemer (Hrsg.): *Bundesdeutsch.* Peter Ham-mer Verlag, Wuppertal 1974

Heringer, Hans Jürgen: *Wer ist Philipp Marlowe?* (Kap. 7)
aus: *Wort für Wort. Interpretation und Grammatik.* Klett-Cotta, Stuttgart 1978

Hildebrandt, Dieter: *Was bleibt mir übrig?* (Kap. 15)
aus: *Was bleibt mir übrig?* (c) Kindler Verlag, München 1986

Hoddis, Jakob van: *Dritte Paradiesgeschichte: Weltende* (Kap. 5)
aus: *Dichtungen und Briefe.* (c) Arche Verlag AG, Raabe + Vitali, Zürich 1987

Hohler, Franz: *Koblenz* (Kap. 14)
aus: *Idyllen.* (c) Luchterhand Literaturverlag, Hamburg und Zürich 1970

Hüsch, Hanns Dieter: *Die Zwiebacktüte* (Kap. 10). Satire-Verlag bei Rogner und Bernhard

Jandl, Ernst: *Zweierlei Handzeichen* (Kap. 3); *lichtung* (Kap. 6); *nacheinander* (Kap. 9); *fünfter sein* (Kap. 14)
aus: *Gesammelte Werke in 3 Bänden.* (c) Luchterhand Literatur-verlag, Hamburg und Zürich 1985

Jens, Walter: *Ein kurzes Leben* (Kap. 16)
aus: *Deutsche Lebensläufe.* Juventa Verlag, Weinheim und München 1987
*Vater, vergib ihnen, denn sie wissen nicht, was sie tun* (Kap. 3)
aus: *Feldzüge eines Republikaners.* dtv, München 1988

Kafka, Franz: *Der Wunsch zu sterben* (Kap. 14)
aus: *Hochzeitsvorbereitungen auf dem Lande und andere Prosa aus dem Nachlaß.* Schocken Verlag, Berlin, 1935 (Abdruck mit Genehmigung der S.Fischer Verlag GmbH, Frankfurt am Main)
*Gib's auf* (Kap. 4, A10); *Ach, sagte die Maus* (Kap. 10, A16)
aus: *Sämtliche Erzählungen.* S. Fischer Verlag GmbH, Frankfurt am Main 1972

Kästner, Erich: *Trostlied im Konjunktiv* (Kap. 2)
aus: *Gesammelte Schriften für Erwachsene.* Atrium Verlag, Zürich 1969 (c) Erich Kästner Erben, München

Kelter, Jochen: *Alemannische Fastnacht* (Kap. 16)
aus einer Sendung des Zweiten Deutschen Fernsehens

Kilian, Susanne: *Kindsein ist süß* (Kap. 11)
aus: Hans-Joachim Gelberg (Hrsg.): *Geh und spiel mit dem Riesen. Erstes Jahrbuch für Kinderliteratur.* Beltz Verlag, Wein-heim und Basel, 1971 (Programm Beltz & Gelberg, Weinheim)

Kleist, Heinrich von: *Sonderbarer Rechtsfall in England* (Kap. 8); *Boxer-Anekdote* (Kap. 18, A23)
aus: *Sämtliche Werke.* Bertelsmann Verlag

Kunert, Günter: *Nach Kanada* (Kap. 10)
aus: *Verspätete Monologe.* (c) Carl Hanser Verlag, München und Wien 1981

*Lambada-Text* (Kap. 10, A23)
Rolf Liffers: *Erotischer Bezug.* aus: *DIE ZEIT* vom 13.7.90

Lattmann, Dieter: *Privatsache* (Kap. 18)
aus: Eckhard Henscheid und F.W. Bernstein (Hrsg.): *Unser Goethe.* Diogenes Verlag, Zürich 1982

Lettau, Reinhard: *Eine historische Platzüberquerung* (Kap. 4)
aus: *Zur Frage der Himmelsrichtungen.* (c) Carl Hanser Verlag, München und Wien 1988

*Lili Marleen* (Kap. 4) (Text: Hans Leip, 1915). (c) Apollo Verlag Paul Lincke, Mainz

Loriot: *Sollen Hunde fernsehen?* (Kap. 15)
aus: *Loriots Grosser Ratgeber* (c) Diogenes Verlag, Zürich 1983
*Szenen einer Ehe: Feierabend* (Kap. 19)
aus: *Szenen einer Ehe in Wort und Bild.* (c) Diogenes Verlag, Zürich 1986

Luka M: *Von der Liebe kann ich nur träumen* (Kap. 6)
aus: *ZEITmagazin* vom 14.12.1990 (*Gorbatschows Kinder*)

Manzoni, Carlo: *Das Pferd kann es nicht* (Kap. 1)
aus: *100 x Signor Veneranda.* (c) Langen Müller Verlag in F. A. Herbig Verlagsbuchhandlung GmbH, München